Jürgen Stähle
Vom Übersetzen zum Simultandolmetschen

Jürgen Stähle
Vom Übersetzen
zum Simultandolmetschen

Handwerk und Kunst
des zweitältesten Gewerbes der Welt

Franz Steiner Verlag 2009

Ich danke meiner Lektorin Sabine vom Bruch für ihre wichtigen
und wertvollen Beiträge. Mein besonderer Dank gilt meiner Tochter
Olivia für ihren ebenso klugen wie geduldigen Rat. Und ich danke
Clic!, meinem Freund und Kollegen Benoît Cliquet, für seine
Illustrationen. Er beobachtet uns im Konferenzalltag – einfühlsam
und mit seinem ganz eigenen Humor. Jeder von uns bekommt sein
Fett, und niemand könnte Benoîts Szenen ins Reich der puren
Fantasie verweisen.

Bibliografische Information der Deutschen Nationalbibliothek.
Die Deutsche Nationalbibliothek verzeichnet diese Publikation
in der Deutschen Nationalbibliografie; detaillierte bibliografische
Daten sind im Internet über<http://dnb.d-nb.de> abrufbar.
ISBN 978-3-515-09360-6

Einbandgestaltung: deblik, Berlin
Gedruckt auf säurefreiem, alterungsbeständigem Papier.
Druck: AZ Druck und Datentechnik, Kempten
Printed in Germany

Der Erinnerung an meine Mutter

Inhaltsverzeichnis

Vorwort

von Roger Willemsen

Dolmetscher sind Höhlenmenschen. Die meiste Zeit ihrer beruflichen Existenz verbringen sie im Schatten, in Kabuffs, weggeschlossen und ganz Stimme. Sie sind aber auch Höhlenmenschen im platonischen Sinn: lesen erst die Schatten an der Wand, erkennen im Feuer die Quelle aller Schatten, in der Sonne die Quelle allen Feuers und bahnen so Hörern, Zuschauern, Adressaten Wege aus der fremden Sprache in die vertraute, aus der Information in den Ausdruck, aus dem Gedanken in die Anschauung, wenn nicht in die Erkenntnis.

Ja, Dolmetscher sind mythische Figuren, archetypische. Schon vor Millionen Jahren sehen wir sie, aus der Fährte im Matsch das ganze Tier rekonstruieren, aus dem Symptom auf dem Körper die Krankheit, aus dem gebrochenen Zweig die Tathandlung ableiten. Alle diese Übersetzer- und Dolmetscher-Tätigkeiten urzeitlichen Lebens waren für den Fortbestand der menschlichen Existenz unverzichtbar, ja überlebenswichtig. Und es gibt auch im Überbau, also unter den Gottheiten, keine, die nicht hätte übersetzt, gedolmetscht und interpretiert werden wollen. Man könnte es geradezu als eine Schwäche aller Götter oder als Indiz für die Göttlichkeit des Dolmetschers ansehen, dass auch spirituelle Entitäten ohne Übersetzer nicht sein konnten. Andererseits verpflichtet diese Stellung den Übersetzer und Dolmetscher auf sein Berufsethos, hat doch für ihn jeder Text immer etwas von der biblischen Urschrift, so verbindlich, so fraglos ist er, so genau will er übertragen werden.

Unübersetzbar aber sind wir eigentlich vom Beginn des Lebens an, egal, ob wir an die Entstehung der Welt, die Geburt des Menschen oder seine Zeugung denken. Was wir in diesen großen Stunden schöpferischer Aktivität denken, rufen, jauchzen, ist unartikuliert, unzugänglich, meist asyntaktisch, und die Dolmetscher stehen dazwischen wie die Zöllner und Mittler und mühen sich, uns den Grenzübertritt zu ermöglichen. Sie blicken auf den Urtext und sie blicken auf ihr eigenes Werk, stehen zwar mit beiden Beinen auf dem Boden, aber dieser droht unablässig auf zwei Schollen auseinanderzutreiben. Und dabei verrät sich doch bereits eine Grundüberzeugung aus Liebesverhältnissen in dem Dreischritt: Du verstehst mich nicht, du willst mich nicht verstehen, du kannst mich nicht verstehen.

Übersetzer und Dolmetscher handeln mit dem kostbarsten Rohstoff: der Kommunikation; und Vielsprachigkeit gehört wohl zu den letzten romantischen Dingen in der Welt. Sie ist so liebenswert umständlich, unpraktisch und Quelle großer Missverständnisse und Selbstüberschreitungen. Der ins Reich des Nichtverstehens Entlassene büßt sogleich seine Weltläufigkeit und Souveränität ein und verwandelt sich in den rundäugigen, kindlich agierenden, imbezilen Stammler, der sich mit primitiven Gesten und blödsinniger Schauspielerei zu verständigen sucht.

Dolmetscher müssen das auffangen, es sogar dramatisieren können, sie müssen selbst dem geistig Unbeschenkten das Pathos der bedeutsamen Verlautbarung geben, und das alles in der raren Anstrengung, sich dabei selbst unsichtbar, unfühlbar zu machen. Am besten sollen sie reines Medium sein, unpersönlich und durchlässig. Keine Psychologie, keine Eigenheiten, keine Bedürfnisse, keine Standpunkte sollen sie haben. Ja, sie werden vor allem nach Eigenschaften bewertet, die man an einer Maschine loben würde: Reibungslosigkeit, Effizienz, gute akustische Features, Sparsamkeit im Verbrauch, und der Bereitschaft, im Havarie-Fall alles auf sich zu nehmen.

Ich habe den Höhlenmenschen Jürgen Stähle nun bald zwei Jahrzehnte lang innerhalb seiner Fernseharbeit beobachten können, habe seine Fähigkeit bestaunt, den Gedolmetschten zu erfühlen, ihm Sprache auf den Leib zu schneidern und sich in dieser sogar bewegen zu können. Ebenso habe ich sein absolutes Gehör für die Vierteltöne der Mitteilung bewundert, die er ebenso subtil wie expressiv behandelte und hörbar machte, und so bin ich denn froh, dass Jürgen Stähle die Höhle verlassen hat, um das Licht der Erkenntnis auf ein Feld zu werfen, das so wichtig, von so allgemeiner Bedeutung und zugleich so unbeobachtet ist.

Hamburg, Mai 2009

TEIL I

Übersetzer und Dolmetscher – Zwei Traditionsmetiers aus einer Wurzel

Einleitung

Vom Paradiesvogel zum diskreten Akteur im Konferenzbetrieb

„In my day they used to send a car for the interpreters …" Es war kurz nach Beendigung meines Studiums, als ich diesen Ausspruch hörte. Ich saß etwas schüchtern in einer der zahllosen Simultandolmetscherkabinen bei der Kommission der Europäischen Gemeinschaften in Brüssel. Man lauschte voller Ehrfurcht den Worten einer würdevollen Dame, die meiner Empfindung nach seit geraumer Zeit im wohlverdienten Ruhestand hätte leben dürfen und die uns, ihre wesentlich jüngeren Teamkollegen, nun in einer Konferenzpause mit Reminiszenzen aus ihrer Zeit als Konferenzdolmetscherin beim Völkerbund in Genf unterhielt. Erinnerungen an eine Zeit, da die Konferenzveranstalter, zumindest in der verklärten Vorstellung unserer Kollegin, ihre Dolmetscher noch in einer eigenen Limousine abholen ließen.

Wahrscheinlich hatte die Servicetruppe wieder einmal vergessen, den Simultandolmetschern frisches Wasser an ihren Arbeitsplatz zu stellen und die Aschenbecher zu leeren – Nachlässigkeiten, wie die verdiente Kollegin sie einfach nicht gewohnt war. Dass die Entwicklung ihres Berufs während der zurückliegenden Jahrzehnte vielleicht nicht gerade zu einem Massenphänomen, so aber doch zu einer eher alltäglichen Praxis im Konferenzbetrieb mit einer gewissen Banalisierung des Simultandolmetschens hatte einhergehen müssen, das wollte oder konnte sie, ebenso wie viele andere Kolleginnen und Kollegen aus den frühen Jahren, nicht so recht zur Kenntnis nehmen. Schließlich war die Einsicht, dass ihr und den anderen einstigen Paradiesvögeln nicht mehr dieselbe Aufmerksamkeit zuteil werden sollte wie in den Jahren, da sie als sogenannte Verhandlungs- und Konsekutivdolmetscher mit den Großen dieser Welt am Tisch saßen, gleichbedeutend mit der Erkenntnis, dass die glorreichen Tage, aus ihrer Sicht, endgültig vorüber waren.

Dabei hatte die stürmische Entwicklung des „modernen Dolmetschens" erst später in den Tagen der Nürnberger Kriegsverbrecherprozesse begonnen. Die Arbeit der Dolmetscher wurde zwar immer wieder als das „zweitälteste Gewerbe" der Welt bezeichnet, jedoch war bis dahin niemandem der Gedanke gekommen, einen Dolmetscher in eine mehr oder weniger schalldichte Kabine zu setzen, ihm die Reden auf einen Kopfhörer zu übertragen und ihn bereits während der Rede, „gleichzeitig" also, das Gehörte übersetzen zu lassen. Ob dies wirklich gleichzeitig geschieht, werden wir im entsprechenden Zusammenhang noch sehen.

In Nürnberg also, so will es zumindest der Chronist, schlug die Geburtsstunde des Simultandolmetschens. Und mit den Nürnberger Prozessen waren auch für die kleine Berufsgruppe der Konferenzdolmetscher die Tage des Völkerbundes endgültig vorbei. Der Einsatz des Simultandolmetschens als der modernsten und effizientesten Form der mehrsprachigen Kommunikation sollte sich, so viel war schon in den fünfziger Jahren deutlich, innerhalb weniger Jahre zu einer Routineerscheinung entwickeln. Heute, im einundzwanzigsten Jahrhundert, ist eine mehrsprachige Konferenz ohne Simultandolmetscher praktisch nicht mehr oder nur in seltenen Ausnahmefällen vorstellbar.

Gegen Mitte der fünfziger Jahre, zu der Zeit, da dank der Initiative einiger herausragender Kollegen der frühen Jahre der Internationale Verband der Konferenzdolmetscher AIIC gegründet wurde, gab es in ganz Europa etwa fünfzig, vorwiegend freiberuflich tätige Konferenzdolmetscher. Es wurde seinerzeit noch längst nicht in allen Fällen simultan gedolmetscht, so dass die Bezeichnung Konferenzdolmetscher für diese Zeit in der Tat angebrachter erscheint, zumal sie die verschiedenen Modalitäten des Dolmetschens gleichermaßen abdeckt.

Mit dem Vordringen des Simultandolmetschens nicht nur bei den großen internationalen Institutionen, Verbänden und Vereinigungen, sondern auch in breiten Kreisen der Privatwirtschaft erfuhr der Beruf des „Konferenzdolmetschers der Moderne" einerseits einen bemerkenswerten Aufschwung. Andererseits gerieten die Dolmetscher jetzt aber zunehmend hinter die Kulissen eines Konferenzbetriebs, in dem sie zunächst noch lernen mussten, sich neben vielen anderen Dienstleistern der „Konferenzindustrie", aber auch gegen den Zugriff von allerlei Agenten und Impresarios zu behaupten. Nach und nach galt es nun für sie, sich zusätzlich zu ihren Sprachfertigkeiten, dank derer die meisten von ihnen einst als Seiteneinsteiger in diesen Beruf gelangt waren, zu Experten der mehrsprachigen Kommunikation zu entwickeln und auch Fachkenntnisse auf den vielfältigsten Tätigkeits- und Wissensfeldern zu erwerben. Schließlich mussten sie sich auf einem Markt positionieren, dessen Mechanismen mit der Konferenzszene der Anfangsjahre nicht mehr viel zu tun hatten. Auch eher gewerkschaftliche Prägungen des Metiers begannen sich im Bewusstsein vieler Berufsangehöriger schon sehr bald zu entwickeln, während andere sich an dem Selbstverständnis anderer freier akademischer Berufe orientierten.

Trotz einer deutlichen Ausweitung der Berufsszene habe ich den Eindruck, dass der Beruf der Konferenzdolmetscher durch das Vordringen des Simultandolmetschens zunächst eher an Profil verloren hat und dass in den zurückliegenden vierzig Jahren die Weichen dafür gestellt wurden, dass er vielen Beobachtern heute als ein Beruf *in* der Öffentlichkeit, jedoch *ohne* Öffentlichkeit erscheinen muss. Er ist erst wieder verstärkt in den Vordergrund und damit in das Bewusstsein einer breiteren Öffentlichkeit gerückt, als das Simultandolmetschen durch die Fernsehanstalten entdeckt wurde. Seit Beginn der 1980er Jahre wird in einer Vielzahl von höchst unterschiedlichen Programmen und Formaten simultan gedolmetscht, und diese Kommunikationsform konnte im Fernsehen seither einen regelrechten Siegeszug antreten.

Zu Beginn des einundzwanzigsten Jahrhunderts zählt der Internationale Dolmetscherverband AIIC etwa dreitausend Mitglieder. Wenngleich diese über die ganze Welt verteilt sind, gibt es Tätigkeitsschwerpunkte in einzelnen Ländern, wobei die Staaten der EU sowie wegen der arbeitsintensiven, internationalen Organisationen die Schweiz (WHO, UNO) und die Vereinigten Staaten (UNO, IWF), aber auch Frankreich (OECD, Unesco, Europarat) und Italien (FAO) einen besonderen Rang einnehmen.

Paradiesvögel sind die Simultandolmetscher heute zwar nicht mehr, und auch als Ausnahmeberuf lässt sich ihr Metier nicht länger bezeichnen. Dennoch gilt nach wie vor, dass sie im Vergleich mit anderen freien Berufen zahlenmäßig eher eine Nische besetzen. Wenngleich es aufgrund einer Mehrfachtätigkeit vieler Dolmetscher, zum Beispiel auch als Übersetzer, Lehrer, Journalisten u. ä. schwierig ist, die Zahl der Berufsangehörigen mit einiger Genauigkeit anzugeben, darf sicher davon ausgegangen werden, dass es momentan in Europa kaum mehr als 4000 hauptberufliche Simultandolmetscher gibt. Abgesehen von den besonderen Verhältnissen bei internationalen Organisationen, wie der Kommission der EU in Brüssel, üben diese Dolmetscher ihren Beruf in der überwiegenden Mehrheit aller Fälle freiberuflich aus. Selbst sehr aktive internationale Verbände oder auch Industrieunternehmen mit einem großen Sprachendienst, die ihre schriftlichen Übersetzungen im eigenen Hause erledigen lassen, beschäftigen keine ausgebildeten Fulltime-Simultandolmetscher, da diese niemals an so vielen Tagen im Jahr beschäftigt wären, dass sie sich für das Unternehmen bezahlt machen würden und im Übrigen auch niemals ihre Form so pflegen und erhalten könnten, dass sie jederzeit von heute auf morgen in der Kabine einsetzbar wären.

Nein, außerhalb der internationalen Organisationen ist der Beruf des Simultandolmetschers der klassische freie Beruf, dessen Angehörige *ad hoc,* für eine zeitlich und inhaltlich begrenzte Aufgabe engagiert werden. Dazu haben sich am Markt Strukturen und Mechanismen entwickelt, die im letzten Teil dieses Buchs ausführlicher beschrieben werden sollen.

Abschließend noch ein Wort zu den Kreisen, aus denen Simultandolmetscher sich rekrutieren und in den ersten Jahren des Berufs rekrutiert haben. Die Paradiesvögel der frühen Jahre waren *per definitionem* fast ausschließlich Seiteneinsteiger. Durch den Zweiten Weltkrieg versprengte, aus der Bahn, d. h. normalerweise aus einem oftmals bildungsbürgerlichen Leben geworfene und durch die Umstände der Nachkriegszeit am Studieren gehinderte junge, aber oftmals auch schon wesentlich ältere Menschen entdeckten einen Beruf, für den sie mit ihren Sprachkenntnissen die hinreichenden Bedingungen mitzubringen glaubten und stürzten sich, manchmal auch mangels geeigneter Alternativen, in das Abenteuer Simultandolmetschen. Es gab keine Lehr- und Ausbildungspläne, niemand wusste, über welche Fähigkeiten und Kenntnisse ein Dolmetscher neben der Beherrschung verschiedener Sprachen verfügen sollte oder müsste; und es bildete sich rasch ein so großer Bedarf heraus, dass Neuankömmlinge in diesem Beruf nicht immer mit den erforderlichen kritischen Ansprüchen empfangen wurden.

Heute dagegen führt der Weg in den Beruf für gewöhnlich über eine der etwa 12 bis 15 universitären Ausbildungsstätten in Europa und in Nordamerika. Es lässt sich zwar ebenso wenig wie in den Anfangsjahren belegen, dass eine formale Ausbildung unerlässlich ist, jedoch ist das Angebot junger Diplomempfänger heute so groß, dass Seiteneinsteiger es umso schwerer haben, sich einen Platz am Markt zu erkämpfen. Auch hier verweise ich im Augenblick auf den letzten Teil des Buchs, wo ich mich vor dem Hintergrund meiner eigenen, langjährigen Tätigkeit als Ausbilder von Simultandolmetschern näher mit dem Pro und Kontra einer universitären Ausbildung beschäftigen werde.

In diesem ersten Teil soll es zunächst darum gehen, den „Simultandolmetscher, das unbekannte Wesen" für einen Augenblick hinter dem Vorhang hervorzuholen und ihn näher vorzustellen. Wann und wie ist dieser Beruf entstanden? Wer übt ihn heute aus? Welche der vielen Berufsbezeichnungen, die in der Laiensphäre zu hören sind, sind zutreffend, welche sind falsch oder gar irreführend? Und wie weit soll die Unterscheidung zwischen Dolmetschern und Übersetzern gehen? Nach welchen Kriterien muss sie erfolgen? Worin liegt das Gemeinsame der beiden Berufe bzw. Tätigkeiten, und wodurch unterscheiden sie sich in erster Linie?

Sind Simultandolmetscher so hoch spezialisiert wie Stabhochspringer, die an der Weitsprunggrube kläglich versagen, obwohl auch dort Sportler antreten, die genau wie sie dem engeren Bereich der Leichtathletik zuzuordnen sind und deren Trainingsinhalte und -abläufe sich mit den ihren vergleichen lassen? Sind sie vergleichbar mit gewissen Zellen in unserem Organismus, die nur eine einzige, präzise bestimmte Funktion erfüllen bzw. eine einzige, mehr oder weniger komplexe Tätigkeit erbringen können? Oder verfügen sie über weitere Kompetenzen und Fähigkeiten, dank derer sie sich auch in benachbarten Feldern und nicht nur in ihrer Simultankabine betätigen können?

Simultandolmetscher operieren heute in einem Spannungsfeld zwischen großer Bewunderung für ihre Arbeit einerseits und andererseits einer spürbaren Unsicherheit bei der Einstufung ihres Berufs, der sich so vielen gängigen Beurteilungskriterien entzieht und über den sich viele Missverständnisse hartnäckig halten. Welche Einschätzungen gehören in das Reich der Mythen? Wie sieht die Realität heute aus? Soweit einige der Fragen, auf die in diesem ersten Teil Antwort gegeben werden soll.

Kapitel 1

Der Simultandolmetscher – das unbekannte Wesen

Der Beruf des Simultandolmetschers – ein unbekannter Beruf. Ein Beruf, von dem viele Menschen mit großer Bewunderung sprechen – ja, von dem sogar eine gewisse Faszination ausgeht. Ist die Feststellung, ein Beruf sei unbekannt, mit der Annahme, er übe Faszination aus, vereinbar? Sind freiberufliche Simultandolmetscher im Reich der freischaffenden Künstler beheimatet? Helfen uns die Muster und die materiellen Bedingungen ihrer Arbeit, vielleicht auch ihre Rolle in der Gesellschaft, sie ein wenig genauer zu verorten? Wie ist es bei ihnen mit dem Einkommensniveau, das schließlich immer wieder herangezogen wird, um einen Beruf einzuschätzen? Sind sie insofern eher mit freien Journalisten oder mit verwandten Berufen, wie Übersetzern und Sprachlehrern, zu vergleichen? Werfen wir einen Blick hinter die Kulissen, in die Kabinen der Simultandolmetscher, um Antworten auf diese Fragen zu versuchen. „Der Simultandolmetscher, das unbekannte Wesen" – diese Anspielung auf einen Aufklärungsfilm der Sechzigerjahre – soll Programm und Motto für die vorliegenden Aufzeichnungen sein.

Als ich vor vielen Jahren – die Tinte auf meinem Diplomzeugnis war noch nicht ganz getrocknet – zu meinem ersten Engagement aufbrach, besuchte ich auf dem Wege zum Konferenz-ort eine Tante und erzählte ihr voller Stolz von diesem ersten Schritt in mein Berufsleben. „Ja, bekommst du das denn auch bezahlt, mein Junge?", lautete ihre erste Reaktion. Immer wieder bin ich in den frühen Jahren meiner beruflichen Laufbahn Menschen begegnet, die erstaunt waren zu hören, dass die Tätigkeit des Dolmetschens durch eigens dafür ausgebildete, hochspezialisierte Experten für mehrsprachige Kommunikation ausgeübt wird. Dass viele dieser etwas schwer einzuordnenden Sprachprofis auf freiberuflicher Grundlage für Stunden oder Tage engagiert werden, um bei internationalen Zusammenkünften zu dolmetschen.

Es gibt Berufe, über die niemand ohne besonderen Anlass nachdenkt. Sie sind einfach zu fest in unseren Alltag eingewoben. Tagtäglich, ja routineartig haben wir mit ihnen zu tun, begegnen wir ihren Vertretern. Nehmen wir den Arztberuf: Wir denken zwar über die Arbeit des Arztes und ihre Inhalte nicht weiter nach, aber es würde uns auch nicht einfallen, von dem Arzt als unbekanntem Wesen zu sprechen. Es muss eine Anmutung von Geheimnisvollem im Spiel sein, es darf nicht auf den ersten Blick für jedermann zu beantworten sein, wie etwas gemacht wird, ob es überhaupt möglich ist, welche Fertigkeiten jemand mitbringen muss – es braucht eine gewisse Aura von Akrobatik und Zauberei. Denn sonst würden wir ja vielleicht auch von einem Dachdecker, dem in luftiger Höhe niemand auf die Finger sieht (daher „Das kannst du halten wie ein Dachdecker") oder von einem Tiefseetaucher, dem noch niemand von uns bei der Arbeit zugesehen hat, als dem „unbekannten Wesen" sprechen.

Sodann gibt es Berufe, über die wir aus dem gegenteiligen Grund nicht nachdenken: Sie sind am anderen Ende der Skala, weit weg von unserem Alltagsleben angesiedelt. Und sie werden womöglich von vielen Menschen gar nicht als Beruf betrachtet oder wahrgenommen. In diese Kategorie gehören auch die Simultandolmetscher. Über sie will ich schreiben, muss aber gleich einschränken, dass wir eigentlich von dem Berufsbild der Konferenzdolmetscher reden. Nicht jeder dieser besonders ausgebildeten Dolmetscher muss auch über die Kompetenz zum Simultandolmetschen verfügen, nicht alle dolmetschen in allen ihren Arbeitssprachen simultan, sondern manchmal nur gesprächsweise oder im später vorzustellenden Konsekutivmodus. Aber wir nennen uns lieber Simultandolmetscher, weil – unbekanntes Wesen hin oder her – diese Bezeichnung mehr aussagt. Und weil wir fast immer, wenn wir uns als Konferenzdolmetscher bezeichnen, gefragt werden, ob wir auch „dieses Simultan machen".

Wichtig für die Unterscheidung zwischen unbekanntem Wesen und vertrautem, alltäglichem Beruf ist auch die Frage, ob wir mit einem Beruf unwillkürlich ein bestimmtes Gesicht verbinden. Kaum ist vom Arztberuf die Rede, und schon sehen wir vor unserem geistigen Auge unseren Hausarzt. Dasselbe gilt für unseren Bäcker, den Pastor oder unseren Lieblingsmoderator im Fernsehen. Aber ein Simultandolmetscher? Wie steht es mit Ihrer Vertrautheit mit diesem Beruf und seinen Vertretern? Wenn Sie nicht in Ihrem persönlichen Umfeld einen solchen kennen und sich daher direkt an der Quelle über den Beruf informieren können, dann werden Sie die Simultandolmetscher mehr als die Vertreter anderer Berufe als unbekannte Wesen empfinden.

Zu dem unscharfen Bild, das die meisten Zeitgenossen von dem Beruf des Konferenzdolmetschers und erst recht von einzelnen Inhalten und dem ihm zugrunde liegenden Anforderungsprofil haben, passt die Beobachtung, dass viele Laien überrascht reagieren, wenn sie erste Einzelheiten erfahren: etwa dass diese hochspezialisierten Sprachmittler, die heute vorwiegend als Simultandolmetscher eingesetzt werden, ihren Beruf meistens im Rahmen eines Hochschulstudiums erlernen. Dass sie im Idealfall schon vor Aufnahme des Studiums überdurchschnittliche Sprachkenntnisse und -fertigkeiten mitbringen (schließlich soll das Studium keine Sprachausbildung sein). Oft sind Außenstehende auch erstaunt, dass nur relativ wenige Dolmetscher einen zweisprachigen Familienhintergrund aufweisen. Auch wissen die meisten nicht, dass Dolmetscher sich nach Abschluss der Ausbildung für eine Tätigkeit als angestellte bzw. beamtete Dolmetscher oder als sogenannte Freelancer entscheiden müssen – wenn alles gut geht, dann für die Dauer eines ganzen Berufslebens. Aber nur wenn es besonders gut geht, erreichen diese Freiberufler materielle und wirtschaftliche Bedingungen, wie sie auch anderen akademischen freien Berufen normalerweise zuteil werden.

Auf welche Annahmen und Spekulationen müssen wir uns stattdessen einstellen, wenn Außenstehende nach ihren Vorstellungen über die Simultandolmetscher befragt werden? Denken wir nur an zwei der häufig zu hörenden Reaktionen: „Sie wird Dolmetscherin, weil sie irgendetwas mit Sprachen machen wollte." Und „Dolmetscher? Das sind doch sicher die reinsten Sprachakrobaten!?" Wie sollte eine breitere Öffentlichkeit auch tiefere Einblicke in einen Beruf gewinnen, der praktisch immer im Verborgenen ausgeübt wird? Dessen Vertreter genau das Gegenteil von „ubiquitär" sind, wie in der Wissenschaftssprache viele Pflanzen und vor allem Kleinlebewesen genannt werden und wie es für die vielen, oben erwähnten „Alltagsberufe" zutrifft?

Simultandolmetscher bewegen sich in einer vergleichsweise abgeschlossenen Welt, im internationalen Konferenzbetrieb. Wer nicht gelegentlich an einer internationalen Konferenz teilnimmt, trifft womöglich sein ganzes Leben lang keinen Simultandolmetscher. Auch bei dem heute recht verbreiteten Simultandolmetschen im Fernsehen arbeiten wir im Verborgenen – insofern all denen vergleichbar, die nicht vor, sondern hinter der Kamera agieren. Und zahlreiche Zuschauer machen sich den Unterschied zwischen Verdolmetschung und Synchronisierung umso weniger bewusst, je besser die Simultanverdolmetschung ausfällt.

In der Außenwahrnehmung werden die zwei Berufe Dolmetscher und Übersetzer häufig verwechselt. Kaum jemand wird darüber nachdenken, dass es einerseits erhebliche Unterschiede zwischen einem Dolmetscher und einem Übersetzer gibt, andererseits jedoch die beiden ein gemeinsames Fundament haben, ja dass sie womöglich aus derselben Wurzel wachsen. Wer macht sich bewusst, dass perfekte Sprachkenntnisse – was immer darunter zu verstehen sein mag – nicht mehr darstellen als das Handwerkszeug des Dolmetschers – vergleichbar mit der Kelle des Maurers oder dem Flügel des Konzertpianisten? Erfolgreiches Übersetzen und Dolmetschen erfordert immer ein sicheres Verstehen von Text und Rede, aber bei Texten mit schwierigem, generell mit fachlichem Inhalt sind zusätzlich fachliche Kenntnisse unerlässlich. Ein Konferenzdolmetscher muss darüber hinaus von so vielen Fragen etwas verstehen, so viele, nicht nur rein sprachliche, sondern insbesondere kommunikationsspezifische Techniken der Sprachanwendung kennen und beherrschen, dass man geneigt sein könnte, ihn als einen der letzten Universalisten in der heutigen Zeit der exzessiven Spezialisierung zu sehen.

Etliche Jahre nach der eingangs wiedergegebenen Anekdote – die Tinte auf dem Diplomzeugnis war inzwischen längst getrocknet – fragte mich ein französischer Konferenzteilnehmer während der Kaffeepause, in welcher Firma der auf der Konferenz versammelten Branche ich denn mein Geld verdiente. „Ich bin einer der hier eingesetzten Simultandolmetscher", war meine Antwort, woraufhin er einen Moment lang nachdachte und zögerte, um dann zu bemerken: „Ah bon, warum auch nicht? Das ist sicher ein Beruf wie jeder andere." Er wollte mit dieser Formulierung wohl nicht auf eine Ähnlichkeit oder Vergleichbarkeit mit anderen Berufen hinaus, sondern vielmehr diesem, von ihm bisher nicht wahrgenommenen Metier seine ganz persönliche Anerkennung als Beruf aussprechen.

Wir erinnern uns an Berufe aus der Zeit unserer Kindheit, von denen wir niemals erwartet hätten, dass sie heute nicht einmal mehr als Relikte einer vergangenen Zeit existieren würden. Andere Berufe gibt es mitunter allenfalls noch in einer bis zur Unkenntlichkeit veränderten Form, wie zum Beispiel den des Schriftsetzers. Ganz anders hat sich der Beruf des Simultandolmetschers entwickelt, der damals gerade in den Kinderschuhen steckte. Schauen wir uns an, warum und inwiefern das lange Zeit eher flimmernde Bild von diesem Beruf in den letzten dreißig bis vierzig Jahren doch ein wenig an Schärfe gewonnen hat. Ich werde versuchen, mit meinen eigenen Gedanken und Erfahrungen zur Anhebung des Kenntnisstandes über dieses Berufsfeld beizutragen.

1. Dolmetschen – das zweitälteste Gewerbe der Welt

Apparaissait ensuite la légion des interprètes, coiffés comme des sphinx, et portant un perroquet sur la poitrine.[1]

In dem großen historischen Roman *Salammbô*, den Gustave Flaubert im Karthago des ersten punischen Krieges ansiedelt und den ein Kritiker als das „historische Haschisch Flauberts" bezeichnet hat, treten bereits Dolmetscher auf – und zwar nicht einer oder zwei, sondern eine ganze Legion. Sie sind offensichtlich eine sehr ranghohe Gruppe von Akteuren. Ihre sphinxartigen Frisuren sind Hinweis auf das Rätselhafte, das sie umgibt, und offenbar gab es schon damals dieses bis heute fortbestehende Missverständnis im Bezug auf ihre Tätigkeit: Sie tragen auf ihrer Brust einen Papagei – es wurde wohl bereits damals vermutet, dass sie wie ein Papagei, nur eben in einer anderen Sprache, nachplapperten, was sie hörten.

Wir wissen nicht, ob es sich bei dieser Legion von Dolmetschern um ehrenamtliche oder um professionelle Dolmetscher gehandelt hat, erfahren aber immerhin, dass ihre Funktion also schon vor zweitausend Jahren institutionalisiert gewesen ist. Schon lange vor dieser Zeit beschreibt Herodot, wohl zum ersten Mal, Dolmetscher, die in den zweisprachigen Gebieten im Süden des alten Ägyptens zum Beispiel zwischen Nubiern und Ägyptern vermittelnd tätig waren und sogar als eine eigene Kaste innerhalb der Gesellschaft geführt wurden. Am Hof der ersten Pharaonen waren die Prinzen von der Nilinsel Elephantine aus Familientradition Dolmetscher, gaben Titel und Funktion vom Vater an den Sohn weiter und erfreuten sich eines besonderen Ansehens als hohe Würdenträger.

Die Fähigkeit, eine andere Sprache als die eigene Muttersprache zu verstehen und zu sprechen, galt den Menschen jener Zeit als eine übernatürliche Gabe, wenn nicht gar als Macht, und so galt das Dolmetschen als etwas Magisches, das den Göttern und Herrschern vorbehalten war. Wir Dolmetscher der Neuzeit wollen aber nicht klagen und schon gar nicht mit dem Blick auf die heutigen Verhältnisse einen ebenso spektakulären wie bedauernswerten Abstieg unseres Metiers diagnostizieren. Denn wenige Jahrhunderte nach diesen paradiesischen Zuständen agierten auch unsere „antiken Vorbilder" nicht mehr nur in himmlischen Sphären. In dem Maße, da das Dolmetschen als Form der Kommunikation breitere Kreise erfasste, erfuhr es sehr bald eine gewisse Entzauberung. Dass es zunehmend zum Alltagsphänomen wurde, ist also durchaus nicht als neuzeitliche Entwicklung zu betrachten. Waren die Dolmetscher in den Anfängen ihres Berufs vorwiegend an den Höfen der Herrscher eingesetzt, so finden sich schon in der frühen Kirchengeschichte immer zahlreichere Hinweise auf ihre Berufsgruppe und ihr Wirken in einem banaleren Kontext. Der Evangelist Markus soll für Petrus aus dem Aramäischen in das Griechische gedolmetscht haben. Der griechische Kirchenvater Epiphanius von Salamis platzierte die in der Kirche während des Gottesdienstes eingesetzten Lateindolmetscher in der Rangfolge der Kirchendiener neben den Exorzisten, aber noch über den Leichenträgern.

Es lässt sich nicht bestimmen, wann das Dolmetschen als berufliche Tätigkeit seine Anerkennung erreicht hat – ob schon mit seinen Anfängen in der Frühgeschichte oder mit dem biblischen Turmbau zu Babel. Vielleicht etablierte das Dolmetschen sich auch unabhängig von einzelnen geschichtlichen Phasen dadurch, dass immer wieder Mächte wie das am Ende doch noch durch die Römer zerstörte Karthago von Siegermächten zu Besatzungsmächten wurden und ihren neuen Untertanen ihre Anweisungen mitzuteilen hatten. Gewiss ist, dass zu allen Zeiten zwischen Sprachen gedolmetscht, übersetzt, vermittelt oder überbrückt wurde. Die Bezeichnungen sind ebenso vielfältig wie die Vorstellungen über den Inhalt und die Mechanismen des Übersetzens vage und oftmals unzutreffend sind.

Immer häufiger enthalten dann die Aufzeichnungen aus den letzten zweitausend Jahren Hinweise auf den Einsatz von Sprachkundigen zum Dolmetschen und Übersetzen. Für Alexander den Großen wurde während seines Feldzugs in Mittelasien zwischen einer Vielzahl von Sprachen des persischen und indischen Kulturraums, aber auch dem Sogdischen und den hyrkanischen

Sprachen hin- und hergedolmetscht. Gaius Julius Cäsar beschreibt in seinem legendären Kriegsbericht *De bello gallico* den Einsatz seiner Militärdolmetscher.

Als die Stadt Konstantinopel im Jahre 1453 den Türken in die Hände fiel, führten diese das System der *Dragomanen* ein, die als „offizielle", beamtete Dolmetscher der Regierung zur Verfügung standen, und die neben ihren Sprachfertigkeiten jeweils Experten für ein anderes Land, seine Kultur und seine Gegebenheiten waren. Das „Dragomanenwesen" verdankte seine rasche Verankerung in erster Linie dem Umstand, dass im Osmanischen Reich Verlautbarungen der Regierung nicht veröffentlicht, sondern direkt den Dragomanen mitgeteilt wurden, die sie ihrerseits dann den Empfängern mündlich zuzustellen hatten.

Als Napoleon den Mamelukken in Ägypten erklärte, wie es mit ihnen weiter zu gehen habe, geschah dies mit Hilfe der in seiner Armee dienenden Dolmetscher. Und in der Armee des „Dritten Reiches" gab es während des Zweiten Weltkrieges tatsächlich so genannte Dolmetscherkompanien, in denen einfache Soldaten allein aufgrund ihrer Sprachfertigkeiten zu Offizieren oder mindestens zu Unteroffizieren der Wehrmacht aufsteigen konnten.

Dabei waren die ersten Anfänge des Berufs sicherlich durch ein wenig strukturiertes, eher spontanes und weitgehend empirisches Arbeiten der Dolmetscher geprägt, für die es keine formale Ausbildung gab und deren Tätigkeit ebenso wenig wie die an sie anzulegenden Kriterien in irgendeiner Weise theoretisch reflektiert wurde. Und natürlich gab es weder zu der Tätigkeit selbst noch zu den an sie anzulegenden Kriterien eine Analyse oder gar eine Theorie. Das A und O für eine Qualifikation als Dolmetscher waren die Kenntnisse der anderen Sprache und ihrer „kulturellen" Gegebenheiten – nur auf dieser Grundlage wurde in der Vergangenheit jemand als Dolmetscher herangezogen.

2. Am Tisch mit den Großen dieser Welt

Natürlich muss einer zwei oder drei Sprachen perfekt sprechen, möglichst im Land gewesen sein. Aber damit ist er noch lange kein Dolmetscher. Die allgemeine Bildung ist mindestens ebenso wichtig, und irgendein Studium sollte jeder haben. Nach meinen Erfahrungen am besten ein juristisches. Das schafft die richtigen Denkkategorien und die Exaktheit. Aber das ist auch noch nicht alles. Rednertalent, Auftreten und noch einiges andere ... Denken Sie an das Lampenfieber, es ist nicht immer leicht, damit fertig zu werden. [2]

Diese grundlegende Äußerung über den Dolmetscherberuf verdanken wir André Kaminker, Simultandolmetscher der ersten Stunde, Gründungs- und später Ehrenpräsident des Dolmetscher-Weltverbandes AIIC. Wie schon angedeutet, haftete den Dolmetschern immer, wahrscheinlich in den Anfängen stärker als in späteren Zeiten, eine Aura von Auserlesenen, von Medizinmännern, von Privilegierten an, die aufgrund ihrer intimen Kenntnisse nicht nur von fremden Sprachen, sondern gerade auch von fremden Kulturen und Denkweisen – beinahe als Gurus galten. Man zog sie wegen ihrer ebenso geachteten wie bewunderten, gleichwohl für viele Menschen unerklärlichen Fähigkeit heran, sich in zwei Sprachen gleichermaßen sicher auszudrücken. Dabei agierten die Dolmetscher zu jeder Zeit – vielleicht einmal abgesehen von den ebenso glorreichen wie vielleicht etwas mythisch überhöhten Anfängen – in einem Spannungsfeld, an dessen gegenüber liegenden Polen hier jener hochgeschätzte, unverzichtbare „Sprachguru" und dort der manchmal lästige, die absolute Vertraulichkeit eines Gesprächs potenziell in Frage stellende Dienstleister stand und auch heute noch steht.

Eines der wichtigsten Merkmale des Dolmetscherberufs, das in seiner Bedeutung für die Bewertung und das Ansehen des Dolmetschens bis heute seine Gültigkeit behalten hat, war von Anfang an gegeben: Der Dolmetscher erlebte die größtmögliche Nähe zu den Großen und Mächtigen dieser Welt und redete mit ihnen – ohne jemals für sie sprechen oder mit ihnen irgendetwas entscheiden zu können. Ich werde an anderer Stelle auf diesen Aspekt der Arbeit und auf seine Bedeutung auch für die Persönlichkeit des einzelnen Dolmetschers näher eingehen. Der Artikel des Journalisten Peter Härlin aus dem Jahre 1950, aus dem das oben wiedergegebene Zitat von André Kaminker stammt, endet jedenfalls mit dem Hinweis: „Wo sich die Herren dieser Welt zusammensetzen, sind sie dabei, selbst große Herren und unentbehrlich wie die anderen. Sie ziehen die Drähte zwar nicht, aber sie sehen, wie sie laufen."

Diese Nähe zu den Großen und Mächtigen dieser Welt, aber auch deren Vertrauen in ihre Dolmetscher, beruhten grundsätzlich und vom ersten Tag an auf einer Vorbedingung, die aus zahlreichen, sehr unterschiedlichen Gründen bei uns „Dolmetschern der Moderne" nicht mehr regelmäßig vorausgesetzt werden kann: Die Dolmetscher waren selbst gebildete Persönlichkeiten von großem Format, und dies galt auch noch am Anfang des 20. Jahrhunderts, als die ersten Konsekutivdolmetscher beim Völkerbund tätig waren. Diese entwickelten dann über einen Zeitraum von 20 – 30 Jahren aus eigener Initiative das Simultandolmetschen. Der Aufschwung des Dolmetschens wurde maßgeblich durch die Entwicklung des Völkerbundes bzw. seit 1946 der UNO und weiterer internationaler Organisationen unterstützt. Zu Beginn der fünfziger Jahre etablierte sich dieser, in seiner modernen Form junge Beruf und gab sich einen internationalen Verband: die *Association Internationale des Interprètes de Conférence* (AIIC).

Einer dieser ganz Großen war André Kaminker, Ehrenpräsident der AIIC. In dem zitierten, heute etwas betulich zu lesenden Artikel der „Deutschen Zeitung und Wirtschaftszeitung" vom Oktober 1950 wird er als einer der allerersten professionellen Konferenzdolmetscher beschrieben. Auf nüchterne und bewundernde Weise zugleich schildert der Redakteur einen seiner Auftritte, bei dem er eine Konsekutivverdolmetschung ohne Notizblock und Bleistift und doch in absoluter Perfektion „hinlegte". Nach dem Geheimnis dieser spektakulären Leistung befragt, antwortete Kaminker in der ihm eigenen Bescheidenheit, eine gewisse Vertrautheit mit dem Thema sowie äußerste Konzentration reichten, um einen fünfzehnminütigen Vortrag „aus dem Kopf" zu dolmetschen. Und schließlich: Mehr als zwei oder drei Gedanken könne kein Redner in einer solch kurzen Zeit sinnvoll behandeln. Ich vermute, dass er diese Äußerung wohl eher nicht als „Handreichung" für zukünftige Kollegen meinte – aber eignen würde sie sich dafür allemal. Auf diesen „klassischen" Ansatz komme ich im Unterkapitel zur Ausbildung zurück. Er dürfte vielen Ausbildern von heute als revolutionär und nicht machbar vorkommen.

Der gebürtige Franzose und ausgebildete Jurist Kaminker war zunächst nur nebenher Dolmetscher und ging während des Krieges mit dem späteren französischen Staatspräsidenten General de Gaulle nach England, wurde dort Offizier in dessen Stab und später als französischer Dolmetscher nach Lake Success abkommandiert. Dieses Dorf im US-Bundesstaat New York war von 1946 bis 1951 Sitz der Vereinten Nationen. Kaminker blieb dreieinhalb Jahre lang in dem Pool der legendären Dolmetscher, die in Lake Success bei den konstituierenden Tagungen zur Vorbereitung der Versammlung der Vereinten Nationen tätig waren. Es waren die Jahre, als die ersten Protagonisten des „modernen" Konferenzdolmetschens immer häufiger aufgefordert wurden, anstelle des zeitraubenden Konsekutivdolmetschens ihre Arbeit in einer so genannten Simultankabine zu verrichten. André Kaminker hatte dazu seine ganz eigene Einstellung, die sicher von den Besten jener Zeit geteilt wurde:

Keiner von uns mag die Arbeit in den Kabinen. Sie ist mit Fixigkeit und gutem Wortschatz zu bewältigen. Das ist eigentlich keine Arbeit für einen ausgewachsenen Dolmetscher. Ich glaube auch nicht, dass dadurch wirklich Zeit gespart wird. Die Mikrophone verleiten die Redner zur Weitschweifigkeit. Wer weiß, dass seine Rede hinterher gedolmetscht werden muss, fasst sich kurz und präzise und überlegt es sich, ehe er noch einmal um das Wort bittet. Wenn in mehr als eine Sprache gedolmetscht werden muss, ist es natürlich etwas anderes.[3]

Dies waren auch die Jahre, in denen der schon zitierte Journalist Peter Härlin schreiben konnte: „Die wirklich perfekten Dolmetscher sind auf der Welt ebenso selten wie die guten Tenöre. Sie haben auch sonst viel Ähnlichkeit miteinander.“ Diese „wirklich perfekten“ Dolmetscher mögen geahnt haben, dass mit dem Aufschwung des Simultandolmetschens, mit der sprunghaften Ausweitung des Bedarfs an Dolmetschern, eine Verwässerung einhergehen würde, dass die Fertigkeiten und Tugenden, mit denen die großen Dolmetscher in der Zeit vor der „Simultankultur“ auf sich aufmerksam gemacht hatten, schon bald nicht mehr so im Mittelpunkt stehen würden, wie dies auf der Bühne des Konsekutivdolmetschens zwangsläufig der Fall war. Die weitere Entwicklung hat in der Tat gezeigt, dass es beim Simultandolmetschen ungleich schwieriger ist, die Kriterien wahrer Könnerschaft zu überprüfen und die Spreu vom Weizen zu trennen.

3. Konferenzdolmetschen – ein altes Metier kommt in der Moderne an

Einige Jahre lang waren die so genannten Dolmetscherpools bei einer Handvoll internationaler Organisationen bereit, gegen genormte Tagessätze und zu bestimmten Konditionen ihre Dolmetscher für andere internationale Konferenzen auszuleihen. Sehr schnell jedoch nahm der Bedarf an „freien“ Konferenzdolmetschern zu, und auch der neu gegründete Internationale Verband AIIC entwickelte eine so große Anziehungskraft, dass seine Gründungsmitglieder zunächst alle Hände voll zu tun hatten, um das durch sie definierte Qualitätsniveau gegen einen einsetzenden „Massenbetrieb“ zu verteidigen. Es ist sicher richtig zu sagen, dass diese Bemühungen noch Jahrzehnte lang erfolgreich waren. Zu Beginn der neunziger Jahre jedoch setzte aus verschiedenen, von außen auf den Beruf einwirkenden Ursachen eine Entwicklung ein, die sich mit der allgemeinen Deregulierungswelle in anderen Berufen und Gewerben vergleichen lässt und die über fast fünfzig Jahre hinweg geschaffenen Strukturen der Berufsszene, vor allem im Hinblick auf die Arbeits- und Vergütungsbedingungen weitgehend „aushebelte". In weiteren fünfzig Jahren wird der Chronist hier womöglich von einer Heimsuchung sprechen müssen, der ein aktiverer Berufsverband sich viel massiver hätte entgegenstemmen müssen, als dies bei den Konferenzdolmetschern der Fall war.

Wenn heute, im 21. Jahrhundert, der Gleichung „Konferenzdolmetscher + AIIC = internationale Topqualität" nicht mehr in allen Fällen blind vertraut werden kann, so hat dies eine Reihe von Gründen, die auch im Umfeld des Berufs liegen und die nicht alle durch eine andere Berufspolitik hätten ausgeschlossen werden können. Der wichtigste Grund liegt wohl darin, dass es in einem halben Jahrhundert nicht gelungen ist, eine Berufsbezeichnung, ob nun Konferenz- oder Simultandolmetscher oder etwas Ähnliches schützen zu lassen. Ein zweiter Grund liegt darin, dass der Weltverband AIIC sich in seiner Ausrichtung und Entwicklung in den letzten Jahrzehnten, sicher verständlicherweise, am beruflichen Profil seiner Mitglieder ausgerichtet hat, die mehrheitlich bei internationalen Organisationen fest oder als „feste Freie" beschäftigt sind. Daraus ergibt sich eine Interessenkonstellation, die zwangsläufig eher zu gewerkschaftlichen Strukturen und Denkweisen führt.

Für die vorwiegend am Konferenzmarkt oder Privatmarkt tätigen freien Dolmetscher, die in Deutschland wie in vielen anderen Ländern, in denen keine großen internationalen Organisationen ihren Sitz haben, die Mehrheit darstellen, wäre ein Schutz der Berufsbezeichnung wichtiger als die minutiöse Festlegung von Arbeitszeiten und Pausen. Diese Freelancer sind in ihrem Umfeld mitunter von größerer Bedeutung für die Wahrnehmung des Berufs in der Öffentlichkeit und stellen doch in ihrem Verband heute in vielen Ländern eine Minderheit dar. Im Übrigen hatte der Verband ähnlich wie seine Protagonisten der ersten Jahre zu jeder Zeit mit dem Problem zu tun, wie unter dem Dach eines Berufsverbandes, aber auch generell in der ganzen Berufsszene zwischen Spreu und Weizen getrennt, wie unter Kollegen ein Mindestmaß an Qualitätssicherung gewährleistet werden kann. Sein natürliches Interesse an Repräsentativität für den gesamten Berufsstand und damit an einem möglichst hohen Organisationsgrad der fest angestellten und auch der freien Konferenzdolmetscher stand immer im Widerspruch zu den Qualitätsansprüchen, die seit den Anfängen an neue Mitglieder gestellt wurden und werden.

Dabei präsentiert der Weltverband der Konferenzdolmetscher sich in seiner momentanen Verfassung und gerade am Ende dieser Entwicklung eigentlich nur als Spiegelbild der globalisierten Welt. Die Maßstäbe und Kriterien der ersten dreißig bis vierzig Jahre sind unter anderem auch wegen einer Reihe von Maßnahmen gegen mutmaßliche Wettbewerbsbeschränkungen, durch ein Urteil der obersten US-Behörde und die Politik der EU im Sinne einer de facto-Deregulierung, die diesen Beruf wie viele andere erfassen sollte, ins Wanken geraten. Leider ist es nicht gelungen, rechtzeitig, das heißt solange die Berufsangehörigen und ihr Weltverband die Gestaltungshoheit weitestgehend für sich besaßen, neue Rahmenbedingungen zu erarbeiten und für alle Betroffenen bindend festzulegen.

Ein Blick auf die Entwicklung des Markts der freiberuflichen Übersetzer in den zurückliegenden fünfzig Jahren ist hier übrigens recht aufschlussreich. Es sind grundsätzlich andere Strukturen, in denen dieser Beruf verfasst und organisiert ist. Ein Äquivalent zur AIIC hat sich für die Übersetzer nie entwickelt. Und so hat es seit eh und je in ihrem Revier fast nur Jäger und praktisch keine Heger und Pfleger gegeben. Die ebenfalls ungeschützte Berufsbezeichnung des Übersetzers oder Fachübersetzers ist noch schwieriger zu verifizieren und zu validieren als die des Dolmetschers, und wirtschaftlich ist es den freien Übersetzern daher nur in Ausnahmefällen so gut gegangen wie dem Durchschnitt der Dolmetscher.

Es ist vor dem Hintergrund der Entwicklung in den zurückliegenden zwanzig Jahren zu hoffen, dass der Weltverband der Konferenzdolmetscher uns als Vertretungsorgan des gesamten Berufsstands so effizient wie nur möglich erhalten bleibt und dass andererseits jeder einzelne Vertreter des Berufs durch die Qualität seiner Leistung und sein professionelles Auftreten mit dazu beiträgt, das Ansehen und das Prestige des Berufs hochzuhalten. Natürlich spielen auch die universitären Ausbildungs-

cuic !

Beim Konsekutivdolmetschen kommen die wahren Könner zur Geltung

stätten hier eine entscheidende Rolle. Leider ist es noch immer nicht selbstverständlich, dass das an ihnen eingesetzte Lehr- und Ausbildungspersonal grundsätzlich und ausnahmslos aus dem Kreis der praktizierenden Dolmetscher rekrutiert wird – zumindest was die Ausbildung in den eigentlichen Fertigkeiten des Dolmetschens betrifft. Genauso selbstverständlich sollte es sein, dass dieser Personenkreis auch mit den Gegebenheiten, mit den Zwängen und den Problemen der Berufspraxis vertraut ist.

Wahrnehmung und Wirklichkeit eines Berufs

Es wird im Folgenden noch häufig Gelegenheit geben, auf die Wahrnehmung der Simultandolmetscher durch die nicht näher informierte Öffentlichkeit einzugehen. Manch einer hält sie schlicht und einfach für wandelnde Sprachwunder. Andere denken bei ihnen an ein Leben nicht voller Mühen aus dem Koffer, sondern in Saus und Braus zwischen Paris, New York und Rio. Wieder andere tun sich schwer schon mit der schlichten Berufsbezeichnung.

Beginnen wir also mit den Grundlagen, und sichern wir uns zunächst ein wenig Basiswissen – über die zutreffende Berufs- und Tätigkeitsbezeichnung, die verschiedenen „Disziplinen" des Dolmetschens, die Streuung der Auftraggeber und Einsatzfelder und einiges weitere mehr. Zuvor darf ich jedoch ein erstes Mal auf eine Textquelle zurückgreifen, auf die ich so gut wie immer angesprochen werde, wenn mich jemand nach meinen Beruf fragt. Ich meine den Roman *Mein Herz so weiß* von Javier Marías, in dem sich, wohlgemerkt in einem Nebenstrang zur Haupthandlung, hoch interessante Überlegungen zum Beruf der Dolmetscher und Übersetzer finden. Auf durchaus amüsante Art und Weise wird dabei geschildert, wie zwei Dolmetscher (nicht simultan, sondern einen halben Schritt nach hinten versetzt bei ihren „Kunden" sitzend) den Gang und den Inhalt des Gesprächs völlig entstellen und den Beweis dafür antreten, dass dies sogar möglich ist, ohne dass die gedolmetschten Personen es überhaupt bemerken.

Jemand, der diesen Beruf nicht ausgeübt hat, mag denken, dass er amüsant oder zumindest interessant und abwechslungsreich sein muss, mehr noch, er mag sogar denken, dass man sich gewissermaßen sogar im Zentrum der Entscheidungen der Welt befindet und vollständige, privilegierte Information aus erster Hand erhält.[4]

Wir werden weiter unten ausführlicher darauf zurückkommen. Die Art, wie Javier Marías sich das Leben der Dolmetscher (und auch der Übersetzer) vorstellt, erwächst natürlich seinem Anliegen, spottend, humorvoll, literarisch verzerrt über einen Beruf am Rande zu reden und den einen oder anderen Aspekt exotisch zu stilisieren. Lassen wir das Anliegen des Literaten kurz bei Seite, so lässt sich dennoch fragen, ob dies nicht die Vorstellungen einer ebenso breiten wie uninformierten Öffentlichkeit sind. Durch eben solche Vorstellungen lassen sich zahllose junge Menschen an die Dolmetscherschulen locken, und die Zyniker unter uns behaupten gar gelegentlich, viele praktizierende Dolmetscher hätten noch nach Jahren nicht bemerkt, dass ihr Berufsalltag sich von den schwärmerischen Vorstellungen der Jugend- und Studienjahre doch erheblich unterscheidet.

Beginnen wir mit einigen praktischen Fragen: Wo und wie sind Konferenzdolmetscher heute tätig, und welchen Herausforderungen müssen sie in welchen verschiedenen Einsatzbereichen gerecht werden? Stehen sie im Zentrum der Entscheidungen der Welt? Üben sie einen amüsanten, interessanten, abwechslungsreichen Beruf aus? Geben Sie in eine der für Internetrecherchen verwendeten Suchmaschinen den Begriff „Dolmetscher" ein, so bekommen Sie ungefähr 135.000 Einträge angeboten. Daher sei zur Einschränkung des Untersuchungsgegenstandes, wie es in Studien oft heißt, sogleich festgehalten, dass wir im vorliegenden Zusammenhang eigentlich nur über einige der berühmten Stecknadeln in dem riesengroßen Heuhaufen reden wollen, mit dem ich diese unüberschaubare Vielfalt von eingetragenen Dolmetschern vergleichen möchte. Die Öffentlichkeit redet von Dolmetschern und trennt oft nicht sorgfältig genug zwischen diesen und den Übersetzern. Wir dagegen reden von Konferenzdolmetschern und meinen damit meistens die Simultandolmetscher bzw. Konferenzdolmetscher mit Simultankompetenz. Von dieser Spezies der Konferenzdolmetscher gibt es in Deutschland zurzeit höchstens 400 bis 500, die hauptberuflich von dieser Tätigkeit leben, und in Europa schätzungsweise die zehnfache Zahl.

Zur Terminologie: Synchronsprecher – Simultanübersetzer – Paralleldolmetscher

Bevor ich die verschiedenen Modalitäten vorstelle und charakterisiere, nach denen diese Konferenzdolmetscher ihrer Arbeit nachgehen, gebietet sich ein Wort zu den korrekten, aber auch und besonders zu den vielen ungenauen, gelegentlich abwegigen Berufsbezeichnungen. Bezüglich der Terminologie herrscht große Konfusion, die offenbar auch durch den regelmäßigen Einsatz von Dolmetschern im Fernsehen nicht aufgehoben, wie man meinen könnte, sondern eher noch vergrößert wird. Kürzlich wurde ich gebeten, für eine Konferenz ein Team von Synchronisationsübersetzern zusammenzustellen. Nach einem TV-Einsatz bemerkte einer meiner Bekannten, er habe die Synchrondolmetschung gut gefunden. In meinen ersten Berufsjahren fragte mich eine Verwandte einmal, ob ich nun einer dieser „Montandolmetscher" sei. Sicher, damals gehörte die Montanunion zu den ersten internationalen Organisationen, bei denen Simultandolmetscher eingesetzt wurden, aber namensgebend war sie deshalb noch lange nicht.

Die US-Amerikaner machen es sich da leichter: Bei ihnen ist es immer der *translator,* und wer ihnen erklärt, er sei *interpreter,* wird mitunter zu ausführlichen Erklärungen genötigt. Im Französischen wird der Dolmetscher als *interprète* bezeichnet, was uns deshalb besonders gefällt, weil schon aus dem Wort ein wesentlicher Aspekt der Arbeit und Aufgabe des Dolmetschers hervorgeht. Dennoch sprechen auch viele Franzosen unter dem Einfluss des amerikanisch-englischen Begriffs *translator* vom *traducteur* und müssen den Unterschied zwischen *traducteur* und *interprète* erst erläutert bekommen.

Also: Wir sind Simultandolmetscher, und unser Produkt ist streng genommen die Simultanverdolmetschung. Diesen etwas sperrigen Begriff umgehen allerdings auch viele Simultandolmetscher, indem sie einfach von der Simultanübersetzung sprechen. Dabei ist das Simultandolmetschen allerdings, wie bereits angesprochen, nur eine, wenngleich heute die häufigste der verschiedenen Formen des Dolmetschens, in denen wir ausgebildet werden. Dennoch verwenden wir den Begriff Simultandolmetscher gerne und immer häufiger als allgemeine Bezeichnung dessen, was wir tun. Dies liegt daran, dass wir auf den Hinweis, wie seien Konferenzdolmetscher, immer wieder gefragt werden: „Können Sie denn dann auch ‚dieses Simultanübersetzen?'" Nun aber zu den verschiedenen Modalitäten des Dolmetschens. Wir werden sehen, dass die Terminologie mit „Konsekutiv" und „Chuchotage" nicht eben einfacher wird.

4. Die verschiedenen Modalitäten des Dolmetschens

Konsekutivdolmetschen – Manege der wahren Könner

Bei dieser früher auch als Vortragsdolmetschen bezeichneten Form oder Technik des Dolmetschens hört der Dolmetscher zunächst die vorgetragene Rede ganz oder teilweise an, während er sich nach einem äußerst individuell konzipierten System Notizen macht. Sodann trägt er das Gehörte in der Zielsprache vor, wobei er sich seiner im Idealfall spärlichen Notizen bedient und sich so spontan wie möglich, ohne viel abzulesen, an seine Zuhörer wendet. Diese Form des Dolmetschens ist mit einem erheblichen Zeitaufwand verbunden, wenngleich für das Dolmetschen nur in Ausnahmefällen nochmals dieselbe Zeit wie für die Ausführungen des Redners zu rechnen ist. Das Konsekutivdolmetschen hat einen etwas zeremoniellen Charakter, und die regelmäßigen Unterbrechungen des Redners durch seinen Dolmetscher wirken mitunter zäh und störend. Daher wird konsekutiv heute vorwiegend bei mehr oder weniger feierlichen Anlässen, bei Begrüßungsansprachen und bei kurzen Einsätzen, die protokollarisch mit dem Aufstellen von Simultankabinen nicht vereinbar erscheinen, gewählt. Da die Dolmetscher ihre Kabinen nicht wie Schneckenhäuser auf dem Rücken tragen, gilt dies auch für Einsätze mit mehrfachen Ortswechseln in kurzer Zeit. Dort, wo intensiv Fachinhalte vermittelt werden müssen, ist das Konsekutivdolmetschen nicht die Modalität der Wahl, unter anderem deshalb, weil die meisten Dolmetscher Notizensysteme (wenn überhaupt Systeme) verwenden, die sich für das Festhalten von Fachtermini und technischen Inhalten nicht eignen.

Unbeschadet dessen achten erfahrene Auftraggeber von Konferenzdolmetschern gerade bei konsekutiv gedolmetschten Ansprachen besonders aufmerksam auf die Qualität der Dolmetscher, da hier, deutlicher und unmittelbarer als in der Simultankabine, die wahre Qualität eines Dolmetschers an den Tag kommt. Ob jemand das Rüstzeug besitzt, über das jeder Konfe-

renzdolmetscher verfügen sollte und ohne das ein Simultandolmetscher über das bloße Aneinanderreihen von Wörtern nicht
hinauskommen kann, oder ob er bei den später noch zu schil-
dernden „Kernkompetenzen" Lücken aufweist, das nimmt das
Publikum des Konsekutivdolmetschers genau unter die Lupe.
Die Analyse des Gehörten, das eigentliche Übersetzen, das erneute Zusammenstellen des Verstandenen und Übersetzten zu
einem rhetorisch angemessenen und gut artikulierten Vortrag
– und all dies vor seinen kritischen Zuhörern – diese für jegliches Dolmetschen gültigen Prozesse und Gegebenheiten lassen
sich bei einem Konsekutivdolmetscher trefflich beobachten und
studieren – nach und nach, eben konsekutiv, und nicht in der
für den Laien oft schwierig aufzulösenden Überlagerung der Abläufe, wie sie für das Simultandolmetschen charakteristisch ist.

Eine sinnvoll angelegte Ausbildung zum Konferenzdolmetscher beginnt daher auch mit einfachen Übungen im Konsekutivdolmetschen. Es hat nämlich keinen Sinn, angehende Dolmetscher in eine Simultankabine zu setzen und von ihnen die
Überlagerung bzw. das teleskopartige Ineinanderschieben der
genannten Prozesse zu fordern, ohne sicher gestellt zu haben,
dass sie diese im Einzelnen überhaupt leisten können. Weitere
Überlegungen zur Ausbildung von Dolmetschern erhalten ihren eigenen Raum im vierten Teil des Buchs, der sich verstärkt
an junge Interessenten für den Beruf des Simultandolmetschers
wendet. Dort wird auch die Antwort auf eine weitere Lieblingsfrage vieler Konferenzteilnehmer gegeben. Je vollständiger ein
Konsekutivdolmetscher lange Redezusammenhänge wiedergibt, desto häufiger wird er von seinen Zuhörern gebeten, ihnen
Einsicht in seine Notizen zu geben. „Wie machen Sie das nur?
Derartig komprimierte Dinge so vollständig festzuhalten – Sie
müssen ja ein perfekter Stenograph sein …!"

Bei näherem Hinsehen wird schnell klar, dass die Schrift des
Stenographen voll von Merkmalen ist, die ein Dolmetscher nicht
benötigt, um sich das Gesagte zu merken. Diesem geht es, wie ich
es gerne bildhaft beschreibe, darum, die Haken zu notieren, an
denen er die sorgfältig angehörten Gedanken und Einzelheiten
aufhängt, um sich bei der Wiedergabe in die andere Sprache si-

cher an sie erinnern zu können. Er notiert nicht alle Gedanken, weil er sie unmittelbar danach beim Vortragen gar nicht richtig analysieren könnte. Und er benutzt für seine Notizen nicht einen Code, in den er das Gehörte ja zunächst übersetzen müsste. Mehr dazu in den folgenden Kapiteln.

Simultandolmetschen – Die Königsdisziplin des Dolmetschens?

Ist das Simultandolmetschen eine logische und natürliche Weiterentwicklung der in der Vergangenheit verwendeten Modalitäten des Dolmetschens? Wurde irgendwann, bildhaft gesprochen, ein Gesprächs- oder Konsekutivdolmetscher ins Wasser geworfen und man stellte fest, dass er schwimmen konnte? Einiges scheint auf diese Variante hinzudeuten, obwohl auch gelegentlich eine von den Zuhörern ausgehende Version zu hören ist. Man habe die periodischen Unterbrechungen durch den Dolmetscher als störend empfunden und Techniker beauftragt, sich ein System auszudenken, das alle Nachteile der konsekutiven Arbeitsweise vermeiden und den Dolmetscher aus dem Mittelpunkt des Geschehens entfernen sollte. Als dann die erste rudimentäre Simultantechnik vorgestellt wurde, habe „der Rest" sich wie von selbst ergeben.

Dieser Genese widerspricht die Auffassung derer, die das Simultandolmetschen für eine völlig eigenständige Form des Übersetzens halten, die mit den anderen Modalitäten des Dolmetschens ebenso wenig zu tun habe wie mit dem schriftlichen Übersetzen. Ich muss fairerweise sogleich festhalten, dass auch viele meiner Kolleginnen und Kollegen dieser Ansicht sind. Sie behaupten zwar nicht, das Simultandolmetschen sei durch eine Art von Urknall entstanden, und sie verkennen nicht, dass es zuerst von Dolmetschern praktiziert wurde, die zuvor die anderen Techniken des Dolmetschens gepflegt hatten. Und doch ist für sie das Simultandolmetschen etwas völlig Eigenständiges, eine Tätigkeit *sui generis*.

Ich persönlich glaube, dass es einerseits mit den anderen Formen des Dolmetschens und Übersetzens eine Vielzahl von Gemeinsamkeiten aufweist. Es besitzt jedoch andererseits auch eine gewisse Eigenständigkeit und viele Besonderheiten, und hier bahnt sich ein brauchbarer Kompromiss zwischen zwei sich widersprechenden Sichtweisen an: Es scheint, als hätte sich das Simultandolmetschen von den klassischen Modalitäten des Dolmetschens so weit weg entwickelt, dass es inzwischen eine ganz eigene Form des Dolmetschens darstellt.

Gegen die Annahme, der Beruf des Simultandolmetschens sei einfach „vom Himmel gefallen", spricht also die Tatsache, dass die allerersten Simultandolmetscher diejenigen Konferenzdolmetscher waren, die in den Jahren vor Einführung der Simultantechnik und der Kabinen bereits als Konsekutivdolmetscher gearbeitet hatten. Beziehungsweise als „ausgewachsene Dolmetscher", wie sich der oben zitierte André Kaminker ausdrückte. Sie erwarben die Fertigkeiten zum Simultandolmetschen sozusagen auf lineare Weise auf der Basis ihrer früheren Tätigkeit – oder wie oben angedeutet so, wie jemand das Schwimmen erlernt, der nicht untergehen möchte. Da sie aber bereits mit den sprachlichen und kommunikativen Aspekten des Dolmetschens vertraut waren, mussten sie nur noch, jeder einzeln für sich, herausfinden, ob diese neue Art zu dolmetschen ihnen lag, d. h. mit ihrer Denk- und Arbeitsweise vereinbar war, und ob sie sich der Mühe unterziehen wollten, es dabei so schnell wie möglich zu einer gewissen Fertigkeit zu bringen. Ich erinnere mich, dass ich zum Beispiel meine Gehversuche beim Windsurfen nach einigen Tagen eingestellt habe – während ich heute noch immer sehr gerne schwimme und auf Jollen segele.

Gegen die „Evolutionstheorie" und damit für einen wie auch immer gearteten „Schöpfungsakt" spricht möglicherweise die Tatsache, dass sich nach der Gründung der AIIC, zu Beginn der 50er Jahre des letzten Jahrhunderts, ein regelrechter Run auf den neuen Beruf einstellte. Dieser massive Zulauf wurde in erster Linie durch die versprengten und geflohenen Rückkehrer aus den Wirren des Zweiten Weltkriegs gespeist, die durch ihre Flucht ins Exil mehrsprachig geworden waren und sich nun auf ihre meistens solide bürgerliche Bildung besannen. Nach allem, was damals kolportiert wurde, waren dies die eigentlichen Voraussetzungen für den Dolmetscherberuf, zu denen allerdings bisweilen der berühmte glückliche Zufall oder auch der schon bestehende Kontakt zu einem Vertreter dieses kleinen und jungen Berufszweiges hinzukommen musste.

Träfe die Annahme zu, dass die Simultanarbeit von den Dolmetschern eine völlig neue Einstellung, eine andere Konditionierung verlange, da es sich der zitierten Auffassung zufolge um eine Art des Übersetzens *sui generis* handelt, bei der die Routinen und Reflexe anderer Modalitäten des Dolmetschens sich eher als störend erweisen könnten, dann müssten Seiteneinsteiger, die ihre Dolmetscherlaufbahn direkt in der Kabine beginnen, es im Grunde einfacher haben als ihre bereits in den anderen Formen des Dolmetschens erfahrenen Kollegen. Erinnern wir uns daran, wie abfällig der große André Kaminker sich über das Simultandolmetschen äußerte. Ich schließe mich ihm insofern an, als das Simultandolmetschen auch für mich nicht die Königsdisziplin darstellt – auch wenn es heute mit einem Anteil von sicher mehr als achtzig Prozent an den verdolmetschten Anlässen die häufigste und damit auch wirtschaftlich wichtigste Form des Dolmetschens darstellt. Gleichzeitig jedoch sehe ich vielfältige Verknüpfungspunkte und Interaktionen zwischen dem Simultandolmetschen und allen anderen Formen, vom frühesten Gesprächsdolmetschen bis hin zum hochentwickelten Konsekutivdolmetschen, so dass eine Alleinstellung im Sinne eines Übersetzungsaktes *sui generis* für mich zumindest nicht zwingend ist. Auf diese Frage werde ich mehrfach zurückkommen.

Man hört immer wieder, das Simultandolmetschen sei anlässlich der Nürnberger Kriegsverbrecherprozesse unmittelbar nach dem Zweiten Weltkrieg entstanden. Als Erfinder des Simultandolmetschens – sofern es je einen Erfinder gab – nennt Henri van Hoof in seinem Bändchen *Théorie et pratique de l'interprétation,* aus dem ich die eine oder andere Erkenntnis insbesondere zu den Anfängen des Dolmetschens gewonnen habe, den Amerikaner Edward Filene aus Boston, der schon lange vor dem Zweiten Weltkrieg, in den letzten Jahren des Völkerbundes, auf die Idee gekommen sein soll, im Interesse der Zeitersparnis den Dolmetschern das Gesagte auf Kopfhörer zu übertragen und sie ihre Übersetzung gleichzeitig und kontinuierlich in ein

Mikrofon sprechen zu lassen. Als sicher kann jedenfalls gelten, dass das Simultandolmetschen durch „Nürnberg" von einer breiteren Öffentlichkeit wahrgenommen wurde. Unmittelbar nach den Prozessen zogen die dort eingesetzten, frisch gebackenen Simultandolmetscher in die damals wichtigen „Konferenzländer" Europas (Frankreich, Schweiz) aus, um bei einer rasant zunehmenden Zahl von internationalen Konferenzen nicht nur „in Zungen" zu reden wie einst die Pfingstjünger, sondern darüber hinaus in schalldichten Kabinen, ausgerüstet mit Kopfhörern und Mikrofonen.

Chuchotage – Dolmetschen auf Tuchfühlung

Neben dem Konsekutiv- und dem Simultandolmetschen und dem „einfachen" Gesprächs- oder Verhandlungsdolmetschen gibt es als eine weitere Modalität, die eigentlich eine Unterform des Simultandolmetschens darstellt, noch das Flüsterdolmetschen. Insider sprechen gerne vom *Chuchotage* – noblesse oblige –, zumal das Französische die Sprache war, in der die Regeln und Modalitäten dieses jungen Berufs erstmals niedergeschrieben wurden. Zwei Formen sollen der Vollständigkeit halber kurz erwähnt werden. Bei häufigen Ortswechseln wird mitunter mit einer sogenannten Führungs- oder Flüsteranlage gearbeitet, wobei der Dolmetscher sich in natürlicher Hörweite des Sprechenden befinden muss und die Übersetzung einer kleinen Gruppe von Zuhörern mit Hilfe eines Funkmikrofons simultan auf deren Kopfhörer spricht. Wahre Profis akzeptieren diese Art des Dolmetschens nur dann, wenn sie wirklich unvermeidbar ist, da sie im Grunde eine Form des Simultandolmetschens unter erschwerten Bedingungen darstellt. Schließlich ist der Dolmetscher hier allen Störeinflüssen und Interferenzen ausgesetzt, von denen er in seiner Kabine abgeschirmt ist.

Die andere Form des Chuchotage ist das simultane Flüstern der Verdolmetschung direkt „auf das Ohr" der Zielperson. Dies geschieht dann, wenn nur ein oder maximal zwei bis drei Zuhörer eine Verdolmetschung benötigen und der Aufwand für eine Simultantechnik als zu groß eingeschätzt wird oder die räumlichen Voraussetzungen dafür nicht gegeben sind. Besonders hervorheben möchte ich einen klassischen Fall, der heutzutage glücklicherweise immer seltener praktiziert wird. Nur wenige mir bekannte Kollegen mögen diese Form des Arbeitens, viele fühlten sich durch sie immer wieder traumatisiert: Ich spreche von dem „Dolmetschen auf dem Stühlchen". Dieses Stühlchen steht gegebenenfalls bei einem offiziellen Essen hinter einzelnen Ehrengästen, die „ihre" Übersetzung durch einen zuvor mit den Chauffeuren und anderen dienstbaren Geistern verkösstigten Dolmetscher ins Ohr geflüstert bekommen, der sich zwangsläufig während des ganzen Essens nicht von seinem Platz entfernen kann. Hier trennt sich nicht die Spreu vom Weizen, wie beim Konsekutivdolmetschen, sondern hier trennen sich die leidensfähigen von den stolzen, den ungeduldigen Dolmetschern. Unter letzteren gibt es etliche, die selbst angesichts einer leeren Urlaubskasse diese Art von Engagement lieber nicht annehmen – sofern sie zu den freiberuflichen Kollegen gehören und somit die letzte Entscheidung über ihre Einsätze selbst treffen.

Ob „auf Stühlchen" gedolmetscht wird oder durch einen am Tisch sitzenden Dolmetscher, ist allerdings eine Frage, derer sich gelegentlich bei staatlichen bzw. Regierungsanlässen der Hausherr selbst annimmt. So habe ich erlebt, dass bei der Landesregierung eines großen deutschen Bundeslandes zweimal hinter-

Simultanflüstern „auf dem Stühlchen"

einander der jeweilige Ministerpräsident persönlich dafür sorgte, dass der Dolmetscher neben ihm oder ihm direkt gegenüber saß. Und wenn sein Teller beim Abräumen noch voll war, da er nicht zum Essen gekommen war, dann war es keine Seltenheit, dass der „Chef" eine kleine Pause einlegte und seinen Dolmetscher aufforderte: „Jetzt essen Sie erst mal was."

Verhandlungs- und Gesprächsdolmetschen – Dolmetschen „light"?

Es kommt aus den verschiedensten Gründen eher selten vor, dass ein „ausgewachsener" Konferenzdolmetscher für Einsätze im Gesprächs- oder Verhandlungsdolmetschen engagiert wird. Ob es nun das Englische ist, das ohnehin so gut wie alle Führungskräfte in der deutschen Wirtschaft nach eigener – und meistens ja berechtigter – Einschätzung verhandlungssicher beherrschen, oder ob der Aufwand für ein paar einfache Gespräche zu groß wäre, würde man einen „richtigen Simultandolmetscher" engagieren, Tatsache ist, dass die Betroffenen in der überwältigenden Mehrzahl aller Fälle beschließen, sich „durchzuwursteln" und auf einen Profidolmetscher zu verzichten. Natürlich spreche ich *pro domo,* wenn ich eine Lanze für das professionelle Dolmetschen auch in vermeintlich banalen Situationen breche. Und dies gelingt bestimmt mit einigen Beispielen besser als mit theoretischen Erläuterungen.

In einer Delegation von Spitzenverantwortlichen des Spitzenverbandes einer zu den Spitzen der Gesellschaft zählenden Organisation, für die ich vor vielen Jahren bei einem Hintergrundgespräch mit britischen Journalisten arbeitete, hatte ein deutscher Teilnehmer zur Sicherung der „Waffengleichheit" im Gespräch darum gebeten, einen Dolmetscher aus der Oberliga hinzuzuziehen. Er begründete seinen Wunsch auch mit dem Hinweis, sein Englisch sei ein wenig eingerostet und ohnehin nie so gut gewesen, dass er sich zutraue, in dieser Sprache ohne Gesichtsverlust zu verhandeln. Außerdem könne er sich mit Dolmetscher ganz auf die Inhalte des Gesprächs konzentrieren und sich während der Übersetzung immer schon mit seiner nächsten Äußerung befassen, so dass am Ende nicht einmal mehr Zeit aufgewendet werden müsse. Sein Vorstandskollege dagegen kündigte an, das Gespräch auf Englisch zu führen. Als einer der Briten fragte, ob man mit dem Gespräch beginnen könne, bat er um einige Minuten zusätzlicher Wartezeit: „There comes still one from us", fügte er begründend hinzu. Sicher haben Sie sofort erfasst, was dieser Delegierte einem deutschen Gesprächspartner gesagt hätte und was er hier seinem britischen Gegenüber hatte sagen wollen. Was aber, wenn dieser des Deutschen nicht mächtig ist? Dass noch jemand („einer") von der deutschen Seite hinzukommen wolle, hätte er sicher nicht verstanden. Ich nehme an, eine Wortentsprechung für *dazu* oder *hinzu* war dem Sprecher gerade nicht eingefallen, sonst hätte er seine Äußerung damit beendet.

Die langjährige „Nummer eins" eines großen deutschen Unternehmens dagegen nahm mich viele Jahre lang selbst für fünfminütige Auftritte mit nach Paris und begründete diese gelegentlich als Snobismus belächelte Haltung so: „Ich werde mich doch nicht aus Eitelkeit nur über die Sprache zum Gartenzwerg reduzieren lassen!" Mir sind zahlreiche vergleichbare Fälle von Kolleginnen und Kollegen bekannt. Leider gilt dabei aber auch die Einschränkung, dass unsere Kunden in der Regel schon eher an der Spitze ihres jeweiligen Unternehmens angelangt sein müssen und dass es um hohe Einsätze gehen muss, damit sie auf ihren Auslandsreisen oder bei Vier-Augen-Verhandlungen im eigenen Büro diesen Komfort für sich beanspruchen können. Und es ist natürlich auch sehr stark von der jeweils gefragten Sprache abhängig, ob auch für banale Anlässe die Topvertreter des Dolmetscherberufs an den Tisch geholt werden.

So wird es niemanden wundern, dass gerade das Gesprächs- und Verhandlungsdolmetschen das Tätigkeitsfeld ist, über das die meisten schwarzen Schafe und Scharlatane in unseren Beruf gelangen – und sich in der Folge auch beim Konsekutiv- und Simultandolmetschen einnisten. Ich bringe es auf die Kurzformel „Verhandlungsdolmetschen, die Hintertür für Mogler und Nichtskönner". Nachvollziehbar ist dieses Phänomen auch deshalb, weil für diese Art des Dolmetschens keine besonderen Techniken oder Fertigkeiten erforderlich sind. Dabei muss es sich keinesfalls immer um ausgewiesene Pfuscher und Dilettanten handeln – wie oft kommt es im Alltag vor, dass jemand, der mehrere Sprachen beherrscht, allein deshalb als Dolmetscher eingespannt wird, obwohl er eine Ausbildung als Sprachmittler gar nicht genossen hat. Und wie oft kommt es im Übrigen vor, dass auf diese Weise ein bestehender Bedarf auch tatsächlich gedeckt werden kann – die Trennlinie zwischen einem Gespräch, das ein lediglich Sprachkundiger verdolmetschen kann, und einer Verhandlung, in der das Fehlen des Kommunikationsprofis gefährliche Folgen haben kann, ist nun einmal verschwommen und schwierig nachzuzeichnen.

Was hat dies alles mit dem Simultandolmetschen und der Gefährdung des Qualitätsstandards zu tun? Nun, es kommt durchaus immer wieder vor, dass jemand, der sich durch einen Sprachkundigen in weniger komplizierten Gesprächen hat helfen lassen, irgendwann einen Simultandolmetscher braucht und dann mangels ausreichender Reflexion über die Größe dieser Aufgabe nach dem Motto „Das können Sie bestimmt auch" seinen „Übersetzer" zum Dolmetschen überredet. Dieser fühlt sich geschmeichelt, und so wird eine Kaskade in Gang gesetzt, die immer wieder dazu führt, dass Berufsfremde sich in unserer Szene tummeln – und dort entweder Enttäuschung auslösen („Dieses Simultandolmetschen – ich habe immer gewusst, dass es eigentlich gar nicht geht") oder aber über Jahre hinweg überleben – aus Gründen, über die man nur spekulieren kann.

Fest und sicher – oder frei auf freier Wildbahn?
Eine Sache des Temperaments

Das wichtigste Tätigkeitsmerkmal, nach dem wir Dolmetscher untereinander zuerst fragen, lautet: Sind Sie freiberuflich tätig oder fest angestellt? Ich schätze, dass etwa die Hälfte aller Simultandolmetscher in Europa bei einer der internationalen Organisationen (EU-Kommission, Parlament, Europarat etc.) fest beschäftigt ist. Wiederum etwa die Hälfte dieses Bedarfs decken diese Organisationen mit Freiberuflern, von denen viele sich in ihrem Umfeld angesiedelt haben und nach dem Bilde der „freien festen" Journalisten nur teilweise wirklich freiberuflich sind, da sie über Rahmenverträge der unterschiedlichsten Form letztlich doch an die Organisationen gebunden oder von diesen abhängig sind.

Am anderen Ende der Skala finden sich die so genannten Privatmarktdolmetscher – Kollegen, die höchstens in Ausnahme- oder Vertretungsfällen tageweise im Stab von internationalen Organisationen arbeiten und deren Betätigungsfeld ansonsten die punktuelle oder wiederkehrende internationale Konferenz ist – veranstaltet von einer internationalen Liga (wie derjenigen der Gastroenterologen oder auch der Photogrammetrieexperten), einem Branchen- oder Berufsverband (wie dem der Hörgeräteakustiker) oder auch von den internationalen Forschungseinrichtungen wie CERN, EMBL, ESA, ganz zu schweigen von den zahllosen Unternehmen der Privatwirtschaft, die bei ihren internationalen Tagungen, Präsentationen und Verhandlungen ohne Konferenzdolmetscher nicht mehr auskämen. Der „Artenvielfalt" sind hier überhaupt keine Grenzen gesetzt – es ist mitunter für Außenstehende verblüffend zu hören, für welche Themen und Fachgebiete wir freiberuflichen Simultandolmetscher im Laufe eines Berufslebens bei internationalen Konferenzen engagiert werden.

Wollte ich einen Vergleich oder eine Abgrenzung zwischen den verschiedenen „Typen" von Simultandolmetschern vornehmen, um vielleicht sogar Kriterien zu nennen, nach denen ein Berufsinteressent seine Präferenzen für die eine oder andere Form der Berufsausübung ergründen könnte, so würde ich zwischen inhaltlichen und äußeren Merkmalen unterscheiden. Der echte Freiberufler wird sich bis zum letzten Tag seiner Laufbahn ein Höchstmaß an Flexibilität in der Vorbereitung und Behandlung einer unüberschaubaren Themenvielfalt bewahren müssen – selbst wenn er es sich irgendwann leisten könnte, auf völlig unvertraute oder sehr vorbereitungsintensive Themen zu verzichten. Sein in einer Behörde oder internationalen Institution fest beschäftigter Kollege dagegen könnte sich nach etlichen Jahren mit seinem inhaltlichen und fachlichen Wissen gar nicht mehr „hörbar" von den Konferenzteilnehmern unterscheiden, für die er arbeitet, auf deren fachliches und sprachliches Universum er

jedoch auch mehr oder weniger stark festgelegt ist. Freiberufliche Konferenzdolmetscher werden so gut wie nie „pro forma"
engagiert, nur weil die Satzung eines Vereins oder einer Institution die Verdolmetschung vorschreibt oder weil ein Veranstalter
politisch korrekt vorgehen will. Wer einen freiberuflichen Simultandolmetscher engagiert, der erwartet von diesem an jedem
einzelnen Arbeitstag absolute Höchstleistungen – Durchhänger
oder Formschwächen dürfen Freiberufler sich nicht leisten. Sie
erleben in der Regel auch nicht das absichernde Zugehörigkeits-
gefühl, das durch eine Bindung an Kollegen und Firmenstruktu-
ren entsteht, keinen freundlich grüßenden Pförtner, wie ich es
gelegentlich resümiere. Auch wenn Befindlichkeiten und Präferenzen sich im Laufe eines Berufslebens ändern können, sollten
sie darüber hinaus früh wissen, ob ein lebenslanges „Leben aus
dem Koffer" für sie das Richtige ist.

Fest angestellte Simultandolmetscher spielen zwar in ihrer
Organisation oftmals auch eine etwas eigene Rolle am Rande
der Belegschaft, sie führen jedoch ein regelmäßigeres Leben mit
einer normalen „Beschäftigungskurve" und der entsprechenden
Absicherung sowohl während der aktiven Zeit als auch besonders im Alter – Elemente, auf die der Freiberufler definitiv verzichten und mit deren Fehlen er auch im Hinblick auf Familie
und Selbstverständnis fertig werden muss.

Dolmetschen für Hörfunk und Fernsehen –
die neue Subspezies der Mediendolmetscher

Ein verhältnismäßig junges Einsatzfeld für einen eher kleinen
Kreis von Freiberuflern bildet die Arbeit für die verschiedensten
Fernseh- und Hörfunkprogramme. Sie werden dort entweder
für Live-Sendungen oder für Aufzeichnungen unter Live-Be-
dingungen, jedoch bei gewissen Sendern wie dem europäischen
Kultursender Arte in Straßburg auch für die Nachbearbeitung
bzw. die Produktion der jeweils anderen Sendefassung engagiert.
Bei Arte hat sich darüber hinaus in den vergangenen fünfzehn
Jahren ein eigener Typ des Dolmetschens entwickelt, bei dem
der Dolmetscher ähnlich wie ein Redakteur im Studio den durch

ihn vorgetragenen Text zuvor auf der Grundlage der anderssprachigen Fassung selbst bzw. in Zusammenarbeit mit einem Redakteur erstellt. Allerdings ist diese Entwicklung aus den verschiedensten Gründen nicht so weit gediehen, dass daraus nach dem Vorbild der „Sprachjuristen" bei der Europäischen Union eine Art „Sprachredakteur" hervorgegangen wäre.

An einigen der universitären Ausbildungsstätten für Konferenzdolmetscher sind in den letzten Jahren Bemühungen zu beobachten, die Studenten auf das Berufsbild des „Mediendolmetschers" vorzubereiten. Teilweise gehen diese Initiativen auch von den Studenten selbst aus – die große Sichtbarkeit des Dolmetschens und der Dolmetscher im Fernsehen scheint große Begehrlichkeiten zu wecken. Dabei ist heute eine weitgehende Banalisierung des Dolmetschens beim Fernsehen festzustellen, das in seinen ersten Jahren sicher für viele Beobachter innerhalb und außerhalb der Berufsszene mit Kategorien wie Glamour, Prominenz und Nähe zum Ruhm einhergegangen war. Durch die starke Verbreitung von Simultan im Fernsehen hat sich überdies auch in diesem kleinen Spezialsegment neben der Leistungsspitze der dort zunächst ausschließlich eingesetzten Dolmetscher eine deutliche qualitative Schichtung eingestellt. So ist heute leider festzustellen, dass das Dolmetschen im Fernsehen nicht mehr in allen Fällen als Schaufenster des Berufs bezeichnet werden kann, und dass etliche Produktionen mit einer Simultanverdolmetschung eher geeignet sind, Negativwerbung für den Beruf zu machen. Eine der wichtigsten Ursachen für diese Entwicklung ist darin zu sehen, dass sich in diesem besonders wichtigen Teilmarkt einseitig wirtschaftliche Kriterien inzwischen oftmals gegenüber strengen Qualitätsüberlegungen durchsetzen, zumal unsere Wunschvorstellung, das Engagieren von Dolmetschern möge Chefsache sein, auch hier nicht durchgehend erfüllt ist. Eine weitere wichtige Ursache sehe ich darin, dass junge Kollegen ohne ausreichende Berufserfahrung sich buchstäblich um jeden Preis ins das Abenteuer „Live-Dolmetschen" stürzen und sich oftmals nicht einmal durch das Risiko abschrecken lassen, dabei innerhalb von wenigen Minuten einen negativen Ruhm zu erwerben, der ihnen lange anhaften kann.

Gibt es sie? Die neue Spezies der Medien- oder TV-Dolmetscher

Aus diesen Überlegungen heraus trete ich dafür ein, dass der zahlenmäßig eher kleine Bedarf an Simultandolmetschern für Fernseh- und Hörfunkproduktionen auch weiterhin ausschließlich durch sehr erfahrene Dolmetscher gedeckt werden sollte. Einer Spezialisierung auf das Fach „Mediendolmetscher" bereits vor dem Eintritt in das eigentliche Berufsleben, etwa nach dem Bilde verschiedener Facharztausbildungen bei den Medizinern, stehe ich sehr skeptisch gegenüber. Ein solcher Schritt kann nur falsche Vorstellungen bei unseren jungen Kolleginnen und Kollegen wecken. Außer der stimmlichen Ausbildung gibt es im Übrigen keine spezifischen, auf das Simultandolmetschen im Fernsehen beschränkten Fertigkeiten, welche an der Uni zu vermitteln wären. Und eine möglichst weitgehende Ausbildung in allen

Belangen der Sprecherziehung sollte ohnehin jeder angehende Dolmetscher genießen.

Die Programm- und Produktionsverantwortlichen bei den verschiedenen TV- und Hörfunkanstalten sollten angesichts der geschilderten Entwicklung in ihrem Bereich rechtzeitig nachdenklich werden und verstärkt an der Erhaltung eines hohen Qualitätsniveaus des Simultandolmetschens in ihren Produktionen mitwirken. Sie sollten auch weiterhin auf Erfahrung und Sicherheit setzen und von sich aus verhindern, dass sich mittelfristig eine nach unten deutende „Qualitätsspirale" in Gang setzt, wie dies gegenwärtig in anderen Teilmärkten der Dolmetscherszene der Fall ist. Qualität drängt, und dies gilt besonders für das Feld der freien Berufe, vorzugsweise in diejenigen Tätigkeitsfelder, in denen sie auch angemessen honoriert wird. Ist dies nicht der Fall, so sucht sie sich andere Nischen und überlässt das Feld dem Mittelmaß. Dies wiederum lockt mittelmäßigen Nachwuchs an, der nur mittelmäßig honoriert wird und so weiter und so weiter – eine Spirale, welche die Qualität der Arbeit einer ganzen Berufsgruppe beeinflussen kann.

Es ist also zu hoffen, dass die Arbeit der Simultandolmetscher im Fernsehen auch weiterhin ein Schaufenster des Berufs bleiben kann. Es soll das positive Image der Dolmetscher als Kommunikationsexperten über alle Grenzen hinweg bei der Öffentlichkeit, aber auch und besonders bei dem viel versprechenden, potentiellen Nachwuchs hoch halten und mit dazu beitragen, dass dem Beruf seine Strahlkraft erhalten bleibt und er auch weiterhin bildungs- und leistungswillige Persönlichkeiten anlockt – Persönlichkeiten, wie sie zu den Zeiten von André Kaminker in diesem Beruf selbstverständlich waren.

Zum nächsten Kapitel ...

Wie schon angedeutet und das eine oder andere Mal auch bereits praktiziert, verwende ich selbst die Begriffe „Übersetzer" und „Dolmetscher" nicht mit der absoluten Trennschärfe, die dort sicher geboten ist, wo es ausschließlich um das Simultandolmetschen geht. In allen anderen Zusammenhängen ist der Übergang in der Tat fließend, zumal jeder einzelne Dolmetschvorgang neben den zu der eigentlichen Kommunikation zählenden Teilprozessen auch die zentrale Komponente des Übersetzens des Gehörten beinhaltet. Diese fließenden Übergänge beobachten wir natürlich auch in der Wahrnehmung von Übersetzern und Dolmetschern durch die Öffentlichkeit – auch dies habe ich schon erläutert. Umso interessanter dürfte es sein, jenseits aller oberflächlichen Wahrnehmung und aller terminologischen Verwirrung einmal inhaltlich zu prüfen, wie groß die Schnittmengen von Übersetzen und Dolmetschen als professionellen Tätigkeiten sind, wo die Berührungspunkte liegen und worin das Trennende zu sehen ist. Sind die Dolmetscher auf immer und ewig zum Dolmetschen verdammt? Ist das Dolmetschen tabu oder gar zu schwierig für die Übersetzer? Sind die beiden Tätigkeiten miteinander unvereinbar, oder könnten sie sich gar gegenseitig befruchten? Dies sind Fragen, denen ich das zweite Kapitel gewidmet habe, damit wir vor dem Einstieg in die inhaltliche Problematik des Übersetzens und vor der Charakterisierung und Profilierung des Simultandolmetschens eine etwas klarere Vorstellung von den Wechselwirkungen und von den zumindest theoretisch denkbaren Abstoßungsreaktionen zwischen Übersetzen und Dolmetschen erhalten.

Kapitel 2

Dolmetschen und Übersetzen –
Zwei Herzen, ach, in meiner Brust

Wie bereits angedeutet, wird manchem Leser während der Lektüre dieses Bandes womöglich an einzelnen Stellen eine gewisse terminologische Unschärfe auffallen, die ihn zu der Frage veranlasst, ob der Autor sich der Unterscheidung zwischen dem Profil und der Tätigkeit von Dolmetschern und Übersetzern wirklich ganz sicher ist. Abgrenzung oder Verschmelzung – ich will in diesem Kapitel versuchen, Gemeinsamkeiten und Unterschiede aufzuzeigen, gleichzeitig aber auch eine Lanze für gewisse Spielräume bei der Verwendung der Begriffe brechen.

Mir begegnen immer wieder Dolmetscher, die auf das Übersetzen als eine minderwertige Tätigkeit herabsehen und diese Einstellung aus vermeintlichen Erkenntnissen des spanischen Soziologen und Philosophen José Ortega y Gasset ableiten. Dieser große Denker der ersten Hälfte des zwanzigsten Jahrhunderts ist zwar in erster Linie mit seinem Hauptwerk *Der Aufstand der Massen* (1929) bekannt geworden, er hat sich aber in seinem ebenso klugen wie charmanten kleinen Essay *Elend und Glanz der Übersetzung*[5] auch dem Übersetzen zugewandt. Zitiert werden aus dieser Arbeit allerdings oft nur zwei oder drei besonders einprägsame Aussagen, wenn nicht gar überhaupt nur der

Titel, um das Übersetzen als eine undankbare, frustrierende, in der Regel ohne Anerkennung bleibende Tätigkeit darzustellen. Dabei sollten gute Dolmetscher nach meinem Verständnis unbedingt auch gute Übersetzer sein. Nur sei gleich betont, dass kein Dolmetscher dies nebenher, automatisch oder schon dank seiner Tätigkeit als Dolmetscher sein kann. Auch die Fertigkeit des Übersetzens muss durch gezielte Anstrengungen eigens erworben und gepflegt werden. Ebenso wie man nicht durch irgendwelche Lebensumstände automatisch zweisprachig wird, sondern diese Eigenschaft, wenn es sie denn überhaupt gibt, sehr bewusst und kompetent herbeigeführt werden muss. Umgekehrt tut es den Übersetzern für ihre eigentliche Arbeit gut, wenn sie gewisse Fertigkeiten im Dolmetschen besitzen. Der Begründung dieser Postulate sollen einige Abschnitte dieses zweiten Kapitels gewidmet werden.

Aus meinen Studien- und Lehrjahren an der Universität ist mir im Zusammenhang mit der Bewertung der Ausbildung sowie der Attraktivität der jeweiligen Berufsbilder ein Satz, ein Ausspruch meiner Kommilitonen und später meiner Studenten in besonderer Erinnerung geblieben: „Dolmetscher? Das traue ich mir nicht zu. Das ist mir zu stressig – ich mache nur Übersetzer." Andersherum blickten die meisten der angehenden Dolmetscher auf ihre übersetzenden Studienkameraden herab und hielten sich für die „besseren" Studenten, jedenfalls für diejenigen mit den besseren Berufsaussichten.

Dabei hatte niemand von uns bereits während der Studienjahre wirklich brauchbare Informationen und einen genügenden Einblick in die beiden Berufe des Übersetzers und des Dolmetschers, um beurteilen zu können, ob sie mehr Gemeinsamkeiten oder mehr Unterschiede aufweisen, worin diese möglichen Gemeinsamkeiten gegebenenfalls liegen könnten, und was die spezifischen Unterschiede zwischen beiden Tätigkeiten ausmachen könnte. Ich will versuchen, etwas Klarheit in die Diskussion zu bringen – selbst wenn dann am Ende meine Antwort doch sehr nach einem Kompromiss klingen könnte.

Es ist eine eher geringe Wertschätzung, welche die Übersetzer in der breiten Öffentlichkeit – und mitunter sogar bei Literatur-

kritikern und anderen Insidern – genießen. Ich verkenne allerdings nicht, dass sowohl das Image als auch die Behandlung der
Übersetzer – nicht zuletzt durch die Verlage – sich in den letzten dreißig Jahren deutlich verbessert haben. Auf der anderen
Seite höre ich in meiner täglichen Arbeit immer wieder bewundernde, respektvolle, wenngleich auch nicht besonders fundierte
Äußerungen über die Simultandolmetscher und ihre Leistungen.
Auch angesichts dieser zwei widersprüchlichen Einschätzungen
könnte der Eindruck entstehen, dass es sich beim Übersetzen
und beim Dolmetschen um zwei grundverschiedene Tätigkeiten
handeln könnte.

Im Hinblick auf die beruflichen Rahmenstrukturen und dort,
wo es um die personalwirtschaftliche Einstufung geht, wird die
Unterscheidung zwischen Übersetzern und Dolmetschern im
Übrigen sehr deutlich praktiziert. So dauert die Ausbildung zum
Konferenzdolmetscher länger als diejenige zum Übersetzer. Dolmetscher sind dort, wo es Gehaltstarife gibt, höher eingestuft als
Übersetzer, und bei der Kommission der EU in Brüssel haben sie
zum Beispiel deutlich kürzere Arbeitszeiten abzuleisten als ihre
übersetzenden Kollegen.

Schauen wir uns zunächst getrennt an, wie Dolmetscher und
Übersetzer nach den wichtigsten Aspekten ihrer Arbeit zu charakterisieren sind, inwiefern ihre Aufgaben sich gleichen und in
welchen Facetten sie sich voneinander unterscheiden. Und auch,
ob die zu erkennenden, realen Unterschiede irgendwelche Wert-
urteile zulassen. Danach wird zu erörtern sein, ob das Dolmetschen von seinem Wesen her eine eigene, mit dem Übersetzen
allenfalls entfernt verwandte Tätigkeit ist und ob das Simultandolmetschen sich im Sinne einer organischen, vielleicht gar einer
zwangsläufigen Entwicklung aus dem Übersetzen beziehungsweise aus anderen Formen des Dolmetschens entwickelt hat oder
ob es im Gegenteil eine Sprachvermittlung ganz eigener Art, also
eine Kommunikationsform *sui generis* darstellt.

Dies sind zwar theoretische, aber nicht minder interessante
Fragen, zumal sie auch eine große, gar nicht zu leugnende praktische Bedeutung haben. Denn von ihrer Beantwortung hängt
letztlich ab, ob an das beim Dolmetschen entstehende „Produkt"

dieselben Ansprüche gestellt werden sollen und dürfen wie an Übersetzungen. Oder ist das Dolmetschen von der Art der Tätigkeit her eine gänzlich andere Sache als das Übersetzen, so dass auch die Beschaffenheit und die Qualität der Verdolmetschung nach völlig anderen Kriterien zu beurteilen sind? Bejahen wir eine gemeinsame Grundlage, die in der Überschrift von Teil I erwähnte gemeinsame Wurzel von Übersetzen und Dolmetschen, sowie eine kontinuierliche, lineare Entwicklung hin zum Simultandolmetschen, so kommen wir natürlich zu anderen Schlüssen, als wenn wir annehmen, das Simultandolmetschen sei von heute auf morgen als eine ganz eigene Form der mehrsprachigen Kommunikation entstanden.

1. Dolmetscher und Übersetzer: Zwei Königskinder oder Sonne und Mond?

Alle Konferenzdolmetscher werden, sobald ihr Beruf zur Sprache kommt, unweigerlich auf den Roman *Mein Herz so weiß* von Javier Marías angesprochen.[6] Dabei richtet das Interesse der Fragenden sich meistens ausschließlich auf die Schilderung eines durch den Ich-Erzähler und seine spätere Frau und Kollegin Luisa verdolmetschten Gesprächs zwischen einer „englischen Staatenlenkerin" und einem „hohen spanischen Würdenträger", welches der Dolmetscher unter Duldung, wenn nicht gar mit der Billigung seiner Ko- und Kontrolldolmetscherin nach Lust und Laune in seine eigenen Bahnen lenkt, verfälscht, zensiert. Im Zusammenhang mit diesem praktischen Dolmetschereinsatz gibt der Autor sich einer Reihe von Überlegungen und Spekulationen über das Dolmetschen und das Übersetzen hin, die in einer ebenso anschaulichen wie humorvollen Darstellung einiger markanter Unterschiede zwischen Übersetzern und Dolmetschern gipfeln.

Das ist der Vorwurf, den die Übersetzer (von Texten) den Dolmetschern machen: während die Rechnungen und Idiotien, die jene in ihren dunklen Bürozimmern übersetzen, böswilligen

Überprüfungen ausgesetzt sind und ihre Irrtümer erkannt, angezeigt und sogar bestraft werden können, kontrolliert niemand die Wörter, die unüberlegt aus den Kabinen in die Luft abgelassen werden. Die Dolmetscher hassen die Übersetzer und die Übersetzer die Dolmetscher (wie die Simultandolmetscher die Konsekutivdolmetscher und die Konsekutivdolmetscher die Simultanübersetzer), und ich, der ich beides gewesen bin (jetzt nur noch Dolmetscher, es hat mehr Vorteile, obwohl es erschöpfend ist und die Psyche beeinträchtigt), kenne ihre jeweiligen Gefühle sehr genau. Die Dolmetscher halten sich für Halbgötter oder für Halbdiven, da sie sich im Blickfeld von Regierungschefs und Repräsentanten und stellvertretenden Delegierten befinden, und die sind alle eifrig um sie bemüht, oder besser gesagt, um ihre Anwesenheit und Arbeit. Jedenfalls lässt sich nicht leugnen, dass sie von den Herrschern der Welt erblickt werden können, was sie veranlasst, immer sorgfältig hergerichtet und geschniegelt und gebügelt zu erscheinen, und nicht selten kann man durch die Glasscheibe sehen, wie sie sich ihre Lippen schminken, sich kämmen, sich den Krawattenknoten richten, sich mit der Pinzette Haare auszupfen, sich Fussel von der Kleidung blasen oder sich den Backenbart stutzen (alle stets mit dem Taschenspiegel in Reichweite). Dies schafft Unbehagen und Ressentiments bei den Übersetzern von Texten, die zwar verborgen in ihren, mit anderen geteilten schmuddeligen Bürozimmern sitzen, aber ein Verantwortungsgefühl besitzen, das bewirkt, dass sie sich unendlich seriöser und kompetenter fühlen als die eingebildeten Dolmetscher.[7]

Auf die Frage von Verfälschung und Zensur werde ich an anderer Stelle zurückkommen. Hier sei anhand dieser Romanstelle lediglich festgehalten, dass es nicht nur in der literarischen Stilisierung, sondern durchaus auch in der Wirklichkeit, schon an der Universität, später dann aber vor allem in der Berufspraxis in schöner Reziprozität so manche Ressentiments und viele Vorurteile zwischen Dolmetschern und Übersetzern gibt. Marías lässt zudem seinen Protagonisten deutlich machen, dass diese Einstellungen keinesfalls nur das Ergebnis von Distanz und Nichtkennen sind, sondern dass sie gerade auch auf dem Nährboden einer gemeinsamen „Grundausbildung", so wie sie uns an den meisten Universitäten zuteil wird, prächtig gedeihen können.

Schauen wir uns also auf den folgenden Seiten etwas näher an, wie es sich mit dem vermeintlichen, gegenseitigen Misstrauen verhält, so es ein solches denn gibt. Sind Übersetzen und Dolmetschen, sind vor allem die Charaktere von Übersetzern und Dolmetschern unvereinbar? Verbindet bzw. trennt sie eine Konstellation wie die von Sonne und Mond? Sind sie wie die zwei Königskinder, die zueinander nicht kommen können? Oder sind Übersetzen und Dolmetschen ein Fall von „dual hatting", wie es im englischen Sprachraum immer dann heißt, wenn zwei Funktionen oder Tätigkeiten zu unterschiedlichen Zeiten von derselben Person oder Organisation ausgefüllt werden?

Von Dolmetschern, die nicht übersetzen wollen, und Übersetzern, die nicht dolmetschen können

Es gibt unter den Dolmetschern viele und unter den Simultandolmetschern besonders viele, die schriftliches Übersetzen ablehnen und entsprechende Aufträge allenfalls in Ausnahmefällen akzeptieren. Richtig ist sicher auch, dass sie nicht übersetzen wollen, weil sie es nicht können und niemals gelernt haben. Und es gibt viele Übersetzer, die zwar gerne über gewisse Kompetenzen im Dolmetschen, wenngleich vielleicht nicht im Simultandolmetschen, verfügen würden, die aber schon bei einfachen Übungen im Verhandlungs- oder Gesprächsdolmetschen ihre große Mühe haben. Übersetzer sind oftmals, und dies schreibe ich ohne jedes Werturteil, allzu stark dem philologischen, dem im engsten Wortsinne „wortverliebten" (daher *philología*), einen großräumigen Textüberblick behindernden Ansatz derer verhaftet, die ausreichend Zeit haben, sich mit allen Facetten eines Textes nacheinander und mit allem erforderlichen Tiefgang zu beschäftigen. Manche von ihnen tun sich schwer, die beim Übersetzen erlernten Prozesse in hoher Geschwindigkeit durchzuführen – und dazu auch noch unter den Augen derer, für die sie tätig sind. Andere können die für ein erfolgreiches Dolmetschen unerlässliche Kommunikationsorientierung des „übersetzenden Dolmetschers" nicht nachvollziehen, oder es gelingt ihnen nicht, hier bei der Arbeit tatsächlich den dominierenden Schwerpunkt zu setzen.

Zahlreiche Dolmetscher tun sich ihrerseits beim Übersetzen schon aus Gründen der Zeitökonomie schwer. Beim Dolmetschen wird ihnen der Takt, der Rhythmus ihrer Arbeit von außen, durch den Redner vorgegeben, was sicher auch in gewisser Hinsicht bequem und beruhigend ist. Phasen geringerer Konzentration können sie sich gar nicht erlauben, ebenso wenig wie jedes „Verheddern" bei der Suche nach einzelnen Wortbedeutungen. Und sie sind es nicht gewohnt, einen Text abzuliefern, der auch vor ihren eigenen kritischen Augen noch nach Wochen oder Monaten Bestand haben kann. Sie erleben beim Übersetzen, zumal wenn es unter einem gewissen Zeitdruck und als Broterwerb geschieht, zunächst den unbequemen Zwang, sich aus eigenem Antrieb zu disziplinieren und einen eigenen Zeit- und Arbeitsplan zu erstellen, was sie in dieser Form in ihrer Ausbildung nicht gelernt haben.

Es gibt viele Übersetzer, die ihre eigene anspruchsvolle, in erster Linie Gründlichkeit verlangende Arbeit den Dolmetschern nicht zutrauen, da sie sie für allzu oberflächlich halten. Dies muss nicht mit einem Werturteil verbunden sein. Die in unserem Marías-Zitat zum Ausdruck kommende Missgunst, dies sei im Vorübergehen angemerkt, dürfte bei dieser Einschätzung eigentlich keine Rolle spielen. Auf der anderen Seite sind viele Dolmetscher der Ansicht, Übersetzer könnten ihre Arbeit nicht leisten, da sie zu langsam und „zu gründlich" seien, und da es ihnen unter anderem an dem für das Dolmetschen unerlässlichen Gesamtüberblick über Texte fehle.

Unbeschadet all dessen gilt, dass es sowohl für die Dolmetscher als auch für die Übersetzer möglich und lohnend ist, die spezifischen Schwierigkeiten des jeweils anderen Metiers zu erkunden und sie zu meistern. Auch der Protagonist von Javier Marías leitet daraus, dass er beides tut, eine besondere Urteilsfähigkeit ab, wobei er allerdings nicht von der wechselseitigen Befruchtung spricht, die ich persönlich sehe und die ich seit vielen

Jahren immer wieder erfahre. Ist es ein zulässiger oder ein eher hochtrabender Vergleich, wenn ich darauf hinweise, dass der Schriftsteller Günter Grass sich mit großer Leidenschaft der Radierung und der Bildhauerei hingibt? Dass Pablo Picasso nicht nur gemalt hat, sondern dass die Töpferei ihm eine ebenso liebe wie wichtige Parallelbeschäftigung war?

Worin liegen die charakteristischen Unterscheidungsmerkmale der Berufe des Übersetzers und des Dolmetschers? Ich will, ohne irgendeinen wissenschaftlichen Anspruch zu erheben, kurz auf die Gemeinsamkeiten und die spezifischen Unterschiede zwischen den zwei Tätigkeiten eingehen. Dabei wird deutlich werden, dass beide, Übersetzer und Dolmetscher, nur ein wenig über den eigenen Tellerrand blicken müssen, um sich auch für die Tätigkeit des jeweils Anderen ein wenig zu öffnen, um dieser zum Wohle der eigenen Arbeit etwas abzugewinnen. In der Tat glaube ich belegen zu können, dass Dolmetscher von manchen Ansätzen des Übersetzens sehr wohl profitieren. Und dass Übersetzer sich durch ein vertieftes Nachdenken über das Dolmetschen wertvolle Impulse für ihre Arbeit sichern können.

Übersetzen – eine sinnvolle Schule für Dolmetscher

In der Wahrnehmung der Öffentlichkeit werden Dolmetscher eher als Generalisten, als weniger vertraut mit fachlichen Inhalten und Spezialterminologien gesehen. Kaum jemand mag sich vorstellen, dass sie angesichts der Vielfalt der Wissensgebiete, auf denen sie eingesetzt werden, überall das notwendige Wissen mitbringen können. Umgekehrt können wir uns gar nicht vorstellen, dass Übersetzer sich überhaupt an Texte heranwagen, ohne sich schon im Vorfeld oder spätestens im Zusammenhang mit dem Übersetzen das erforderliche Fachwissen zu beschaffen. Übersetzen bedeutet recherchieren, Wissen zusammentragen, Hintergründe aufklären und alle diese Erkenntnisse sodann in die Übersetzung einfließen lassen.

Der Dolmetscher dagegen bekommt oftmals erst achtundvierzig Stunden vor einer Veranstaltung ein dickes Kuvert mit Manuskripten zugestellt, das er sich dann, wie wir scherzhaft sagen, unter das Kopfkissen legen kann. Heute ist an die Stelle dieses Kuverts natürlich meistens eine CD getreten, und die Mehrheit der Simultandolmetscher betritt die Simultankabine schon lange nicht mehr ohne den obligatorischen PC, auf dem die Referate gespeichert sind, und auf dem im Idealfall ein zuvor erstelltes Glossar mitläuft. Wohlgemerkt: im Idealfall. Denn wie oft scheitert diese Art der gründlichen Vorbereitung aus den vielfältigsten Gründen. Ganz abgesehen davon, dass auch viele Simultandolmetscher selbst sich lieber als Generalisten sehen – was natürlich nicht nur Zeit und Mühe spart, sondern auch die Frustration vermeidet, terminologisch und inhaltlich auf einer Fachkonferenz nicht auf der Höhe gewesen zu sein. Immer wieder habe ich von Kollegen gehört, sie könnten sich einfach nicht Tag und Nacht nur mit dem Gegenstand einer anstehenden Konferenz befassen. Ja, ich stand sogar einmal fassungslos daneben, als ein Kollege dem Kunden, der sich über mangelnde begriffliche Präzision beschwerte, erklärte, er sei Dolmetscher – man wolle doch wohl nicht glauben, dass er sich nun auch noch den internen Jargon aller seiner Kunden aneignen könne.

Auf einer Sitzung des Verwaltungsausschusses „Getreide" bei der EWG-Kommission – man erkennt an der Abkürzung, dass es lange her ist – bat einst ein französischer Delegierter um eine Unterbrechung der Sitzung für einige Minuten. Er wolle nur schnell den Dolmetscherinnen in der französischen Kabine erläutern, dass es viele verschiedene Sorten von Weizen gebe: Hart- und Weichweizen, Winterweizen, Sommerweizen usw. Er sei es leid, in seinem Kopfhörer immer nur *céréales, céréales, céréales* (Getreide) zu hören. Dies ist eine wahre Geschichte.

Beim Übersetzen wäre eine solche Ignoranz, ob aus Fahrlässigkeit oder bewusst in Kauf genommen, ganz undenkbar. Hier liegt einer der Gründe für meine Ansicht, dass Dolmetscher auch übersetzen müssen. Obwohl also nicht nur und nicht einmal vorwiegend wirtschaftliche Motive für diese Abrundung ihrer Arbeit sprechen, sei doch kurz dies angemerkt: Viele Dolmetscher haben regelmäßig Zeitspannen, während derer ihnen angesichts der Auftragslage Anfragen nach schriftlichen Übersetzungen sehr willkommen sind. Und nicht wenige von ihnen wissen es zu schätzen, wenn sie nicht in jeder Woche von einer Konferenz zur nächsten ziehen müssen, sondern gelegentlich einige Tage am Schreibtisch verbringen können. Für mich sind diejenigen Phasen im Jahresablauf höchst willkommen und sogar notwendig, in denen ich mich im wohltuenden Kontrast zum hektischen Konferenz- und Studioalltag mit einer sonst nicht erlebten geistigen Muße einer anderen, wenngleich inhaltsverwandten Tätigkeit widmen kann.

In diesem Zusammenhang sei daran erinnert, dass fest angestellte Dolmetscher, zum Beispiel bei Bundesministerien, ohnehin in einer ständig alternierenden Abfolge sowohl übersetzen als auch dolmetschen. Die hier angestellten Überlegungen beziehen sich ausschließlich auf die freiberuflich tätigen Dolmetscher und Übersetzer.

Die entscheidenden Gründe für meine Empfehlung, Dolmetscher sollten auch schriftlich übersetzen, liegen allerdings weder im organisatorischen noch im persönlichen Bereich, sondern in den unterschiedlichen und doch auf das Engste miteinander interagierenden Tätigkeitsmerkmalen des Übersetzens und des Dolmetschens. Immer wieder wundern sich Kollegen, aber auch Außenstehende, wenn ich behaupte, ich könne hören, ob ein Simultandolmetscher neben dieser seiner Haupttätigkeit auch schriftlich übersetze. Die Art und Weise, wie ein Simultandolmetscher insbesondere an Reden mit fachlichem Inhalt herangeht, zeigt dem aufmerksamen Zuhörer, ob er auch Erfahrungen im Umgang mit solchen Texten am Schreibtisch gesammelt hat. Ja, es ergibt sich daraus auch der umgekehrte Schluss: Man erkennt leicht diejenigen Simultandolmetscher, denen schriftliches Übersetzen ein Gräuel ist. Dabei ist mir natürlich bewusst, dass es Kollegen gibt, denen es mitunter einfach an der Gelegenheit oder an den notwendigen Kontakten fehlt, um von Zeit zu Zeit schriftliche Übersetzungen anzufertigen.

Es geht hier im Übrigen nicht nur um die begriffliche Genauigkeit, für die auch Simultandolmetscher ihr Sensorium am Schreibtisch schärfen sollten. Sie profitieren von der Arbeit am schriftlichen Text auch im Hinblick auf die Präzision der Formulierung und die sichere Beherrschung kleinster Nuancen im

*Dolmetscher und Übersetzer – Handwerker im selben großen Haus
der Sprache*

Bedeutungsfeld einzelner Wörter wie zum Beispiel *aber, jedoch,
allerdings* – oder auch *früher, vormals, ehemals.* Und sie entwickeln beim Übersetzen ein sicheres Gefühl für korrekte Syntax
und das in der gesprochenen Kommunikation oftmals missach-
tete Gebot, nur in vollständigen Sätzen zu sprechen. All dies sind
Kompetenzen, die in der Regel nur mit der besonderen Disziplin zu erwerben sind, zu der die Arbeit an schriftlichen Texten
zwingt – schon durch die „Rückmeldung", welche Texte von sich
aus ständig an ihren Verfasser richten.

Nun soll niemand annehmen, ein Simultandolmetscher er-
halte nicht laufend Rückmeldungen aus seinem eigenen Redefluss, und erhielte er sie, so wäre es regelmäßig zu spät, um noch
etwas zu korrigieren. Das Gegenteil ist der Fall: Der Dolmetscher

ist sein erster und, wenn er seine Aufgabe richtig versteht, gleichzeitig sein kritischster Zuhörer. Hier liegt einer der wichtigsten Aspekte seiner vielschichtigen Arbeit. Wie diese Selbstkontrolle erfolgt und wie sie mit allen anderen Teilschritten des Simultandolmetschens verzahnt wird, soll jedoch an dieser Stelle noch nicht beschrieben werden. Insofern unterscheidet sich diese Form des Übersetzens nur formal von den anderen Formen der mehrsprachig vermittelten Kommunikation. Sie unterliegt eigenen Kontrollmechanismen, die zum Teil beim schriftlichen Übersetzen besser eingeübt werden können als beim Dolmetschen selbst.

Andersartige Kriterien für die Qualität und die Korrektheit der beim Dolmetschen entstehenden Form von Übersetzung sehe ich nicht. Die bisher genannten, für jede schriftliche Übersetzung selbstverständlichen Elemente und Qualitätsmerkmale sind auch von der Leistung eines Simultandolmetschers zu fordern. Sie sich richtig bewusst zu machen, das Gefühl für sie zu schärfen, sie so sicher beherrschen zu lernen, dass sie unter den besonderen Zwängen des Simultandolmetschens jederzeit *sozusagen auf Knopfdruck* zur Verfügung stehen – das ist meiner festen Überzeugung zufolge nur dann möglich, wenn man sich am Schreibtisch, beim Übersetzen, also außerhalb der spezifischen Zwänge des Simultandolmetschens mit ihnen auseinandersetzt. Mir ist bewusst, dass ich mit diesem Postulat eine erste, sehr deutliche – wenngleich rein persönliche Antwort auf die Frage gebe, ob das Verhältnis zwischen Übersetzen und Dolmetschen ein Verwandtschaftsverhältnis oder eine schwierige Beziehung zwischen Familie und verlorenem Sohn ist.

Abschließend noch ein weiterer Grund für die Forderung, auch Dolmetscher sollten schriftlich übersetzen. Regelmäßig höre ich dies auch von anderen Dolmetschern, und vorwiegend von besonders erfahrenen und qualifizierten Kollegen: Im Laufe der Jahre kommt bei uns immer stärker der Wunsch auf, gelegentlich Texte zu verfassen, die wir auch ein Jahr später noch genauso verfassen würden. Wer nicht als gelernter Wahlkampfredner oder auch als Live-Reporter, oder zum Beispiel als Auktionator, plädierender Anwalt oder Fremdenführer das Bedürfnis endgültig hinter sich zurückgelassen hat, das Gesagte irgendwann einmal in Form eines Transkripts einer strengen Prüfung zu unterziehen, der möchte einfach gelegentlich als Kontrastprogramm zum gesprochenen Wort mit all seiner Vergänglichkeit auch selber schreiben (und wenn es „nur" übersetzen ist), das heißt sich allen Zwängen des Redigierens von Texten mit der erforderlichen Ruhe und Zeit stellen.

Überzeichnend und karikierend empfehle ich gelegentlich, ein Simultandolmetscher sollte etwa alle zwei Jahre ein Buch übersetzen – auch wenn jüngere Kollegen derartige Empfehlungen gelegentlich belächeln. Als allgemein gültige Erkenntnis taugen diese allerdings ebenso wenig wie andere Leitsätze und Empfehlungen, die ich immer wieder aus der Beobachtung der Berufspraxis heraus und vor dem Hintergrund meiner Erfahrung formuliere.

Dolmetschen – eine wichtige Erfahrung für Übersetzer

Während wir Gesprochenes anhören, werden wir uns normalerweise der grammatikalischen Phänomene und Strukturmerkmale wie vollständige Sätze, Einschübe etc. gar nicht bewusst.

Das Verständnis von gesprochener Sprache ist nicht syntaxabhängig, wie ich im Zusammenhang mit dem Vorurteil bezüglich des Dolmetschens aus der deutschen Sprache (die berühmte Stellung des deutschen Verbs am Satzende!) in eine andere Sprache noch darlegen werde. Umgekehrt haben die für das Verständnis von gesprochener Rede maßgeblichen Mechanismen beim Verstehen von schriftlichen Texten keine vorrangige Bedeutung – und bestimmen damit auch nicht das Verständnis eines Textes durch den Übersetzer. Aus dieser Einsicht ergeben sich für den Prozess des Übersetzens Probleme, welche viele Übersetzer sich gar nicht bewusst machen. Durch die intensive Beschäftigung mit den semantischen und grammatikalischen Problemen geht ihnen mitunter der Blick für den Gesamtzusammenhang verloren. Sie lesen viele Texteinheiten mehrfach, um zu verstehen, was der Verfasser gemeint hat – ein Problem, das sich in der gesprochenen Kommunikation nicht bzw. anders stellt und durch

Rückfragen jederzeit gelöst werden kann. Sie erschließen sich ihr Textverständnis oftmals nach rein formalen, sprachlichen Kriterien, auch durch *trial and error,* also auf rein empirische Weise. Sie gehen nach Ausschlusskriterien vor und nähern sich dem Sinn von Textstellen nach der Plausibilität und anhand der Wortwahl des Verfassers. Ihnen fehlen eben gerade die außersprachlichen Merkmale, die in der mündlichen Kommunikation eine determinierende Bedeutung besitzen. Dem Übersetzer bieten sich in aller Regel nur formale Anhaltspunkte, um die Abwesenheit des Verfassers zu kompensieren, und so sind sie in höherem Maße darauf angewiesen zu interpretieren.

Wenn ich nun empfehle, Übersetzer sollten gelegentlich auch dolmetschen und dabei von ungewohnten Einblicken profitieren, so soll damit keinesfalls angeregt werden, dass sie ihren Ansatz beim Übersetzen auf den Kopf stellen sollen. Es erscheint aber ganz natürlich, dass es ihnen auch für ihre Arbeit erheblichen Gewinn bringt, wenn sie gelegentlich nach dem Ansatz der Dolmetscher vorgehen. Diese sind auf ein gesamthaftes, auf Anhieb gelingendes Verstehen des Gehörten angewiesen und müssen formale „Textmerkmale" zunächst zurückstellen, wobei sie je nach der Situation mitunter auch die Möglichkeit zu Rückfragen haben. Sie fragen unmittelbar und unbedingt nach der Botschaft, nach dem Kommunikationsinhalt des Gehörten und haben damit den Abstand vom Text, um den Übersetzer sich bei ihrer Arbeit explizit bemühen müssen.

Gerade denjenigen Übersetzern, deren größte Stärke es nicht ist, mit Sätzen zu jonglieren, Wörter umzustellen und auszutauschen, auf den ersten Blick zu erkennen, welche Textmerkmale an welchen Stellen im Text optimal untergebracht sind, hilft es erfahrungsgemäß am meisten, wenn sie sich hin und wieder auch als Dolmetscher betätigen. Natürlich nehme ich das Simultandolmetschen dabei aus – es erfordert zu viele zusätzliche und besondere Fertigkeiten, über die ein Übersetzer nicht ohne Weiteres verfügt. In Gesprächs- und Verhandlungssituationen jedoch können die Übersetzer den im Abschnitt „Verhandlungsdolmetschen" erwähnten außenstehenden Sprachkundigen oftmals deutlich überlegen sein.

Dolmetschen und Übersetzen – Symbiose und Bereicherung

Nein, Dolmetscher und Übersetzer sind nicht so unwiderruflich getrennt wie die beiden Königskinder aus dem Volkslied.[8] Die Tätigkeit der beiden weist zwar eine Reihe von Unterschieden auf, wir werden jedoch noch im Einzelnen sehen, dass sie sich ergänzen und zwischen ihnen ein Verhältnis der fruchtbaren Interaktion besteht. Nicht nur können beide aufgrund der einen Wurzel, aus der sie sich speisen, ohne größere Probleme die Arbeit des jeweils anderen leisten, sondern sie profitieren von dieser „Grenzüberschreitung" sogar in hohem Maße. Die Unterschiede bestehen in erster Linie an der Oberfläche, an der Fassade, während sich dahinter oder darunter, wie man es auch betrachten mag, zahlreiche gleiche bzw. sehr vergleichbare Prozesse abspielen. Basis dieser Prozesse ist immer die kommunikationsorientierte Beschäftigung mit der Sprache, mit den grundlegenden Mechanismen des Übersetzens.

Und wie steht es mit der Unterstellung, Dolmetschen und Übersetzen könnten sich zueinander verhalten wie Sonne und Mond? Die Anwesenheit des einen Gestirns schließt jeweils diejenige des anderen aus. Trotz der vielfältigen Interaktionen zwischen Übersetzen und Dolmetschen argumentieren viele Simultandolmetscher, auch im Umfeld meiner vertrautesten Kollegen, immer wieder, ihre Arbeit sei von ihrem Wesen her so grundsätzlich anders, sie habe so wenig mit den Mechanismen der Erstellung eines schriftlichen Textes zu tun, dass es besser sei, ja sogar eine Voraussetzung für gutes Simultandolmetschen darstelle, wenn jemand der Kontamination durch das schriftliche Übersetzen lieber vollständig aus dem Weg gehe. Zumindest seien die zwei Prozesse zeitlich und mental so deutlich voneinander zu trennen und abzugrenzen, dass es nicht zu einer „Ansteckung" kommen könne. Andererseits ist es eine meiner zentralen Thesen, dass beide Tätigkeiten aus derselben Wurzel stammen und aus dieser selben Wurzel alle ihre Merkmale beziehen – auch diejenigen, in denen sie sich unterscheiden.

Dabei teile ich selbstverständlich die Auffassung, dass jeder Dolmetscher immer dann, wenn er schriftlich zu übersetzen hat, einen Hebel im Kopf umlegen sollte, um den Anforderungen dieser anderen Modalität gerecht zu werden, so wie ich sie in zahlreichen Zusammenhängen erläutere. Daher meine Überlegung, dass es sich beim Übersetzen und Dolmetschen um ein Beispiel des „dual hatting" handelt – man geht zu unterschiedlichen Zeiten zwei verschiedenen, inhaltlich jedoch stark verwandten Beschäftigungen nach – und wenn diese in einer glücklichen Konstellation zueinander stehen, wie ich dies in unserem Falle als uneingeschränkt gegeben sehe, dann befruchten beide sich gegenseitig.

Dass dies möglich ist, dass wir im permanenten Wechsel zwischen Dolmetschen und Übersetzen arbeiten können und dabei nicht untergehen, dass die beiden Tätigkeiten mit anderen Worten nach dem Prinzip des in zahllosen anderen Zusammenhängen praktizierten „dual hatting" durchgeführt werden können, mag eine simple Beobachtung beweisen: Viele Dolmetscher benutzen in der Kabine ihren PC nicht nur, um die Dokumentation für die laufende Konferenz schneller und einfacher zur Hand zu haben, sondern auch, um während ihrer „Auszeiten" und in Konferenzpausen schriftliche Übersetzungen anzufertigen. Inwieweit in dieser Situation Phänomene wie Symbiose und Bereicherung greifen oder allenfalls Wunschvorstellungen bleiben, wird nur jeder Einzelne für sich beantworten können. Sicher scheint mir, dass die vielen Interaktionen zwischen Übersetzen und Dolmetschen für denjenigen, der sie bewusst erlebt und der sie bewusst für sich nutzt, in beide Richtungen nur gewinnbringend wirken können.

2. Große Gemeinsamkeiten
und der kleine Unterschied

Bei den Übersetzern ist das etwas ganz anderes. Selten wechselt einer vom einen in das andere Fach, genau so selten wie aus einem Schriftsteller ein Redner wird und umgekehrt.[9]

Es darf vermutet werden, dass gerade die im ersten Kapitel vorgestellten Simultandolmetscher der ersten Stunde durchaus in der Lage waren, schriftlich zu übersetzen – und dabei exzellente Leistungen zu bringen. Im Übrigen wissen wir nicht, ob und wie viele Dolmetscher jener Zeit zuvor als Übersetzer tätig waren. Der schon zitierte Journalist der *Deutschen Zeitung*, Peter Härlin, meint hier mit „den Übersetzern" sowohl die Dolmetscher als auch die Übersetzer. Wenn er eine gewisse Undurchlässigkeit zwischen den zwei Berufen beobachtet, so hat diese aber wohl nicht mit Fragen der Unvereinbarkeit oder der Andersartigkeit zu tun, sondern damit, dass die ersten Konferenzdolmetscher sich einem kleinen Kreis von hochqualifizierten Spezialisten zugehörig fühlten, die wegen ihrer spezifischen Fertigkeiten so stark gefragt waren, dass sie nicht dazu kamen, über eine Begleittätigkeit nachzudenken.

Nichtsdestoweniger bin ich sicher, dass diese Dolmetscher für ihre Klienten im Zusammenhang mit ihren Engagements als Dolmetscher – eher selbstverständlich – auch schriftliche Übersetzungen angefertigt haben. Immer wieder werden wir von unseren Klienten während eines Einsatzes als Dolmetscher wie selbstverständlich gebeten, spontan auftauchende Texte, Dokumente, Vertragsentwürfe etc. „mal schnell zu übersetzen". Da ergibt es sich oft, dass die Arbeit schon gemacht ist, bevor man erklärt hat, dass Übersetzen eigentlich eine andere Art von Tätigkeit ist, dass man dazu Bücher und andere Referenzmaterialien benötigt etc.

Rührt es von einem vollkommenen Missverständnis her, wenn der Laie Dolmetscher und Übersetzer schon bei der Berufs- bzw. Tätigkeitsbezeichnung miteinander verwechselt? Wie weit trägt die weit verbreitete Vermutung, die zwei Tätigkeiten seien im Grunde kaum voneinander zu unterscheiden? Interessanterweise werden die Dolmetscher sehr oft als Übersetzer tituliert, die Übersetzer aber so gut wie nie als Dolmetscher. Man nimmt ganz selbstverständlich an, dass die Arbeit der Dolmetscher eine Form des Übersetzens ist, wenngleich sie anders angelegt sein mag als das Übersetzen. Niemand jedoch würde die Arbeit des Übersetzers zumindest begrifflich mit dem Dolmetschen verwechseln.

Wir werden im dritten Teil des Buches sehen, was im Einzelnen beim Simultandolmetschen passiert, jener Form des Dolmetschens, bei der sich wohl alle spezifischen, das Dolmetschen vom Übersetzen unterscheidenden Tätigkeitsmerkmale auf besonders zugespitzte Art zeigen lassen, ja, bei der sie sich besonders deutlich herauskristallisieren. Daher an dieser Stelle zunächst einige sehr allgemein gehaltene Grundtatbestände, die dem Dolmetschen und dem Übersetzen gemeinsam sind.

Dolmetscher und Übersetzer – Handwerker
im gemeinsamen Haus der Sprache

Das gemeinsame Haus Europa ist heute in aller Munde. Ob Politiker oder nicht – kaum ein Redner verzichtet auf dieses Bild, sobald es auch nur entfernt um Europa geht. Es ist ein Bild, mit dem die Vielfalt der Kulturen und der Interessen, der Einstellungen und der Vorgehensweisen zum Ausdruck gebracht wird – eine Vielfalt, die gleichwohl unter einem Dach gebündelt, die im Blick auf ein gemeinsames Ziel in positive Energie umgewandelt wird. In diesem Sinne von Vielfalt und Gemeinsamkeit sehe ich das Übersetzen und das Dolmetschen, aber auch eine Reihe anderer Tätigkeiten – wie das Schreiben und das Reden, das Dichten, das Redigieren und das Debattieren – als eine Vielfalt von Prozessen, die sich im gemeinsamen Haus der Sprache abspielen, die allesamt der Sprache als vollzogener Kommunikation im Sinne von Sprechen und Schreiben dienen und ihr untergeordnet sind, die sich unter ihrem Dach abspielen und dabei gleichzeitig ihre Spezifität und ihre Vielfalt entwickeln können – so wie im gemeinsamen Haus Europa alle Bewohner ihre Stockwerke auf ihre Weise einrichten, ihre Eigenheiten bewahren, ja pflegen können. Dass die verschiedenen Handwerker und Gestalter ihre eigenen Techniken und Traditionen verwirklichen, dass alle Werker der Sprache denselben Rohstoff nach ihren spezifischen Ansätzen verarbeiten – dies macht die Vielfalt unter dem Dach des Gemeinsamen erst aus.

In diesem Sinne spreche ich hier von Gemeinsamkeiten und Unterschieden zwischen den zwei Handwerkern der Sprache, als die ich Übersetzer und Dolmetscher einmal bezeichnen will. Beginnen wir mit einer Anmerkung zu ihrer Vertrautheit mit ihrem jeweiligen Ausgangsmaterial, mit den beiden Sprachen, mit der Ausgangs- und der Zielsprache. Natürlich müssen Übersetzer und Dolmetscher die beiden Sprachen nicht nur im absoluten Sinne sehr gut, sondern eben auch auf einem vergleichbaren Niveau beherrschen. Dabei will ich hier nicht in die Diskussion eintreten, inwiefern passive Kenntnisse einer Sprache, aus der jemand arbeitet, weniger solide sein dürfen als die Beherrschung der aktiven Sprache, in die man übersetzt oder dolmetscht. Auch Übersetzer, die ja mehr Zeit zur Verfügung haben, können es sich nicht leisten, eine ihrer beiden Sprachen weniger gut zu beherrschen als ein Dolmetscher. Dies gilt umgekehrt auch für den Dolmetscher: Er mag in der Anlage seiner Tätigkeit etwas weniger philologisch ausgerichtet sein, könnte damit aber keineswegs weniger gründliche Kenntnisse einer der beiden bearbeiteten Sprachen rechtfertigen. In beiden Fällen gilt es, bevor in der Zielsprache gesprochen oder geschrieben werden kann, die im Text enthaltenen Gedanken zu verstehen, sie ihrer sprachlichen Hülle zu entledigen und sie sodann in die adäquate sprachliche Hülle der Zielsprache zu „verpacken". Alles dies leisten sowohl die Übersetzer als auch die Dolmetscher. Beide benötigen die Kenntnis der verwendeten Terminologie in beiden Sprachen. Beide müssen in der Lage sein, die verschiedensten Stilfiguren wie Ironie, Anspielungen und Analogien, aber auch das gewählte Register und sogar die sprachliche Qualität nicht nur einwandfrei zu erkennen, sondern sie auch auf äquivalente Art – was nicht immer im Verhältnis 1:1 bedeutet – in die Zielsprache zu übertragen. Beide müssen gelernt haben, den so genannten Subtext, das Implizite, den Zusammenhang, ohne den angewandte Sprache überhaupt nicht denkbar ist, zu erkennen und in ihre zielsprachige Version einfließen zu lassen. Kurz: Sowohl beim Übersetzen als auch beim Dolmetschen muss das Produkt eine in allen Belangen und nach allen Kriterien „entsprechende, stimmige" Version des Gehörten bzw. des Gelesenen in der jeweiligen Zielsprache sein.

Was hier möglicherweise als Binsenweisheit daherkommt, impliziert ein grundlegendes Postulat, das ich erst nach langjährigem Zögern aufstelle: Es gibt keine Gründe und keine Anhaltspunkte dafür, an das Ergebnis der Verdolmetschung mündlicher Kommunikation unter Hinweis auf die besonderen, zum Beispiel zeitlichen Zwänge, unter denen es entsteht, geringere Ansprüche zu stellen. Allerdings werden wir etwas weiter unten noch sehen, dass die beiden beim Übersetzen und Dolmetschen entstehenden Produkte sich bei gleichen Qualitätserwartungen durchaus in einer Reihe von formalen, an der sprachlichen Oberfläche angesiedelten, Kriterien unterscheiden.

Diesen identischen Anspruch zu bejahen, bedeutet *ipso facto,* die für seine Erfüllung erforderlichen Vorgehensweisen und vor allem die ihm zugrunde liegende Konzeption von der Arbeit als deckungsgleich vorauszusetzen. Im Zusammenhang mit der Frage der Interaktion von Dolmetschen und Übersetzen habe ich weiter oben die Forderung aufgestellt, Dolmetscher sollten im Interesse ihrer Kompetenz als Dolmetscher auch regelmäßig schriftlich übersetzen. Schon dies mag deutlich machen, dass es einen sehr soliden gemeinsamen Boden gibt, auf dem Übersetzer und Dolmetscher ihre Arbeit leisten. „Richtiges", gutes und sicheres Dolmetschen – und hier macht das Simultandolmetschen trotz einer gewissen Sonderstellung keine Ausnahme – setzt eine gut fundierte Kompetenz als Übersetzer voraus.

Auch aus der Sicht des Übersetzers gelten natürlich die dargelegten, auf die Sprache bezogenen Gemeinsamkeiten zwischen ihm und dem Dolmetscher. Auch er ist damit beschäftigt, die Kommunikation zwischen zwei Sprachen zu sichern – bei allen

Unterschieden, die keinesfalls verwischt werden sollen. Auch ihm müssen die vielfältigen Interaktionen, aber auch Interferenzen und Inkongruenzen zwischen den Sprachen, mit denen er sich beschäftigt, zu jedem Zeitpunkt bewusst sein, wenngleich sein Handeln auch nicht so schnell und so unmittelbar darauf „programmiert" sein muss, wie dies zum Beispiel bei dem Simultandolmetscher der Fall ist.

In der Ausbildung der Übersetzer und Dolmetscher an den einschlägigen Hochschulinstituten werden die ersten zwei bis drei Jahre von beiden Berufsgruppen gemeinsam absolviert, bevor eine Spezialisierung auf das Dolmetschen oder auf das Übersetzen beginnt. Letzteres teilt sich noch einmal auf: in das Übersetzen von Fachtexten oder von Literatur. An einer gemeinsamen Grundkompetenz, einem gemeinsamen Ansatz und einem weitgehend gemeinsamen Ziel besteht also kein Zweifel. Erhebliche Unterschiede bestehen dennoch in der Art und Weise, wie die gemeinsame Kompetenz beim Dolmetschen und beim Übersetzen genutzt wird, wie das weitgehend gemeinsame Ziel erreicht wird, wie, an welcher Stelle und in welcher Reihenfolge und Ordnung die vielfältigen Kompetenzen und Fertigkeiten im Umgang mit der Sprache zur Anwendung gebracht werden. Schon aus der Tatsache, dass jeder Übersetzer natürlich seinen Text restlos kennt, noch bevor er das erste Wort seiner Übersetzung schreibt, ergeben sich bezüglich der detaillierten Vorgehensweise erhebliche Unterschiede. Denn der Dolmetscher weiß noch nicht, wie sein Text endet, wenn er zu übersetzen anfängt.

Unterschiedliche äußere Bedingungen: Arbeitsmaterial,
Zielgruppe, Zeitökonomie

Es ist ein Streit, der so alt ist wie das Simultandolmetschen selbst: Ist der Faktor Zeit die wichtigste Determinante für die spezifischen Unterschiede zum Übersetzen, oder stellt die Zeit nicht mehr dar als eine weitere erschwerende Bedingung, während die eigentlichen Unterschiede zum Beispiel in den jeweils eigenen Mechanismen des Verstehens des gesprochenen bzw. schriftlichen Diskurses liegen? Oder auch in einer anderen strukturellen

Herangehensweise an den gesprochenen Text? Oder vielleicht in der Präsenz der Rezipienten, die beim schriftlichen Übersetzen *per definitionem* nicht gegeben ist? Schließlich können zwischen der Arbeit des Übersetzers und dem „Konsum" seines Werks Jahrhunderte liegen, während der Dolmetscher unter normalen Umständen mit einer sofortigen Reaktion seiner Zuhörer rechnen kann.

Es ist bei aller notwendigen Differenzierung sicher nicht unrichtig festzustellen, dass Übersetzer, wie weiter oben erläutert, weitgehend am Satz und damit an der Syntax und an grammatischen Strukturen orientiert sind, obwohl auch sie das gedankliche Anliegen ihres Textes im Auge haben müssen, wenn sie zutreffend übersetzen wollen. Dolmetscher dagegen sind in erster Linie an dem interessiert, was man in gutem Neudeutsch heutzutage die *message* nennt, so dass ihr Hauptaugenmerk dem Gegenstand des Kommunikationsvorgangs gilt.

Dolmetscher sind für Zuhörer tätig, die sie vor sich sehen und die spontan auf das Gesagte und damit auch auf das Gedolmetschte reagieren können. Seinen Zuhörern gegenüber verhält sich der Dolmetscher als Redner – mit allen sprachlichen und außersprachlichen Gegebenheiten, die dazu gehören. Die Anwesenheit seiner „Kunden" determiniert letztlich sein Produkt. Dieses ist zumal zum sofortigen Anhören bestimmt und hat in aller Regel keinen Bestand auf der Zeitachse.

Übersetzer dagegen bearbeiten Texte aus der Gegenwart und aus der Vergangenheit, Texte zum sofortigen „Verbrauch" ebenso wie Texte, die in einer unbestimmten Zukunft von noch gar nicht bekannten Lesern gelesen werden. Ihr Produkt hat daher in erster Linie der Forderung nach „Haltbarkeit" zu entsprechen. Ein übersetzter Text muss auch zu einem späteren Zeitpunkt, unter anderen Rahmenbedingungen und auf der Basis eines anderen Vorwissens der Leser brauchbar sein. Dabei wissen wir natürlich, dass Übersetzungen ebenso wie Texte unterschiedlich gut altern. Neuübersetzungen alter Texte zum Beispiel werden oft dadurch motiviert, dass die alten Texte den Lesern einer anderen Zeit nicht mehr adäquat scheinen. Die Frage, ob sie zu Recht abgelehnt werden oder ob dabei Willkür und Moden im Spiel sind, wird in den theoretischen Abschnitten zur Übersetzung erörtert.

Während der Dolmetscher seine Zielgruppe zwangsläufig kennt und sie notfalls sogar direkt ansprechen kann, weiß der Übersetzer sehr oft nicht, für wen er seine Texte verfasst. Er bekommt zumindest direkt keine Rückmeldung von seinen Lesern und hat diese Anonymität *ein Stück weit* in seinem Text zu berücksichtigen. Abgesehen von allen Überlegungen zu Zeit und Arbeitstempo liegt hier ein wichtiger inhaltlicher Unterschied zwischen dem Übersetzen und dem Dolmetschen. Die Arbeit des Übersetzers, aber auch sein Produkt, muss zwangsläufig weniger persönlich ausfallen, schon um die verschiedensten Empfänger mit ihren unterschiedlichen Horizonten ansprechen zu können.

In der täglichen Berufspraxis beobachten wir einen weiteren Unterschied zwischen der Arbeit der Übersetzer und derjenigen der Dolmetscher, einen Unterschied allerdings, der gar nichts Systematisches, nicht Inhärentes, nichts theoretisch Begründbares an sich hat. Er stammt schlicht und einfach aus der Beschaffenheit des Ausgangsmaterials, mit dem Übersetzer und Dolmetscher es normalerweise zu tun haben. Extrem komprimierte fachliche Inhalte, so wie ein professioneller Übersetzer sie tagtäglich zu übersetzen hat, sind beim Konsekutivdolmetschen fast gar nicht denkbar und kommen auch beim Simultandolmetschen allenfalls bei komplizierten Fachkonferenzen vor. Und wenn es sehr fachlich wird, dann ergibt sich aus der Situation der mündlichen Kommunikation, dass selbst schwierigste Vortragsinhalte in aller Regel aus didaktischen Überlegungen heraus mit einer gewissen Redundanz versehen werden und in einer anderen, „einfacheren" Sprachstruktur vorgebracht werden. Der Redner vergewissert sich, wenn er ein guter Redner ist und nicht nur ein Publikationsmanuskript vorliest, der Aufmerksamkeit seiner Zuhörer. Er achtet darauf, dass sie ihm folgen können und überprüft von Zeit zu Zeit, dass sie ihn in der Tat durch seinen Vortrag begleiten.

Mit diesem „Differentialbefund", nach dem Texte gleichzeitig weniger persönlich und Vorträge und Reden, soweit sie tatsächlich ihrer Gattung gerecht werden, automatisch etwas persönlicher gehalten sind, geht eine weitere wichtige Unterscheidung einher, die den jeweiligen „Rohstoff" der Dolmetscher und der Übersetzer entscheidend prägt. Texte sind dicht und komprimiert, Texte haben die Aufgabe, das ganze Wissen und Können ihres Verfassers erkennbar zu machen. Texte können nicht an der Oberfläche eines Themas bleiben – auch nicht, um den Leser zu schonen, um ihn nicht zu überfordern, um auf seinen Wissensstand Rücksicht zu nehmen. Sofern ihnen nicht ausdrücklich eine Sonderfunktion zugewiesen wird, wie zum Beispiel in Kinderbüchern oder bei einzelnen Themen „für Einsteiger" etc., ist es das Problem des Lesers, mit ihnen fertig zu werden. Und damit natürlich auch das Problem des Übersetzers.

Einem Redner dagegen verübelt es niemand, wenn er ein Thema nicht in allen seinen Verzweigungen und mit allen seinen Schwierigkeiten ausbreitet. Es schadet nicht seiner vermuteten Kompetenz, wenn er es versteht, sich zu bescheiden. Die meisten Zuhörer sind dankbar, wenn er irgendwann seine Ausführungen mit dem Hinweis abkürzt, weitere Details würden den vorgegebenen Zeitrahmen sprengen. Es wäre unaufrichtig von den Dolmetschern, wollten sie nicht eingestehen, dass diese Besonderheit des mündlichen Vortrags ihnen mitunter das Leben leichter macht. Jeder von uns erinnert sich an Situationen, in denen wir uns inhaltlich-fachlich auf dünnem Eis bewegt haben und am Ende froh waren, dass der Redner sein Thema nicht so behandelte, wie der Autor eines wissenschaftlichen Beitrags es getan hätte.

Gesprochene Sprache versus Schriftsprache –
Unterschiede zwischen Text und Rede

Zwischen guter Rede und gutem Text verhält es sich wie zwischen einem lockerem Humusboden und den darunter liegenden, verdichteten Lehmschichten: Fruchtbar sind sie beide, jedoch ist der erste wesentlich lockerer in seiner Beschaffenheit. Er ist besser belüftet – so wie gute Rede immer auch einen Teil an Redundanz enthält, um verdaulich zu sein. Was von einem Text nicht bei der ersten „Passage" verstanden wird, kann nachgelesen werden. Bei Reden gibt es diese Möglichkeit nicht.

Die Konsequenzen aus diesen äußerlichen Unterschieden zwischen Text und Rede schlagen sich auf der formalen Ebene in einer Reihe von Unterschieden in der Sprachform nieder. Als Erstes springt dabei die unterschiedliche Syntax ins Auge. Auch wenn viele von uns kurze, nicht verschachtelte Sätze als ein erfrischendes Element von Texten empfinden, gilt unter wissenschaftlichen Autoren und Verlegern offenbar weiterhin das Postulat, dass Texte, die etwas wert sind, auch eine komplizierte, schwer zu überschauende Syntax aufweisen müssen. Sodann müssen die Sätze in guten Texten offenbar lang sein, über mehrere Zeilen gehen, so wie man sie sich in einem mündlichen Vortrag nicht vorstellen mag. Und die in Texten verwendeten grammatikalischen Formen und Strukturen sind tendenziell „konservativer" und resistenter gegen die meistens über das Sprechen in unsere Sprache eindringenden Nachlässigkeiten und Vereinfachungen.

So wird beim Sprechen gerne das ans Satzende gehörende Verb vorgezogen, es wird die Inversion nach bestimmten Konjunktionen zur Vereinfachung aufgegeben, und es werden die komplizierteren Genitive und Dative oft gar nicht mehr verwendet und statt dessen durch Formulierungen mit „von", „bei", „für" und anderen Präpositionen und Partikel ersetzt – lauter Dinge, die in guten Texten keinen Platz haben. Eine Zwischenform liegt natürlich immer dann vor, wenn zum Beispiel in Romanen mit direkter Rede gearbeitet wird. Oder wenn aus Stilgründen bewusst von der Norm für schriftliche Texte abgewichen wird – klar, dass uns als erstes Beispiel die Prosa von Thomas Bernhard einfällt. Im vorliegenden Zusammenhang geht es allerdings eher um Gebrauchstexte und die formalen Unterschiede zwischen ihnen und der gesprochenen Sprache. Für den Dolmetscher bedeutet diese Tendenz zur Vereinfachung des Sprechens übrigens keinesfalls eine entsprechende Vereinfachung seiner Aufgabe, sofern wir für sein Sprechen an der Forderung nach einem Minimum an puristischer Korrektheit festhalten wollen. In diesem Falle kommt im Gegenteil als zusätzliche Aufgabe für ihn hinzu, sprachlich-formale Unzulänglichkeiten zu entdecken und im eigenen Vortrag zu korrigieren.

Und auch dies bedingt einen wichtigen, „äußeren" Unterschied zwischen dem Übersetzen und dem Dolmetschen: Werden Übersetzer im Idealfall nicht nur wegen ihrer sprachlichen und übersetzerischen Kompetenz engagiert, sondern eben auch nach ihrer Spezialisierung auf bestimmte Fachgebiete, so gilt bei der Verpflichtung von Simultandolmetschern doch zunächst als Kriterium, wie kompetent, wie gut und wie bekannt der Kandidat als Dolmetscher ist. Fachliche Spezialisierungen werden zwar nicht ignoriert, jedoch entscheiden viele Auftraggeber sich eher für den als exzellent bekannten Dolmetscher und nicht in erster Linie für den mit einem Fachgebiet besonders vertrauten Kollegen, der darüber hinaus als brauchbarer Dolmetscher gilt. Das heißt, es geht ihnen auch um das Auftreten, den Umgang mit den Konferenzteilnehmern, die Souveränität usw.

Zur Abrundung dieser Diskussion über das Einende und das Trennende von Übersetzen und Dolmetschen will ich im Sinne eines kleinen Exkurses – etwas überraschend möglicherweise – auf eine bisher noch gar nicht erwähnte Gruppe von *stakeholders* hinweisen (wie es heute ebenso häufig wie unschön heißt), die für eine etwas gründlichere, auch theoretisch fundierte Abgrenzung zwischen Übersetzen und Dolmetschen womöglich dankbar sein könnte. Ich meine die Nutzer der Leistung von Übersetzern und Dolmetschern, die sich beileibe nicht immer darüber im Klaren sind, was sie von den einen und den anderen erwarten dürfen. Wir Dolmetscher werden von unseren Auftraggebern regelmäßig um unsere Zustimmung dazu gebeten, dass unsere Leistung auf Band aufgezeichnet wird. Viele Veranstalter haben den Wunsch, nachher die Vortragstexte, zum Beispiel im Falle von Schulungen oder wichtigen Ansprachen an die Mitarbeiter, der „Nachwelt" zu erhalten.

Sehr oft habe ich meine Zustimmung erteilt – und meistens doch nur erreicht, dass der Auftraggeber – ebenso wie ich selbst – von dem Ergebnis enttäuscht war, dass ihm womöglich im Nachhinein schwere Zweifel an der Qualität der Verdolmetschung und damit an der Verpflichtung seiner Dolmetscher gekommen sind, und dass nach wiederholten Versuchen, das Produkt der Aufzeichnung doch noch für eine weitere Verwendung zu retten, schließlich doch eine komplette Neuübersetzung der aufgezeichneten Ausführungen als erforderlich erkannt wurde – sofern weitgehende Kompromisse an die Qualität der Texte nicht in Frage kamen.

Eine perfekte Verdolmetschung sollte sich in einem unbrauchbaren Text niederschlagen? Die Antwort auf diesen scheinbaren Widerspruch ist im Grunde ganz einfach. Wir Dolmetscher legen in den Verträgen, die wir mit unseren Auftraggebern schließen, fest, dass das Produkt unserer Arbeit nur zum „sofortigen Anhören" bestimmt ist. Es geht nicht um eine mögliche Sorge des guten Dolmetschers, man könnte ihm im Nachhinein Fehler nachweisen.

Die für den mündlichen Vortrag verfasste Rede, aus welchem Anlass und in welchem Kommunikationszusammenhang sie auch dargeboten wird, ist grundsätzlich von einer völlig anderen Struktur als jeder schriftlich verfasste Text. Wird sie aufgeschrieben und verlesen, so mutet sie oftmals regelrecht fremd oder befremdend an, obwohl sie womöglich in der zurückliegenden Kommunikationssituation durch die Hörer als perfekt wahrgenommen wurde. Der Leser ist nun einmal kein Hörer – er hat an einen Text völlig andere Erwartungen. Gute schriftliche Texte enthalten keine rhetorischen Elemente wie Redundanz und einen dem schnelleren Verständnis dienenden Satzbau. Die Wirkung von Betonungen und Sprechpausen, um nur zwei Beispiele zu nennen, müssen in einem schriftlichen Text zwangsläufig durch andere Mittel erzielt werden. Mündlich vorgetragene Texte orientieren sich an der erwarteten Zuhörerschaft. Sie richten sich in ihrer Komprimiertheit nach dem angenommenen Horizont der Zuhörer, sie enthalten mehr oder weniger Kunstpausen und „Luftlöcher", die es dem Zuhörer erlauben sollen, zu speichern oder zu verdauen – ganz zu schweigen von Figuren, Konstruktionen und Kniffen, die eine Rede bereichern, in einem schriftlichen Text dagegen lächerlich wirken könnten. Es mag widersprüchlich klingen: Je „rhetorischer" eine Rede verfasst ist, desto langweiliger, blutleerer kann ihr Transkript wirken, desto weniger teilt sich von diesem Charakter dem späteren Leser mit.

Ein weiterer Beleg für die Unterschiede in der gesprochenen und der Schriftsprache ist die Tatsache, dass Simultandolmetscher sich regelmäßig und ganz zwangsläufig immer dann besonders schwer tun, wenn ein Redner ein Manuskript vorliest, das nach allen für schriftliche Texte geltenden Regeln am Schreibtisch verfasst wurde – außerhalb jeder Situation mündlicher Kommunikation. Oftmals hören wir dann den Hinweis, der Redner wolle sich zur Erleichterung der Arbeit der Dolmetscher wortwörtlich an seinen vorverfassten Text halten. Vergessen wird dabei, dass am Schreibtisch nur selten gute Reden entstehen – viel häufiger dafür aber publikationsreife Manuskripte – ohne jede Rhetorik, ohne jede Redundanz und ohne jede Zuhörerorientierung. Wie schon angedeutet, werden die für den Vortrag beschriebenen Merkmale in einem schriftlich verfassten Text ja gar nicht erwartet. Hier stört jede Redundanz, jedes rhetorische Element, hier werden lange, komplizierte Sätze und unübersichtliche Textstrukturen erwartet. Und es sind diese Textstrukturen, die leider allzu oft mit klugen und gelehrten Inhalten gleichgesetzt werden.

Ein Blick auf die Vortragskultur in den angelsächsischen Ländern mag verdeutlichen, was ich meine. Dort wird offensichtlich an Schulen und Hochschulen gelernt, komplizierte Inhalte auf zielgruppenorientierte Weise, hier in einfachen Worten, dort sprachlich sehr anspruchsvoll, und innerhalb einer genau vorgegebenen Redezeit zu behandeln – in konzentrischen Kreisen sozusagen. Ein deutscher oder französischer Fachreferent dagegen tut sich regelmäßig schon dann schwer, wenn er durch einen Sitzungsleiter gebeten wird, seinen Vortrag um fünf Minuten zu kürzen, da sein Manuskript dies normalerweise nicht zulässt. Die Folge haben Sie schon geahnt: Er liest einfach etwas schneller vor und überfordert dabei nicht einmal, wie oft vermutet, in erster Linie die Dolmetscher, sondern seine Zuhörer, die das Gehörte verarbeiten sollen.

Dieser kleine Exkurs soll wohlgemerkt nicht als Argument dafür gelesen werden, dass Übersetzen und Dolmetschen zwei grundverschiedene Tätigkeiten seien. Richtig ist sicher, dass immer dann, wenn die Arbeit gut gemacht wird, dabei „Produkte" mit deutlich erkennbaren Unterschieden entstehen. Aber ich hoffe aufgezeigt zu haben, dass die zwischen den Tätigkeiten und den Produkten festgestellten Unterschiede nicht dazu herangezogen werden dürfen, um zwischen dem Dolmetschen und dem Übersetzen irgendeine grundsätzliche Unvereinbarkeit zu konstruieren. Beide Tätigkeiten können „über Kreuz" von beiden Expertengruppen ausgeübt werden – und dies ist im Übrigen auch gängige Praxis.

Es wird später noch einmal kurz von den spezifischen Problemen die Rede sein, die sich aus dem eher diffusen Verständnis der Rolle und Funktion von schriftlichen Texten und mündlichen Vorträgen für den Simultandolmetscher und seine Arbeit ergeben. Das bisher Gesagte mag schon einmal deutlich machen, dass die Arbeit am Text und diejenige an der Rede sehr verschiedenen Mechanismen folgt und bei allen Gemeinsamkeiten auf ein nicht unbedingt vergleichbares Produkt hinausläuft.

3. Übersetzer und Dolmetscher – Mehrkämpfer oder Spezialisten?

Wie lauten die abschließenden Einsichten aus dieser Erörterung? Geklärt scheint mir der Befund, dass Übersetzen und Dolmetschen aufgrund einer Reihe von Teilaspekten unterschiedliche Tätigkeiten sind, die gleichwohl auf der Grundlage von zahlreichen gemeinsamen Gegebenheiten absolviert werden und aus ein und derselben Wurzel entstanden sind. Als unstrittig sehe ich es auch, dass diese beiden Tätigkeiten trotz unterschiedlicher Ausbildung und trotz erheblicher, äußerlicher, materieller Unterschiede in ihrer praktischen Ausprägung durch ein- und dieselbe Person ausgeübt werden können – auch wenn dies nicht immer geschieht und auch wenn berufspraktische Gegebenheiten wie die Tarifeinstufung von Übersetzern und Dolmetschern bei öffentlichen Arbeitgebern, jedoch auch Honorierungspraktiken und ähnliches eher Hinweise auf eine strenge Trennung der Tätigkeitsfelder zu geben scheinen.

Auch in der Leichathletik, bei den Zehnkämpfern kennen wir das Phänomen: Verschiedene Laufstrecken unterscheiden sich in den Anforderungen deutlich geringer als zum Beispiel der Stabhochsprung vom Speerwurf. Die „Könige der Leichtathletik" setzen jeweils nicht nur unterschiedliche Hüte auf, sondern sie treten auch in unterschiedlichen Schuhen an. Im Gegensatz zu den Dolmetschern und Übersetzern ist allerdings ihr Leistungsniveau in jeder einzelnen Disziplin deutlich niedriger als dasjenige der Spezialisten, die nie etwas anderes tun als weit oder hoch zu springen, als die Kugel zu stoßen oder den Hammer zu werfen.

Stimmiger scheint mir daher das Bild von den Juristen zu sein: Jeder Rechtsanwalt kann heute ein Plädoyer ausarbeiten und es anschließend vor Gericht vortragen, um morgen für einen anderen Mandanten einen Vertrag zu verfassen. Analog hierzu kann auch ein Dolmetscher sich zwischen seiner Tätigkeit und dem Übersetzen hin- und herbewegen. Aufgrund ihres spezifischen Wesens unvereinbar sind diese beiden Tätigkeiten mit Sicherheit nicht. Diese Feststellung berührt natürlich nicht die Frage von persönlichen Präferenzen, Stärken und Talenten, aufgrund derer das Wandeln zwischen den zwei Welten von den Betroffenen in sehr unterschiedlicher Intensität praktiziert wird. Trotz aller Spezialisierung in diesem Zeitalter der exzessiven Spezialisierung plädiere ich aus den vielen genannten Gründen dafür, dass Übersetzer und Dolmetscher sich die Fähigkeit bewahren mögen, im Kopf den berühmten Schalter umzulegen, den anderen Hut aufzusetzen und das Abenteuer anzunehmen, in einem Bereich zu arbeiten, der viele Gemeinsamkeiten mit ihrem eigenen aufweist, gleichzeitig jedoch auch eine Reihe von Unterschieden und Fallstricken hat, die nur auf sehr bewusste Art und mit einem Repertoire von ganz eigenen Mitteln bewältigt werden können.

Ich habe bisher bewusst über das Dolmetschen gesprochen und eine Einengung auf das Simultandolmetschen vermieden, weil es mir hier um den Unterschied zwischen Schreiben und mündlichem Kommunizieren ging. Dieser Unterschied ist für alle Formen des Dolmetschens gleichermaßen relevant, auch wenn sicher kein Zweifel daran bestehen kann, dass die spezifischen Merkmale, Eigenheiten und Zwänge des „mündlichen Übersetzens" sich beim Simultandolmetschen auf ganz besondere Weise herauskristallisieren.

Eine ganz andere Frage ist es hingegen, ob das Simultandolmetschen eine so eigene Form des Übersetzens darstellt, dass von einer Tätigkeit *sui generis* die Rede sein müsste – ein Akt, der sich mit nichts vergleichen lässt und ausschließlich seinen eigenen Regeln folgt, wie es gelegentlich zu hören ist, oder ob „das Simultan" nur eine von mehreren Spielarten des Übersetzens und Dolmetschens ist. Hat es sich mit anderen Worten aus den anderen Formen des Dolmetschens entwickelt? Weist es mehr Gemeinsames mit diesen anderen Formen auf, oder sind die trennenden Merkmale stärker? Auf diese Frage werde ich in der Folge verschiedentlich zurückkommen. Der selbst von manchen Insidern postulierten, vermeintlichen Unvereinbarkeit von Übersetzen und Dolmetschen habe ich an dieser Stelle jedenfalls eine erste Gegenposition entgegenstellen wollen, indem ich einerseits auf die vielfältigen Interaktionen zwischen diesen beiden Grundformen mehrsprachiger Kommunikation hingewiesen habe und andererseits auf die praktische Alltagserfahrung vieler Dolmetscher und Übersetzer.

Kapitel 3

Übersetzen und Dolmetschen – erste Erkenntnisse und erste Leitsätze

„*A rose is a rose is a rose …* " [10]

Gertrude Stein hat ihre berühmt gewordene Formulierung natürlich nicht als einen Beitrag zur Wortbedeutungslehre, sondern als literarische Figur gemeint. Eine Formulierung, die in ihrer Intensität den Gedanken gar nicht erst aufkommen lässt, es könnte unterschiedliche Bedeutungsinhalte für ihre Rose geben: Die Rose ist eine der schönsten Blumen, vielleicht die edelste von allen. Und sie wird geschenkt, um auszudrücken, was nur eine Rose ausdrücken kann. An Begriffe wie Semantik und Polysemie hat Gertrude Stein gewiss nicht gedacht. Dass weitere Bedeutungen in der Einsicht stecken, dass eine Rose auch stechen kann, dass der Knabe das Röslein, das er stehen sah, ganz anders erlebte – daran denkt man hier gar nicht. Gertrude Stein erklärte, mehr als hundert Jahre lang hätte das Wort „Rose" nicht intensiver nach einer Rose geduftet als in dieser konzentrierten Formulierung, mit der sie es in einem 1922 herausgegebenen Gedicht verwendet hat.

Als Übersetzer tun wir uns schwer mit dieser Erkenntnis von Gertrude Stein. Zwar gibt es immer wieder und vor allem im Reich der fachlichen Texte Fälle, in denen fast jedes Wort seine präzise Entsprechung in einer anderen Sprache hat, aber wesentlich häufiger ist es die Aufgabe des Übersetzers, zwischen mehreren Alternativen zu entscheiden. Es gehört zu den spannenden Erfahrungen bei jedweder Übersetzungstätigkeit, dass Wörter meistens gerade nicht das bedeuten, was man auf den ersten Blick annehmen möchte. Jeder erfahrene Ausbilder wird seinen Eleven regelrecht einimpfen, ihrem ersten Eindruck zu misstrauen und selbst scheinbar einfache Begriffe auf mögliche weitere Bedeutungen im jeweiligen Kontext abzuklopfen. Gilt der Heilige Christophorus vielen als der Schutzpatron der Übersetzer, so empfahl einer meiner Lehrer immer, wir sollten uns lieber an den Ungläubigen Thomas halten – ein Rat, der sich nur allzu oft als nützlich erwiesen hat.

Es mag banal klingen, und es wurde auch schon verschiedentlich erwähnt: Es geht beim Übersetzen nicht darum, Wörter einer Sprache durch Wörter einer anderen Sprache zu ersetzen. Selbst wenn „Eine Rose ist eine Rose ist eine Rose" vielleicht genau das Gegenteil vermuten lässt. Ausgehend von diesem Stein-Zitat möchte ich im Folgenden einige Grundprinzipien des Übersetzens diskutieren und dazu eine Reihe von Leitsätzen vorstellen. Dabei sollen einige der häufigsten Fragen beantwortet und manche dahinterliegende Missverständnisse ausgeräumt werden, so wie sie sich seit jeher in Äußerungen und Vermutungen über die Arbeit der Übersetzer und der Dolmetscher offenbaren. Warum kann nicht jeder automatisch übersetzen, der einer anderen Sprache mächtig ist? Woran erkennt man eine gute Übersetzung? Lesen wir in einem übersetzten Roman die Sprache des Autors oder diejenige seines Übersetzers? Und wie ist es zu erklären, dass die letzten drei Prozent an Qualität oder Perfektion einer Übersetzung etwa die Hälfte der gesamten Bearbeitungszeit in Anspruch nehmen – eine Zeit, die oftmals dem Übersetzer aus wirtschaftlichen Gründen oder wegen Termindrucks nicht zur Verfügung steht?

In einem Schlusswort zu diesem Kapitel werde ich begründen, warum das Übersetzen von Fachliteratur wie technischen, medizinischen oder naturwissenschaftlichen Texten meiner

Ansicht nach eine ganz eigene Form des Übersetzens darstellt, für deren Erfolg die meisten der nachfolgenden, theoretischen Erkenntnisse natürlich auch gelten, die aber zusätzlich eigenen Regeln unterliegt. Niemand wird schließlich das Abfassen oder das Redigieren von Fachmanuskripten als literarisches Schaffen bezeichnen. Aus den bei diesem Redigieren herrschenden, eigenen Gesetzen sind für das Übersetzen der dabei entstehenden Texte entsprechende Konsequenzen zu ziehen. Auch dem Übersetzer muss es dabei in erster Linie darum gehen, mit der adäquaten Mischung aus allgemeiner Sprache und fachsprachlichen Elementen der Darstellungsfunktion dieser Sorte von Texten gerecht zu werden. Allein diese Funktion ist gefragt, ihr haben sich alle anderen Überlegungen unterzuordnen. Darüber aber später mehr.

Im vorliegenden Zusammenhang werde ich übrigens nicht allzu sorgfältig zwischen dem Übersetzen und dem Dolmetschen unterscheiden – weder begrifflich noch inhaltlich. Im Rahmen der ersten allgemeinen Überlegungen darüber, was Übersetzen ist – und was es nicht ist – gelten die meisten Aussagen für beide Tätigkeiten.

1. Was Übersetzen ist –
und was Dolmetschen ist

Zahllose Autoren nähern sich der Frage, was Übersetzen bedeutet und was beim Übersetzen tatsächlich geschieht, aus den verschiedensten Blickwinkeln und mit den vielfältigsten Prämissen. Ich will versuchen, meine Überlegungen auf die Perspektive und die Interessen und Zwänge der mündlichen und der schriftlichen Kommunikation zu konzentrieren und einige dafür besonders relevante Aspekte des Translationsgeschehens herausstellen. Die zahlreichen und sehr spannenden Wechselwirkungen zwischen Sprechen, Verstehen, Kommunizieren und Übersetzen bzw. Dolmetschen sollen dabei im Vordergrund stehen. So hoffe ich, Überlegungen und Einsichten zu befördern, die sich normalerweise bei den Lesern oder Zuhörern, kurz: bei allen „Nutzern"

der Arbeit von Übersetzern und Dolmetschern eher selten einstellen. In Abwandlung eines der Slogans des europäischen Kultursenders Arte („ARTE – so habe ich das noch nie gesehen!")
würde ich mich freuen, wenn hier und da die Reaktion zu hören
wäre: „Übersetzen und Dolmetschen? So habe ich das noch nie
gesehen ..."
        Ich komme zum ersten meiner Leitsätze. Er knüpft direkt an
die berühmte Aussage von Gertrude Stein an. Auch ich mag die
Formulierung sehr gerne und finde, dass sie eine meiner zentralen Aussagen besonders gut veranschaulicht. Mit einem Bild aus
der Fußballsprache würde ich sie am liebsten mit der berühmten
Steilvorlage vergleichen. Allerdings geht es hier nicht darum, das
Tor zu erzielen, sondern besonders einleuchtend den Inhalt der
Aussage zu widerlegen.

▶ ERSTER LEITSATZ:

Übersetzen ist Entscheiden

„Une piscine est une piscine est une piscine ..."

Hier zur Veranschaulichung eine Variation der Aussage von Gertrude Stein, mit deren Hilfe das berühmte Dichterwort sich leicht
auf seine Brauchbarkeit für den Übersetzer testen lässt. Erinnern
Sie sich an den französischen Erfolgsfilm aus dem Jahre 1968?
*La piscine – un film de Jacques Deray avec Romy Schneider, Alain
Delon, Maurice Ronet et Jane Birkin.* In seiner deutschsprachigen
Fassung erhielt der Film den Titel ‚Das Schwimmbad'. Nur:
wann ist eine *piscine* wirklich ein Schwimmbad? Denken wir bei
diesem deutschen Begriff nicht eher an ein Kassenhäuschen, an
Umkleidekabinen, an etwas „Städtisches" – kurz an eine Badeanstalt (ein Begriff übrigens, an dem Generationen von deutschen
und französischen Dolmetschern verzweifelt sind und immer
wieder verzweifeln – ob Badeanstalt, Bedürfnisanstalt, Kopier-
anstalt, Irrenanstalt oder welche Form von Anstalt auch immer!)
Haben wir bei dem Begriff Schwimmbad den Geruch von Meer

und Zypressen in der Nase – oder denjenigen von gechlortem Wasser? Mieten wir für unsere Ferien eine Villa mit Schwimmbad? Oder vielleicht eine Villa mit Swimming Pool?

Sicher ist, dass unsere französischen Freunde bei dem obigen Filmtitel nicht an die *Piscine Molitor* in Paris oder irgendeine andere *piscine municipale* denken, sondern zuerst an Ferien, Sonne und ein Haus mit Pool, wie es im besagten Film in der Provence steht. Trotz einer ausgeprägten Neigung zur Verwendung von englischen Wörtern auch bei unseren Nachbarn würde aber kein Franzose jemals das Wort *pool* benutzen. Andererseits könnte ich trotz meiner Abneigung gegen das Vordringen englischer Wörter in unserer deutschen Sprache gar nicht anders als von einem Ferienhaus mit Pool bzw. mit Swimming Pool zu reden.

Bezeichnenderweise hat das Remake des Deray-Films von François Ozon aus dem Jahre 2003 mit Charlotte Rampling und Ludivine Sagnier von seinem deutschen Verlag den Titel ‚Der Swimming Pool' erhalten. Möglicherweise hat man sich bewusst von der Wortebene gelöst und den Titel danach gewählt, was tatsächlich bezeichnet werden sollte bzw. was wir vor unserem deutschen Sprachhorizont sagen würden. Anstatt wie so oft einfach im Wörterbuch die erste für das fremdsprachige Wort angebotene Entsprechung zu verwenden. Allzu oft habe ich allerdings den Eindruck, dass gute und weniger gute Übersetzungen dieser Art nach dem Zufallsprinzip zustande kommen.

▶ *Polysemie*

Ein Wort, das in einer Sprache mit einer bestimmten Bedeutung verwendet wird, kann in einer anderen Sprache zahlreiche, verschiedene „Übersetzungen" oder Entsprechungen haben – in der Sprachwissenschaft spricht man von der *Polysemie*. Und Polysemie ist für uns Übersetzer und Dolmetscher gleichbedeutend mit dem Primat der Entscheidung.

Diese Erkenntnis gilt für jegliches Übersetzen, kommt jedoch beim Simultandolmetschen auf besonders zugespitzte Art und Weise zum Tragen. Polysemie der Wörter, Primat der Entscheidung – das mag trivial und geschraubt zugleich klingen, es gilt aber für alle Formen des Übersetzens von Texten und der Verdolmetschung von Reden. Dabei steht dem Übersetzer an seinem Schreibtisch natürlich in aller Regel die erforderliche Zeit zur Verfügung, um seine Strategien an der alle anderen Aspekte überragenden Kategorie der Entscheidung auszurichten. Ich werde im fünften Kapitel, das einer Auswahl von spezifischen Problemen des Übersetzens gewidmet ist, näher und mit weiteren Beispielen auf diese zentrale Grundregel für jedwedes Übersetzen eingehen. In Teil III dieses Buches werden wir dann im Zusammenhang mit meiner „Anatomie einer besonderen Form des Übersetzens" deutlicher sehen, welche praktischen Konsequenzen der Zwang zur Entscheidung im Prozess des Simultandolmetschens und für die Strategien des Simultandolmetschers mit sich bringt beziehungsweise zwingend impliziert.

Beim Übersetzen von Texten wird die dahinter stehende Problematik dem Übersetzenden oftmals im Einzelfall gar nicht bewusst. Für den Erfolg seiner Arbeit oder die Qualität seines Produkts ist es zwar wichtig, dass er die in unserem ersten Leitsatz verankerte Erkenntnis tatsächlich verinnerlicht hat – aber er steht nicht unter Zeitdruck und kann ruhig abwägen und feilen. Ganz anders ist dies beim Simultandolmetscher, der alle beim Übersetzen zu leistenden Prozesse im Zeitraffer bewältigen muss, und dem bei der Analyse des Gehörten für den entscheidenden Schritt des Entscheidens oftmals die Zeit arg knapp wird. Er hat nicht die Möglichkeit, in aller Ruhe einzelne, mögliche Wortbedeutungen abzuwägen, gegeneinander abzugrenzen und zu entscheiden. Er muss die Konsequenzen seiner theoretischen Einsichten – und das Theorem der Polysemie ist dafür das schönste Beispiel – in Reflexe umsetzen, die bei der Arbeit blitzschnell zur richtigen Lösung führen.

Ich hatte angekündigt, mit einigen Missverständnissen aufräumen zu wollen, und daher hier gleich der erste Akt: Können Sie sich vorstellen, dass wir Dolmetscher am Rande von simultan gedolmetschten Konferenzen gefragt werden, ob wir angesichts des Zeitdrucks, unter dem wir arbeiten, überhaupt die Möglichkeit haben, über das Gesagte nachzudenken? Ich antworte meistens mit einer Beispielssituation, in der ich wie soeben beschrieben zu entscheiden habe. Denn bereits der bloße Hinweis auf die Kategorie der Entscheidung gibt die eindeutige Antwort auf diese Frage. Die vielfältigen Prozesse, die im Kopf eines Simultandolmetschers ablaufen, sollen später in der gebührenden Ausführlichkeit dargestellt werden. Hier zunächst, im Vorgriff sozusagen, mein zweiter Leitsatz:

► **ZWEITER LEITSATZ:**

Simultandolmetschen bedeutet blitzschnelles Entscheiden

Anlässlich seines letzten Turniers auf deutschem Boden wurde vor etlichen Jahren der französische Tennis-Star und einzige französische Roland-Garros-Gewinner Yannick Noah durch den großen deutschen Tennisreporter Volker Kottkamp interviewt. Das Gespräch nahm Züge eines „Abschiedsinterviews" an und wurde in den Folgemonaten in der Tat über eine Vielzahl von Sendern ausgestrahlt.

Dabei warf der Moderator Noah nach und nach Begriffe an den Kopf, auf die er spontan sagen sollte, was ihm einfiel. Auf den Begriff „Wimbledon" sagte er: *Ah – ça, c'est le grass ...* Als live auf dem Sender sprechender Dolmetscher hatte ich schon die Formulierung auf der Zunge, Wimbledon sei ja nun Rasentennis (bekanntermaßen der Belag, auf dem Noah immer am wenigsten zurechtgekommen war) und man wisse ja, dass er, Noah, keine guten Erinnerungen und schon gar keine Erfolge im Zusammenhang mit Wimbledon vorzuweisen habe. Da sagte der Studiogast aber plötzlich, an *c'est le grass* anknüpfend: „*Et la grass, je préfère la fumer*". Natürlich war auch bekannt, dass Noah sehr gerne von Zeit zu Zeit etwas Marihuana rauchte. Obwohl ich im Kopf bereits eine Bemerkung über das Londoner Rasentennis vorformuliert hatte, stieg ich daraufhin blitzschnell um, sprach statt vom Rasentennis vom ‚*Tennis auf Gras*' und endete mit der Bemerkung: „Und Gras rauche ich lieber in der Pfeife."

Der Zuhörer einer Rede wird sich im Gegensatz zum Simultandolmetscher normalerweise der tatsächlichen Geschwindigkeit nicht bewusst, mit der die Rede vorgetragen wird. Dies gilt im Übrigen oftmals auch für den zweiten Dolmetscher, der gerade nicht „dran ist" und daher genauso wenig wie die Zuhörer ein klares Gespür für die Konzentriertheit des Gesagten entwickeln kann. Vor allem jedoch macht dieser Zuhörer es sich in aller Regel nicht bewusst, dass er beim Anhören und Verstehen der Rede ganz genau wie der Simultandolmetscher ständig Entscheidungen trifft. Eingetaucht in den Kontext des Vorgetragenen befindet auch er sich in einem permanenten Prozess des Auswählens und Eingrenzens. Auch er verwirft, allerdings unbewusst und instinktiv, alle möglichen potenziellen Wortbedeutungen, wägt laufend die Intentionen des Sprechenden ab und konstruiert den Sinn und die Bedeutung des Gehörten durch ein sukzessives, nicht zu jedem Zeitpunkt gleich dichtes Zusammenfügen von Bedeutungseinheiten.

Hier sehen wir einen großen Unterschied zu den Prozessen, welche zur gleichen Zeit der Simultandolmetscher zu bewältigen hat. Die durch ihn zu treffenden Entscheidungen dienen nicht allein zur Klärung des Gehörten bzw. zur Ermittlung der Bedeutung, sondern ihm bieten sich durch die Dimension der zweiten Sprache zahllose Alternativen, zwischen denen er zu wählen hat, um das Verstandene nun seinerseits verständlich zu machen. Auch im Hinblick auf diese Überlagerung zahlreicher Entscheidungsabläufe, und natürlich angesichts der dem Simultandolmetscher auferlegten zeitlichen Zwänge, wird immer wieder die Frage aufgeworfen, ob das Simultandolmetschen nicht eine ganz eigene, mit dem Übersetzen nur entfernt verwandte Form der mehrsprachigen Kommunikation darstellt. Die gegenteilige, ebenso häufig vertretene Auffassung besagt, das Dolmetschen stelle von seinem Wesen her und zumal es allen für das Übersetzen geltenden Regeln und Gesetzen zu gehorchen habe, lediglich eine weitere, wenn auch spezifische und mit zusätzlichen Zwängen und Anforderungen befrachtete Form des Übersetzens dar.

In meinen Anmerkungen über die gemeinsame Wurzel, aus der beide Tätigkeiten sich speisen, habe ich in dieser Frage bereits Position bezogen. Aber es handelt sich dabei auch um einen Streit um des Kaisers Bart. Wichtig ist letztlich vor allem die Feststellung, dass es sich bei allen vordergründigen Unterschieden und trotz der deutlich unterscheidbaren Vorgehensweise von Übersetzern und Dolmetschern um zwei Translationsprozesse handelt, an die vergleichbare Qualitätskriterien angelegt werden und die beide ein hohes Maß an sprachlicher und „translatorischer" Kompetenz voraussetzen.

Um meiner Position ein etwas plakatives Postulat hinzuzufügen, ende ich mit dieser Zuspitzung: Die für den Ablauf der einzelnen Phasen des Verstehens und Übertragens eines mündlich vorgetragenen Texts maßgeblichen Prozesse, wie Hören, Identifizieren, Auslegen, lexikalisch und stilistisch korrektes Umsetzen in die andere Sprache und schließlich Sprechen und Artikulieren, können dem Simultandolmetscher nur dann gelingen, wenn er sie beim Übersetzen erlernt hat und sie nun als Dolmetscher zu jedem Zeitpunkt vollkommen bewusst – und natürlich zum großen Teil parallel – und auch noch im Zeitraffer – durchführen kann.

► DRITTER LEITSATZ:

Übersetzen ist Interpretieren

Im Englischen und im Französischen wird der Dolmetscher, wörtlich übersetzt, als *Interpret* bezeichnet. Aber auch Übersetzen ist Interpretieren. Das über Semantik und Polysemie bereits Gesagte sollte nicht so verstanden werden, als beschränke die Dimension der Entscheidung, dieser unabdingbaren Grundlage allen Übersetzens, sich auf diese Ebene der Wortbedeutungen. Jeder Text, jede Rede wird erst dadurch wirklich verständlich, dass der Leser, der Zuhörer sich aktiv in den Prozess „einbringt". Heute würde mancher vielleicht mit dem Modewort formulieren, Verstehen sei (auch) eine *Bringschuld*. Nur so ist es zu erklären, dass einzelne Leser bzw. Zuhörer Texte und Reden oft sehr unterschiedlich verstehen. In eben genau diesem Sinne erstreckt der permanente Entscheidungsprozess sich auch für Übersetzer und Dolmetscher auf sämtliche Dimensionen des Sprechens und Schreibens. Übersetzer verfügen dabei jedoch über die Zeit und die unbeschränkte Möglichkeit, immer wieder zum Text zurückzukehren und diesen nach allen Kriterien so lange wieder neu anzugehen, bis alle Dimensionen zufriedenstellend berücksichtigt sind.

Erfahrene, kompetente Simultandolmetscher gehen im Übrigen die vielfältigen Aufgaben und Abläufe nach einer gedanklichen Hierarchie an, die es ihnen ermöglicht, zum Beispiel hermeneutisch-interpretative Aspekte zuerst zu bearbeiten und „nachgeordnete" Textmerkmale wie Beispiele, ausschmückende Textelemente sowie die Frage von Stil und Register in dem Maße zu berücksichtigen, wie ihnen dazu die notwendige Zeit bleibt. Auch dies impliziert natürlich eine schnelle Abfolge von sicher teilweise unbewusst getroffenen Entscheidungen. Andererseits darf letzteren Textbestandteilen natürlich keine geringere Bedeutung eingeräumt werden – nur ziehen wir diese Vorgehensweise vor, um sicher zu stellen, dass in erster Linie die gedanklichen Inhalte ohne Verluste übertragen werden. Im Übrigen habe ich den Eindruck, dass versierte Simultandolmetscher solche Komponenten wie Stil und Sprachregister fast unbewusst, dank ihrer Erfahrung eher gefühlsmäßig aufnehmen und in der anderen Sprache adäquat umsetzen. Dies trifft sicher in dem Maße zu, in dem sie im Idealfall wie Schauspieler in die Rolle des Sprechenden schlüpfen. Was die Beispiele und ausschmückenden Textteile betrifft, die zunächst ganz bewusst zurückgestellt werden, so hat jeder Simultandolmetscher seine eigene Technik, mit der er sie zwischenspeichert und dann nach und nach in seinen Vortrag einfließen lässt.

Wenn diese Abläufe, die tatsächlich das Herzstück der Arbeit von Simultandolmetschern darstellen, nicht beherrscht werden, dann bemerkt ein aufmerksamer Zuhörer dies sofort. Wer jemals einen gut klingenden Dolmetscher angehört hat, dessen durchaus flüssig vorgetragene Aussagen sich trotz aller Flüssigkeit und Eloquenz gleichwohl nicht zu einem kohärentem, logisch aufgebauten Vortrag fügen wollten, weiß sicher, was ich *an dieser Stelle* meine. Ich verspreche, darauf noch ausführlich zurückzukommen.

Dass es sich beim Simultandolmetschen um eine der komplexesten Formen des Kommunizierens handelt, wurde schon angedeutet. Und sicher ist durch das Gesagte auch deutlich geworden, worauf ich im nächste Abschnitt detailliert eingehen werde: dass nämlich Übersetzer und Dolmetscher nicht damit beschäftigt sind, Wörter durch Wörter auszutauschen, wie es tatsächlich oftmals durch Außenstehende vermutet wird, die sich zumal angesichts der zeitlichen Zwänge beim Dolmetschen etwas anderes nicht vorstellen können.

▶ VIERTER LEITSATZ:

Kein Übersetzen ohne Wissen und Verstehen

Haben Sie womöglich bei meinen hypothetischen Spekulationen über mögliche oder wahrscheinliche Assoziationen im Zusammenhang mit dem *swimming pool* bzw. dem Schwimmbad den Eindruck gehabt, die Analogie sei übertrieben und der Vergleich zwischen Rose und Schwimmbad habe genau genommen mit dem Übersetzen nicht viel zu tun? Dabei meine ich genau das mit diesem vierten Leitsatz: Weder der Übersetzer noch der Simultandolmetscher – wie drängend die zeitlichen Zwänge für ihn auch sein mögen – kommen ohne ein intensives Nachdenken über Inhalt und Bedeutung des Geschriebenen bzw. des Gesagten aus. So willkürlich unsere Sprachen, wir werden dies im vierten Kapitel sehen, mit den Wechselbeziehungen zwischen der „Welt" und ihrer Erfassung durch Wörter und Worte verfahren, so willkürlich wird jede Übersetzung und Verdolmetschung, die ohne ein restloses Verstehen der Vorlage versucht wird. Die richtige Übersetzung als Zufallstreffer – der Begriff sagt es aus: Es sind Treffer möglich, und die richtige Übersetzung mag je nach der Schwierigkeit und der Art der Vorlage auch der Normalfall sein. Und doch bleibt das Ergebnis solange dem Zufall ausgeliefert, wie die Willkür der Benennung nicht neutralisiert ist, wie nicht durch sicheres Verstehen des Gemeinten die eine, richtige Alternative in der Zielsprache gefunden ist.

Bei dem französischen Begriff *bureau d'études* werden die meisten Übersetzer zunächst an ‚Studie' oder ‚Studium' und verwandte Begriffe und Realitäten denken. Entlegenere Alternativen wie *étude = study* = ‚Studierzimmer' bzw. ‚Arbeitszimmer' werden sie zunächst allenfalls kurz abklopfen und zur Seite legen. Erkennen sie aber nicht auf den ersten Blick, dass der Zusatz *bureau* die Bedeutung von *étude* ändert (im Englischen wäre an dieser Stelle von *design firm* oder *design studio* die Rede), können sie nicht korrekt mit ‚Konstruktions-' oder ‚Planungsbüro' übersetzen. Auch der ‚Designfehler', von dem ich neulich im Zusammenhang mit einem Unfall las, gehört hierher, wenngleich es sich dabei auch um eine einfache Interferenz handeln könnte (Englisch: *design error* oder *design flaw*). Im Französischen würde man einen solchen ‚Konstruktionsfehler' allerdings wiederum nicht mit *erreur d'études* bezeichnen, sondern von *défaut de construction* oder auch von *vice de construction* reden. Ich hatte erwähnt, dass der Zufall nicht nur darüber entscheidet, ob der Übersetzer das richtige Wort „erwischt", wenn er es nicht weiß, sondern dass auch bei den Empfängern der Zufall eine Rolle spielt: Ob sie verstehen, hängt davon ab, ob sie die verschiedenen Begriffe in den einzelnen Sprachen kennen und ob sie daher die Fehler des Übersetzers durchschauen oder ob sie diesen ausgeliefert sind.

Es gibt sprachliche Zeichen, Buchstaben, Wörter, aber auch Ansammlungen von Wörtern zur Bildung ganzer Formulierungen, die ohne jeden inhaltlichen oder fachlichen Zusammenhang untereinander verwendet werden und deren „Umsetzung" in eine andere Sprache daher auch kein Verstehen erfordert, sondern lediglich das Abrufen des anderssprachigen Äquivalents. Als Beispiele seien die Buchstaben des Alphabets genannt. Oder die Zahlen. Aber auch Aufzählungen gehören hierher wie die Zutatenliste auf einer Lebensmittelverpackung. Auch die einzelnen Posten einer Stückliste erhalten nicht erst durch den Kontext ihre präzise Bedeutung. Der erfahrene Simultandolmetscher wird allerdings bereits in diesen Fällen eine kurze, dem Analysieren und Verstehen nahekommende Prüfung einschieben, um sich zu vergewissern, dass diese einfachen sprachlichen Zeichen nicht bereits mit einer Bedeutung belegt sind. Was geschieht aber, wenn Bedeutung bereits in den angeblich bedeutungsfreien Zeichen steckt?

Wenn wir im Deutschen eine Woche meinen, dann sagen wir oft ‚acht Tage‘, die Franzosen sagen *quinze jours,* wo es bei uns ‚vierzehn Tage‘ heißt. Wer bei den Amerikanern auf *cloud number nine* ist, der befindet sich bei uns ‚im siebten Himmel‘. „Von a bis z" oder auch das „Alpha und das Omega" bedeutet wesentlich mehr als den jeweils ersten und letzten Buchstaben des Alphabets. Bereits hier geht nichts ohne Verstehen. Hier gilt es, zunächst überhaupt zu erkennen, dass hinter den normalerweise bedeutungsfreien Zeichen eine bestimmte, ganz konkrete Bedeutung steht, dass wir es bereits mit „Meinung" im Sinne Harald Weinrichs zu tun haben, dass die Zeichen also bereits selbst und an sich einen Kontext enthalten. Sodann ist diese Bedeutung mit der ausreichenden Trennschärfe zu erfassen und ein treffendes Äquivalent in der Zielsprache zu finden. Wie hoch der Aufwand bei dieser Trennschärfe mitunter sein kann, erkennen wir am besten am Beispiel von stehenden Formulierungen bzw. Redewendungen.

Wenn ein Übersetzer die Formulierung *fumer les pissenlits par les racines* liest, so weiß er normalerweise, dass er eine feststehende Redewendung vor sich hat und begibt sich auf die Suche nach einer passenden deutschen Entsprechung, sofern er diese nicht parat hat. Der Simultandolmetscher dagegen wird zum Zocker, wenn er die Wendung nicht wie eine Vokabel kennt. Die Chance, richtig zu liegen, hängt davon ab, wie dicht die Wendungen in den zwei beteiligten Sprachen rein sprachlich, aber auch inhaltlich beieinanderliegen. Im vorliegenden Falle kommt er relativ leicht zu der Einsicht, dass hier jemand ‚die Radieschen von unten betrachtet‘, obwohl das französische Bild vom ‚Düngen des Löwenzahns von den Wurzeln aus‘ spricht (nicht vom Rauchen, wohlgemerkt, aber es gibt auch die Redewendung *manger les pissenlits par la racine,* derzufolge der Löwenzahn von der Wurzel aus gegessen wird.) Ob jemand diese Assoziation bei dem englischen *He is pushing up the daisies* auch sofort herstellt, kommt darauf an, ob er bei *daisies* sofort und automatisch an Gänseblümchen denkt. Aber es gibt eben auch Bilder, die sich aus gänzlich unterschiedlichen Realitäten speisen. Denken wir nur an das Beispiel vom *letzten Strohhalm* im Deutschen und dem *last straw* im Englischen. Der Dolmetscher, der hier unbekümmert drauflos übersetzt, ist zwangsläufig zum Scheitern verurteilt.

In diesem Zusammenhang gehören neben den allgemeinsprachigen Wendungen mit ihrem literarischen Charakter auch diejenigen Wendungen, die es in allen Fachsprachen gibt und in denen einzelne Wörter eine von ihrer ursprünglichen „Grundbedeutung" stark abweichende Bedeutung erhalten können. Erinnern Sie sich an die floatenden Wechselkurse, die es eine gewisse Zeit lang in der Europäischen Gemeinschaft gegeben hat, die *floating exchange rates?* Was hilft dem Dolmetscher dieses Wortwissen, wenn wenige Minuten später auf derselben Konferenz ein Unter-

Keine Konferenz ohne gründlichste Vorbereitung

nehmen „gefloatet" werden soll? (Ganz abgesehen davon, dass ein Dolmetscher englische Begriffe nur dann verwenden sollte, wenn alle Insider sie auch verwenden; er sollte sie auf jeden Fall meiden, solange er ihren Bedeutungsinhalt nicht genau kennt). Hier muss unser Übersetzer hoffen, dass seine Zuhörer des Englischen mächtig genug sind, um zu erkennen, dass das gemeinte Unternehmen nicht seinen Stapellauf erlebt, sondern dass es an die Börse gebracht wird – ein Zufallstreffer, abhängig von den Zuhörern. Wie einen *floater* übersetzen, wenn man nicht weiß, dass es sich dabei um ein erstklassiges Wertpapier handelt? Wer den Begriff *free float of stock* mit floatenden Aktien übersetzt, ist schon wieder im Reich des Zufalls. Viele deutschsprachige Insider verwenden heutzutage zwar jede Menge englischer Begriffe, jedoch kann dies dem Übersetzer nur dann helfen, wenn er die Fälle kennt, in denen dies ausgerechnet nicht der Fall ist. Und auch Insider werden, zumal wenn sie des Englischen nicht mächtig sind, bei floatenden Aktien nicht unbedingt und ohne jeden Zufall an die *Aktien im Streubesitz* denken.

Wir werden an anderer Stelle ausführlich Gelegenheit haben, uns darüber klar zu werden, was es bedeutet, wenn ein Dolmetscher Wörter „umsetzt", ohne die dahinter stehende Realität zu begreifen. Hier sei jedenfalls zusammenfassend festgehalten, dass im Sinne des obigen, vierten Leitsatzes die Korrektheit unserer Übersetzungen im Falle mangelnden Verstehens von dem Zufall abhängt, welcher sich aus der Willkür der Sprachen ergibt. Und von zufällig bei den Empfängern vorhandenen oder eben auch nicht vorhandenen Kenntnissen, dank derer sie das Gehörte oder Gelesene so verknüpfen können, dass über Umwege doch ein Verstehen dabei herauskommt. Daher meine Aussage, dass Übersetzen und Dolmetschen ohne Wissen und Verstehen nur zu Zufallstreffern führen kann – wie häufig es auch gut gehen mag.

Da im Vorstehenden immer wieder die Rede von Wissen und Verstehen ist, soll kurz die Frage gestellt werden, wie vollständig und auf welcher Ebene von Verstehen ein Dolmetscher alle Inhalte des Gehörten nicht nur sprachlich, sondern auch kognitiv verstehen muss, um sinnstiftend dolmetschen zu können.

Wir werden später sehen, dass das zum Übersetzen notwendige Verstehen ein anderes ist als das Verstehen, das mit Handlungskompetenz, zum Beispiel des Chirurgen oder des Juristen, des Richters, einhergeht. Der Vergleich mit dem Verständnis, das ein Journalist benötigt, um über die verschiedensten Themen sinnvoll – und für die Insider des jeweiligen Fachs – zu schreiben, wird uns dabei wichtige Einblicke gewähren.

Das inhaltliche Verständnis von Gelesenem oder Gehörtem, so viel soll schon hier festgehalten werden, ist von einer anderen Qualität je nachdem, ob der Lesende oder Hörende sich mit seinem Wissen und der Art, wie er dieses einsetzt, auf der Ebene des Sprechenden oder Schreibenden befindet (wie der Chirurg, der das Referat eines Kollegen anhört), oder ob er es reproduzierend, vermittelnd, erläuternd, jedoch ohne dadurch eigene Handlungskompetenz zu erwerben, benutzt wie zum Beispiel ein Wissenschaftsjournalist oder eben ein Übersetzer oder Dolmetscher. Wichtig im vorliegenden Zusammenhang ist mir der Hinweis, dass in meinem dritten und vierten Leitsatz eben nicht nur die Rede von allen Ebenen und Aspekten der Sprache ist, sondern auch vom Verständnis des Inhalts. Und ich wollte deutlich machen, dass hier eine weitere, und nicht die geringste Komponente der Komplexität in der Arbeit des Simultandolmetschers liegt. Kann ein Dolmetscher nicht auf ein zumindest nachvollziehendes, „passives" Verständnis der gehörten Inhalte zurückgreifen, dann wird seine Übersetzung zwangsläufig aleatorisch. Je vager sein Verständnis, desto dichter hält er sich an die Ebene der Wörter und ihrer vermeintlichen Entsprechungen in der jeweiligen Zielsprache – und desto mehr wird er zum Spielball der tückischen Sprachphänomene wie Polysemie, Interferenzen, Teilkonvergenzen, aber auch spezifischer Sprachkulturen dort, wo es um die Bezeichnung von Gegenständen und Vorgängen durch eine gegebene Sprachgemeinschaft geht. Man denke nur daran, wie zum Beispiel die medizinische Taxonomie des Französischen von sämtlichen Normen und Sprachgewohnheiten des angelsächsischen Raums, aber zum Beispiel auch von der deutschen Terminologie abweicht.

Hier ist Nichtwissen im Bezug auf Inhalte, hier ist das Nicht-

verstehen des Kognitiven für den Simultandolmetscher gleichbedeutend mit dem Scheitern seiner Übersetzung – daher auch
in dieser Hinsicht die eminente Bedeutung der Kategorie der
Entscheidung – eben nicht nur auf allen Ebenen der Sprache,
sondern es sind Entscheidungen im Sinne der Festlegung auf
bestimmte, dem Übersetzer oder Dolmetscher bekannte Inhalte
zu treffen. Mehr dazu aber wie angedeutet dort, wo es um eine
gründlichere Untersuchung der Prozesse und der Tiefe des Verstehens geht, so wie Dolmetscher – und auf etwas andere Weise
auch Übersetzer – es für ihre Arbeit benötigen.

Belehren – Erklären – Offen lassen
Die didaktische Dimension beim Übersetzen

Abschließend möchte ich noch einen weiteren Aspekt im Entscheidungsprozess beim Übersetzen und Dolmetschen erwähnen: Ich denke dabei an einen Typus von Entscheidungen, die
sehr eng mit der Leser- oder Zuhörerorientierung des sprechenden oder schreibenden „Translators" zusammenhängen.
Entscheidungen, die Mutmaßungen über den Kenntnisstand der
Zielgruppe voraussetzen – und die unter vielem anderem auch
einen gewissen didaktischen Prozess umfassen. Möchte ich als
Übersetzer oder Dolmetscher den Zuhörern meiner „Sprach-
version" etwas beibringen? Oder soll bzw. darf ich das zum Verständnis erforderliche Wissen bei ihnen voraussetzen? Soll aus
meiner Übersetzung der erhobene Zeigefinger herauszuhören
sein? Oder darf ich dem Leser/Zuhörer zumuten, einen Augenblick zu verharren, um aus Anspielungen zunächst selbst einen
logischen Sinn zu konstruieren. Klar, dass letztere Einstellung bei
einem Simultandolmetscher nochmals ungleich problematischer
ist: Etwa die Hälfte der Zuhörer dürfte immer dann dankbar sein,
wenn ihr Dolmetscher ihnen diese Arbeit abnimmt – die andere
Hälfte wird sich immer geschulmeistert vorkommen.

2. Was Übersetzen nicht ist –
und Dolmetschen erst recht nicht

Vom Umkodieren und Nacherzählen

> *Lorsqu'il n'est plus possible de transposer ni mots ni notions iso-lées, mais qu'il faut saisir et réexprimer le sens de leur combinai-son en messages, alors commence l'interprétation à proprement parler.*[11]

‚Das eigentliche Dolmetschen beginnt dort, wo es nicht mehr darum gehen kann, Wörter oder einzelne Begriffe umzusetzen, sondern wo es gilt, den Sinn der Aussagen, zu denen diese sich zusammenfügen, zu erfassen und neu auszudrücken.' Auf diese Formel bringt Danica Seleskovitch, Konferenzdolmetscherin, Professorin und langjährige Leiterin der Ecole Supérieure „ESIT" in Paris, ihr Verständnis vom Dolmetschen. Ihr ganzes Leben als Dolmetscherin und als Lehrerin hat sie der Verbreitung dieser Sichtweise von dem, was wir tun, und damit ihrem Kampf gegen die „Umkodierer" gewidmet, wie sie als Verfasserin der ersten theoretischen Abhandlungen über das Dolmetschen alle diejenigen nannte, für welche die Sprache nicht mehr ist als ein Sack voller Wörter und die beim Dolmetschen und Übersetzen diese Wörter im Grunde nicht anders einsetzen als Kinder ihre Bauklötze.

Als „Umkodiererin" sieht Ingeborg Bachmann offenbar auch die Hauptfigur im Mittelpunkt ihrer Novelle *Simultan*[12]. Die dort beschriebene Simultandolmetscherin wundert sich über die Me-chanismen, die in ihrem Kopf ablaufen, – im Gegensatz zu zahl-losen anderen Umkodierern reflektiert sie ihre Rolle und scheint sogar darunter zu leiden. Bei aller Suggestivkraft des Bildes von den mechanischen Abläufen im Kopf einer Simultandolmetsche-rin – diese dichterische Darstellung ist so weit von der Wirklich-keit entfernt, dass sie mir, ergänzt durch die halb theoretischen, halb „frühwissenschaftlichen" Ansätze meiner ehemaligen Lehrerin, als willkommene Grundlage für meinen fünften Leitsatz dienen soll.

▶ **FÜNFTER LEITSATZ:**

Übersetzen bedeutet nicht, Zeichen einer Sprache durch
Zeichen einer anderen Sprache auszutauschen.
Übersetzen ist etwas grundsätzlich anderes als Umkodieren.

Den Begriff ‚Zeichen' verwende ich hier in einem erweiterten Sinne, der neben Wörtern auch Redewendungen, feststehende Formulierungen, lexikalische Einheiten aus mehreren Wörtern etc. umfassen soll. Es wurde ja bereits angedeutet, wie heikel gerade im Falle von Redewendungen und Sprichwörtern die Eins-zu-eins-Übernahme aus einer Sprache in die andere sein kann. Immer wieder muss es darum gehen, den in der einen Sprache geäußerten Gedanken zunächst seiner sprachlichen Hülle zu entledigen, ihn zu sezieren, um ihn zu verstehen und um ihn sodann mit den Mitteln der Zielsprache in eine angemessene sprachliche Hülle zu kleiden. Sollte mein geneigter Leser nun das Gefühl haben, das alles sei ja schon für den Übersetzer von Texten etwas viel auf einmal, dann hat er den wichtigsten Schritt bereits hinter sich und kann sich ansatzweise erklären, warum es so unglaublich viele schlechte Verdolmetschungen gibt. Und warum man diejenigen Vertreter unseres Metiers, die nicht nur sicher verstehen, sondern die auch zur Umsetzung des Verstandenen in der Lage sind, suchen muss wie die berühmte Stecknadel im Heuhaufen.

Obwohl ich mit großem Eifer bemüht bin deutlich zu machen, dass es beim Übersetzen nicht darum geht, einen Code in einen anderen Code umzusetzen, will ich doch zwischendurch kurz ein Beispiel anführen, bei dem diese Hypothese – sagen wir ruhig dieses Missverständnis – gar nicht so abwegig erscheinen mag, wie sie tatsächlich ist. Der Jurist würde womöglich von einem Hilfsgutachten sprechen, mit dessen Hilfe die Richtigkeit des bisher Gesagten nur noch unwiderruflicher bewusst gemacht werden kann.

Als ich wie viele andere Berufsanfänger bei der Brüsseler Kommission in Verwaltungsausschüssen (zum Beispiel „VA Eier und Geflügel") mit erheblicher Mühe dem Vorsitzenden hinterherhechelte, um die einzelnen Positionen marktregulierter Produkte, jeweils mit den entsprechenden, soeben festgesetzten Quoten und Preisen, aus dem Englischen oder Französischen ins Deutsche zu übertragen, da hatte diese Arbeitsweise tatsächlich vieles gemeinsam mit dem mechanischen, eigentlich gedankenleeren Umschreiben eines Codes. Ein Huhn war ein Huhn, und ein Ei war ein Ei – da gab es weder irgendeine Hermeneutik oder Interpretation zu leisten noch aus einer Vielzahl von virtuellen Wortbedeutungen im Wege einer blitzschnellen, gar instinktiven Entscheidung die passende auszuwählen.

Ein solcher Prozess läuft zum Beispiel auch dann ab, wenn in einer technischen Sitzung Stücklisten verlesen werden. Auch dort zählt mehr das Wissen um die Entsprechungen als die möglichen Konnotationen von Wörtern innerhalb ihres semantischen Feldes. Und auch wenn der kleine Enkel seinem tauben Großvater am Radioempfänger sitzend die soeben bekannt gegebenen Lottozahlen zum Ablesen auf einem Stück Papier notiert, wird im Grunde ein Code in eine für den anderen verständliche Form übertragen, ohne dass dabei irgendeine gedankliche Leistung zu erbringen wäre. Nicht anders verhält es sich an Bord eines sinkenden Schiffes, wenn der Morsefunker den vom Kapitän vorgegebenen Hilferuf in Morsezeichen um- und abzusetzen hat. Auch hier wird nicht interpretiert, nicht übersetzt, sondern lediglich umkodiert.

Ähnlich dürfte es sich auch bei der Verdolmetschung in die Gebärdensprache verhalten – wenngleich ich mir einer gewissen Vereinfachung bewusst bin, wenn ich den Gebärdensprachdolmetscher mit einem Morsefunker vergleiche. Schließlich hat ersterer die Möglichkeit – und natürlich die Aufgabe – seine Gebärden durch alle außersprachlichen Mittel wie Minenspiel, Gestik, Körperbewegungen, Augenausdruck etc. zu ergänzen und zu differenzieren. Ich vermute aber, dass er das, was eigentlich das

Künstlerische am Übersetzen und Dolmetschen ausmacht, das Manipulieren der Interaktionen zwischen Wörtern und nuancierten, subtil differenzierten, bald nur angedeuteten, bald in den unterschiedlichsten Registern geäußerten Gedanken, nur in Ansätzen leisten kann. Seine Gebärden dürften es ihm auch unter Zuhilfenahme aller weiteren Möglichkeiten nicht erlauben, das aus den Wörtern und den Worten herauszumeißeln, was Roger Willemsen eingangs „außerhalb steriler Sender-Empfänger-Modelle" als das „in der Lebens- und Leidensgeschichte von Worten liegende" bezeichnet.

Auf simultan verdolmetschten Konferenzen oder Vortragsveranstaltungen treffen wir allerdings immer wieder auf Zuhörer und Beobachter, die auch bei unserer Arbeit gerade diese Mechanismen des Umkodierens vermuten, die den Eindruck haben, auch beim Simultandolmetschen handele es sich um ein einfaches Umsteigen von einem Code auf den anderen. Auch dies ist ein Grund dafür, dass wir Dolmetscher mitunter scherzhaft, dann aber auch wieder mit einer durchaus großen Ernsthaftigkeit mit Sprachcomputern verglichen werden. Dabei verarbeiten wir lebendige Sprache, und Sprache ist ganz im Gegensatz zu jedem Code, zu jedem System von Zeichen, ein *per definitionem* unbegrenztes Universum (und eben nicht System!), das sich in dem Augenblick, wo es zur Anwendung im Sinne des Sprechens gelangt, immer wieder und permanent neu kreiert.

3. Was Übersetzer übersetzen – und was Dolmetscher dolmetschen

Für einen ersten Einstieg in die Problematik haben wir anhand einer Reihe von Leitsätzen einige Merkmale beleuchtet, die das Übersetzen und Dolmetschen eigentlich ausmachen, und dies sicher ganz besonders aus der kommunikationsorientierten Sicht des Simultandolmetschers, nämlich Entscheiden, schnelles Entscheiden, Analysieren, am inhaltlichen Verstehen und an der Zielgruppe orientiertes Formulieren. Wir haben aufgezeigt, inwiefern Übersetzen und Dolmetschen sich von der Arbeit des

Morsefunkers oder des Programmierers unterscheiden. Werfen wir nun einen Blick auf das Wesen und die Beschaffenheit des Arbeitsmaterials, mit dem Übersetzer und Dolmetscher sich zu beschäftigen haben.

Dazu sei zunächst dies gefragt: Haben die Übersetzer es mit einem anderen Ausgangsmaterial zu tun als die Dolmetscher? Im Lichte aller Erläuterungen, die ich dazu im zweiten Kapitel gegeben habe, kann diese Frage nur bejaht werden. Nun wollen wir uns allerdings einen Augenblick näher ansehen, worin der Unterschied zwischen den Vorlagen liegt, aus denen Übersetzer Texte und Dolmetscher Reden und Vorträge machen. Es ist durchaus nicht einfach, genau und allgemein gültig zu sagen, mit welcher Art von Rohstoff es Übersetzer und Dolmetscher zu tun haben. Zu groß ist die Vielfalt von schriftlichen Produkten, die von den verschiedensten Nutzern und Bestellern zum Übersetzen gegeben werden, aber auch die Vielfalt von gesprochenen Texten (Reden, Vorträge, Verhandlungen, Gespräche, Erklärungen etc.), mit denen Dolmetscher es zu tun haben. In allen Fällen gilt, dass weder die Übersetzer noch die Dolmetscher einen Einfluss auf Inhalt und Entstehung haben, dass sie streng genommen ihrer Vorlage auf Gedeih und Verderb ausgeliefert sind und daraus in jedem Falle etwas Adäquates für ihre Leser oder Hörer herstellen müssen.

Sicher ist wohl, dass die Vielfalt der dem Übersetzer angetragenen Vorlagen tatsächlich unüberschaubar ist. Ich will mich allerdings im Vorliegenden nicht mit dem Übersetzen von Romanen und Gedichten beschäftigen und reduziere damit bereits erheblich meinen Untersuchungsgegenstand. Definitionen und Erläuterungen, wie Max Frisch sie zum Beispiel über das Schreiben von Romanen, Erzählungen und Theaterstücken hinterlassen hat und die weitestgehende Implikationen für das Übersetzen von literarischen Texten haben, erwähne ich daher nur am Rande, um deutlich zu machen, mit welchen Dimensionen von Sprache und Text es Übersetzer in diesem Fach regelmäßig zu tun haben.

Es würde den Rahmen dieses Buches sprengen und müsste daher einem eigenen Projekt vorbehalten bleiben, unter Beschränkung auf das literarische Übersetzen die besonderen

Herausforderungen dieser Arbeit, die für sie geltenden Gesetzmäßigkeiten und die bisher zusammengetragenen Erkenntnisse
von Theorie und Forschung ausführlich zu würdigen. Auch zu
diesen Themen gibt es im Übrigen natürlich schon ein erheb-
liches Volumen an Literatur. Dabei wäre es besonders spannend,
auch einmal die „Qualen" zu vergleichen, welche der Autor und
sein Übersetzer bei ihrer jeweiligen Arbeit erleiden: Finden die
„Produkte von schmerzhaften, selbstzerstörerischen Selbstfin-
dungsprozessen", die Ergebnisse intensiver „Konfrontation des
Autors mit der Sprache", bei deren Erstellung es sich oftmals um
eine „regelrechte Trauerarbeit" handelt, wie der große Schweizer Autor Max Frisch das Schreiben umschreibt, womöglich ihre
Entsprechung auf der Ebene der Übersetzung?[13]

Wenn Inhalt und Form miteinander verschmelzen

Vor dem Hintergrund dieser Überlegungen nehme ich das Übersetzen dieser Art von Literatur wie gesagt ausdrücklich aus und
beschränke mich, zumal es letztlich um den zentralen Gegenstand des Simultandolmetschens geht, auf Texte und Vorträge
bzw. Reden mit einem eindeutigen Kommunikationsanliegen.
Dies umfasst Fachtexte ebenso wie politische Ansprachen oder
Ausarbeitungen, wissenschaftliche Publikationen ebenso wie Gebrauchsanleitungen. Ausgenommen sind und bleiben allerdings
diejenigen Sprachprodukte, deren Entstehung mit einer konstituierenden oder beiläufigen Verschmelzung von Form und Inhalt einhergehen. Denken Sie nur an die Gedichte von Joachim
Ringelnatz oder Christian Morgenstern – so wird auf den ersten Blick klar, dass nur ein übersetzender Dichter oder ein dich-
tender Übersetzer in der Lage sein kann, aus diesem Stoff neue
Gedichte zu schaffen, die eigentlich gar nicht als Übersetzungen
bezeichnet werden dürften, da sie im strengen Sinne, wenn nicht
eigene Dichtungen, dann zumindest „Nachdichtungen" in der
Zielsprache darstellen.

Dieses Verschmelzen von Form und Inhalt dürfte bei schriftlichen Texten sicher häufiger der Fall sein als bei mündlich
Vorgetragenem. Aber auch hier gibt es natürlich Ausnahmen.

Ich erinnere mich, dass ein Redner mir einmal vor seinem Vortrag sagte, er werde kein Manuskript verlesen, dann jedoch eine ganze Seite Nietzsche im deutschen Original vorlas. Hier stößt das Simultandolmetschen zwangsläufig an seine Grenzen, und so konnte ich mich nur bei meinen Zuhörern mit dem Hinweis entschuldigen, ich hätte leider die autorisierte französische Übersetzung des Zarathustra nicht im Kopf. Auch das Verlesen von „einfacheren" Manuskripten, die nicht der großen Literatur zuzurechnen sind, wirft zahlreiche Probleme auf, die später erörtert werden sollen.

Derartige Anekdoten liefern uns einen wichtigen Hinweis darauf, wie das Material für den Simultandolmetscher nicht beschaffen sein sollte. Welche Hybris läge darin, wollte er es auch nur versuchen, einen durchkomponierten Text wie einen Ausschnitt aus dem *Zarathustra* simultan zu verdolmetschen. Vor wenigen Tagen hatte ich die Aufgabe, anlässlich der Amtseinführung des neuen US-Präsidenten nicht nur dessen Rede, sondern auch eine Reihe kürzerer Ansprachen während der Feierstunde im Fernsehen simultan und live zu verdolmetschen. Dazu gehörte auch das Gedicht *Praise song for the day*, das die Lyrikerin Elisabeth Alexander eigens für den Anlass geschaffen hatte und nun im Rahmen der Feierstunde vortrug. Dieses simultan zu übersetzen, wäre für mich gleichbedeutend mit mangelndem Respekt vor der Dichterin und vor dem feierlichen Augenblick gewesen, so dass beschlossen wurde, das Gedicht unübersetzt stehen zu lassen. Unglücklich für den Ablauf war, dass das Gedicht, das uns schriftlich nicht vorlag, nicht gereimt war und daher formal dem Zuschauer eher wie übersetzbare Prosa erscheinen musste. Außerdem war die Länge von tatsächlich sechs Minuten problematisch, da die nicht des Englischen mächtigen Zuschauer sich hilflos und verlassen fühlen mussten. Die Entscheidung, ein Gedicht nicht simultan zu verstümmeln, wurde trotz allem weder bedauert noch als falsch eingestuft.

Wenn während der Vorbesprechung derartige „Zwischenfälle" abzusehen sind, sollte vereinbart werden, an den jeweiligen Stellen das Mikrofon abzuschalten und dem Zuhörer die Möglichkeit zu bieten, das Original direkt anzuhören. Natürlich nicht, ohne dies kurz zu erläutern und vielleicht sogar im Anschluss, falls die Passage nicht zu lang ausfällt, den Inhalt bzw. die mit dem Original intendierte Aussage kurz zusammenzufassen.

Bleiben wir noch einen Augenblick bei den charakteristischen Merkmalen der Materie, mit der wir Dolmetscher es zu tun haben. Haben die Übersetzer es, nachdem wir literarische Texte ausgeschlossen haben, mit Gebrauchstexten im weitesten Sinne zu tun, so geht es bei uns Dolmetschern in erster Linie um Kommunikation in Form von Vorträgen und Reden. Beide sind wir allerdings bei unserer Arbeit an den Inhalten orientiert, an der berühmten Botschaft, die jede Vorlage enthält, anstatt, es kann gar nicht oft genug gesagt werden, Wörter durch Wörter zu übersetzen. Beide, sowohl der Übersetzer als auch der Dolmetscher, müssen sich zu jedem Zeitpunkt und auch bei den verführerischsten Passagen davor hüten, in das Umkodieren einzelner Begriffe zu verfallen. Beide bearbeiten Sprache in ihrer ganzen Willkür und Unberechenbarkeit, wenn sie auch bei ihrer Vorgehensweise wichtige Unterschiede zeigen. Unterschiede, die sich sowohl aus den Inhalten und Strukturen der zu bearbeitenden Texte ergeben als auch aus den äußeren Bedingungen, unter denen sie ihre Arbeit verrichten.

Ein prägendes Merkmal des Übersetzens liegt darin, dass der Übersetzer völlig frei bestimmen kann, in welcher zeitlichen Ordnung, nach welcher Hierarchie er die konstituierenden Textmerkmale wie Gedanken, Syntax, Wörter und Vieles mehr. angehen möchte. Was er zuerst „zu Papier" bringt, wann er seinen Satz oder Absatz oder Teilsatz abschließend redigiert, auf Plausibilität prüft und für sich „freigibt" (wissend, dass er noch beliebig oft und mit frischem Blick darauf zurückkommen kann) – das alles bestimmt nur er, und dabei ist er unabhängig von allen externen Determinanten. Dies kommt natürlich der Konzentration auf den Inhalt, auf die Gedanken eines Textes optimal entgegen. Der Übersetzer ist streng genommen auch nicht ein Rädchen in einem komplexen Mechanismus der Kommunikation und des Verstehens über die Grenzen von Sprachen hinweg. Der eine Teil des Prozesses, die Aussendung der Botschaft, ist dann beendet, wenn diese durch den Übersetzer empfangen ist.

Der andere Teilprozess des Übersetzens als Kommunikations-
vorgang, das erneute Senden und der Empfang durch die Zielperson beginnt zwar wiederum bei ihm, dem Übersetzer, endet
aber zu einem Zeitpunkt und nach einer Chronologie, auf die er
als Übersetzer, keinen Einfluss mehr hat, nachdem er seinen Text
einmal abgeliefert hat.

Text und Rede – formale und inhaltliche Kriterien

Ganz anders stellt sich aus diesem Blickwinkel die Arbeit des
Dolmetschers dar. Einerseits hat er von vornherein keinen Einfluss auf Zeit und Chronologie, andererseits wird die Zeit bei seiner Arbeit zu dem alles bestimmenden Faktor, ohne dass inhaltliche Konzessionen aufgrund der zeitlichen Zwänge zulässig wären. Es leuchtet ein, dass der Dolmetscher ganz unabhängig von
der Qualität seiner Arbeit in erster Linie einen kontinuierlichen
Redefluss anbieten muss – er ist insofern seinem Redner auf eine
Art und Weise ausgeliefert wie kein Übersetzer sie jemals mit
seinem Autor erfährt. Dabei ist es für den Dolmetscher durchaus
nicht selbstverständlich – und auch gar nicht so einfach – der
„formalen Versuchung" zu widerstehen und sich in erster Linie
auf die Gedanken zu konzentrieren, anstatt nach einer rein formalen Vorgehensweise hintereinander die Wörter des Vortrags
in der Reihenfolge zu verarbeiten, wie sie auf ihn einstürmen.

Hier haben wir sicher den wichtigsten Aspekt der unterschiedlichen äußeren Bedingungen vor uns, unter denen Übersetzer und Dolmetscher ihre Arbeit leisten. Sollte ich nun analog
zu dem soeben vorgenommenen Ausschluss des literarischen
Übersetzens auch einzelne Materialien ausschließen, die für
den Simultandolmetscher nicht in Frage kommen oder sich für
diese Form des Dolmetschens nicht eignen, so müsste ich die
berüchtigten Manuskripte nennen, die oftmals zur Publikation
nach der Konferenz bestimmt sind und der Einfachheit halber
unverändert in ihrer Publikationsform verlesen werden. Sicher
kann vermutet werden, dass zu jeder Zeit und auch schon in den
Anfängen des Simultandolmetschens viele Redner einfach ihre
Manuskripte vorgelesen haben – und wahrscheinlich noch viel

ungenierter als bei konsekutiv gedolmetschten Vorträgen, bei
denen die Anwesenheit des Dolmetschers neben dem Redner für
eine gewisse Disziplin gesorgt haben mag. Nichtsdestoweniger
ist das Simultandolmetschen *per definitionem* für die freie Rede
geschaffen. Frei vorgetragene Reden weisen eine Reihe von besonderen, jedem Dolmetscher entgegen kommenden Merkmalen auf, die wir uns kurz anschauen wollen.

Aufbau und Struktur freier Reden sind im Gegensatz zu allen schriftlichen, zum Übersetzen bestimmten Texten durch
eine Reihe von Strukturelementen gekennzeichnet, die sich aus
einer engen Wechselbeziehung zwischen formalen und inhaltlichen Aspekten ergeben. So kommen in freier Rede die berüchtigten, aus wissenschaftlichen Texten bekannten Schachtelsätze
in aller Regel auch dann nicht vor, wenn es um die Vermittlung
komplizierter fachlicher Inhalte geht. Nur die wenigsten Redner
verfügen im freien Vortrag über einen so perfekten Satz- und
Textüberblick, dass sie in der Lage wären, Texte von dem Ver-
dichtungsgrad schriftlicher Manuskripte vorzutragen. Außerdem nehmen sie, ermahnt durch die Anwesenheit ihrer Zuhörer,
meist instinktiv Rücksicht auf die Art und Weise, wie ein Publikum mündlich vorgetragene Inhalte aufnimmt und versteht: mit
einem gewissen Anteil an Redundanz und Wiederholungen, weniger verschachtelten Sätzen und oft sogar spontanen Paraphra-
sen und Erläuterungen zu schwierigen Begriffen, die sie beim
Schreiben unkommentiert verwenden würden.

Außerdem gibt es zahlreiche Textsorten, die in Situationen
von mündlicher Kommunikation eher gar nicht, vielleicht in
Ausnahmesituationen – vorkommen, was sowohl formal als auch
inhaltlich eine Vereinfachung darstellt. Nehmen wir als Beispiel
die Textsorte der Verträge. Kaum ein Übersetzer kann ihnen auf
die Dauer aus dem Wege gehen, da eben in allen erdenklichen
Bereichen Verträge geschlossen werden und übersetzt werden
müssen. Die absolute Ausnahme stellt dagegen das Verlesen von
Verträgen in Situationen der mündlichen Kommunikation dar.
Und wenn dies tatsächlich einmal der Fall ist, dann erleben die
Dolmetscher häufiger als bei jeder anderen Textsorte, dass man
an sie denkt und ihnen schriftliche Texthilfen zur Verfügung

stellt. Die bereits angeführten Kochrezepte oder Gebrauchsanleitungen muss ein Simultandolmetscher nicht im Repertoire haben, und auch Gedichte oder anspruchsvolle Prosa gehören nicht zu seinen täglichen Herausforderungen.

Gibt es aus der Sicht des Übersetzers den perfekten Text? Ich weiß es nicht, kann es mir aber kaum vorstellen. Und für den Dolmetscher die perfekte Rede? Auch diese Frage wird uns immer wieder gestellt: „Welchen Redner haben Sie am liebsten gedolmetscht?" Darauf werde ich ebenfalls später eingehen – wenn es um die Frage geht, ob und unter welchen Voraussetzungen Sternstunden beim Simultandolmetschen denkbar sind und tatsächlich vorkommen.

Nun noch einige Überlegungen – ganz unabhängig von der Unterscheidung zwischen dem Rohstoff für Übersetzer und Dolmetscher – zu der Frage, mit welchen weiteren Aspekten und Gegebenheiten wir es neben den fachlichen Inhalten, das heißt zum Beispiel auf der Ebene der „Verpackung" dieser Inhalte zu tun haben. Werfen wir kurz einen „sprachtheoretischen" Blick auf das Material, welches wir übersetzen und verdolmetschen.

Sklaven der Wörter oder Herren der Texte?

Was übersetzen wir, was verdolmetschen wir? Wörter, die durch ihre Aneinanderreihung einen „Sinn" ergeben? Sätze, die sich zu Texten fügen? Ansichten oder Urteile des Schreibenden oder Sprechenden? Übersetzen wir womöglich gar das gar nicht Gesagte, das bei allem Gesagten mitschwingt? Übersetzen wir das, was wir in unserer Subjektivität aus dem Gehörten, aus dem Gelesenen herausgehört bzw. herausgelesen haben? Übersetzen wir Ironie oder Unwahrheiten, die wir gemäß oder entgegen der Intention des Verfassers in seinem Text entdeckt haben?

Um „Sprache" handelt es sich dabei allemal, soviel steht fest. Mit anderen Worten: Wir übersetzen Sprache, allerdings in Texten zur Anwendung gelangende, mitunter auch neu kreierte Sprache in Form von Fachtexten, Artikeln, Berichten usw. Und wir dolmetschen Reden, Diskussionsbeiträge, Fachvorträge, mit anderen Worten konkretisiertes Sprechen und nicht abstrakte

Sprache. Keinesfalls übersetzen und schon gar nicht dolmetschen wir nach unserer Definition dann, wenn Begriffe aus dem „Wörtersack", ohne inneren Zusammenhang, ohne durch Syntax und Grammatik vorgegebene Struktur, also im Sinne von Sprache als Code aufgeschrieben oder gesprochen werden. Derartige Übertragungsvorgänge können ebenso von Nichtübersetzern geleistet werden – und natürlich auch durch Computer.

Immer dann, wenn sprachtheoretische Themen mir zu trocken oder zu abstrakt zu werden drohen, wende ich mich der Arbeit eines Sprachwissenschaftlers zu, der neben einer Reihe von sehr überzeugenden, äußerst seriösen Untersuchungen und Theorien auch Dinge vorgelegt hat, die uns doch tatsächlich zum Schmunzeln bringen können – und die durch überraschende Einblicke und mit viel Humor die Beschäftigung mit der Sprache zwar nicht in ihrem Ernst relativieren, so aber doch in der Lage sind, uns die spielerischen Aspekte der Sprache, die ihr innewohnenden komischen Seiten bewusst zu machen.

Ich meine den Sprachwissenschaftler und Romanisten Harald Weinrich und sein in diesem Buch mehrfach zitiertes, grandioses Bändchen *Die Linguistik der Lüge,* mit dem er im Jahre 1964 seine preisgekrönte Antwort auf die Preisfrage der Deutschen Akademie für Sprache und Dichtung gab, ob Sprache die Gedanken verbergen könne.[14] Seine ebenso tiefgründigen wie hintergründigen Anmerkungen zur Sprache und zum Sprechen werden in dem erwähnten Text mit einer starken Dosis dessen angeboten, was ich mangels eines besseren Begriffes als Sprachhumor bezeichnen möchte: „Wörter sind nur mangelhafte Einkleidungen der Gedanken, veraltete Nationaltrachten."[15]

Weinrich ist es, der uns daran erinnert, dass wir durch die Beschäftigung mit der Semantik, zumal in ihrem klassischen, auf das Wort fixierten Sinn, oftmals nur allzu leicht dem Eindruck erliegen, Sprache reduziere sich auf Wörter. Er postuliert eine neue Textsemantik, die uns helfen soll, nicht zu vergessen, dass wir in Sätzen und Texten reden und schreiben, einbettet in jedem Fall in eine Situation. Und in bestimmte Sachverhalte, möchte ich hinzufügen. Weinrichs „Textsemantik" ist von zwei Polen geprägt, einem aus Wortbedeutung und Meinung gebildeten Pol

Alles ist übersetzbar – denn „wir sind nicht die Sklaven der Wörter,
sondern die Herren der Texte"

und dem Pol der Semantik selbst. Ansätze, welche diese Doppel-
poligkeit außer Acht ließen, verdienten die Bezeichnung Semantik nicht.

Diese überragende Bedeutung der Dimension „Text" erscheint mir entscheidend für das, was wir Simultandolmetscher
tun – und angesichts dessen, was ich weiter oben als die Versuchung des Formalen bezeichnet habe, erhalten wir hier gleichzeitig auch eine große Hilfe, ja die entscheidende Orientierung
überhaupt. Es sind die im nachstehenden Zitat genannten Determinationen, die wir Dolmetscher in erster Linie heraushören
müssen – ohne allerdings die Wörter aus den Augen zu verlieren,
denn sie benötigen wir anschließend, um die Determinationen
auf adäquate Weise in der anderen Sprache zum Ausdruck zu
bringen.

Ein Text ist also mehr als eine Reihung von Wörtern und ver-
mittelt mehr als ein Haufen von Bedeutungen (wie das Wörter-
buch). Er gibt zur Summe der Wörter die Determination hinzu,
oder genauer gesagt: Er nimmt von der Summe der Bedeutungen
einiges – das meiste – weg und setzt damit einen Sinn. Der Sinn
ist das Resultat aus dem Plus der Bedeutungen und dem Minus
der Determinationen.[16]

Diese Textdefinition Weinrichs passt nicht nur für schriftliche
Texte, sondern natürlich auch für alles mündlich Vorgetragene.
Für ihn ist der Text derjenige Ort, an dem das Wort mit seiner
weitgespannten, vagen und abstrakten Bedeutung durch das Ab-
ziehen aller anderen Bedeutungen seine präzise und konkrete
Aussage erhält. Dies geschieht durch die „Meinung" des Schreibenden oder Sprechenden, die im Übrigen – ganz im Gegensatz zum einzelnen Wort – immer und unter allen Umständen
übersetzbar sei. „Wir sind nicht die Sklaven der Wörter, denn wir
sind die Herren der Texte", so Weinrich. Und da Texte dazu da
sind, um mit Hilfe von Wörtern die Meinung des Verfassers zum
Ausdruck zu bringen, seien sie auch durchweg und ausnahmslos
übersetzbar – obwohl die Wortbedeutungen sich von einer Sprache zur anderen gewöhnlich nicht decken:

Im Text kommt es … nicht auf Wörter, sondern … nur auf Mei-
nungen an. Texte sind daher prinzipiell übersetzbar. Übersetzte
Wörter lügen immer, übersetzte Texte nur, wenn sie schlecht
übersetzt sind.[17]

Exkurs: Zum Übersetzen von Fachliteratur

Zum Abschluss dieses Kapitels nun noch einige Überlegungen
zu einer Kategorie des Übersetzens, für die vieles von dem bisher
Ausgeführten eine weniger zentrale, wenngleich durchaus nicht
zu vernachlässigende Bedeutung hat, da pragmatische, fachliche
Aspekte in den Mittelpunkt rücken. Es ist mit dem Übersetzen
von Fachliteratur so wie mit dem Redigieren von Fachtexten: Die

fachliche Kompetenz überwiegt alle anderen Gesichtspunkte, hier bestehende Defizite sind nicht durch „gutes" Schreiben zu kompensieren, und die Verständlichkeit des Geschriebenen muss das absolut vorrangige Ziel jedes Autors und jedes Übersetzers sein. Wir werden jedoch auch sehen, dass Fachtexte ihre ganz besonderen Konventionen und Zwänge haben, denen sich auch der Übersetzer und natürlich der Dolmetscher zu unterwerfen haben.

Die folgenden Ausführungen zum Übersetzen von Fachliteratur richten sich, dies sage ich mit einem „halben Augenzwinkern", an diejenigen Leser, der sich seit Beginn dieses Kapitels fragen, worin die Relevanz alles bisher Gesagten für die Übersetzung der völlig unverständlichen Gebrauchsanleitungen liegen mag, die man gelegentlich neben dem Ladegerät und der Software-CD im Karton des neuen Mobiltelefons vorfindet.

Mit meinen Leitsätzen versuche ich, anstatt linguistischer oder philosophischer, literarischer oder philologischer Erklärungen eine kommunikationsorientierte Definition vom Übersetzen zu geben. In diesem Sinne will ich hier statt eines weiteren Leitsatzes einfach postulieren, dass das Übersetzen von Fachliteratur ohne Fachwissen und Fachkenntnisse nicht möglich ist – und dass eben das Auswendiglernen von Fachvokabeln nicht ausreicht, obwohl der Übersetzer natürlich seine Fachterminologien sicher beherrschen muss. Mein Postulat ergibt sich jedenfalls schon aus der Inhaltsorientierung aller Fachtexte.

Bevor ich ein paar Beispiele zur Verdeutlichung anbiete, sollte ich zunächst einige Überlegungen zur Natur und zur Abgrenzung von fachlich bestimmten Texten anbieten. Beginnen wir mit einer Definition von J. B. Casagrande, der nicht von fachlichen Texten spricht, sondern von „pragmatic translation". Sein pragmatisches Übersetzen ist geprägt durch maximale Effizienz und Genauigkeit der Nachricht als solcher und nicht durch deren ästhetischen Anspruch oder einen kulturellen Zusammenhang – diese Kategorien haben sich dem praktischen, sachlichen Ziel unterzuordnen:

In pragmatic translation, the purpose is essentially to translate a message as efficiently and as accurately as possible. The emphasis is on the content of the message as such rather than on its aesthetic form, grammatical form or the cultural context, all of which are subsidiary to the practical, matter-of-fact goal.[18]

Rudolf Walter Jumpelt, selbst einer der herausragenden Konferenzdolmetscher der sechziger und siebziger Jahre, hat mit seiner Dissertation *Die Übersetzung naturwissenschaftlicher und technischer Literatur*[19] maßgebliche Beiträge zur Untersuchung und Charakterisierung des Übersetzens fachlicher Texte geleistet. Er unterscheidet die ästhetische bzw. künstlerische, die religiöse und die pragmatische Übersetzung und nennt darüber hinaus die ethnographische, die sprachwissenschaftliche sowie die geisteswissenschaftliche Übersetzung als weitere Arten.

Der oberste Grundsatz für das Übersetzen wissenschaftlicher und technischer Texte ergibt sich Jumpelt zufolge nicht aus der Gegenüberstellung von wörtlicher und freier Übersetzung. Schon bei literarischen bzw. „allgemeinen" Texten sehen wir immer wieder, dass diese Alternative viel zu kurz greift, um der Komplexität des Vorgangs gerecht zu werden. Jumpelt betont in Abgrenzung von allen anderen Genres des Übersetzens den absoluten Vorrang der Inhaltsorientierung und kommt zu dem Schluss, die einzige Alternative sei, die einzige Prüfung müsse lauten: genaue versus ungenaue, korrekte versus inkorrekte Übersetzung.

Nur der Übersetzer, dem bekannt ist, dass der Kardiologe ein bestimmtes Herzkranzgefäß meint, wenn er RIVA sagt (Ja – es gibt Übersetzer, die dies ohne mit der Wimper zu zucken, in alle Sprachen mit RIVA „übersetzen" würden!), kann zunächst prüfen, ob diese lateinische Abkürzung (für Ramus interventricularis anterior) auch im Englischen und im Französischen verwendet wird. Tatsächlich heißt es im Englischen LAD *(left anterior descendent),* während man im Französischen meistens einfach IVA sagt (*intraventriculaire antérieure* – nicht zu verwechseln mit IVA ‚Intravenöser Anästhesie'!) Es kommt eher selten vor, dass Begriffe direkt übernommen werden können. Eher bzw. häufiger gilt dies noch für jüngere Wissensgebiete, in denen Forschung und Entwicklung sich verstärkt grenzüberschreitend und dabei meistens auf Englisch abspielen, während auf klassischen Gebieten wie der Medizin oftmals alte, nationale Traditionen bestehen und allenfalls einzelne neue Begriffe importiert werden.

Scherzhaft besagt ein unter Übersetzern beliebter Kalauer: „When in doubt, leave it out." Dies erscheint mir, so betrachtet, fast noch besser als die Devise mancher, selbst professioneller Übersetzer, nach der sie einen ihnen nicht bekannten Begriff lieber unverändert in der Zielsprache stehen lassen – nach dem Motto „Der Fachmann wird schon verstehen, was gemeint ist." Noch ein Beispiel aus einem anderen Bereich, einem anderen Register, wiederum zur Veranschaulichung der entscheidenden Bedeutung von Wissen und Verstehen – hier ist der Spielraum für das Interpretieren und das Analysieren, für den individuellen Empfängerhorizont des Hörers oder Lesers auf Null reduziert. Neulich hatte ich die englische Übersetzung eines juristischen Texts aus dem Französischen auf dem Schreibtisch, in der von einem tatsächlich gar nicht existierenden *rogatory committee* die Rede war. Im französischen Text hatte es *commission rogatoire* geheißen. Natürlich kommt niemand durch Zufall auf den Gedanken, es könne sich dabei um ein Rechtshilfeersuchen handeln. Und oftmals ist auch eines der seltenen Wörterbücher nicht zur Hand, in denen man tatsächlich das findet, was man gerade sucht. *Quod erat demonstrandum:* Für Wissen und Kennen gibt es beim Übersetzen keinen Ersatz. Und eine der Todsünden beim Übersetzen ist es, auf das Prinzip Hoffnung zu setzen und darauf zu vertrauen, dass der Begriff zu denen gehören möge, bei denen – zufällig und willkürlich – die Entsprechung in der Zielsprache identisch ist.

Für das Übersetzen von Fachtexten relevante Begriffe, darauf sei in diesem Zusammenhang ebenfalls hingewiesen, kommen allerdings regelmäßig auch in allgemeinsprachlichen und literarischen Texten vor. Ein erfahrener Übersetzer wird ohnehin, und unter anderem aus diesem Grunde, niemals eine seiner vielen „Schubladen" vollständig schließen und sich nur auf ein Register, auf eine einzige Textsorte konzentrieren. In der deutschen Übersetzung eines französischen Romans las ich einst, jemand

habe gebrüllt, „dass einem die Plomben aus den Zähnen flogen".
Il hurlait à faire sauter les plombs, hatte es im Original geheißen
– nicht *plombages.* Hier hätte der Übersetzer regelrechte Fachkenntnisse benötigt, obwohl auch eine größere Trennschärfe
zwischen *plombs* und *plombages* gereicht hätte, um zu erkennen,
dass statt der Zahnfüllungen vielmehr alle elektrischen Siche-
rungen 'rausgeflogen sind.

Diese deutliche Betonung des Kognitiven, Pragmatischen, Inhaltlichen bei Fachtexten bedeutet natürlich nicht, dass darüber
eine Reihe von anderen Forderungen und Kriterien vergessen
oder vernachlässigt werden dürften. Fachtexte besitzen genau
so wie alle anderen Textsorten ihren ganz eigenen Duktus, ihre
ganz eigene Syntax. Zudem sind sie durch einen besonderen
Charakter, durch eine Art von „Geschmack" gekennzeichnet, der
sich nur schwer mit Worten zu fassen lässt. Und allen Fachtexten gemeinsam ist, wie Walter Jumpelt es formuliert, ein mehr
oder weniger großer und wichtiger Anteil an „Gemeinsprache".
Jedenfalls werden wir als Leser aufgrund der Anwesenheit gewisser charakteristischer Merkmale von einzelnen Textsorten
schon durch die ersten Wörter eines Textes zwingend in das
behandelte, fachliche Umfeld geführt. Eines der Probleme der
Übersetzung von Fachliteratur liegt darin, dass diese charakteristischen Merkmale, ebenso wie der Duktus und die Syntax
sich von einer Sprache zur anderen mitunter sehr deutlich unterscheiden. Nehmen Sie als Beispiel die Sprache der Kochrezepte:
„Man nehme 500 g Mehl und drei Eier" – dieser für Rezepte ty-
pische Imperativ mit Anrede im Deutschen hat keine Entsprechung im Französischen, wo in einfachen Infinitiven formuliert
wird. Auch im Englischen gibt es übrigens keine Entsprechung
für diesen typischen deutschen Imperativ, der ja als beinahe ge-
flügeltes Wort auch in anderen Zusammenhängen, nicht nur in
Rezepten verwendet wird – oft als spaßig gemeinte Anspielung
auf die Gattung der Kochrezepte. Auch im Englischen wird der
einfache Infinitiv verwendet.

Ein anderes Beispiel sind die Beipackzettel in Medikamenten-
schachteln. Man muss nicht sehr sprachkundig sein, um schon
bei einem oberflächlichen Vergleich zu erkennen, wie groß hier

die Bedeutung unterschiedlicher sprachlicher Konventionen ist, wie man dies in der Sprachwissenschaft nennt. In einem französischen Text dieser Kategorie wird der Leser und Patient sich durch einen viel persönlicher, „wärmer" gestalteten Tenor mit Sicherheit viel fester an die Hand genommen fühlen als im entsprechenden deutschen Text. Oder nehmen Sie die Sprache von Börsenberichten und zum Beispiel Texten der berühmten Analysten, die ursprünglich auch eher die Bankentraditionen und Gepflogenheiten der einzelnen Länder widerspiegelten. Gerade diese Textsorte allerdings soll mir hier als Beispiel für eine internationale, sprachenübergreifende Nivellierung dienen: Wenn wir heute bei der Lektüre dieser Texte selbst bei Verfassern, die mit englischen Wörtern sparsam umgehen, ein Gefühl der Ent- und auch Befremdung haben, dann liegt dies daran, dass die Texte in verschiedenen Sprachen zunehmend nach denselben Regeln von Grammatik, Syntax und Duktus erstellt werden, und zwar teils unbewusst, da ihre Verfasser ihre Informationen oft aus englischen Texten beziehen und mit anderssprachigen Kollegen zusammenarbeiten, aber auch oft bewusst, da sie sich einen internationalen Anstrich zu geben hoffen.

Kann in diesem Sinne nun von Übersetzen die Rede sein, wenn wir es mit Texten von fachlichem Inhalt zu tun haben? Benötigen wir dabei all die Erkenntnisse zur Theorie und Praxis des Übersetzens, die wir während der Ausbildung mitbekommen und sodann in unserer eigenen Praxis gesammelt haben? Oder ist das „Übersetzen" solcher Texte eher ein erneutes Abfassen des technisch/fachlichen Texts in einer anderen Sprache? Ich fürchte, dies ist eine der klassischen Fragen an Radio Eriwan. Einmal mehr hilft uns an dieser Stelle die in anderem Zusammenhang erwähnte Textsortentheorie. Eine Gebrauchsanweisung ist nicht zu vergleichen mit einem Vortragstext technischen Inhalts, in dem Neues vorgestellt, Bestehendes bewertet und beurteilt wird. Auch technische Texte können argumentativ verfasst sein, auch in technischen Texten kann es eine „philosophische" Komponente geben, die jeder Gebrauchsanleitung fehlt. Und auch in letzterer können Textmerkmale enthalten sein, die den Übersetzer zum Umsteigen auf einen anderen Ansatz als den des Umkodierens veranlassen. Ganz zu schweigen davon, dass es gerade bei derartigen, gebrauchsrelevanten Texten angebracht sein kann, dass der Übersetzer auch außersprachliche, im praktischen Alltag seines Lesers angesiedelte Gegebenheiten berücksichtigt und in seine Übersetzung einbaut, die der Verfasser gar nicht im Auge haben konnte, da es sie im Umfeld seiner Sprache gar nicht gibt.

Erfahrene Fachübersetzer wissen im Übrigen, dass sie sich gerade bei technisch-fachlicher Literatur in erster Linie um das treffende sprachliche Register bemühen müssen. Der technische Fachtext hat, wie bereits angedeutet, seine eigene Sprache, und der Leser ist besonders empfindlich, wenn dieses Register durch den Übersetzer missachtet wird. Vor vielen Jahren erhielt ich von einem übersetzenden Kollegen einen Text über Winterreifen angeliefert, in dem man sich als Leser nach wenigen Zeilen fühlte wie ein Reisender im Pferdeschlitten auf verschneiten, kurvigen Straßen im Hochgebirge …

TEIL II

Sprechen, Übersetzen, Kommunizieren

Exkurs:

Quo vadis, lingua nostra?

Zur Zeit des Humanismus, im 14. bis 16. Jahrhundert, gab es in Deutschland die weit verbreitete sprachliche Modeerscheinung, Familiennamen zu latinisieren: Es galt nur derjenige Bäcker, Becker oder Beck etwas, der sich als Pistorius bezeichnete. Man übersetzte Familiennamen ins Lateinische oder hängte ihnen eine lateinische Endung an, um sich einen klassischen, vornehmen Anstrich zu verleihen. So wurden Herr Bauer und Herr Ackermann zu Herrn Agricola und Herr Müller oder Möller zu Herrn Molitor. Auch wenn viele dieser Familiennamen sich bis heute gehalten haben und der eine oder andere Bäcker in Bayern seinen Laden noch heute mit „Pfisterei" überschreibt, wird sich niemand mehr ernsthaft lateinischer Wörter bedienen, um feiner, gebildeter, oder gar elitär zu wirken. Zu groß ist die Gefahr, für lächerlich gehalten zu werden.

Dabei hatte das Lateinische im Mittelalter bzw. auch danach noch jahrhundertelang dieselbe Stellung als *lingua franca* in Europa inne, wie wir sie heute *nolens volens* dem Englischen in aller Welt zugestehen müssen. Das Deutsche, um dessen Überleben man sich inzwischen gerne Sorgen macht, war zumindest Ende des 18. und während des ersten Drittels des 19. Jahrhunderts in Europa die Wissenschaftssprache Nummer eins – nicht weil es die sprachfaulen Deutschen nicht gab, die heute einfach die so praktischen englischen Wörter und Wendungen übernehmen, nicht weil das Deutsche unter dem besonderen Schutz von Gremien wie der *Académie française* oder irgendwelchen Sprachverteidigungsräten stand, sondern weil die blühende Kultur- und Wissenschaftslandschaft in Deutschland eine so große Anziehungskraft entfaltete, dass man sich außerhalb unserer Grenzen veranlasst und angelockt sah, unsere Sprache zu erlernen.

Zu diesem Thema Schrieb Thomas Steinfeld in seinem Artikel „Die kurzbeinigen Eierwärmer der Muttersprache" in der *Frankfurter Allgemeinen Zeitung* Folgendes:

> *Es hilft der deutschen Sprache nicht, sondern es macht sie lästig, wenn man auf einer internationalen Konferenz darauf pocht, dass auch hier Deutsch gesprochen werden muss. Wer wirklich etwas für die deutsche Sprache tun will, der stärkt sie dort, wo sie tatsächlich gebraucht wird: in der Wissenschaft, in der Literatur, im täglichen Umgang. Man sollte sich daher daran gewöhnen, die Sprache so zu behandeln, als gehöre sie zur öffentlichen Infrastruktur wie die Straßen, die Kanalisation und die Netze der Telekommunikation.*[20]

Der Autor des betreffenden Artikels vertritt auch die Auffassung, es werde die deutsche Sprache nicht umbringen, wenn die Telekom zum Beispiel einen *service point* eröffnete oder wir zu einem *event* eingeladen würden. Es macht sie allerdings auch nicht schöner, wenn in unseren heutigen Zeiten massive Billigimporte aus dem Englischen bzw. aus dem, was heute gemeinhin für das Englische gehalten wird, stattfinden. Kaum jemand schüttelt noch den Kopf, im Gegenteil wird der mahnende Kritiker als Dinosaurier gebrandmarkt, wenn *on devil come out*, wie man in meiner westfälischen Heimat vielleicht sagen würde, englische Wörter und Redewendungen verwendet werden – oftmals ohne sie wirklich zu verstehen bzw. auch gerne unter Verkennung von Konnotationen in der Ausgangssprache, welche eine analoge Verwendung des Worts im Deutschen eigentlich ausschließen.

Dabei meine ich gar nicht die banalen Übersetzungsfehler – wenn zum Beispiel ein Reporter die Ringerwettbewerbe bei Olympia in einem Gymnasium stattfinden lässt, nur weil die deutsche Sporthalle in den USA *gymnasium* heißt. Es geht mir um diejenigen Fälle, in denen wir eine Bedeutung in ein englisches Wort hineinprojizieren, welche dieses gar nicht besitzt, nur weil wir es gerne mit dieser Bedeutung im Deutschen verwenden möchten. Denken wir als Beispiel an eine Praxis, die erstmals anlässlich der Fußball-Weltmeisterschaft im Jahre 2006 in Deutschland verbreitet wurde – das *public viewing*. Zig-tausende von Zuschauern vor einer Riesenleinwand, auf der ein Sportereignis für die Öffentlichkeit übertragen wird. *Public viewing* – welch elegante Bezeichnung! Die einen ganz kleinen Makel aufweist, der allerdings niemanden stören muss und hierzulande auch nicht stört: Der Ausdruck ist im Englischen für gänzlich andere Realitäten bzw. Vorgänge reserviert: Wenn ein Leichnam aufgebahrt wird, um einer größeren Gemeinde von Trauernden Gelegenheit zu geben, der verstorbenen Persönlichkeit die letzte Ehre zu erweisen – dann spricht man von *public viewing*.

Oder nehmen wir dieses, etwas anders gelagerte Beispiel: Kaum jemand spricht heute noch von einem Friedensplan für Palästina – zu verlockend ist es, wie alle Welt hier das englische *road map* zu benutzen. Dabei besitzt unsere deutsche ‚Straßenkarte‘ neben der praktisch-konkreten Bedeutung einer Orientierungshilfe im Straßenverkehr überhaupt keine Bedeutung im übertragenen Sinne, wie es bei dem englischen Wort der Fall ist. Könnten wir uns vorstellen, dass man im Französischen *carte routière* sagt anstelle von *plan de paix*? Und wie steht es mit dem Mobiltelefon? Niemand, dessen Muttersprache Englisch ist, kann nachvollziehen, warum dieses Gerät bei uns *Handy* heißt. Dass bedenkenlos ein englisches Wort erfunden wird, ist eine ganz eigene Facette des derzeit in den deutschsprachigen Ländern grassierenden Englischwahns, wenn ich dieses drastische Wort benutzen darf.

Ist der Vergleich mit den Sprachmoden der Vergangenheit begründet und gerechtfertigt? Gibt es Parallelen? Ist die Flut englischer Begriffe, die heute über die deutsche Sprache hereinbricht, mit früheren Sprachmoden gleichzusetzen? Darf aber auch jemand, dem die augenblickliche Sprachentwicklung, aus welchen Gründen auch immer, nicht gefällt, aus Beispielen der Vergangenheit Hoffnung schöpfen? Ist die Vielzahl der Anglizismen im Deutschen ebenfalls nur eine Sprachmode, deren Vergänglichkeit sich vielleicht schon abzeichnet, obwohl sie noch nicht einmal ihren Höhepunkt erreicht hat? Mir persönlich erscheint allerdings mehr noch als die immer häufiger getadelten Anglizismen die unreflektierte Verwendung von ganz eindeutig englischen, nicht einmal vermeintlich deutschen Wörtern und Wendungen wesentlich unerfreulicher. Wozu muss die neu eingetroffene Ware im Kaufhaus mit der Kennzeichnung *new arrivals* angepriesen werden? Was will der Handel mit *sale* erreichen, was nicht auch mit ‚Sonderangebote‘, ‚Ausverkauf‘ oder ähnlichen Begriffen zu benennen wäre?

Muss mir wirklich ein deutscher Sprecher eines für deutsche Zuhörer gedachten Werbespots, der sich phonetisch sofort als Nichtengländer zu erkennen gibt, in einem sehr bemühten, aufgesetzt „cool“ wirkenden Englisch versichern, es gebe keine bessere Art und Weise zu fliegen als mit einer bestimmten Fluggesellschaft? Wie viele Deutsche fühlen sich dadurch geschmeichelt, und wie viele empfinden es eher als Belästigung, auf so plumpe Weise mit „dem Duft der großen, weiten Welt“ traktiert zu werden? Vielleicht liegt in diesem Werbeslogan vom Ende der 1950er Jahre, mit dem ein Zigarettenhersteller die damals noch nicht wieder international emanzipierten, durch jüngstes Erleben eingeschüchterten Deutschen in die *Welt der Peter Stuyvesant* zu locken versuchte, mehr von der wahren Erklärung für heutige Unsitten, als man auf den ersten Blick meinen möchte.

Ist es wahr, oder ist es nur Vorwand für ganz andere Intentionen, wenn ein deutscher Automobilhersteller sich mit der Erklärung *BMW Group* nennt, er müsse halt überall auf der Welt sofort erkannt werden? Würde jemand außerhalb von Deutschland die BMW – Gruppe nicht als das erkennen, was sie ist, d. h. als eine deutsche ‚group of companies‘, ein Konzern also? Vielleicht sollten wir aber nicht undankbar sein und uns stattdessen freuen, dass keinem Werbestrategen des Unternehmens (bisher)

die Idee gekommen ist, uns mit einem *BMW Concern* Kopfzerbrechen zu bereiten. Das englische Wort bedeutet unter anderem
auch ‚Anliegen' und je nach Kontext ‚Besorgnis' oder ‚Sorge' etc.
Mein Eindruck ist, dass die Flut von englischen Begriffen in
der Sprache deutscher Unternehmen, Werbeagenturen, Möch-
tegern-Internationaler etc. eher eine Konsequenz der Annahme
darstellt, alle Beteiligten würden sich allein durch das fremde,
das englische Wort aufgewertet fühlen dürfen, während das
deutsche Wort als angestaubt, spießig, rückwärts gewendet empfunden wird. Wäre ich Psychologe, so würde ich wahrscheinlich
an dieser Stelle mit großem Interesse weiterschürfen und versuchen, zu gültigen Erkenntnissen zu gelangen. Da ich dies nicht
bin, möge der Leser mir nachsehen, dass ich die Fragen lediglich
aufwerfe und mir nicht anmaße vorzugeben, ich hätte eine überzeugende Antwort darauf.

Auch unsere französischen Freunde benutzen im Übrigen
– wie Amerika-kritisch sie sich auch immer geben mögen – mit
großer Hingabe Wörter aus der Neuen Welt. Schauen wir allerdings näher hin, so erkennen wir nicht nur in Bezug auf die
möglichen oder wahrscheinlichen Beweggründe für diesen
Leihprozess, sondern auch angesichts der Zeiten, zu denen diese
„Importe" englischer Wörter in die französische Sprache sich
immer wieder gehäuft haben, erhebliche Unterschiede. Franzosen sprechen nicht von einem *building* (statt Gebäude) oder von
ihrem *week-end* (statt Wochenende), weil sie besonders „cool"
erscheinen wollen, sondern weil zu dem Zeitpunkt, da es die
Benennung vorzunehmen galt, die mögliche französische Alternative umständlich, sperrig oder gar lächerlich gewesen wäre:
anstelle von *week-end* das umständliche *fin de semaine* zu sagen,
hätte wohl einen übertriebenen Purismus verlangt. Obwohl wir
im Deutschen den Begriff ‚Fahrgemeinschaften' haben, sagen die
meisten Deutschen weiterhin *car sharing*, was wahrscheinlich
cool und *chic* ist. In Frankreich gilt inzwischen der französische
Begriff *covoiturage* – ich sage nicht, dass er nicht sperrig wirkt,
aber er zeugt von dem Versuch, sich dem Vordringen des Englischen entgegenzustemmen.

Und noch eine Form von „Ansteckung": Wir leihen uns nicht

nur Wörter aus, um sie unverändert zu verwenden, sondern wir übersetzen oft völlig unreflektiert Wörter und Formulierungen. Dabei sollten wir es schaffen, uns vor scheinbaren Entsprechungen zu hüten anstatt blind darauf zu vertrauen, dass sie schon einen *Sinn machen* werden, anstatt einen Sinn zu ergeben oder zu haben. Leider werden die meisten Zeitgenossen sich dieser Interferenzen gar *nicht wirklich* bewusst *(not really)*.

Vielleicht zur Veranschaulichung noch ein Vergleich mit der Praxis im Französischen: Immer wieder ist festzustellen, dass dort das englische Wort umso schneller nicht mehr verwendet wird je stärker die bezeichnete Gegebenheit im Alltag an Bedeutung gewinnt. Der *ordinateur* ist hierfür ein gutes Beispiel. Bei uns hätte der ‚Rechner‘ möglicherweise *den Job getan* – aber wir haben es vorgezogen, diesen Begriff für die *coolen freaks* zu reservieren.

Es gibt höchst unterschiedliche Modalitäten und Anlässe, nach denen bzw. zu denen wir uns namentlich aus dem Englischen mit Wörtern und Wendungen bedienen, um unsere Gedanken oder das Fehlen derselben auf „coole“ Weise zum Ausdruck zu bringen. Daher erscheint mir an dieser Stelle ein kleiner Ausflug *nicht wirklich* überflüssig, um eine gewisse Differenzierung zwischen einzelnen „Entnahmevorgängen“ vorzunehmen und zu veranschaulichen.

Als erste Motivation für diese Anleihen nenne ich das Bedürfnis, den vielen anderen, den Epigonen des *international English,* denen, die sich in ihrer eigenen Sprache nicht heimisch fühlen, sowie allen anderen Sprachgenossen mit ihren unterschiedlichen Motivationen nicht nachzustehen, mit anderen Worten also einfach nur nach dem Bilde der berühmten Lemminge dem Trend der Zeit hinterherzulaufen. Aber abgesehen von jedem unreflektierten Modetrend benutzen wir Wörter aus anderen Sprachen aus einer Reihe von handfesten Gründen, die im folgenden Abschnitt voneinander abgegrenzt werden sollen, damit nicht der Eindruck entsteht, hier werde ein großer Eintopf angerichtet.

Sprache und Außeneinfluss – Bereicherung oder Verarmung?

Zur Beantwortung dieser Frage fällt mir eine Analogie aus dem Volkssport Nummer eins der Deutschen ein. Es ist oft zu hören, die Nationalmannschaften von Ländern wie Spanien seien deshalb schwächer als es das Niveau des Sports im jeweiligen Lande vermuten ließe, weil die besten Spieler immer wieder von außen importiert würden und der heimische Nachwuchs keine rechte Chance bekäme. Ist es auch mit der Sprache so? Führen Importe zu Erschlaffung der eigenen Sprache? Büßt diese ihre Fähigkeit ein, Begriffe wie den französischen *ordinateur* zu generieren?

Die von mir beklagten Sprachmoden und -unarten beginnen oft mit einer unreflektierten und willkürlichen Verwendung von Wörtern aus einer Fremdsprache. Aus anfänglicher Unachtsamkeit wird Bequemlichkeit, und die neuen Begriffe setzen sich in unserer Sprache fest. Dies sind die echten Anglizismen wie ‚Kontrollraum' für *control room* oder ‚am Ende des Tages' für *at the end of the day*. Sie verwenden wir meistens aus Bequemlichkeit oder mangels weiterer Reflexion, jedoch auch schlicht, weil wir es nicht besser wissen. Nicht weniger tauglich sind hier als Beispiel aber auch die Gallizismen. Schließlich sind es immer dieselben Mechanismen, nach denen die Interferenz entsteht – ob Anglizismus, Gallizismus, Hispanismus oder welcher „-ismus" auch immer.

Deutlich differenzieren möchte ich die Entstehungsgeschichte dieser Anglizismen von einer Kategorie von „Ansteckungsprozessen", in denen manche eine regelrechte Bedrohung unserer Sprache sehen. Dies sind Interferenzen, bei denen wir als Sprechende und Schreibende eher Opfer der Sprachen oder einer zu großen Nähe zwischen den Sprachen werden.

Wenn ich in der deutschen Übersetzung einer Schlagzeile aus *Le Figaro* lese, die französische Regierung habe der deutschen Regierung ‚brutal' ihre eigene Auffassung in einer bestimmten Frage klar gemacht, dann mache ich mir nur deshalb keine Sorgen wegen möglicher Handgreiflichkeiten, weil ich halt das französische Wort kenne. Das französische *brutal* ist im Deutschen mit ‚schonungslos', ‚äußerst offen', ‚unverblümt' usw. richtig übersetzt. Das Tückische an dieser Art von Gallizismen, Anglizismen etc. liegt darin, dass man sie normalerweise nur dann erkennt, wenn man mit der jeweiligen Ausgangssprache vertraut ist. Nur wer erkennt, was der Sprechende eigentlich sagen wollte, kann für sich die Bedeutung korrigieren – manche sagen tatsächlich „Botschaft", um das neudeutsche *message* zu vermeiden. Ansonsten stellt sich allenfalls eine gewisse Ratlosigkeit ein.

,Eine süddeutsche Stadt mit mediterranem Flair' ist ein weiteres Beispiel für eine solche Interferenz: Kein Franzose versteht, wie die Stadt zu einem *flair* kommt – der Begriff bedeutet im Französischen nichts anderes als ,Geruchssinn', zum Beispiel eines Hundes oder im Sinne von Spürsinn bei einem Detektiv. Es muss einer eigenen Diskussion vorbehalten bleiben zu erforschen, auf welchen Wegen derartige Bedeutungsverschiebungen beim Entlehnen von Wörtern aus anderen Sprachen zustande kommen – jedenfalls sind sie so häufig, dass man schon von einer Regel zu sprechen geneigt ist. Und jedenfalls jedem Wanderer zwischen zwei Sprachen nur festes Schuhwerk und einen sicheren Tritt empfehlen möchte.

Diese zwei letzten Beispiele nenne ich zur Abgrenzung zwischen vergänglichen Sprachmoden und fest etablierten Interferenzen. Wiederum eine ganz eigene Geschichte ist es mit den Wendungen und Wörtern, die wir einfach als englischsprachige Fremdkörper ins Deutsche importieren und dort unverändert stehen lassen. ,Ein Teil der Managergehälter wird heute in Form von *stock options* bezahlt.' oder: ,Er hat sich zu seiner Stereoanlage neue *Loudspeaker* gekauft.' Und damit komme ich auf die Frage zurück, mit der ich mir in der Überschrift zu diesem kleinen Exkurs, den mancher Leser eher als ein großes Plädoyer empfinden mag, Sorge um die Entwicklung unserer Sprache mache.

Bevor ich mich ein wenig näher mit den massiven Billigimporten aus dem Englischen und ihrem Einfluss auf die deutsche Sprache, ihre Qualität und ihre weitere Entwicklung beschäftige, muss ich mich allerdings auch kurz von einem gegenläufigen Trend unserer Zeit distanzieren: Im Namen der unbedingten Verteidigung unserer schönen deutschen Sprache, zwar nicht bis zum letzten Mann, aber sicher doch bis zum letzten Buchstaben, verschließen gewisse Kreise inzwischen die Augen vor dem, was nicht mehr zu ändern ist und was zu ändern vor allem auch Klimmzüge voraussetzen würde, durch welche man sich nur als in der Vergangenheit lebender Fundamentalist offenbaren könnte (oder hätte ich besser gesagt *outen* könnte?)

Vor einigen Jahren erwarb ich das *Wörterbuch der Anglizismen,* gesponsert von einem Verein zur Reinhaltung der deutschen Sprache. Ich erhoffte mir für viele meiner Einschätzungen eine willkommene Bestätigung, musste dann jedoch feststellen, dass ich unter die Eiferer gefallen war. Sie verboten mir nunmehr, noch je einmal ein T-Shirt anzuziehen und einen Cocktail zu trinken – kurz, die Verurteilung jedes englischen Worts im Deutschen fiel so radikal und grundsätzlich aus, dass ich am Ende völlig ratlos war. Als ich den Verfassern meine Ratlosigkeit mitteilte und sie um Erstattung des Kaufpreises für ihr kleines, mir völlig abwegig erscheinendes Wörterbuch bat, schlugen sie mir vor, gelegentlich ein Mischgetränk mit ihnen einzunehmen und dabei ein T-Hemd zu tragen – allen Ernstes! – Nein, ich bin nicht der Ansicht, dass einzelne Begriffe wie Computer, T-Shirt oder Swimming Pool unsere Sprache gefährden. Und sie sind andererseits so verwurzelt im Deutschen, dass es auch niemandem einfallen würde, sie aus sprachästhetischen oder klanglichen Überlegungen heraus verbannen zu wollen.

Und ich stimme allen denen zu, die eine Abschottung von Sprachen gegenüber Einflüssen aus anderen Sprachen auch eher für gefährlich halten, da Außeneinflüsse immer auch eine Bereicherung bedeuten, auf die niemand ernsthaft verzichten möchte. Warum sollten die vielen positiven Merkmale und Aspekte des berühmten *melting pot* nicht auch für die Sprache gelten?

Verflachung der Sprache – Verflachung unseres Denkens?

Nichtsdestoweniger sollten wir uns jedoch im Umgang mit unserer Sprache bewusst sein, dass Veränderungen (sollte ich sagen Verflachungen?), die wir ihr nur lange genug zugemutet haben – sei es aus Bequemlichkeit, sei es um Sprachmoden zu folgen oder weil das Nachdenken über die eigentlich richtige Formulierung uns zu mühsam ist – nur selten reversibel sind. Vielleicht ist es ein unzulässiger Sprung, ein voreiliger Schluss – *I may be jumping to conclusions* – aber mir fällt in diesem Zusammenhang ein, dass kaum ein durchschnittlich gebildeter US-Amerikaner heute noch bereit oder in der Lage ist, Wörter wie *Christmas* oder *Barbecue* richtig zu schreiben, nachdem sich seit geraumer Zeit Vereinfachungen wie *X-mas* bzw. *bar-b-Q* eingebürgert haben.

Dürfen wir auf die Dauer sicher sein, dass die ungezügelte Vereinfachung der Sprache, der Abbau von Komplexität, den manche Bildungsexperten heute sogar im Sinne einer demokratischen Nivellierung fordern, nicht auf die Dauer zu einem Verlust unserer Fähigkeit zu komplexem Denken, zu anspruchsvollen und differenzierten Ausdrucksweisen führen könnte?

Völlig unabhängig von dem Einfluss *fremder* Sprachen beobachten und beklagen viele Beobachter heutzutage eine ganz andere Form von Verrohung der Sprache. Es gibt eine Form von Erosion, die von innen heraus entsteht, da wir mit unserer eigenen Sprache nicht mehr sorgfältig umgehen, da sie uns in ihrer Vielfalt, in ihrem Reichtum offenbar mitunter zu anstrengend wird. Es sei in diesem Zusammenhang einmal dahingestellt, ob es derartige Entwicklungen nicht schon immer gegeben hat, und ob unsere Neigung, sie zu beklagen oder sie als mehr oder weniger ausgeprägt wahrzunehmen, nicht eher von subjektiven Faktoren geprägt ist.

Auch hier sehe ich zwei verschiedene Typen von „Entgleisungen". Da sind auf der einen Seite Erscheinungen, die man nur als Fehler bezeichnen kann und die jeder Deutschlehrer zu korrigieren hat – obwohl sie sich auf breitester Basis in der Sprache, zumindest in einem gewissen Register von Sprache festsetzen. Ich meine Ungenauigkeiten bzw. Fehler, die immer häufiger bei der Zuordnung des richtigen, des treffenden Verbs zum entsprechenden Substantiv zu hören oder zu lesen sind *(Tun Sie mir bitte zehn Rosen – Machst Du mir bitte noch ein Pils?)*. Andererseits Anschlussfehler bei der Bildung von Nebensätzen *(Er gehört zu den wenigen Tennisspielern, der in einem Jahr mehrere*

Grand-Slam-Turniere gewinnen konnte). Selbst bei gezieltem Nachfragen sind vielen Deutschen diese Fehler heute gar nicht mehr als solche bewusst. Oder auch Verwechslungen von Singular und Plural in den verschiedensten Satzzusammenhängen *(Die USA ist die erfolgreichste Nation).* Und schließlich auch die zunehmend häufigen Nachlässigkeiten in der Syntax – auffallend häufig eng verknüpft mit dem Schwierigkeitsgrad der eigentlich richtigen Formulierung – hier denke ich zum Beispiel an die rücksichtslose Streichung der Inversion bei bestimmten Konjunktionen *(„… weil, er kommt heute gar nicht.")*

Ich bin mir nicht sicher, ob derartige Entwicklungen nicht auch ein gewisses Korrelat in der Sorglosigkeit finden, mit der wir aus anderen Sprachen bereitwillig, oft unpräzise und gelegentlich fehlerhaft Wörter und Wendungen übernehmen. Warum sollten wir mit unserer eigenen Sprache pingelig umgehen, wenn es doch als chic und „in" gilt, mit Anleihen aus dem Englischen um sich zu werfen, ohne sich lange Gedanken darüber zu machen, ob diese Leihinstrumente überhaupt geeignet sind, das auszudrücken, was ich gerade ausdrücken möchte? „With Canon you can", heißt es momentan in einem Werbespot in Deutschland – glauben wir ernsthaft, dass ein englischer Muttersprachler versteht, was hier gesagt werden soll? Oder dass er das sogar originell bzw. gar lustig findet? „With O2 you can do" ist im Übrigen nicht besser – man fragt sich, wie unsensibel, geschmacklos, einfallslos diese Art von Sprache noch werden muss, bis die Verantwortlichen „Veto" rufen, bevor die Verbraucher abschalten und sich gezielt von Produkten abwenden, die in dieser Müllsprache beworben werden.

Schon fast anekdotenhaft, wenn nicht harmlos nehmen sich dagegen Fälle von Sprachverdrehung aus (wäre ich Jurist, so würde ich von „Sprachbeugung" reden), die dadurch entstehen, dass irgendwann jemand mit der Sprache spielt und sie zu kabarettistischen Zwecken, als Stilform, zu Provokationszwecken oder wie auch immer gezielt verändert. Die Tatsache einer solchen gezielten Veränderung, der eigentliche Ursprung einer betreffenden Formulierung, der dem Spiel zugrunde liegende Wortwitz oder „Sprachhumor" werden jedoch von einer Kohorte von Nachahmern nicht erkannt, und so kann die Neuschöpfung ihren Siegeszug in die „normale" Sprache hinein beginnen.

Natürlich bekommen Sie ein Beispiel – und sei es nur, weil ich in der Tat einer der Letzten sein werde, die noch gegen diesen Missstand kämpfen – unerschütterlich wie einst Don Quichotte gegen seine Windmühlenflügel: Der unvergessene Schauspieler, Komiker, *Stand-up Comedian,* wie man heute sagen würde, und „Sprachspieler", wie ich mir zu sagen erlaube, Heinz Ehrhardt sagte in den frühen 1960er Jahren in einem Sketch: „Nichtsdestotrotz – aus der Nase fließt kein Rotwein." Was ist aus dieser witzig gemeinten Kontraktion aus ‚nichtsdestoweniger' und ‚trotzdem' geworden? Heute steht dieses Unwort im Duden, und obwohl bekannt sein sollte, dass dieses Werk keinen normativen Auftrag hat, sondern nur dem Volk aufs Maul schauen und aufschreiben soll, was selbiges von sich gibt, dient dieser Umstand vielen dazu, die Berechtigung dieses Wortungeheuers zu beweisen. Auch mit dieser Frage gilt man im Übrigen heute bereits, nicht nur bei der jungen Generation, als Sprachdinosaurier, als Ewiggestriger, als Pedant … Und dennoch: Wer erlöst uns von „nichtsdestotrotz"?

So viel zum Thema Irreversibilität einzelner Fälle von Sprachmissbrauch. Zur Perennität von sporadisch und spontan entstandenen Sprachveränderungen und Neologismen. Mit der vorübergehenden Mode lateinischer Familiennamen haben diese Entwicklungen, die mir mitunter wie eine Art bedingungsloser Kapitulation vorkommen, meiner Ansicht nach nicht mehr viel zu tun. – *Quo vadis, lingua nostra?*

Kapitel 4

Von der Sprache und vom Sprechen

Die Sprache wurde dem Menschen gegeben, auf dass er in aller Freiheit lügen und betrügen könne. Er bedient sich des Denkens lediglich, um seine Ungerechtigkeiten zu rechtfertigen, und seine Worte benutzt er zu nichts anderem als dazu, seine Gedanken zu verbergen.[21]

So klagen die unglücklichen Tiere in Voltaires „Dialog von Kapaun und Masthuhn". Aber auch ein berühmter Zweibeiner hat sich in diesem Sinne geäußert. Der französische Politiker und Diplomat Charles-Maurice de Talleyrand-Périgord soll im Jahre 1807 im Gespräch mit einem spanischen Gesandten, der ihn an ein abgegebenes Versprechens erinnern wollte, in Abwandlung des berühmten Worts von Voltaire gesagt haben: „Die Sprache ist dem Menschen gegeben, damit er seine Gedanken verkleiden kann."[22]

Dass der Gebrauch der Sprache nicht bereits *per se*, möglicherweise wegen vermeintlich enger, zwingender Normen, zur Wahrheit zwingt, ist eine weit verbreitete Erkenntnis. Zum Beispiel wird der obige Ausspruch mitunter auch Metternich zugeschrieben. Das Motiv als solches ist aber offenbar noch deutlich älter – man findet es schon bei Cato und damit bei den alten Römern. Und von Ludwig Wittgenstein möchte ich diese Erkenntnis anbieten: „Die Grenzen meiner Sprache sind die Grenzen meiner Welt". Er verzichtet allerdings auf eine allzu negative Sichtweise und formuliert stattdessen in Form einer Frage die Überlegung, die uns einen großen Schritt näher an den in diesem Kapitel behandelten Gegenstand heranführt. Der Philosoph und Sprachtheoretiker stellte die durchaus ernst gemeinte Frage, „ob es sich bei der Sprache eher um das Kleid unserer Gedanken oder aber um eine Verkleidung derselben handelt".

1. Sprache – eine kleine Rohstoffkunde

Ging es im ersten Kapitel darum, vor der Erörterung der eigentlichen Inhalte zunächst einen kurzen Abriss über die Geschichte und die heutige Verfassung des porträtierten Berufs zu zeichnen, um sodann im zweiten Kapitel Aspekte zur Unterscheidung und Abgrenzung von Dolmetschern und Übersetzern anzusprechen und danach erste, allgemeine Erkenntnisse zum Wesen und Inhalt des Übersetzens anzubieten, so komme ich nun zu einer kleinen Rohstoffkunde, bevor in Kapitel 5 dargelegt werden kann, wie Dolmetscher und Übersetzer mit ihrer besonderen Sensibilität und in ihrer ganz spezifischen Arbeitssituation mit ihrem *Rohstoff Sprache* umgehen.

Mir ist bewusst, dass ich das Bild von der Sprache als Rohstoff näher erläutern muss. Das Ausgangsmaterial, mit dem Dolmetscher und Übersetzer es zu tun haben, ist nicht virtuelle Sprache, ist nicht das eigentliche Rohmaterial in Form von Zeichen und Wörtern, aus denen Texte und Reden werden, sondern die bereits zu Kommunikationszwecken geformte Sprache, die es nun in eine andere Sprache zu übertragen gilt. Nichtsdestoweniger ist, dies ist inzwischen sicher deutlich geworden, ein gewisses Grundverständnis vom Ausgangsmaterial unerlässlich, um auf den weiteren „Verarbeitungsstufen" sachgerecht und sinnvoll damit umgehen zu können. Ohne ein solides Verständnis der Grundbausteine der Sprache, dessen, was Sprache ist und was sie nicht ist, kommt kein „Sprachverarbeiter" besonders weit – in diesem Sinne diskutiere ich die Sprache als Rohstoff. Da es hier um Sprache als Instrument der Kommunikation geht, sollen alle anderen denkbaren „Verwendungszwecke" von Sprache bewusst ausgeklammert werden. Rohstoff und Instrument – man ist geneigt, von einer dialektischen Beziehung zwischen diesen beiden Polen zu reden, wofür sich im Weiteren immer wieder Belege finden werden.

Die Eingrenzung meiner kleinen Rohstoffkunde auf den behandelten Gegenstand und auf unseren, hier im Mittelpunkt stehenden Beruf erscheint mir umso angebrachter, ja notwendiger, als wir uns in dem weiten Feld von Sprache und Sprechen heute in der Tat einer gar nicht mehr zu überschauenden Flut von Literatur ausgesetzt sehen und es viele verschiedene Forschungsfelder für die Betrachtung des Themas Sprache gibt: Sprachpsychologie und Psycholinguistik, Sprachpädagogik und Sprecherziehung, Spracherwerb und Sprachenvergleich, klassische Philologie und Computerlinguistik – man möchte meinen, es müsste sich eigentlich um mehr als einen Rohstoff, um mehr als ein einfaches Werkzeug handeln, wenn diese „wundervolle Gegebenheit, die menschliche Rede", wie José Ortega y Gasset in seinem *Elend und Glanz der Übersetzung* formulierte, im Laufe von etwa zwei Jahrhunderten derartig in den Mittelpunkt zahlreicher Wissenschaftsfelder rücken konnte. So werde ich mich ganz bewusst mit einer kleinen, verdaulichen Auswahl von Überlegungen und Erkenntnissen begnügen, die von direkter Relevanz für das Dolmetschen und Übersetzen, für das Kommunizieren in zwei Sprachen sind.

Zuvor jedoch bin ich meinen Lesern einige allgemeingültige Erkenntnisse und Aussagen über die Sprache schuldig – zu welchem Zwecke sie, ausgehend vom sprachlichen Ausgangsmaterial, dann auch immer eingesetzt werden mag. Obwohl ich weder Sprachwissenschaftler noch überhaupt Theoretiker bin, habe ich im Laufe meines Lebens bei der Beschäftigung mit der Sprache zahlreiche Erkenntnisse gewonnen, die mir meine praktische Arbeit teils leichter, teils leichter verständlich gemacht haben. Diese Einsichten sind die Grundlage für die anschließende Schilde-

rung der Besonderheiten und der Schwierigkeiten des Kommunizierens in zwei Sprachen und gelten mir insofern, jenseits von
allen Elfenbeintürmen, unbeschadet aller denkbaren Relevanz
für Dissertationen und Habilitationsschriften, als unverzichtbar.

Auch möchte ich mit meiner Rohstoffkunde die Gelegenheit
nutzen, einige Persönlichkeiten vorzustellen, die sich um die
Sprache verdient gemacht haben – sei es, weil sie für uns alle die
mühsame Arbeit der Analyse geleistet haben, sei es, weil sie mit
ihren zu regelrechten „sprachtheoretischen Evergreens" gewordenen Erkenntnissen ganze Generationen von Sprachstudenten
und angehenden Linguisten beglückt haben. Es handelt sich um
Ferdinand de Saussure, den Vater der modernen Linguistik, und
um den Begründer der modernen Sprachforschung und Sprachwissenschaft Wilhelm von Humboldt, der mit seiner einmaligen,
universellen Gelehrsamkeit nicht nur nach allgemeiner Einschätzung das Wissen seiner Zeit in sich vereinigte, sondern der auch
sehr viel Allgemeingültiges, alle späteren linguistischen Moden
Überdauerndes zu den Themen Sprache, Sprache und Weltsicht,
Sprache und Psychologie, Sprachenvergleich etc. gesagt hat.
Manchmal denke ich in durchaus anmaßenden Träumen, wie
glücklich es für uns Simultandolmetscher wäre, könnten gerade
wir seine Erben sein – in dem Sinne, dass uns das Wissen unserer
Zeit gegeben sein sollte, wenn es so etwas heute überhaupt noch
gäbe. So könnten wir uns mit einem halbwegs guten Gewissen
der ungeheuren Vielfalt von Themen und Aufgaben stellen, die
ein Simultandolmetscher in seinem Berufsleben zu bewältigen
hat.

Ein dritter, etwas willkürlich „nominierter" Vertreter dieser
„Mega-Linguisten" ist der Amerikaner Noam Chomsky. Und
schließlich kann ich nicht über Sprache und Sprachen schreiben,
ohne den Beitrag des großen Romanisten Mario Wandruszka zu
würdigen, der mit seinen Analysen zum Vergleich der „vergleichbaren und unvergleichlichen" Sprachen, möglicherweise ohne
sich dessen so ganz bewusst zu sein, äußerst wichtige Grundlagen für die Arbeit der Simultandolmetscher geschaffen hat.

2. Informationssystem – Wörtersack – Kommunikationswerkzeug

Die Formulierung der Überschrift soll es deutlich machen: Sprache ist natürlich viel mehr, weist deutlich mehr Facetten auf als die in der Überschrift etwas willkürlich, aber auch gezielt auf unseren Gegenstand hin herausgegriffenen drei Aspekte. Sprache ist so unerschöpflich, dass ein ganzes Buch allein zum Thema der Definition des Begriffes nicht ausreichen würde. Damit ist jedwede universell gültige Aussage von vornherein ausgeschlossen. Also soll im Mittelpunkt unserer kurzen Beschäftigung mit dem theoretischen Hintergrund von Sprache ein Ansatz stehen, nach dem Sprache das Werkzeug ist, mit dem wir in unserem Umfeld, mit den anderen Vertretern unserer Spezies kommunizieren.

Dabei ist Kommunizieren mit anderen Menschen ganz im Gegensatz zu dem, was wir meistens denken oder worüber wir eben auch gar nicht nachdenken, durchaus nicht einfach oder gar selbstverständlich. So seufzt Kafkas Landarzt in der gleichnamigen Erzählung: „Rezepte schreiben ist leicht, aber im Übrigen sich mit den Leuten verständigen, ist schwer." Der ohne ein Minimum an Kreativität undenkbare, spontane Austausch mit anderen ist für ihn unvergleichlich mühevoller als die weitgehend automatisierte, nach festen Regeln erfolgende Kommunikation, hier in Form von Rezepten, in anderen Fällen vielleicht in Form von Vorschriften, von Befehlen, über die weder der Erteilende noch der Empfangende überhaupt nur nachzudenken hat.

Die Sprache – ein unfertiges, ein unvollkommenes Kommunikationssystem

„Echtes" Kommunizieren impliziert Kategorien wie Verstehen, Nichtverstehen, Missverstehen, blindes Verstehen, mühsames, interpretationsbedürftiges Verstehen. Wie wir uns verstehen, hängt direkt davon ab, wie effizient Sprache eingesetzt wird und wie sicher das sprachlich Geäußerte aufgenommen werden kann.

Und an der Figur von Kafkas Landarzt sehen wir, dass auch so etwas wie ein wahrhaftiger Kommunikationswille gegeben sein muss. Sodann stellt sich für das Gelingen des Vorgangs die Frage, wie groß die „gemeinsame Parzelle" ist, auf der ein Sprechender und sein Zuhörer, ein Autor und sein Leser während des Sprechakts bzw. beim Verfassen und beim Lesen eines geschriebenen Texts gemeinsam stehen. Wie viel an relevantem Vorwissen ist für das Geäußerte bei dem Rezipienten vorhanden? Inwieweit wird diese Schnittmenge durch den Sprechenden bzw. Schreibenden berücksichtigt?

In diesen Überlegungen liegt womöglich einer der Gründe dafür, dass bei manchen Laien und vielen Fachleuten angesichts dieser komplizierten Zusammenhänge immer wieder der Wunsch aufkommt, Sprache möge sich doch bitte systematisch begreifen lassen – ähnlich einem Informationssystem, wie es in manchem geschlossenen Umfeld, zum Beispiel in Form von Piktogrammen auf einem Flughafen, verwendet wird, um möglichst knapp und unmissverständlich eine beliebig große Zielgruppe zu informieren. Hier sind wir bei der Vorstellung von Sprache als einem Code, der nur sachgemäß angewendet werden muss, damit sich alle Benutzer, ohne jegliche Abweichungen und Missverständnisse verstehen können.

Die Sprache – kein geschlossenes Informationssystem

Erkennen wir jedoch an, dass jegliche Kommunikation die Möglichkeit, ja die Wahrscheinlichkeit von sehr abweichendem Verstehen, von Missverständnissen in sich birgt, so wird schon deshalb die Theorie von der Sprache als einem geschlossenen, reproduzierbaren, allen Anwendern im gleichen Maße und in der gleichen Qualität zur Verfügung stehenden Informationssystem zu dem verfehlten Ansatz, der sie trotz aller anders lautender Darstellungen geblieben ist. Sprache als Code – das ist allenfalls ein Wunschtraum von „Sprachrationalisierern", zu denen sicher auch etliche Computerlinguisten gezählt werden müssen. Sie stellen sich nur allzu gerne die Sprache als einen Haufen von Wörtern im Sinne von unmissverständlichen Zeichen vor, die nach einer finiten Anzahl an vorgegebenen Regeln in eine einfache Funktionsbeziehung zueinander gesetzt werden können, um sodann den gewünschten Informationsinhalt für jedermann verständlich zum Ausdruck zu bringen. Anhänger einer solchen Sichtweise von Sprache sind oftmals auch diejenigen Übersetzer, die nach dem Motto „Wort für Wort" Wörter der einen Sprache durch Wörter einer anderen Sprache ersetzen und darauf vertrauen – aus welchem Grunde auch immer, meistens jedoch aus reiner Gedankenlosigkeit –, dass am anderen Ende so etwas wie ein Sinnzusammenhang dabei herauskommt.

Wesentlich überzeugender erscheint es mir, die Sprache als eine Art von Bibliothek zu verstehen, aus der wir uns zu jedem Zeitpunkt situationsabhängig und im Hinblick auf unseren jeweils gegebenen Kommunikationsbedarf bedienen, um uns verständlich zu machen. Sie enthält alle existierenden Möglichkeiten, die eine Sprachgemeinschaft zusammengetragen hat: das gesamte Lexikon, alle Register und Stilformen, sämtliche bekannten Redensarten, Sprichwörter und Metaphern. Aber sie entwickelt sich auch laufend weiter und lebt wie eine wirkliche Bibliothek davon, dass Neuerscheinungen eingestellt und für die Allgemeinheit nutzbar gemacht werden.

3. Saussure, Humboldt und andere Helden der Sprachwissenschaft

Eine der grundlegendsten Einsichten, die wir für jeden Umgang mit Sprache verinnerlichen sollten, betrifft diese funktionale Gliederung zwischen einem durch die Sprache gebildeten Korpus, den ich von seiner Funktion her gelegentlich mit einer Festplatte vergleiche, und dem praktischen Gebrauch, den jeder Einzelne von uns beim Schreiben und beim Sprechen in seinem „Arbeitsspeicher" davon macht. Für eines der oben genannten „linguistischen Schwergewichte", die ich in diesem Kapitel vorstellen möchte, wurde diese Erkenntnis – natürlich in wesentlich ausgereifterer Form und in wissenschaftlichem Gewand – zum Kern aller bahnbrechenden Schriften, die wir von ihm kennen:

Ferdinand de Saussure: ‚langue' – ‚langage'–‚parole'

Wer sich auch nur in ersten Ansätzen, zum Beispiel im Rahmen
von philologischen Studien, mit der Sprache beschäftigt, macht
Bekanntschaft mit dem Genfer Sprachwissenschaftler Ferdinand
de Saussure (1857–1913) und seinem posthum herausgegebenen
Hauptwerk *Grundlagen der allgemeinen Sprachwissenschaft* von
1916. Ihm, der als der Begründer der modernen Linguistik gilt,
verdanken wir die bahnbrechende Einsicht, dass Sprache und
Sprechen deutlich voneinander zu unterscheidende Gegebenheiten sind. Er unterscheidet zwischen *langue, langage* und *parole*. Ist seine *langue,* seine Sprache, in ihrer sozialen Dimension
eine intersubjektiv geltende, gesellschaftliche Institution, so steht
ihr in ihrer individuellen Dimension die „subjektiv internali-
sierte Einzelsprache" gegenüber, also sozusagen die subjektive
Fassung der Sprache. Dies ist die menschliche Rede, bei Saussure *langage,* aus der sich das Sprechen speist und dank derer das
Sprechen erst möglich wird.

Daneben gibt es als dritte Kategorie für Saussure die *parole,*
das heißt das Sprechen als tatsächlichen, konkreten Akt der Anwendung von *langue* und *langage.* Das Sprechen ist für ihn der
Ort der Genese und der Veränderung der Sprache im Sinne von
langue. Alles gelangt erst und nur über das Sprechen in die Sprache als „Institution", und ohne dieses soziale Produkt Sprache
wäre weder die individuelle Ausprägung des *langage,* der Einzelsprache, noch der Akt der Sprachanwendung als *parole* überhaupt denkbar.

Die Sprache als abstraktes, überindividuelles System von Zeichen ist demnach ein „sozial erzeugtes und in den Köpfen der
Sprecher aufgehobenes, konventionelles System sprachlicher Gewohnheiten". Als Angehörige einer selben Sprachgemeinschaft
erlernen wir diese eine Sprache, die uns zusammenbringt, unterstützt durch einen Sprachinstinkt, wie ein anderer sehr bekannter, aber sicher weniger bedeutender Sprachwissenschaftler
annimmt, den ich in diesem Zusammenhang kurz ansprechen
will.

Noam Chomsky und seine
Generative Transformationsgrammatik

Mancher Leser wird sich fragen, warum ich aus der Vielzahl
von sprachwissenschaftlichen Theorien, die als Grundlage von
„translationswissenschaftlichen" Überlegungen geeignet erscheinen könnten, ausgerechnet diejenigen von Noam Chomsky aus-
wähle. Er ist mit seinen Bemühungen um eine Formalisierung
der Sprache bzw. der Analyse von Sprache und Sprechen der
Vordenker einer Generation von Linguisten und Computerfach-
leuten gewesen, die unsere Sprache fast um jeden Preis als ein
Gebilde von Funktionsregeln und -mechanismen beschreiben
wollten, und die gehofft haben und zum Teil noch heute hoffen,
der Computer werde eines Tages banale und repetitive Arbeiten
wie das Übersetzen und auch das Dolmetschen (siehe auch „In
the year 2525") übernehmen können. „Glauben Sie nicht, dass
in 10 Jahren (manche fragen nach 20 Jahren, andere denken in
einer ganzen Generation) der Computer Ihre Arbeit erledigen
wird?", lautet denn auch eine Lieblingsfrage aller Außenstehenden an Übersetzer oder Dolmetscher.

Noam Chomsky, Jahrgang 1928, der vielfach als der bedeu-
tendste US-amerikanische Intellektuelle der Gegenwart bezeichnet wird, und der heute einer breiteren Öffentlichkeit eher als
Mitbegründer der Bewegung der Globalisierungsgegner und
als einer der entschiedensten Gegner der US-Regierung unter
George W. Bush denn als großer Sprachwissenschaftler bekannt
ist, machte in der zweiten Hälfte der 1960er und zu Beginn der
1970er Jahre mit seinen sprachwissenschaftlichen Theorien regelrecht Furore. Dabei galten Chomskys Erkenntnisse zu Beginn der achtziger Jahre einer neuen Generation von Linguisten
schon wieder als veraltet. Dennoch möchte ich ihn mit zwei Äußerungen vorstellen:

Trotz beträchtlicher Verschiedenheiten in unseren jeweiligen
Lernerfahrungen können wir ohne Schwierigkeiten miteinander
kommunizieren; nichts deutet darauf hin, dass wir fundamental
verschiedene Sprachen sprechen …

> *Wir teilen also die Regeln der Sprache mit anderen, wie wir mit*
> *ihnen eine selbe Organisation des Gesichtsfeldes teilen.*[23]

Chomsky machte sich weniger Gedanken darüber, ob wir eine gegebene bzw. uns eingegebene Sprache dazu benutzen, eine durch die Brille der Sprache gesehene Wirklichkeit zu beschreiben und in Wörter zu fassen oder ob diese Wirklichkeit uns eher ihrerseits zur Ausbildung und Handhabung einer auf sie zutreffenden Sprache zwingt. Er war bzw. ist im Sinne des sogenannten „Nativismus" überzeugt von der Existenz einer bei Geburt mitgebrachten, also schon im Mutterleib entfalteten, somit einer natürlichen, ungeschichtlichen (Saussure hätte gesagt „nicht sozialen") und daher universellen Grammatik. Sprachvergleichende Studien, wie sie zum Beispiel schon zu Beginn des 19. Jahrhunderts Wilhelm von Humboldt zwischen zum Teil extrem weit auseinanderliegenden Sprachen angestellt hatte, führten ihn zu einem ganz anderen Ergebnis als den großen preußischen Gelehrten:

> *Noch relevanter für unser Thema, so glaube ich, sind die Entwicklungen in der komparativen Ethnologie der letzten dreißig Jahre. … auf Grund derartiger Untersuchungen spricht heute vieles dafür, dass sich die Perzeption von Linien, Winkeln, Bewegung und anderen komplexen Eigenschaften der physikalischen Welt auf eine angeborene Organisation und Struktur des Nervensystems gründet.*[24]

Chomsky hat „sprachliche Tiefenstrukturen" beschrieben, welche in einer der wesentlichen Etappen des Spracherwerbs einzelsprachlich in Oberflächenstrukturen überführt werden. Will das Kind die Sprache seiner Umgebung erwerben, so braucht es seine mitgebrachte, natürliche Grammatik nur an die nach der Geburt vorgefundene – partikuläre – Grammatik zu adaptieren. Es gäbe demzufolge eine universelle natürliche und eine partikuläre historische Grammatik. Die erste bestünde, wie es der Chomsky-Schüler C. L. Baker formulierte, aus „genetisch determinierten Prinzipien". Dies sei auch die Begründung dafür, dass selbst extrem unterschiedlich scheinende Sprachen sich im Grunde bei entsprechender Herangehensweise des analysierenden Linguisten auf eine eher geringe Zahl an (gemeinsamen) Mechanismen reduzieren lassen: „Es scheint, dass Dialekte, die an der Oberfläche ziemlich weit voneinander entfernt, ja sogar bei einem ersten Kontakt kaum gegenseitig verständlich sind, einen großen zentralen Fundus gemeinsamer Regeln und Prozesse aufweisen und sich in den zugrunde liegenden Strukturen, die durch lange historische Epochen hindurch unveränderlich zu bleiben scheinen, nur sehr leicht voneinander unterscheiden."[25] Allerdings ist es bis heute niemandem gelungen, diese universell menschliche biologische Basisgrammatik ausgehend von diesen Prinzipien tatsächlich zusammenzustellen, wie der Freiburger Sprachwissenschaftler und Chomsky-Kritiker Hans-Martin Gauger vor einigen Jahren in einem SWR-Radioessay „Zum Problem der Sprache" festgestellt hat.[26] Über das Aufspüren von gemeinsamen Zügen und gewissen Charakterisierungen von Sprache sei man nicht hinausgekommen, während das eigentlich Interessante doch die Elemente und Bausteine dieser angeblich existierenden Grammatik selbst gewesen wären.

Chomskys Forschungsschwerpunkt war also die Grammatik, und seine wichtigsten Thesen finden sich knapp zusammengefasst (keinesfalls ‚in einer Nussschale', wie ich neulich hörte – *in a nutshell* – sonst könnte man ja gleich sagen: ‚in zwei Takten und drei Sätzen', wie es auf Französisch heißt – *en deux temps, trois mouvements*") in seinen Arbeiten über die Generative Grammatik. Er hat die Darstellung von natürlichen Sprachen formalisiert, und seine Formalismen werden auch heute noch bei Programmiersprachen und anderen formalen Sprachen mit Gewinn verwendet. Als veraltet gilt seine sogenannte Generative Transformationsgrammatik allerdings dort, wo es sich um natürliche Sprachen handelt. „Die Transformationsgrammatik ist als Beschreibungsmodell und Analyse von Einzelsprachen inadäquat", formuliert der Sprachphilosoph, Romanist und Sprachwissenschaftler Eugenio Coseriu bereits im Jahre 1977 in seiner Tübinger Vorlesung zum Thema „Leistung und Grenzen der Transformationellen Grammatik".[27]

Die Generative Transformationsgrammatik war von Chomsky und seinen „Kunden" gemeint als ein Modell zur Beschreibung des dynamischen Prozesses der Sprachproduktion und -rezeption. Und als solche ist sie heute wohl eher als gescheitert zu betrachten – ein theoretisch interessantes, abstraktes, rationalistisches Gedankengebäude, das aber auch den Computerlinguisten nicht, wie ursprünglich gehofft und versprochen, den sehnlich erwarteten Durchbruch gebracht hat. Chomsky selbst war sich der Grenzen seines Ansatzes übrigens durchaus bewusst: „Es gibt kein Entdeckungsverfahren für sprachliche Fakten, man muss sich auf die Intuition der *native speakers* verlassen" – mit diesen Worten zitiert E. Coseriu eine Erwiderung Chomskys auf den Vorhalt, sein System eigne sich nicht zur Beschreibung der Einzelsprachen und ihrer unendlichen Gegebenheiten.[28]

Die Frage, wie ein Sprecher einer beliebigen Sprache mit einer endlichen Anzahl von Regeln eine unendliche Anzahl von Sätzen produzieren kann und wie ein Hörer Sätze versteht, die er niemals zuvor gehört hat – diese Frage ist letztlich auch deshalb unbeantwortet geblieben, weil Sprache nichts Endliches besitzt und weil sie uns genau aus diesem Grunde immer schon wieder entglitten ist, wenn wir gerade meinen, wir hätten sie nun fest im Griff.

Ich komme noch einmal auf Hans-Martin Gauger zurück und leite damit über zur nächsten der oben angekündigten, sprachwissenschaftlichen Persönlichkeiten, die ich hier vorstellen möchte. Im Übrigen, so meinte Gauger, brauche man die Hypothesen Chomskys nicht, um die Ähnlichkeiten unter den Sprachen zu erklären. Diese Ähnlichkeiten lägen nicht nur in der *Gleichheit von mentalen Strukturen,* sondern vor allem in der Identität der einen Welt, auf die alle Sprachen intentional gerichtet seien. Und nach dem Realitätsprinzip, wie Freud es genannt hat, seien wir Menschen daran gewöhnt, uns an das Gegebene anzupassen – in diesem Falle also auch und vor allem mit unserer Sprache.

„Die Sprache bestimmt unsere Weltsicht" – Sapir-Whorf und Wilhelm von Humboldt

Ob wir Menschen als „sprechendes Tier", als „das Sprache habende Tier", wie es schon bei den ältesten Griechen hieß, nun auf natürliche Weise und von Geburt an gemeinsame Strukturen für den Erwerb unserer Sprache und für den Umgang mit ihr in uns tragen oder nicht – wir alle sind gezwungen, Wirklichkeit, also das, was wir sehen und hören, mit Hilfe derjenigen Sprache zu schildern und wiederzugeben, über die wir verfügen.

Die vielleicht interessanteste Frage in diesem Zusammenhang führt uns zurück zu dem berühmten Problem vom Ei und der Henne. Was ist zuerst da: Die Gegebenheiten der Wirklichkeit oder die sprachlichen Instrumente, mit denen wir diese belegen, um uns auf sie beziehen zu können? Nehmen wir unsere Umwelt nur durch die Brille unserer Muttersprache wahr, wie es Benjamin Whorf, der Sapir-Schüler und Mitbegründer der Sapir-Whorf-Hypothese, formulierte? „Die Sprache bestimmt unsere Weltsicht." Oder ist unsere Sprache so offen und mit derartig unendlichen Mitteln ausgestattet, dass es keine Gegebenheiten und auch keine neu auftretenden Gedanken oder Sachverhalte gibt, die wir mit ihrer Hilfe nicht zum Ausdruck bringen könnten?

Einen Schritt weiter geht womöglich Wilhelm von Humboldt, wenn er feststellt, der Mensch lebe mit den Gegenständen, wie die Sprache sie ihm zuführe. Demnach wäre also nicht nur die Weltsicht, sondern in der Tat das konkrete Erleben des Alltags eine Funktion der Sprache? Das würde zwangsläufig auch ein neues Erleben bedeuten, sobald jemand den Kreis seiner Sprache verlässt und sich in demjenigen einer anderen Sprache einrichtet. „Reisen erweitert den Horizont." Diese Maxime bekäme so betrachtet eine ganz neue Dimension.

Durch die gegenseitige Abhängigkeit des Gedankens und des Wortes voneinander leuchtet es klar ein, dass die Sprachen nicht eigentlich Mittel sind, die schon erkannte Wahrheit darzustellen, sondern weit mehr, die vorher unerkannte zu entdecken.

Ihre Verschiedenheit ist nicht eine von Schällen und Zeichen,
sondern eine Verschiedenheit der Weltansichten selbst. Hierin
ist der Grund und der letzte Zweck aller Sprachuntersuchung
enthalten.[29]

Bereits in der ersten Hälfte des neunzehnten Jahrhunderts hat
Wilhelm von Humboldt sich in seinen Arbeiten zur Sprache und
zum Sprachvergleich ähnlich lautende Fragen gestellt. Dies be-
kunden zum Beispiel seine „Einleitung über die Verschiedenheit
des menschlichen Sprachbaues und ihren Einfluss auf die geistige Entwicklung des Menschengeschlechts" (Berlin 1836) und
auch der Essay „Über das Entstehen der grammatischen Formen
und ihren Einfluss auf die Ideenentwicklung" (Berlin 1822).

Schon ein Jahrhundert vor Sapir und Whorf interessierte sich
Humboldt für die Frage nach dem Menschenbild und nach den
Interaktionen zwischen Sprache und Menschenbild. Charakter
und Denken des Menschen waren für ihn unauflöslich mit dem
Wesen der Sprache verbunden: „Da das menschliche Gemüt die
Wiege, Heimat und Wohnung der Sprache ist, so gehen unver-
merkt, und ihm selbst verborgen, alle ihre Eigenschaften auf das-
selbe über."[30]

Sprache und Erleben, Sprache und Weltsicht – dies waren die
Themen von Humboldt. Er befindet sich damit, wenngleich mit
etwas anderer Akzentuierung, nahe bei Sapir und Whorf, denen
es in erster Linie darum ging deutlich zu machen, dass es eine
Wirklichkeit ohne Sprache *per definitionem* nicht geben könne.
„Die reale Welt beruht auf den sprachlichen Gewohnheiten der
jeweiligen Gruppe", formulierte etwa Edward Sapir, der als Pio-
nier der modernen Indianersprachenforschung gilt. Kritiker dieser Hypothese haben zum Beispiel eingewendet, dass immerhin
auch Tieren, die gleichwohl nicht über eine Sprache im Sinne
des Menschen verfügen, ein gewisses, bildhaftes „Denken" zugestanden werden muss – mir persönlich fällt dabei in erster Linie
das Bild von dem Pawlow'schen Hund ein. Es wäre sicher auch
eine interessante Diskussion, ob ein Translationsprozess wie das
Simultandolmetschen überhaupt möglich wäre, wenn eine andere Behauptung von Sapir und Whorf zuträfe, nach der Sprache

uns angeblich auf ganz bestimmte, festgelegte Gedankenbahnen schicke.

Man möchte meinen, es sei von derartigen Überlegungen nur noch ein kleiner Schritt bis zur Verknüpfung von Fragen der „Nationalsprache" und Fragen des Nationalcharakters. Aber an derartige Kategorien hat Humboldt mit Sicherheit nicht gedacht, zumindest nicht in dem ideologischen Sinne, der uns heute, rückblickend, vor dem Hintergrund unserer Wertungen sofort in den Sinn kommt. Dieser Schritt sollte einer Generation von Sprachwissenschaftlern vorbehalten bleiben, die teils die sprachwissenschaftlichen Anschauungen der NS-Zeit vorweg nahmen, teils selber für diese schlechthin standen. So sprach Nikolaus Finck bereits im ausgehenden neunzehnten Jahrhundert (Marburg 1899) von einem „deutschen Sprachbau als Ausdruck deutscher Weltanschauung". Es war die Zeit, da man, an die Völkerpsychologie des neunzehnten Jahrhunderts anknüpfend, in den Nationalsprachen den Ausdruck der Volksseele, der Kultur und des Nationalcharakters sah. So bescheinigte auch Eugen Lerch unseren französischen Nachbarn und damaligen Lieblingsfeinden, ihre Sprache sei „Ausdruck französischer Lebensart".

Wilhelm von Humboldt dagegen legt weniger die Betonung auf die Interaktion von Sprache und Weltsicht oder gar Nationalcharakter. Er beschäftigt sich stattdessen mehr mit der Frage, ob und wie Menschen einander verstehen, die doch unterschiedliche Sprachen sprechen und in allen ihren Äußerungen von Wörtern und Strukturen abhängig sind, die es in keiner anderen Sprache in genau derselben Form, mit derselben Bedeutung und denselben Konnotationen gibt: „Man hat schon öfters bemerkt, und die Untersuchung sowohl als die Erfahrung bestätigen es, dass (…) kein Wort einer Sprache vollkommen einem in einer anderen Sprache gleich ist."[31]

Auch Jakob Grimm kam 1847 in einem Akademie-Vortrag zu dieser Erkenntnis: „Form und Inhalt der Wörter in zwei Sprachen können sich niemals decken, was jene gewinnt, büsst diese ein."[32] Der große Philosoph, Theologe und Platonübersetzer Friedrich Schleiermacher hatte schon 1813 festgestellt, „dass keinem einzigen Wort in einer Sprache eins in der anderen genau entspricht."[33]

Und Albrecht Neubert – dies als kleiner Schlenker in eine jüngere Vergangenheit – stellt in seinem „Dichtung und Wahrheit des zweisprachigen Wörterbuchs" die Mutmaßung an, der Verfasser eines solchen Werks müsse sich ernsthaft fragen, ob er sich nicht einem „Don-Quichotischen Unternehmen" ausgeliefert habe.[34]

Was bedeutet diese Inkongruenz von Wörtern und von Inhalten, auf welche vermeintlich gleiche Wörter sich beziehen, für den Sprachvergleich und für erste Überlegungen zum Übersetzen? Verhindert sie zwischenmenschliches Verstehen, nachdem doch Humboldt in einer gemeinsamen Sprache die Voraussetzung für ein solches Verstehen sieht? Allerdings ist Verstehen für ihn „nicht das Zusammentreffen von Vorstellungsweisen in einem unteilbaren Punkt, sondern ein Zusammentreffen von Gedankensphären" und hier unterscheidet er „zwischen einem allgemeinen Teil, der sich deckt, und einem individuellen Teil, der überragt". Er wird den Begriff der Schnittmenge noch nicht verwendet haben, meint aber wohl das Gleiche, wobei allerdings der „überragende" Teil der wichtigere für seine Aussage ist. Denn „indem jede gewonnene Erweiterung des Denkens in den Besitz anderer übergehen kann, ohne in ihnen der Freiheit Fesseln anzulegen, welche zur Aneignung und zu neuer Erweiterung notwendig ist", werde erst das geistige Fortschreiten des Menschengeschlechts möglich.

Das spezifisch Andere an anderen Sprachen bezeichnet Humboldt als die „innere Form" der Sprachen. Walter Porzig greift den Begriff auf und spricht seinerseits von der „inneren Form einer Sprache als Ausdruck des Geistes einer Sprachgemeinschaft"[35].

Der an anderer Stelle mit seinen Überlegungen zum Übersetzen ausführlicher diskutierte spanische Soziologe José Ortega y Gasset lässt in seiner „klugen Diskussion unter Philosophen" im *Elend und Glanz der Übersetzung* einen Teilnehmer sagen, jede Sprache habe im Vergleich mit einer anderen Sprache ihren „eigenen Sprachstil" und bezieht sich damit auf Wilhelm von

Humboldts „Innere Form". Danica Seleskovitch, die erste Dolmetscherin, für die ein Lehrstuhl in „Dolmetschwissenschaft" eingerichtet wurde, hat uns in ihrem Doktorandenseminar an der Grande Ecole ESIT in Paris immer wieder mit ihrem „génie de la langue" gequält (Achtung *génie*: Genius, nicht Genie!), ohne dass deutlich geworden wäre, was eigentlich genau darunter zu verstehen ist. Natürlich wird sie mit diesem Begriff an die beschriebenen Kategorien angeknüpft haben, denen ja ebenfalls eine gewisse Unbestimmtheit anhaftet. Denn nicht nur der „eigenspezifische Geist" einer Sprache, sondern auch Begriffe wie innere Form, eigener Sprachstil, Geist einer Sprachgemeinschaft sind nur beschränkt geeignet, genau den Finger auf das zu legen, was nun das Eigenspezifische an einer Sprache ausmacht.

Es soll mit diesen Bemerkungen keinesfalls die Relevanz der Humboldt'schen Beobachtungen zur Sprache und zur Sprachtheorie in Frage gestellt werden. Im Gegenteil: Wir verdanken ihm ungeheuer wichtige Erkenntnisse über das Verhältnis des Menschen zu seiner Sprache und die Interaktion zwischen Sprach- und Ideengeschichte, auf denen ganze Generationen von stärker anwendungsorientierten Sprachwissenschaftlern in der Folge aufbauen konnten.

Allerdings füge ich auch gern hinzu, dass konkrete Hinweise auf Phänomene, die sich bei der Beobachtung des aktuellen Sprachgebrauchs feststellen lassen, wie die sehr beliebte Verwendung von Determinationskomposita in der deutschen Sprache (vgl. weiter unter Mario Wandruszka) oder die Vorliebe des Englischen (zumindest des britischen Englischen) für eine eher verbale Syntax im Gegensatz zum französischen Nominalstil sich zwar weniger für eine umfassende Charakterisierung von Sprachen eignen, dass sie jedoch den Vorteil einer gewissen operativen Nützlichkeit aufweisen – für den Lernenden ebenso wie für den erfahrenen Nicht-Muttersprachler oder auch für die Didaktik einer Fremdsprache.

Wir werden es weiter unten noch sehen: Angesichts der ungeheuren Willkür, mit der Sprachen, und zwar alle Sprachen, bei der taxonomischen Erfassung der Wirklichkeit, aber auch bei der geistigen Aufarbeitung derselben vorgehen, erscheint es fast widersprüchlich, einen durchgehend wahrnehmbaren, eigenspezifischen Charakter jeder einzelnen Sprache erkennen zu wollen.

Mario Wandruszka: Sprache als Werkzeug des Geistes und Gebilde des Zufalls

> *Sprachen sind Gebilde von Analogien und Anomalien, von Redundanzen und Defizienzen, aus Polymorphie und Polysemie, aus Explikation und Implikation. Gebilde der Unzulänglichkeit und der Vorläufigkeit, aber gerade dadurch auch der Verfügbarkeit und der Aufgeschlossenheit, der Freiheit für das Neue, das noch nie Gesagte.*[36]

Schon im Titel des hier zitierten Hauptwerks – Hauptwerk vielleicht nur in meiner subjektiven Wahrnehmung – kommt das soeben angesprochene Dilemma zum Ausdruck: *Sprachen – vergleichbar und unvergleichlich.* Der bedeutende Romanist Wandruszka, der lange Zeit in Heidelberg und anschließend in Tübingen als Forscher und höchst beliebter Lehrer tätig war, bevor er im Jahre 1981 emeritiert wurde, hat sich in seiner gesamten Arbeit immer wieder mit dem Vergleich und der differenzierten Charakterisierung von Sprachen beschäftigt. Auch ihm ging es um die Frage, ob aus systematisch zu beobachtenden Unterschieden auf ein „zwingendes, geistiges Gesetz" geschlossen werden darf, dem jede einzelne Sprache gehorcht.

Auch er stellte die Frage nach dem Typischen, nach dem jeder Sprache eigenen „génie", nach Genius, „Sprachstil" bzw. Humboldts „innerer Form". Obwohl er mit seinen Untersuchungen zur vergleichenden Struktur von Sprachen, zum Beispiel der angelsächsischen Sprachen inklusive des Deutschen gegenüber den romanischen Sprachen, zu der Erkenntnis kommt, dass sich sehr wohl spezifisch für einzelne Sprachen oder Gruppen von Sprachen klar erkennbare spezifische Charaktermerkmale herausstellen lassen, auf die ich noch zu sprechen kommen werde, gilt für ihn in der zentralen Frage abschließend diese Erkenntnis: „Unsere Sprachen sind nicht Geist, sie sind Werkzeuge des Geistes. Sie sind Gebilde aus geistiger Notwendigkeit und geschichtlichem Zufall."[37]

Auch auf die Frage, ob Sprache das Weltbild prägt und durch dieses geprägt wird, gibt Wandruszka seine eigene Antwort: „Heute befreit sich die Sprachwissenschaft von dem Glauben an die Sprache als geprägtes und prägendes Weltbild eines Volkes." Unterschiede zwischen den Sprachen sind für ihn nicht Ausdruck einer unterschiedlichen Weltsicht, sondern lediglich „Unterschiede des Verfahrens, der Darbietung". Für Wandruszka sind diese Unterschiede ohne jedes zwingende geistige Gesetz entstanden. Und so sollte es uns nicht wundern, wenn eines der herausragenden Merkmale der Sprache „eine überwältigende Inkonsequenz der sprachlichen Tatsachen" ist.

Kommen wir aber kurz zu den konkreten, strukturellen Unterschieden, die Wandruszka zwischen den durch ihn untersuchten Sprachen sieht. Die Bedeutung dieser Arbeiten und Erkenntnisse für Übersetzer, aber gerade auch für Simultandolmetscher, wird dabei sehr schnell deutlich; denn wer reproduzierbar auftretende Unterschiede kennt und diese sicher erkennt, der kann natürlich für den Umgang mit den Sprachen Muster entwickeln, Strategien, die zum Beispiel den Simultandolmetscher in wichtigen Punkten so entlasten, so dass er die verfügbare Zeit und Energie auf andere gedankliche Schritte und Prozesse verwenden kann.

Wandruszkas Erkenntnisse aus dem Vergleich der romanischen mit den germanischen Sprachen sind für Dolmetscher äußerst wichtig: „Die romanischen Sprachen drängen von der erklärenden Wortgruppe zum einfachen Wort. Sie vertrauen daher auch gern der Polysemie eines einfachen Worts etwas an, was in den germanischen Sprachen durch Determinationskomposition differenziert wird." Dies klingt komplizierter als es ist. Der Franzose sagt nicht *arbre à pommes* für Apfelbaum, sondern *pommier*. Und ein Bananendampfer ist für ihn zunächst auf der Ebene des Worts dasselbe wie ein Bananenbaum, nämlich ein *bananier*. Wir Deutschen sind da expliziter und differenzieren schon im Wort: ‚Dampfer' versus ‚Baum'. Das ist gemeint mit der Neigung, zum Zwecke der Determination verstärkt zum Kompositum zu greifen. Auch bei dem Wort *glacier* muss zunächst der Zusammenhang sorgfältig abgeklopft werden – es ist nicht dasselbe, ob wir das Wort im Deutschen mit ,Eisdiele' oder mit ,Gletscher' übersetzen.

Dasselbe Phänomen ist jenseits der Wortebene auch in komplexeren Strukturen zu beobachten. *Les magasins sont fermés,* kann nicht nur bedeuten, dass die Läden geschlossen sind, sondern auch, dass sie soeben (durch jemanden) geschlossen werden. Wandruszka fasst dieses Phänomen mit dem Begriff „grammatische Polysemie" zusammen. Mehrfachbedeutung also nicht nur auf der Ebene des Worts *(cuisinière = Köchin* und *Küchenherd),* sondern auch auf der Ebene des Satzes, in diesem Fall der Verbalkomposition.

In der Verbalkomposition sind die germanischen Sprachen auch so gut wie immer expliziter: *Er nimmt seinen Hut ab. – He takes his hat off.* Aber: *Il tire son chapeau.*

Dass romanische Sprachen in aller Regel das Implizite bevorzugen, hat natürlich für den Simultandolmetscher erhebliche Konsequenzen. Nicht nur benötigt er bei der Verdolmetschung mehr Zeit, sondern er muss einen zusätzlichen Analyseschritt einlegen, bevor er in die falsche Richtung galoppiert.

4. Sprache und Sprechen – reproduzierbarer Code oder Kreation ohne Grenzen?

„La langue n'est pas un sac à mots", so formulierte es unsere Kollegin Danica Seleskovitch – eines fernen Tages vielleicht einmal die Schutzpatronin aller Dolmetscher. Sie hat an der *Ecole Supérieure des Interprètes et des Traducteurs* (ESIT) der Universität Paris, die sie nach ihrer Habilitation viele Jahre lang geleitet hat, die ersten Ansätze zu einer Wissenschaft vom Dolmetschen geschaffen – auch wenn die durch sie gelegten Grundlagen heute von einer neuen Generation von „Dolmetschwissenschaftlern" mitunter mit gutmütigem Spott als „vorwissenschaftlich" eingestuft werden.

‚Die Sprache ist etwas anderes als ein Sack voller Wörter', so eine etwas freie Übersetzung des obigen Zitats. Ausgehend von diesem Befund widerspreche ich gelegentlich der bildhaften, hypothetischen Vorstellung, wir Simultandolmetscher hätten links und rechts von unserem Arbeitstisch je einen Sack voller Wörter stehen, aus dem wir nach und nach das jeweils passende herausfischen und bildhaft gesprochen neben das soeben gehörte Wort auf den Tisch legen. So kommt Sinn von sprachlichen Äußerungen nicht zustande – weder bei dem Sprechenden noch bei dem, der ihn zu verdolmetschen hat. „Die Annahme, man könne durch das einfache Umsetzen von Wörtern von der einen in die andere Sprache übergehen, … würde bedeuten, den Sprachen eine objektive Existenz zuzusprechen."[38]

Dabei könnte es große Vorteile haben, wenn die Sprachen so etwas wie genormte Codes wären. Denken wir nur an den Aspekt einer Demokratisierung der Sprache und des Sprechens. Ein Code wäre in ganz anderem Maße als dieser riesige Kontinent, als den ich unsere Sprache in ihrer unendlichen Weite bezeichnen möchte, jedem Angehörigen einer Sprachgemeinschaft auf die gleiche Weise verfügbar und zugänglich. Niemand könnte sich verirren, es gäbe keinen Verschollenen auf der Suche nach den letzten, tiefsten Abgründen und hintersten Winkeln der Sprache. Es könnten sich keine „Spracheliten" bilden, es gäbe nicht eine Subpopulation von rhetorisch herausragenden Menschen, die sich allein durch ihre rhetorische Kompetenz einen Vorsprung vor der breiten Masse verschaffen könnten. Niemand müsste befürchten, wegen weniger brillanter rhetorischer Fähigkeiten diskriminiert oder auch nur herabgestuft zu werden. Der Sprache würde eine Gleichmacherfunktion zuwachsen, und sie würde sich nicht länger dazu anbieten, wie es in manchen Sprachen mit den regionalen oder sozial gefärbten Dialekten der Fall ist, den Sprechenden auf Anhieb nach seinem gesellschaftlichen Rang und seiner Bildungsstufe einzuordnen. Aus diesen Erwägungen heraus mag es durchaus verständlich erscheinen, wenn es in der Sprachwissenschaft verschiedentlich Ansätze gegeben hat, vielleicht gar auf der Grundlage von ideologisch-politischen Motiven, der Sprache eine derartige Funktion zuzuweisen und sie aus diesem Blickwinkel zu analysieren. An anderer Stelle streife ich auch so kurz, wie es sich angesichts meiner geringen Vertrautheit mit dem Thema gehört, die computerlinguistische Seite dieser Fragestellung. Auch aus der Sicht der maschinellen Sprachverarbeitung wäre eine Sprache mit Elementen von Kunstsprache und ohne die Unwägbarkeiten unserer natürlichen Sprachen in hohem Maße willkommen.

Aber es ließen sich auch andere Motive dafür anführen, die natürlichen Sprachen mit all ihren Unzulänglichkeiten hinter sich zurückzulassen. Wir kommen im nächsten Abschnitt zu der Thematik der Willkür und der Subjektivität von Sprache, zu zwei zentralen Merkmalen von Sprache also, die eben gerade einem feststehenden Sprachcode auf der Ebene seiner Anwendung vollkommen abgehen. Harald Weinrich stellt in seiner *Linguistik der Lüge* die Bildung von künstlichen Sprachen als eine (theoretische) Konsequenz aus dem Bedürfnis dar, der „Lüge der natürlichen Sprachen" zu entgehen. Diese führten immer nur zu einer „deutschen, englischen, französischen Wahrheit", anstatt das Denken auf die eine Wahrheit abzielen zu lassen, anstatt also mehr auf die Sachen als auf die Wörter zu achten. „Die Sache halte fest, dann werden die Wörter schon folgen", hatte schon der große alte Römer Cato gesagt *(Rem tene, verba sequentur)*, und diese Erkenntnis ist heutzutage ja auch eine der zentralen Maximen der modernen Sprachwissenschaft.

In dem Spannungsfeld, so Weinrich, zwischen „anstößigen Wörtern" und „vorzeigbaren Worten", das auch zur Folge habe, dass die Sprache unter dem Gewicht der Wörter immer hinter dem Denken zurückbleibe, fristeten die natürlichen Sprachen mit ihrem Mangel an Logik ein zweitklassiges Dasein, das unter anderem auch seinen Ausdruck in jenem „Minderwertigkeitskomplex der Sprachwissenschaft gegenüber anderen Wissenschaften des Geistes und der Natur" finde, der im Bereich der Philosophie seit jeher vermerkt worden sei. Ein separater Zweig der Sprachwissenschaft, die Onomasiologie oder Bezeichnungslehre, der es darum geht, nurmehr „von der Sache her nach den Wörtern zu fragen", habe sich eigens dazu entwickelt, diesen Minderwertigkeitskomplex auszuräumen und durch einen verstärkten Rückgriff auf den *Logos* anstelle der Wörter „als Gesprächspartner angenommen zu werden".

Kommen wir für einen Augenblick noch einmal auf Weinrichs hypothetischen Verzicht auf die natürlichen Sprachen zurück: Mit einem Verweis auf die Gebiete der Logik und der Algebra zitiert er den großen französischen Philosophen der Aufklärung Etienne Bonnot de Condillac als einen Denker, für den die Sprache dem Denken keinesfalls hinterherläuft und dieses gar einschnürt, sondern für den sie schon vorher existiert. Condillac sprach den Wörtern im Bezug auf das Denken dieselbe Funktion und Bedeutung zu wie den Ziffern und Buchstaben für die Mathematik. „Das Rechnen ist Denken, und das Denken ist Rechnen." Condillac (1715–1780) hat radikaler als andere seine Konsequenzen aus dem vermeintlich chaotischen Charakter natürlicher Sprachen gezogen: „L'algèbre est une langue bien faite, et c'est la seule: rien n'y paraît arbitraire." Deutsch: ‚Die Algebra ist eine wohlgeordnete Sprache, und zwar die einzige: Nichts erscheint in ihr willkürlich.'[39] Ich meine es frei von jedem Spott, wenn ich Condillac als den ersten Computerlinguisten bezeichne, denn er war der erste, der sozusagen mathematische, ja „mechanische" Regeln und Beziehungen zwischen den Wörtern der Sprache postulierte: „Ich fühle, dass, wenn ich denke, die Wörter für mich das sind, was für den rechnenden Mathematiker die Ziffern und Buchstaben sind, und dass ich den mechanischen Regeln des Denkens und Sprechens unterworfen bin."[40]

An dieser Stelle jedoch setzt Weinrich an, um unsere Sprache auf breiter Basis zu rehabilitieren. Alle Missverständnisse seien nur die Folge einer „unvordenklichen Kleingläubigkeit der Sprachwissenschaft". Die natürlichen Sprachen hätten sich ihrer Natur nicht zu schämen, sie enthielten keinesfalls weniger Wahrheit als künstliche Sprachen wie Logik und Mathematik. Wenn Wörter oftmals die Gedanken verstellten, so liege dies daran, dass wir ihre eingeschränkte Relevanz nicht erkennen. Dass wir uns nicht bewusst machen, dass wir nicht in Wörtern reden, sondern in Sätzen und in Texten. Die Unschärfe, die „Mystik" der Begriffe, löse sich aber in Texten vollständig auf.

Und was würden wir mit künstlichen Sprachen anfangen?

Würden wir nicht Gefahr laufen, uns an ihrer glasartigen Schärfe so manches Mal auch zu schneiden, zu verletzen? Stellen wir uns nur einen Augenblick vor, die Sprache funktioniere tatsächlich wie ein Code. Malen wir uns die Folgen von Fehlern in der Handhabung eines solchen Codes aus. Der kleinste Fehler, wie die Verwechslung von zwei Strichen beim Eingeben einer E-Mail-Adresse, würde unweigerlich zu einer *fatal error message* führen – Verständnis und Verstehen wären unmöglich. Niemand könnte in einer holprigen Sprache, wie es so oft heißt, dennoch sein Ziel erreichen und sich verständlich machen – es gäbe nur schwarz und weiß, ja oder nein, Verstehen oder Nichtverstehen. Und auch die Folge von Diskriminierung und Marginalisierung wäre bei künstlichen, völlig objektiven, von jedweder Unlogik freien Sprache nicht ausgeschlossen. Der eine oder andere Leser mag sich hier nur an seine Mathematiknoten erinnern.

Wie viele Vorteile liegen, so betrachtet, in der Unbestimmtheit, in der Unendlichkeit, im vagen und offenen Charakter der Sprache! Einer Sprache, die Fehler in Form und Präzision verzeiht und dennoch verständlich bleibt, die Spielräume für den individuellen Gebrauch lässt und die sich auch in den kleinsten, unbedeutendsten Anwendungsfällen ständig neu kreiert. Mag sie in dieser Dimension auch nicht die demokratische Sprache sein, die ein reproduzierbares System von Zeichen uns bescheren würde – eine reiche, phantasievolle Sprache, eine „wundervolle Gegebenheit", wie Ortega y Gasset formuliert, kann sie schlicht nur um diesen Preis sein.

Und was wäre in einem solchen Szenario mit der Sprache von Dichtung und Literatur? Mit Poesie und Lyrik? Gäbe es sie gar nicht mehr – oder würde am Ende niemand mehr ein Gedicht verstehen? Würden diese zwei Gattungen mangels Publikums aussterben? Oder würden die Computer die Aufgabe übernehmen, unsere mechanisierte Seele von Zeit zu Zeit mit etwas Lyrik zu versorgen?

5. Das Sprechen – vom Rohstoff Sprache zur Verarbeitung

Nach diesen zugegeben etwas hypothetischen Ausflügen zum Abschluss unserer Rohstoffkunde kommen wir nun zum anwendungsbezogenen Teil der Sprachdiskussion. Sehen wir uns an, wie die Befunde zum Wesen und zum grundsätzlichen Funktionieren von Sprache ihre Umsetzung in dem Augenblick finden, da Sprache zu Sprechen wird, da sie ihre praktische Nützlichkeit unter Beweis stellen muss. Sprache in der Dimension der zielgerichteten Kommunikation, als Werkzeug, mit dem wir unsere Gedanken und Gefühle zum Ausdruck bringen, unsere Absichten verfolgen, unsere Interaktion mit anderen Individuen gewährleisten, Sprache als Hilfsmittel, um unseren individuellen, subjektiven Willen zu verfolgen – damit sind wir bei den zwei zentralen Begriffen, welche Sprache in dieser Dimension prägen: Willkür und Subjektivität. Wir werden sehen, dass Willkür und Subjektivität einmal mehr nicht nur einzelne Aspekte der Kommunikation betreffen, sondern dass diese zwei „Größen" beide Dimensionen der Kommunikation, das Sprechen und das Verstehen, in gleichem Maße prägen bzw. zumindest beeinflussen.

Das subjektive Verstehen von Sprache

„Du willst mich einfach nicht verstehen!" Jeder von uns kennt diesen Vorwurf; jeder hat ihn ungezählte Male erhoben, aber auch zu hören bekommen. Ist es uns überhaupt gegeben zu entscheiden, wann wir verstehen und wann wir nicht verstehen wollen? Inwiefern bietet die Sprache dem Einzelnen Möglichkeiten und Spielräume, über Verstehen oder Nichtverstehen zu entscheiden? Lässt sie ein solches Ermessen überhaupt zu? Oder sind diese Phänomene lediglich in einer Form von persönlicher Willkür begründet, die völlig losgelöst von allen Mechanismen des Verstehens von Sprache existieren kann? Selten, so scheint mir, werden die vielfältigen Interaktionen zwischen der Beziehung unter Individuen und dem Gebrauch, den diese von der Sprache machen, deutlicher als an diesem schlichten Satz.

Natürlich haben wir die Möglichkeit, gezielt zu verstehen, nicht zu verstehen oder auch anders zu verstehen als ein anderer Zuhörer, aber auch anders zu verstehen als der Sprechende seine Aussage gemeint hat. Die Verknüpfung des zunächst im Sinne von reiner Wahrnehmung Gehörten, noch gar nicht verarbeiteten oder eingeordneten, mit dem vorhandenen Vorwissen, mit Kategorien wie Sympathie oder ihrem Gegenteil, mit Offenheit oder Verschlossenheit gegenüber dem Gesagten, mit den persönlichen Denkstrukturen und zahlreichen weiteren individuellen Gegebenheiten kann zu höchst unterschiedlichen Ergebnissen beim Verstehen oder Nichtverstehen führen.

Denken wir auch einen Augenblick an die Kategorie des Verstehens in politischen Gesprächen, in Geschäftsverhandlungen, beim Streit zwischen spielenden Kindern. Jeder von uns versteht, man kann es doch mit dieser pauschalen Formulierung sagen, gerade das, „was ihm in den Kram passt". Und auch im technischen oder naturwissenschaftlichen Bereich, wo es eigentlich dank der dort herrschenden Präzision der Sprache und der Gegebenheiten keine Grauzonen geben dürfte, gilt nichts anderes. Der eine Ingenieur versteht nicht, wie die durch den anderen vorgetragene Lösung funktionieren sollte, da er seine eigene Lösung favorisiert. Und der Mediziner, der eine Operationstechnik entwickelt hat und mit Erfolg einsetzt, versteht nicht, wie sein Kollege mit einer neuen Technik größere Erfolge erzielen will.

Liegt es an der Sprache, dass wir uns nicht verstehen können? Oder verstehen wir uns trotz der einen, klaren Sprache nicht? Auch hier möchte ich mit einem dezidierten „sowohl als auch" antworten. Jeder von uns manipuliert die Sprache und seine Sprache. Trotz aller sprachlichen Normen und Konventionen – wir können mit der Sprache machen, was wir wollen – da sie eben kein Code ist, dem wir zu gehorchen haben. Und wir manipulieren Sprache, wie ich insbesondere an dieser Stelle hervorheben möchte, nicht nur auf der Ebene des Sprechens, sondern eben auch im Prozess des Verstehens. Wir verstehen willkürlich, und wir verstehen subjektiv. Wir blenden aus, und wir denken

uns hinzu, wir missverstehen gutgläubig, und wir missverstehen
arglistig bzw. vorsätzlich falsch.

Aus Platzgründen, aber auch weil dies etwas außerhalb des
Themas liegen würde, widerstehe ich der Versuchung, die einzelnen Pole dieses Spannungsfeldes aus gutgläubigem Missverstehen und arglistigem Falschverstehen, zwischen bewusstem Ver-
drehen oder auch Lügen durch Auslassen oder durch zweideu-
tige Formulierungsweisen weiter zu vertiefen. Für jemanden wie
mich, der ich mich von Sprache, von ihren Wörtern und Worten,
von ihren infiniten Beziehungen und Konstellationen regelrecht
ernähre, ist dies eines der spannendsten Themen überhaupt.

Bevor wir von der Subjektivität des Verstehens zu dem etwas
umfangreicheren Komplex des subjektiv gefärbten Sprechens
kommen, schauen wir uns an, inwiefern das Phänomen des subjektiven, individuell anderen Verstehens für den Simultandolmetscher von Relevanz ist. Wie werden wir mit der Erkenntnis
fertig, dass fünf verschiedene Zuhörer einer Rede fünfmal etwas
völlig anderes verstehen? Vielleicht nicht in Bausch und Bogen,
so aber doch zumindest in wichtigen Einzelheiten. Und wie ist es
mit dem Verstehen von Subjektivität und Willkür bei Sprechern,
die nicht unsere Muttersprache sprechen? In dieser letzteren sind
wir ja meistens in der Lage, durch Abgleich mit den gelernten
Konventionen und durch „Lesen im Kontext" Verständnislücken
schnell zu schließen. Diese Möglichkeit haben wir in einer anderen Sprache in wesentlich geringerem Maße. Wie gut unsere
Kompetenz auch entwickelt sein mag – es ist nie wie in der eigenen Sprache, und so haben wir es einfach dann schwerer beim
Übersetzen aus einer „fremden" Sprache, wenn der Sprecher mit
zahlreichen Abweichungen von Norm und Konvention spricht,
wenn nicht bewusste oder gar gewollte, sondern lediglich ihm
unterlaufende Willkür und Subjektivität seine Rede kennzeich-
nen.

Ich habe bereits angeregt, den Ungläubigen Thomas aus der
Bibel als Kandidaten für den Posten des Schutzpatrons der Übersetzer zu erwägen. Allzu häufig erliegen Übersetzer der Gefahr,
ihrem ersten Verstehen nicht genügend zu misstrauen und ihr
spontanes Verstehen eines Begriffs oder einer Formulierung

nicht abzuklopfen und zu hinterfragen. Wie viel mehr muss dies für den Simultandolmetscher gelten! Wie groß muss bei ihm die Versuchung sein, den ersten „Eindruck von Verstehen" sofort in den Rang der wahren Erkenntnis zu erheben, um Kapazität für die vielen anderen Schritte zu schaffen, die er gleichzeitig zu vollziehen hat. Wie oft ertappen wir uns schon in alltäglichen Situationen dabei, dass wir das verstehen, was am besten zu unseren Erwartungen, zu unseren vorher bestehenden Einstellungen passt – und wie viel größer muss diese Neigung während einer Simultanverdolmetschung sein, bei der kaum die Zeit für eine gründliche Plausibilitätskontrolle des Gehörten gegeben ist. Da kommt es mitunter fast automatisch, zumal bei komplexeren Zusammenhängen, die in längeren Sätzen entwickelt werden, zu Fehleinschätzungen und zu Missverständnissen, die sodann, von Hand sozusagen, korrigiert werden müssen, während bereits der nächste Gedanke zu verarbeiten ist.

Sich ständig offen halten für Unerwartetes, für individuell anders argumentierende Redner, für die verschiedensten Rede- und Argumentationsstrategien, für überraschende Ausdrucksweisen. Zu keinem Zeitpunkt vergessen, dass Verstehen viel mit dem Beitrag zu tun hat, den der Verstehende selbst in den Prozess der Kommunikation zu investieren hat, damit dieser gelingt. Das mit dem Sprechenden „geteilte Wissen und Kennen" ständig bereithalten, um das Gehörte augenblicklich damit zu verknüpfen. Das sind die Taktiken und Verhaltensregeln, mit denen wir versuchen, beim Simultandolmetschen das Gehörte um jenes buchstäbliche Quäntchen schneller zu verstehen und die Missverständnisse zu vermeiden, die in der Subjektivität und Individualität von Rednern begründet sein können.

Sprechen – ein subjektiver kreativer Akt

Soweit zu der Frage, warum wir Sprache nicht verstehen wie mathematische Formeln. Warum jeder von uns Sprache anders, auf seine subjektive Art und Weise versteht. Mag es mitunter verwundern, dass selbst die einfachsten Dinge (*„Das versteht doch jeder Esel!"*) unterschiedlich verstanden werden, so ist es sicher leichter nachvollziehbar, dass in unserem eigenen, aktiven Sprechen ein noch größeres Maß an Willkür und Subjektivität herrscht. Wie sollte es auch anders sein? Wir sprechen immer wieder zu unterschiedlichen Menschen, über unterschiedliche Themen, in unterschiedlicher Mitteilungs- bzw. Kommunikationsabsicht, in unterschiedlichen Sprechsituationen und in unterschiedlichen Beziehungsmustern und Konstellationen.

Der Verteidiger schildert das Verhalten seines Mandanten in völlig anderer Weise – und daher auch in einer völlig anderen Sprache – als der Staatsanwalt. Der Referent auf einem Medizinkongress referiert vor seinen Kollegen völlig anders als während einer Sonderveranstaltung für medizinisches Pflegepersonal. Wenn wir mit einem Geschäftspartner verhandeln und uns mit diesem nicht von vornherein völlig einig sind, dann reden wir ganz anders als er, der sich dem zentralen Punkt der späteren Einigung auf einem anderen Weg und mit anderen Worten nähert. Wenn zwei Kinder streiten, so redet keines der beiden in den Worten und mit dem Kommunikationsziel des Gegenübers. Mit welchen Worten und in welchem Ton wir am Stammtisch über Politik diskutieren, hängt davon ab, ob wir unser Gegenüber im selben Lager oder auf der Gegenseite vermuten. Kurz: Aus der Unterschiedlichkeit der Positionen und der Interessen ergeben sich Willkür und Subjektivität. Gerade hier, in diesen Situationen, greifen wir nicht auf genormte, vorgestanzte Sprachelemente zurück, die es gleichwohl auch in unserer „natürlichen" Sprache gibt, sondern wir kreieren, wir improvisieren, wir drehen und manipulieren „an der Sprache herum", wie es uns passt. Wenn wir aber in gestanzten Formulierungen reden, dann gerät unser Sprechen oft zur ungewollten Karikatur – es sei denn, wir wollten spielen und bewusst karikieren. Denken wir daran, wie sich in einem Film von Rainer Werner Fassbinder eine Gruppe von Bayern über Ausländer unterhält, oder in welchen Formulierungen ein Sportreporter uns erklärt, was sich auf dem Fußballplatz abspielt!

Natürlich kann ich dank dieser Subjektivität des Sprechens viel leichter von einer Kreativität des Sprechens reden, als wenn das Sprechen aus dem Abrufen gestanzter Formeln bestünde.

Aber jeder Subjektivität haftet neben dieser Dimension der Kreativität auch die eher nachteilige Eigenschaft einer Fehlerquelle
an, und sie ist einer der wichtigen Gründe für vielfältige Abweichungen von den auch in der freien, offenen, nicht genormten
Sprache existierenden Normen und Regeln, Normen im Sinne
von Konventionen bei Ausführung und Verstehen, auf die wir
uns als Sprachgemeinschaft irgendwann und irgendwie geeinigt
haben. Wie weiter oben bereits angedeutet, verfügen wir „normalerweise" über ausreichende Spielräume, um Abweichungen
aufzufangen und durch unsere Interpretation des Gesagten, indem wir einen Schritt auf den Sprechenden zugehen, dennoch
zu verstehen. Aber es gibt Situationen von Kommunikation, in
denen jede Abweichung einen Mangel an Schärfe bedeutet. Die
Situation, in der Simultandolmetscher ihre Arbeit verrichten, gehört sicher besonders häufig dazu.

Verschiedentlich wird mancher Leser bereits herausgelesen
haben, dass gerade die Übersetzer und Simultandolmetscher
gewaltig davon profitieren könnten, wenn Redner und Schrei-
ber sich einer genormten Sprache bedienen würden. Um allen
Missverständnissen vorzubeugen, sage ich deutlich, dass die
Nachteile eines solchen Systems überwiegen würden und dass es
ohnehin an der eingeübten Sprachpraxis scheitern müsste. Anhand dieser Überlegung wird im Übrigen auch klar, dass es gar
nichts Artifizielles und nichts Stilisierendes an sich hat, wenn andere Sprachgemeinschaften als die deutsche das Dolmetschen als
Interpretieren und den Dolmetscher als Interpreten bezeichnen.
Sie erkennen lediglich – und sie machen es auch in der Wortwahl
deutlich, dass die Mittler zwischen den Sprachen mit dem, was
sie verstehen und was sie sagen, genau derselben Willkür und
Subjektivität ausgeliefert sind, dass sie diese Kategorien von sich
aus in demselben Maße bemühen wie alle anderen „Sprache ha-
benden Tiere" auch.

Aber es geht nicht nur um Fragen von Willkür und Subjektivität in der Anwendung der Sprache, so wie der Einzelne sie
als Handbibliothek verstehen mag. Beim Sprechen kommt die
Dimension des persönlichen Stils hinzu, beim Verstehen dagegen die Fähigkeit, persönlichen Stil als solchen zu erkennen und

im Verständnis zu berücksichtigen. Dies ist ein ganz wichtiger Aspekt unserer Arbeit, da wir darauf zu achten haben, dass unser eigener, persönlicher Sprechstil nicht in unsere Verdolmetschung einfließt. Dasselbe gilt für die Idiosynkrasien des Sprechenden, an deren Stelle nicht unsere eigenen treten dürfen. Wenn uns der Gedanke durch den Kopf geht: „Der drückt sich aber seltsam aus", dann darf stattdessen nicht unsere eigene, individuelle, mitunter durchaus auch „seltsame Ausdrucksweise" kommen, sondern wir müssen versuchen, von dem besonderen Repertoire des Sprechers so viel wie möglich in die Zielsprache hinüberzubringen.

Eine weitere Besonderheit des Sprechens, die allerdings nicht mit Willkür zu verwechseln ist, sondern allenfalls eine besondere Form von Subjektivität bedingt, ergibt sich immer dann, wenn es um das Sprechen eines Nichtmuttersprachlers geht. Es kommt praktisch nicht vor, dass zwei Menschen sich in einer fremden Sprache exakt auf demselben Niveau befinden, was ihre sprachliche Kompetenz und ihr sprachliches Wissen betrifft. Und schon dieser systematische, interindividuelle Unterschied allein bedingt die Subjektivität ihres Sprechens. Wie perfekt jemand eine Sprache auch sprechen mag – immer wird es einzelne sprachliche Register und einzelne Subpopulationen der jeweiligen Sprachgemeinschaft geben, in denen er sich mit unterschiedlicher Kompetenz bewegt und auf viel gutwillige Interpretation durch seinen Zuhörer angewiesen ist.

Auch diese Form subjektiven Sprechens prägt die Sprache und kann mitunter sogar einen normativen Einfluss auf sie haben. In Gesellschaften mit hohem Zuwandereranteil zum Beispiel kommt es immer wieder vor, dass manche, durch die Zuwanderer aus Nichtwissen oder durch fehlerhafte Anwendung eingeführte Sprachelemente mit der Zeit zum Sprachstandard werden. Es kann sich auch parallel zur Hochsprache des Landes eine (vorwiegend gesprochene) Vulgärsprache etablieren. Da diejenigen, die sich dieser Sprache bedienen, aus einem unterschiedlichen sprachlichen „Rückraum" stammen, müssen alle neu in die Sprache aufgenommenen Begriffe und Wendungen, alle sprachlichen Elemente jeder Art mit einer allgemeingültigen Bedeutung neu vereinbart werden. So entstehen in diesen Sprachgemeingemeinschaften laufend neue sprachliche Konventionen, die ebenfalls berücksichtigt werden müssen, wenn alle einander verstehen wollen.

Daraus ergibt sich, dass wir Simultandolmetscher zum Erschließen des Verständnisses immer dann besondere Anstrengungen unternehmen müssen, wenn wir Sprecher zu verdolmetschen haben, die freiwillig (siehe die Mode, unbedingt englisch sprechen zu wollen) oder auch gezwungenermaßen in einer anderen Sprache als ihrer Muttersprache vortragen. Es erscheint mir unvermeidbar, dass diese besonderen Anstrengungen sehr unterschiedlich ausfallen, je nachdem ob wir mit der Muttersprache derartiger Redner vertraut sind oder ob diese uns völlig fremd ist. Denken Sie an unser Beispiel im ersten Kapitel, unter dem Stichwort ‚Gesprächsdolmetschen‘ (s. S. 48). Dank unserer soliden Deutschkenntnisse verstehen wir das von Deutschen gesprochene Englisch auch dann noch, wenn die Normabweichung so groß wird, dass ein des Deutschen nicht mächtiger Engländer die größte Mühe hätte zu erkennen, was tatsächlich ausgedrückt werden soll.

Dabei gilt es natürlich, sorgfältig zwischen Abweichungen, die das Verständnis nicht behindern, und solchen, die es unmöglich machen, zu unterscheiden. Dazu zwei Beispiele: Für ein deutsches Unternehmen betreuten wir einmal die Tagung des europäischen Betriebsrats an einem der Auslandsstandorte. Zur „Vereinfachung“ war beschlossen worden, die Sitzungen in englischer Sprache abzuhalten. Alle deutschen Teilnehmer sprachen Englisch – auch wenn ihre Wortbeiträge sich an ihre Landsleute richteten – jeder mit den ihm gegebenen Englischkenntnissen. Die in dem Team mitarbeitenden Simultandolmetscher, die das Deutsche nicht in ihrem Sprachangebot hatten, hatten über Strecken ihre liebe Mühe, den englischsprachigen Beiträgen der Deutschen zu folgen. Einfache, „kosmetische“ Unzulänglichkeiten blieben natürlich diskret in den Kabinen hängen, größere Fehler dagegen gefährdeten immer wieder das Verständnis um den Tisch herum.

„Chairman – you can't say that in English“, hörte ich die britische Delegierte Jenny Little immer wieder sagen, wenn Willy Brandt, dessen Englisch man gleichwohl als eher sehr gut bezeichnen durfte, in den Jahren seiner Präsidentschaft als Vorsitzender bei den Sitzungen der Sozialistischen Internationale (SI) Vorschläge zum englischen Wortlaut des Protokolls machte. Naturgemäß hatten die deutschen Teilnehmer immer als erste verstanden, was der Präsident mit seinen englischen Formulierungen sagen wollte. Hätten Franzosen oder Engländer ihnen Vorschläge zum deutschen Wortlaut gemacht, so hätten sie ebenso oft und spontan erwidert: „Das kann man im Deutschen so nicht sagen."

Ob zulässige, wenngleich mitunter bizzare Idiosynkrasie oder ob Verletzung einer geltenden Sprachnorm – das lässt sich übrigens gar nicht immer so leicht abgrenzen. „It seems to me" – mit dieser Einleitung begann eine ältere Delegierte aus den USA auf den gleichen Sitzungen über Jahre hinweg jeden einzelnen ihrer Wortbeiträge. Das ist eine durchaus korrekte Formulierung – und doch hätte nicht ein einziges weiteres Mitglied der US-Delegation je einen Beitrag so begonnen. Für uns Simultandolmetscher machen diese theoretischen Unterscheidungen allerdings keinen Unterschied – wie subjektiv, idiosynkratisch, ungeschickt, abweichend oder falsch sich jemand auch ausdrücken mag – er hat im Prinzip einen Anspruch darauf, von uns verstanden und sodann korrekt verdolmetscht zu werden.

Ein weiterer Aspekt des subjektiven Sprechens: Wenn Sie sich in einem Land befinden, dessen Sprache Sie sprechen, und wenn Sie sich bemühen, dem Volk aufs Maul zu schauen, um gerade die „idiomatischen Leckerbissen" zu lernen und selbst anzuwenden, dann werden Sie immer wieder feststellen, dass Sie dabei durch die Einheimischen korrigiert werden. Was dieser Hinweis zeigen soll? Einerseits verwendet man im Lande selbst Formulierungen und insbesondere genormte Wendungen wie Redensarten mit abweichendem inhaltlichem Verständnis. Andererseits tut man sich aus Gründen, über die ich nicht einmal spekulieren kann, oft schwer damit, einem Nichtmuttersprachler die sichere Beherrschung von sprachlichen Elementen zuzugestehen, die man in einem gewissen Nationalstolz für zu anspruchsvoll und

zu kompliziert für ihn hält. Beim Dolmetschen in diese Fremdsprachen bemühen wir Simultandolmetscher uns daher, so einfach wie möglich und ohne „Pirouetten und Wunderkerzen" zu
sprechen – zumal wir aus Erfahrung wissen, dass alles andere
als maniriert und artifiziell ankommt – zumindest immer dann,
wenn wir uns schon phonetisch als nicht zur Sprachgemeinschaft
zugehörig *geoutet* haben.

Im Übrigen schließen kreatives und gleichzeitig normenge-
rechtes Sprechen einander nicht aus. Im Gegenteil: Die große
Mehrheit unserer Sprachgemeinschaft wird immer dann einen
Redner als besonders gut empfinden, wenn er über die Gabe dieser Kombination verfügt. Wenn er Missverständnisse vermeidet,
die sich aus bestimmten Wendungen oder Formulierungen ergeben könnten, wenn er seinen Zuhörern so wenig Interpretation,
so wenige Entscheidungen wie möglich aufnötigt – kurz wenn
er selbst sich um eine klare und bewusste Sprache bemüht. Als
eine Utopie würde ich es dagegen einstufen, von Rednern, die
wissen, dass ihre Ausführungen verdolmetscht werden sollen,
zu erwarten, dass sie auch und gerade im Hinblick auf diesen
Umstand und auf die Zwänge der Übertragung in eine andere
Sprache ohne jede Zweideutigkeit und Unklarheit reden.

An anderer Stelle zeige ich das Beispiel von den offeneren
Grenzen *(more open borders)*. Der Redner hätte in dem Sinne, in
dem der Dolmetscher ihn verstand, auch sagen können: *a greater
number of open borders*. In dem anderen Fall, den er offensichtlich meinte, wäre es dagegen klarer gewesen, *more open borders
inside the Union* zu sagen – oder *open the borders even more
inside the Union*. Diesen Grad von Unzweideutigkeit, zumal
im Hinblick auf die Verdolmetschung, habe ich in all den Jahren noch nie bewusst und absichtlich bei einem Redner erlebt.
Schade, dass wir Dolmetscher keinen Einfluss darauf haben, wie
„übersetzungssensibel" Redner reden – ein Problem, das unsere
übersetzenden Kollegen nicht kennen, da derartige Zweideutigkeiten sich bei ihnen angesichts des Zeitfaktors nie so lange halten können, dass sie wirklich zu Problemen werden.

Willkür und Fessel
von Wörtern und Konventionen

Jede Sprache, soviel ist bisher deutlich geworden, bezeichnet die Wirklichkeit und ihre Dinge auf willkürliche, nicht auszurechnende Art und Weise. Der Zufall spielt bei der Festlegung der Bezeichnungen eine entscheidende Rolle. Aus der Sicht des Übersetzens und des Dolmetschens stellt sich nun die Frage, wie kongruent, wie vergleichbar oder wie unterschiedlich und mit welchem Maß an Konsequenz die verschiedenen Sprachen die Dinge der Welt willkürlich und zufällig bezeichnen. Der Vergleich zwischen verschiedenen Sprachen, die Einführung der sprachenübergreifenden Dimension ermöglicht durch kontrastive Einblicke auch interessante Rückschlüsse auf die Abläufe innerhalb einer einzelnen Sprache. Insbesondere könnte er Aufschluss darüber bringen, ob hinter der vermuteten und ja tatsächlich beobachteten Willkür, hinter diesem Zufallsgeschehen, durch das die Bezeichnung der Dinge bestimmt scheint, wenigstens gewisse Muster zu erkennen sind, mit denen wir vielleicht sogar beim Übersetzen etwas anfangen können.

Innerhalb einer selben Sprachgemeinschaft dient die möglichst unzweideutige Bezeichnung der Dinge, der Gegenstände, aber auch der Konzepte dazu, eindeutige, von allen geteilte Bezugsmöglichkeiten zu schaffen. Bei näherem Hinsehen stellen wir jedoch fest, dass es Gruppen innerhalb der Population gibt – Kinder, Behinderte, Spracharme, Lernschwache u.s.w. – die mit der offenbar herrschenden Willkür der Bezeichnung eher weniger gut zurechtkommen. Dies wäre natürlich völlig anders, wenn es vielleicht nicht den bereits erörterten Code von Sprache, dafür aber zumindest so etwas wie „reproduzierbare Muster der Willkür" gäbe. Zu diesen Gruppen gesellen sich regelmäßig alle anderen Angehörigen einer Sprachgemeinschaft, sobald es darum geht, „entsprechende" Bezeichnungen in einer anderen Sprache zu erlernen, wenn wir in fremden Sprachen nach Äquivalenten für die Ergebnisse der Willkür in der eigenen Sprache suchen. Der sprachenübergreifende Vergleich zeigt, dass keine Sprache frei von Zufall und Willkür ist.

Das Fehlen jeder Logik, jeder Systematik und jeder Ordnung bei der Bezeichnung der Dinge und Gegebenheiten steht in einem überraschenden Widerspruch zu der meistens gut nachvollziehbaren Art und Weise, wie wir zum Beispiel im Deutschen zusammengesetzte Verben bilden, aber auch wie in einem praktisch flächendeckenden Konsens Komposita entstehen. Hierfür gibt es allerdings auch eine Reihe von Anhaltspunkten und Vorgaben, die so einleuchtend sind, dass das Ergebnis nicht in Frage gestellt wird. Einige Beispiele mögen das veranschaulichen. Nehmen wir das Wort ‚gehen‘, das für sich allein genommen nicht zu den häufigsten Verben der deutschen Sprache gehört, jedoch je nach dem Kontext eine ganze Reihe von verschiedenen und jeweils sehr präzisen Bedeutungen erhält: ich gehe, laufe aber nicht; das geht, da nichts dagegen spricht; der Geher ist disqualifiziert, weil er läuft; die Uhr geht nach; der Zug geht um fünf Uhr etc. Jedermann kann nachvollziehen, in welchem Fall und zu welchem Zweck nun daraus weggehen, vorgehen, abgehen, hintergehen, übergehen, nachgehen, umgehen, vergehen und viele andere Wörter völlig anderer Bedeutung gebildet werden. Jedermann – solange wir nicht über unsere Grenzen schauen und unsere Nachbarn fragen, wie einfach sie den Umgang mit diesen zusammengesetzten Verben finden.

Trotz aller Willkür gibt es auch viele Fälle, in denen wir nach einer durchaus nachvollziehbaren gedanklichen Logik Wörter bilden, wie etwa die substantivischen Komposita, unsere zusammengesetzten Substantive. Wörter wie Generationenkonflikt, Schreibunterlage, Nachttischlampe etc. können auf die ursprüngliche, zur Rationalisierung gestrichene Präposition (*zwischen* den Generationen, *auf* dem Nachttisch, *zum* Schreiben) mühelos verzichten, Missverständnisse sind ausgeschlossen, und selbst Nichtmuttersprachler hätten keine Mühe, das Kompositum in ihrer Sprache richtig aufzulösen. Es gibt aber auch Beispiele von Wörtern wie Füllfederhalter. Hier handelt es sich zwar formal auch um ein Kompositum (als Zusammenfügung von zwei Substantiven), jedoch um eines, bei dem keine sinnstiftende Präposition weggelassen wurde. Reine Willkür hat vielmehr verhindert, dass aufbauend auf dem Federhalter ein Wort wie Tintenschreiber gewählt wurde. Dabei wäre dies ein „echtes" Kompositum gewesen.

Ganz anders verhalten sich die Dinge dort, wo nur ein Bestandteil des Kompositums willkürlich gewählt wird. Anstelle eines Raumschiffs könnten unsere Astronauten sehr wohl auch einen Raumzug benutzen. Es gibt zwar im Weltall keine Schienen, aber eben auch nicht das Wasser, das wir automatisch mit dem Schiff verbinden. Durch diese Willkür verliert nun das ganze Kompositum den Vorteil seiner Klarheit und kommt in einen Topf mit den „einfachen", willkürlich zur Bezeichnung der Dinge gewählten Wörtern. Ich übersehe nicht den determinierenden Effekt des Wortteils ‚Raum‘, es geht mir hier jedoch um die Willkür bei der Wahl des ‚Schiffs‘. Bei der Brille sprechen wir vom ‚Bügel‘, beim Plattenspieler dagegen vom (Ton-) ‚Arm‘. Beim WC sagen wir ‚Brille‘, beim Pferd ‚Sattel‘ und im Auto ‚Sitz‘, obwohl das Wort ‚Sitz‘ doch in allen Fällen eine gute Lösung wäre. Natürlich gibt es auch in anderen Sprachen eine solche „Arbeitsteilung" mit unterschiedlichen Wörtern, allerdings erfolgt auch diese wiederum willkürlich und zufällig. So heißt die Heckscheibe bzw. das Heckfenster des Autos im Französischen nicht nur bei dem alten „Brillen-VW" ‚Brille‘ *(lunette arrière)* und der Bügel der Brille im Französischen *bras,* also ‚Arm‘ und im Englischen *ear piece,* im amerikanischen Englisch *temple.* Mal ist es die Funktion, mal die Form, dann wieder der Einsatzort *(temple* heißt ‚Schläfe‘), der das Wort liefert. Wir beugen uns der Einsicht, dass die Sprachen bei aller Unendlichkeit der Gestaltungs- und Formulierungsmöglichkeiten nicht über unendlich viele Wörter verfügen. So müssen wir „alte", eigentlich schon „abgelegte", das heißt mit einer bestimmten Bedeutung belegte Wörter bemühen, um neue Realitäten zu benennen – nur die Automobilhersteller lassen sich, mehr noch als die Hersteller anderer Industrieprodukte, immer neue Kunstwörter für ihre Automodelle patentieren.

Bei der Bezeichnung der Dinge und der Konzepte ist also ein Muster oder eine Ordnung nicht zu erkennen. Selbst die Frage, ob wir uns wenigstens bemühen, einfach und logisch vorzugehen, möchte ich verneinen. Vielleicht ist es hier wie in der Sprache einzelner Wissenschaften: je komplizierter, desto besser. Aber wir sagen Hörer (des Telefons), obwohl wir ja nicht nur daran hören, sondern auch hineinsprechen (interessanterweise heißt es auf Französisch *combiné*). Und noch heute spricht die Mehrheit der Deutschen vom Schraubenzieher, obwohl niemals auch nur einer von ihnen eine Schraube gezogen haben dürfte.

Wir sehen, dass die Sprache sich in der Bezeichnung von Gegenständen, aber auch von abstrakten Gegebenheiten bis hin zur Gestaltung von komplexeren sprachlichen Strukturen und vor allem im Hinblick auf die Idiomatik des Sprechens keiner Regeln und keiner Gesetzmäßigkeiten bedient. Auf der anderen Seite werden die oftmals durch Willkür und gelegentlich gegen alle Logik und Nachvollziehbarkeit zustande gekommenen Begriffe, Wendungen und Konstrukte, und zwar sowohl diejenigen der Schriftsprache als auch diejenigen des Sprechens, bereits mit ihrem Entstehen zum Gegenstand sprachlicher Konvention. So aleatorisch sie zu ihrer Existenz gekommen sein mögen, so stringent werden sie sodann eingesetzt – ohne alle Spielräume und ohne alle Willkür.

Idiomatik und Ausdrucksweise – Willkür oder Sprachgefühl?

„Das kannst du doch so nicht sagen!"– „Das sagt man so nicht!" – „Wie drückst du dich denn da aus?"– „Kannst du dich nicht ausdrücken wie alle anderen auch?" Auch dies sind Kommentare, die jeder von uns kennt, und die jeder als Reaktion auf den einen oder anderen Ausspruch zu hören bekommen hat. Wir reden wohlgemerkt nicht von Fremdsprachen oder von Fremden, die über eine begrenzte Kompetenz in unserer Sprache verfügen. Wir reden davon, wie „man" sich innerhalb einer Sprachgemeinschaft ausdrückt – wie man sich auszudrücken hat, will man nicht durch sein Sprechen marginalisiert oder einer bestimmten Subkultur oder Bevölkerungsgruppe zugeordnet werden.

Woher kommen diese Konventionen, und wer ist für ihre Einrichtung zuständig? Wer überwacht ihre Einhaltung, nachdem es im Gegensatz zur Grammatik kein Regelwerk für sie gibt? Ist analog zur Hochlautung und ihrer Rolle als Maßstab für die

Phonetik vielleicht die Literatur der mögliche Ort, an dem die Gesamtheit der verbindlichen Vereinbarungen einer Sprachgemeinschaft im Sinne einer Art von „Hochsprache der Konventionen" gehortet wird? Oder ist es vielleicht der berühmt-berüchtigte Volksmund? Angesichts der Unbestimmtheit dieser Instanz verwundert es eigentlich, mit welcher Bestimmtheit sprachliche Konventionen gelten, welche schneidend scharfen „Trennkanten" sie aufweisen.

Kann man „gegen den Stachel löcken?" Ist es möglich, dass jemandem „seine Felle baden gehen"? Können die letzten Chancen, die jemand noch hat, den „Bach hinab gehen"? Natürlich entspricht es reiner Willkür, dass die Felle schwimmen, die Chancen den Bach runter gehen und jemand wider den Stachel löckt. Dort, wo nicht reine Willkür im Spiel ist, entscheiden oftmals die Authentizität des Zitats und seine ursprüngliche, per Konvention eingespielte Verwendung – und auch dann sind nicht die geringsten Abweichungen von der Norm zulässig.

Die Regel, die jeder von uns mit auf den Weg bekommen hat, sofern der Deutschlehrer ein Minimum an Ehrgeiz hatte, lautete: „Immer das treffende Verb zum passenden Substantiv" – auch wenn wir leider feststellen müssen, dass Allerweltswörter wie ‚machen' und ‚tun' zumindest bei der breiten Bevölkerung eher die Favoriten sind. Diese Regel ist dort von ganz besonders stringenter Gültigkeit, sie lässt dort besonders wenige Abweichungen zu, wo wir es mit festen Redewendungen, Sprichwörtern, Sentenzen etc. zu tun haben. Dort, wo wir mit dem Erklingen der ersten Wörter eine Wendung selbst zu Ende führen könnten, weil sie einer sprachlichen Konvention entspricht, fällt halt die Abweichung sofort auf – im Gegensatz zu einer „frei" gesprochenen und damit eigentlich improvisierten Formulierung. Dem Simultandolmetscher, dessen gesamter Arbeitsansatz ohnehin durch das Moment der Ungewissheit geprägt ist, stellt sich alles Unerwartete, alles von der Norm abweichende natürlich als zusätzliche und besondere Schwierigkeit dar – es fordert ihm einfach einen zusätzlichen Arbeitsgang ab, den er immer dann vermeiden kann, wenn Gesagtes ihm „automatisch", ohne eine gezielte Verständnisarbeit, zugänglich ist.

Frei gesprochene Rede ist so gesehen eigentlich immer Improvisation, immer *ein Stück weit* Willkür, und dies lässt Spielraum für Abweichungen. Dies bedeutet nun aber nicht, dass jede Abweichung von konventionell engen oder festgelegten Formulierungen zwangsläufig zum Missverständnis führen müsste. Allerdings kann sie einen erhöhten Aufwand an „sprachlicher Energie" bedingen, da der Hörende einen Teil seiner Aufmerksamkeit dazu aufwenden muss, das Gehörte zunächst für sich zu korrigieren und es in Relation zu dem Gelernten zu setzen, bevor es zu ungestörtem Verstehen kommen kann. Dieser erhöhte Aufwand wird unter Umständen nochmals erhöht, möglicherweise auch verringert, je nachdem ob der Sprechende zusätzlich einen schwierigeren oder einfacheren persönlichen Stil pflegt, ob er in einfacher oder komplexer Syntax redet, ob er deutlich artikuliert oder eher „nuschelt" und so weiter und so fort.

Mit Hilfe der für ihren Bereich vereinbarten Konventionen und in der Form dieser Konventionen legt jede Sprache, hier vor allem die aktiv praktizierte Sprache, ein einendes Band um die Menschen, die auf dem gemeinsamen Boden dieser Konventionen stehen – und sie schließt gleichzeitig diejenigen aus, die aus welchen Gründen auch immer dort keinen sicheren Stand gefunden haben. Eine Kindheitserinnerung als Beispiel: Eine Bedienungshilfe, die mir durch ihr rollendes „r" und andere Merkmale ihres Sprechens aufgefallen war, sagte eines Tages zu einem Gast, der etwas ungeduldig nachfragte: „Das Kaffee steht da drieben, hab' ich gesprochen". Natürlich hat jeder sie verstanden – aber mit diesem Verb stand sie schlagartig außerhalb der am Tisch versammelten Gruppe. Dass sie Aussiedlerin war, wurde später zwar zur Kenntnis genommen, konnte aber an ihrer Marginalisierung über die Sprache nichts ändern.

Auf ähnliche Weise fallen Verstöße gegen die sprachlichen Konventionen bei Nichtmuttersprachlern auf, und zwar selbst dann, wenn diese über exzellente Fertigkeiten in unserer Sprache verfügen und besonders gerne unsere Redewendungen und feststehenden Formulierungen verwenden. Gerade sie sind oft bemüht, besonders idiomatisch zu sprechen, und können dabei auch im Gegensatz zu allen anderen Teilgruppen mit einer grö-

ßeren Nachsicht rechnen, da jede Sprachgemeinschaft es honoriert, wenn Außenstehende sich dieser Mühe unterziehen und
ihre Sprache sprechen. Allerdings können diese kleinen Fehler
bzw. Ungenauigkeiten, die so typisch sind für diesen Personenkreis, auf die Dauer auch „nerven" – gerade dann, wenn wir Sym-
pathieträger vor uns haben. Der frühere Formel 1 – Weltmeister
Keke Rosberg, ein in Monaco lebender Finne, kommentiert die
F1-Rennen für den Bezahlsender Premiere als F1-Experte. Seine
Kommentare sind hochgeschätzt, polarisieren aber ein wenig auf
der rein sprachlichen Ebene – wenn er erklärt, die Fahrbahn sei
mit einem ganz besonderen Asphalt *ein*gedeckt, er müsse vor
einem bestimmten Fahrer seinen Hut *ab*ziehen, die Strecke biete
eine Reihe ganz besonderer Schwierigkeiten *an*.

Natürlich werden diese Dinge dem Sprechenden in aller Regel nicht bewusst, sondern allenfalls dem aufmerksamen Muttersprachler. Und natürlich kann und darf die Frage gestellt werden, ob solche Dinge den Experten auffallen – oder nur den Pe-
danten. Zur Veranschaulichung unserer Aussage bieten sie sich
allemal an.

„Lost in translation" – wenn Willkür auf Willkür trifft

Wir bewegen uns, langsam aber sicher, auf das Übersetzen zu, auf
den Sprachenvergleich. Trost und Erleichterung oder nur weitere
Komplikationen – was erwartet uns dabei? Worauf müssen wir
uns einrichten, da wir den „sicheren", wie aufgezeigt von Willkür und Subjektivität geprägten, aber auch durch Konventionen
abgesicherten Boden der vertrauten, eigenen Sprache verlassen?
Sofern Sie bei der Schilderung der Untiefen und Fallstricke schon
in der eigenen Sprache gedacht haben, es könne ja beim Wechseln in andere Sprachen theoretisch alles noch schlimmer kommen: Es kommt – theoretisch und auch praktisch – in der Tat
alles noch schlimmer, wenn wir uns ansehen, ob die in unserer
Sprache regierende Willkür und Subjektivität sich auf vergleichbare Weise in der anderen Sprache fortsetzt. Ob wir uns analog
dazu auch in der anderen Sprache auf Konventionen verlassen
können. Diese müssen wir natürlich kennen – wir müssen ihnen

sozusagen „beitreten", so wie Staaten Konventionen beitreten und sie dadurch für sich als bindend anerkennen.

Willkürliches Verstehen, subjektiv und willkürlich geprägtes Sprechen, die Einhaltung von engen und engsten sprachlichen Konventionen – all diese Phänomene werden uns in unserer Muttersprache ja meistens gar nicht bewusst, während wir mit unserer gleichsprachigen Umgebung interagieren und kommunizieren. Daher könnte die Frage nach der Relevanz dieser Beobachtungen für den vorliegenden Zusammenhang mehr als berechtigt erscheinen. Für diejenigen Personen jedoch, die unsere Sprache erlernen und sie sodann als Nichtmuttersprache praktizieren, stellen gerade sprachliche Figuren aus Willkür und Subjektivität eine besondere Schwierigkeit dar. Es verhält sich hier wie mit der Frage nach der Qualität eines Textes oder einer Rede. So richtig wird sie erst deutlich und rückt in unser Bewusstsein, wenn es um die Übersetzung in eine andere Sprache geht. Nicht Qualitätskategorien, wie die literarische Qualität oder die Ästhetik spielen hierbei allerdings die Hauptrolle, sondern es sind etwas praktischere, pragmatischere Kriterien wie Unzweideutigkeit, Übersichtlichkeit etc., die für diese Qualitätsbeurteilung in den Vordergrund treten, wobei ich persönlich sie aber durchaus nicht in Abgrenzung zu den vorgenannten literarischen und ästhetischen Kriterien sehe.

Ob wir nun Deutsche, Franzosen oder Engländer sind: Erst beim Eintreten in eine fremde Sprache entdecken wir die wichtige Rolle von Willkür und Subjektivität und werden uns ihrer voll bewusst – auf diesem Umweg im Übrigen auch erst in der eigenen Sprache. Nun wird uns auch rasch klar, dass diese sprachlichen Merkmale von herausragender Bedeutung für das Übersetzen und Dolmetschen sind. Und so stellt sich natürlich die Frage, welche Implikationen und Konsequenzen sich aus ihnen für das Übersetzen ergeben. Eigentlich dürften uns diese Sprachphänomene schon deshalb bei der Übertragung in andere Sprachen keine unüberwindlichen Hindernisse in den Weg stellen, weil es sich ja bei diesen anderen Sprachen – zumindest sei dies unsere Annahme im vorliegenden Zusammenhang – ebenfalls um natürliche Sprachen mit all ihrer Willkür und all ihrer

Subjektivität, aber eben deshalb auch mit all ihren Spielräumen und ihrer Nachsichtigkeit handelt.

Unbestimmtheit und große Spielräume für Abweichungen von der geltenden Norm, für subjektives Gestalten des Sprechens – diese sprachlichen Merkmale sollten den Übersetzern und Sprachmittlern eigentlich ihre Arbeit vereinfachen. Und so beobachten wir auch immer wieder das auf Anhieb unverständliche Phänomen, dass unsere jungen Kollegen während der ersten Jahre als Dolmetscher zunächst lieber in ihre Fremdsprache als in ihre Muttersprache arbeiten. So zahlreich sind in der fremden Sprache die Alternativen, um das Verstandene ordentlich auszudrücken, als so eng werden in der Muttersprache die geltenden Konventionen empfunden und die geringsten Abweichungen davon wahrgenommen, so leicht geschieht es, dass wir die feinsten Nuancen des zu Übersetzenden in der eigenen Sprache nicht mit jener letzten Präzision treffen, die wir gleichwohl in der Muttersprache von uns fordern, so sehr stehen wir in der eigenen Sprache unter der Kontrolle durch uns selbst – dass wir uns am Ende möglicherweise in der anderen Sprache einfach wohler fühlen.

Mit der in dieser anderen Sprache waltenden Willkür und Subjektivität sollten allerdings alle diejenigen umzugehen verstehen, die auf gleich welche Weise mit dem Übergang von einer Sprache in eine andere zu tun haben. Und wir sollten uns zu jedem Zeitpunkt vergegenwärtigen, dass wir sprachliche Konventionen niemals aus der eigenen Sprache in die anderen Sprachen hochrechnen oder fortschreiben dürfen. Solche Sprachmuster setzen sich nur in seltenen Ausnahmefällen linear oder spiegelbildlich fort. Als ich zum ersten Male einen Deutschen sagen hörte: *Oh, that is very kind of you*, dachte ich einen Augenblick, er habe soeben eine der berühmten Interferenzen aus dem Deutschen produziert, über die wir mit Beispielen wie: *Equal goes it loose* (Gleich geht es los) so gerne spotten. Die „Muster von Willkür" (sofern dies nicht eine *contradictio in se* ist) gleichen sich nicht von einer Sprache zur anderen. Zwar können alle Sprachen denselben willkürlichen Ansatz, dieselbe Unberechenbarkeit und auch ähnlich strenge sprachliche Konventionen für sich beanspruchen, jedoch verlaufen diese nicht nach einem reproduzierbaren Muster und damit auch nicht auf vorhersehbare Weise. Also sind auch die Schnittmengen der gemeinsamen Bedeutung von Begriffen, Wendungen, ja ganzen Sätzen und das Maß der Entsprechungen und vor allem der Nichtentsprechungen ebenso wie alle anderen Aspekte Gegenstand einer Fülle von Willkürakten.

Die Crux, welche sich aus der „anderen Willkür" und den anderen Konventionen in einer anderen Sprache ergibt, resultiert daraus, dass man dort den geschilderten „Wörtermangel" in aller Regel aus anderen Quellen kompensiert – willkürlich und zufallsbedingt, denn warum sollten die Franzosen fragen, wie und nach welchen Kriterien wir Deutschen neue Begriffe zu konstruieren gedenken? Und dass sprachliche Konventionen nach anderen Kriterien und durch anderen Antrieb entstehen. So ergibt es sich, dass direkte Vergleiche, Ableitungen aus der einen Sprache für die andere, Eins-zu-eins-Entsprechungen zwischen Sprachen normalerweise nicht möglich sind und dass sie nur zufällig gelingen. Auch an dieser Stelle wird an Beispielen deutlicher, um was es geht: Wir Deutschen sagen ‚Rock' für das französische *jupe*, sprechen jedoch von einer (Heck-) Schürze, wenn die Franzosen das Blech unter der Stoßstange als *jupe* bezeichnen. *Tablier* (= ‚Schürze', aber aus Textil) würden sie in diesem Kontext nicht verstehen.

Dort, wo man im Englischen vom *user* spricht, haben wir, aber auch die Franzosen, eine Vielzahl von Begriffen, je nach dem Zusammenhang, der im Englischen keiner Differenzierung bedarf. Nutzer, Benutzer, Anwender, Bediener – *utilisateur, usager, opérateur*. Die Motive sind auch hier wieder einmal völlig willkürlich, und die Muster alles andere als reproduzierbar. Immer dann, wenn wir meinen, einen für eine Sprache geltenden, allgemeinen Trend ausgemacht zu haben („das Englische ist halt eine nivellierende, vereinfachende Sprache"), fallen uns Beispiele ein, die genau das Gegenteil belegen. Denken Sie an das deutsche Wort ‚Platte' und die zahllosen englischen Begriffe, die ihm je nach dem Kontext entsprechen können: *plate, pladder, board, disc, record* etc. Und doch würde auch diese Sammlung nicht reichen, um die Aufforderung „Putz die Platte" *(hau ab, verdufte)* angemessen zu übersetzen. *Get lost!* wäre mitunter das Richtige, handelte es sich um eine etwas rüdere Aufforderung, so würde man ggf. auch *fuck off!* hören. Wenn jedoch ein Obdachloser „Platte macht", d. h. wenn er im Freien schläft, würde es natürlich nicht zum Ziel führen, in der Übersetzung mit der geputzten Platte zu operieren. Ohne gezielt gelernt zu haben, welche Formulierung hier im Englischen die zutreffende Entsprechung darstellt, würden wir sicher mit einer Umschreibung besser fahren als mit jeder Spekulation. Oder in Anlehnung an einen Song der 60er Jahre vielleicht sagen *Don't sleep in the subway.* Der Sinne wäre damit allemal getroffen, und die Wendung ist im Englischen absolut an der Tagesordnung und lässt die Realität vor uns auferstehen, die im Deutschen hinter dem Begriff *Penner* steht und für die im Französischen *SDF* gang und gäbe ist *(sans domicile fixe)*.

Im Englischen heißt es *I cannot but …,* wenn wir ‚nicht umhinkommen …' und die Franzosen formulieren ‚sich selbst nicht an etwas hindern können': *Je ne peux m'empêcher.* Wir Deutschen stehen Schlange oder wir stehen an, wenn die Engländer sagen *The English always queue up.* Und wenn die Franzosen eine Schlange bilden, sagen sie: *Ils font la queue.* Aber wenn ‚ich nicht anstehe, etwas zuzugeben', dann hat dies weder im Englischen noch im Französischen etwas mit der Schlange zu tun, sondern findet seine Entsprechung in *I would not hesitate* bzw. *je n'hésiterais une seconde.*

Es sind in allen Fällen verschiedene „Gedankenbilder", aus denen Begriffe, aber auch Wendungen entstehen. Wir denken uns etwas dabei (z. B. ein Hindernis bei ‚umhinkommen'), aber es ist in allen Sprachen jeweils etwas anderes. Alle Sprachen sprechen von denselben Dingen – aber jede tut es auf ihre Weise.

Oftmals benutzen wir – wechselweise, aber unter dem Strich in allen Sprachen gleichermaßen – Begriffe und Wendungen sowohl im konkreten als auch im übertragenen Sinne. Dann wieder kennt eine von zwei Sprachen die Verwendung nur in einem der beiden Sinne – die andere Sprache dagegen in beiden. So verwenden wir im Deutschen einen Begriff wie ‚die Fundamente' sowohl beim Bau eines Hauses als auch im übertragenen Sinne für die Begründung einer Theorie oder eines Erfolges: ‚Die Fundamente der Evolutionstheorie Darwins' oder ,Dort legte er die Fundamente für seinen Aufstieg', während das Französische hierfür mit *les fondements* und *les fondations* zwei verschiedene Wörter besitzt. Umgekehrt bedeutet das französische *impression* sowohl das Drucken als auch den Eindruck – ein Wort für zwei, die wir auch im Englischen haben: *printing* oder *press* und *impression*.

Schauen wir uns noch einen Augenblick das Problem ganzer Redewendungen aus präzise festgelegten Terminologien oder „Subsprachen" wie zum Beispiel aus der Sprache des Sports an. Auch hier gilt, dass eine noch so gute Übersetzung in aller Regel auf der Ebene der nackten Wörter einfach an dem vorbei geht, was der jeweilige Adressat in der anderen Sprache an eben dieser Stelle zu hören gewöhnt ist. Aus unterschiedlichen Traditionen haben sich selbst in stark verwandten Sprachen große Unterschiede in der Idiomatik entwickelt. Und je stärker die Konventionen in der entsprechenden „Subsprache" sind, desto eindeutiger werden Improvisation und Subjektivität abgelehnt. Redewendungen wie ,ein Pass in die Tiefe des Raums' oder ,ein Auftakt nach Maß' sind willkürlich zustande gekommen, lassen aber in der Anwendung keinerlei individuelle, subjektive Variation zu – jedermann benutzt sie auf exakt dieselbe Weise. Warum sind gerade solche Wendungen so schwierig zu übersetzen? Statt einer Liste von Übersetzungen müsste der Übersetzer hier streng genommen eine Liste von „funktionalen Entsprechungen" zur Verfügung haben. Wenn ein englischer Reporter über die wirklich großen Tennisspieler schreibt: *They know how to raise their game when it matters most,* dann ist dies eine auf den ersten Blick verständliche Wendung, die auch problemlos zu übersetzen ist – solange wir nicht versuchen, dicht am Original mit einer „entsprechenden" deutschen Formulierung zu operieren, sondern den Gedanken in einem deutschen Wortzusammenhang auflösen: ,Wenn es wirklich darauf ankommt, dann können die wahren Champions noch eine Schippe drauflegen'. Im Französischen würden sie zum Beispiel in den nächsthöheren Gang umschalten: *Ils passent à la vitesse supérieure.*

Ähnlich verhält es sich mit der Sprache der Technik – trotz

aller Rationalität herrschen auch hier enge Konventionen, was den Duktus und die Ausdrucksweise betrifft. Allerdings hat hier, im Gegensatz zu „Subsprachen", wie der des Fußballs, auch jemand, der nicht redet wie ein Techniker, dennoch gute Chancen verstanden zu werden, zumal diese technische Kommunikation auch nicht emotional belegt oder aufgeladen ist wie zum Beispiel die Fußballsprache, die keinerlei Normverstöße zulässt. Denken Sie an das berühmte Beispiel „Schalke 05!" in einer Sportsendung im deutschen Fernsehen. Jedermann wusste, dass die Moderatorin den Club Schalke 04 gemeint hatte – aber das konnte ihr nicht helfen. Aus der lächerlichen, eigentlich spaßigen Abweichung wurde der Grund für ihren Rauswurf.

Anders ist es mit der technisch-fachlichen Terminologie. Hier gibt es wiederum keine Spielräume, da erhebliche Bedeutungsunterschiede mit allen ihren technischen Implikationen mitunter zwischen höchst ähnlichen Begriffen existieren. Ventilspiel und Ventiltrieb sind nicht dasselbe, und wie oft kommt es vor, dass der eine Begriff eines solchen Paares in der Zielsprache fast derselbe ist, während der andere auf völlig andere Weise zustande gekommen ist.

Hier ein Beispiel aus der Molkereiwirtschaft, einem Bereich, mit dem ich als Dolmetscher sehr viel zu tun hatte. Wenn man weiß, dass ‚Milchfett' und ‚Butterfett' dasselbe sind, dann übersetzt man korrekt mit *graisse butyrique* oder *huile butyrique* bzw. Englisch mit *butter fat* oder *butter oil*. In der französischen und englischen Übersetzung des dicht verwandten Begriffs ‚Butterreinfett' dagegen kommt der Begriff ‚Fett' gar nicht vor. Hier heißt es *beurre anhydre* bzw. *anhydrous butter* – Begriffe, die aus dem Deutschen nicht abzuleiten sind, da das Wörtchen „rein" ganz anders übersetzt wird. Es bedeutet nämlich, dass „reine" Butter kein Wasser mehr enthält (*anhydre* bzw. *anhydrous*). Ein kleiner Unterschied mit großen Folgen.

Obwohl das Thema der fremdsprachlichen Kompetenz an anderer Stelle behandelt wird, kann ich nicht umhin, es kurz anzuschneiden: Es wird oft darüber diskutiert, was unter exzellenten Fremdsprachenkenntnissen genau zu verstehen ist. Viele Menschen sind eher in der Lage, die Kompetenz Dritter zu beurteilen als ihre eigene. Machen Sie den Test: Fühlen Sie sich bei dem vorstehend Gesagten noch „am Ball" oder möglicherweise schon abgehängt? Jedenfalls ist das die Art von Kompetenz, über die ein Simultandolmetscher in beiden Arbeitssprachen verfügen muss, zumal er nicht die Zeit hat, per Recherche die erwähnten Schnittmengen zu ergründen und für sich die Entsprechungen und Nichtentsprechungen herauszufinden. Er muss derartige Dinge zu jedem Zeitpunkt abrufbereit „in seinem Arbeitsspeicher" haben, *auf der Spitze seiner Zunge,* wie es im Französischen heißt bzw. *an seinen Fingerspitzen,* wie es im Englischen ausgedrückt wird.

Hier liegt im Übrigen auch ein Erklärungsansatz dafür, dass wir mit der größten Berechtigung eine deutliche Trennlinie zwischen „aktiven" und „passiven" Sprachkenntnissen ziehen. Es ist gerade bei den hier beschriebenen Gegebenheiten und Phänomenen von Sprache nicht unerheblich, ob jemand sie aktiv beherrscht und jederzeit mit ihnen umgehen kann oder ob man sie lediglich erkennt und bei der Arbeit in die eigene Muttersprache, jedenfalls in die stärkere der zwei Sprachen eher instinktiv als bewusst und überlegt beim Sprechen berücksichtigt.

Ein weiteres Beispiel für Willkür und Konventionentreue, wiederum aus einer anderen Schublade, betrifft die zahllosen feststehenden, bei ihrem Einsatz meistens nicht mehr reflektierten Formulierungen, die irgendwann willkürlich entstanden sind und ihren Kommunikationszweck in der Regel problemlos erfüllen, obwohl sie keiner sprachlichen oder inhaltlichen Logik folgen. „Wir sehen uns dann in acht Tagen", sagen wir und meinen eine Woche mit ihren sieben Tagen. „Bis in 15 Tagen", sagen die Franzosen streng wörtlich übersetzt, und niemand würde tatsächlich erst nach 15 Tagen erscheinen, sondern natürlich nach zwei Wochen. Die mangelnde Logik derartiger Formulierungen wird uns im Übrigen oft erst dann bewusst, wenn es sie zu übersetzen gilt.

So weit eine Reihe von Anwendungsfällen und -beispielen für die allgemeine Erkenntnis, die Mario Wandruszka, wie oben dargelegt, veranlasst, vom Gebilde des Zufalls zu sprechen, von einer Willkür der Sprache, die sich *per definitionem* auch

„sprachübergreifend" als Willkür fortsetzen muss. Einer unserer Freunde im Netzwerk *euro communication* formulierte es in seinem Wahlspruch so: „Toutes les langues parlent de la même chose – chacune le fait différemment." („Alle Sprachen meinen das Gleiche – aber jede Einzelne drückt es anders aus').

Kapitel 5

Übersetzen und Dolmetschen –
eine doppelte Passion

> *Die Übertragung von einer Sprache in die andere ist wie der Übergang von einem Aggregatzustand in den nächsten. Fixierter Sinn kommt dabei ins Fließen, Selbstverständlichkeiten ins Wanken. Risse tun sich auf, Verschiebungen sind unvermeidlich – es geht um Alchemie.*[41]

Zur Einstimmung zitiere ich diese ebenso eigenwillige wie originelle Definition des Übersetzens. Sie stammt von Alban Lefranc, dem Herausgeber des deutsch-französischen Literaturmagazins *La Mer Gelée*. Lefranc stellt ausgehend von dem Werk von Georges Bataille eine Verbindung zwischen Übersetzen und Poststrukturalismus sowie Dekonstruktion her. Der Vergleich des Übersetzens mit einer chemischen Reaktion ist bei aller Originalität natürlich nur von eingeschränktem Nutzen für das Übersetzen von Texten mit fachlichem bzw. technischem Inhalt. Wenn ich aber an die Prozesse denke, die beim Simultandolmetschen ablaufen, dann kommt mir diese Analogie alles andere als abwegig vor. Schließlich greifen auch dort verschiedene, überlagerte Interpretationsvorgänge laufend so intensiv ineinander, dass man in der anfallenden Übersetzung mit etwas Fantasie eher das Ergebnis einer chemischen Reaktion denn ein nach einzelnen Schritten zu analysierendes Konstrukt sehen könnte. Im Alltag dürften Übersetzer und Dolmetscher eher mit Reden und Texten konfrontiert sein, bei denen eine solche Definition etwas abstrakt und überhöht wirken, angesichts derer der eine oder andere technische Übersetzer mit Kopfschütteln reagieren könnte.

Im dritten Kapitel haben wir allgemeine Erkenntnisse über das Übersetzen anhand von einigen Leitsätzen gewonnen. Diese sollten übersichtsartig deutlich machen, worum es beim Übersetzen überhaupt geht, welche inhaltlichen Schritte und Prozesse das Übersetzen und damit auch das Dolmetschen ausmachen – und worum es ganz sicher nicht geht. Im Folgenden wollen wir nun einige eher grundsätzliche Fragen nach der Natur und der Aufgabe des Übersetzens stellen und sodann einige der wichtigsten, praktisch-konkreten Schwierigkeiten des Übersetzens vorstellen. Ich will im ersten, allgemeinen Teil des Kapitels „philosophische" Aspekte des Übersetzens ansprechen und im praktischen Teil sodann zu einigen willkürlich herausgegriffenen, spezifischen Herausforderungen und Schwierigkeiten jedes Translationsprozesses kommen. Mit diesen meine ich diejenigen Textmerkmale und Gegebenheiten, in denen manche Übersetzer das Salz in der Suppe ihrer kreativen Arbeit sehen, während sie sich vor anderen Kollegen wie unüberwindliche Hindernisse auftürmen. Diese letzteren Kollegen mögen Texte und Reden umso mehr, wenn sie möglichst wenige derartige Stolpersteine enthalten. Dort, wo sie gelegentlich beim Übersetzen das Gefühl haben, barfuß über ein Nagelbrett zu laufen, sind andere erst in ihrem Element, kommen sie erst richtig auf Touren. Wo die einen das Gefühl haben, sich schlängelnd über ein Minenfeld zu bewegen, sehen die anderen, die wahren Sprach- und Übersetzungsenthusiasten, gerade in den vermeintlichen Schwierigkeiten jene besonderen Blüten, die jeder Text, jede Rede bei genauem Hinsehen enthält. Sie setzen ihren ganzen Ehrgeiz und Stolz ein, um diese Blüten so in die andere Sprache hinüberzubringen, dass möglichst keine Blätter herabfallen.

Übersetzen und Dolmetschen als eine doppelte Passion? Als Leidenschaft und als Leidensweg? Aus der Ferne klingt hier natürlich der Titel des mehrfach zitierten Essays von Ortega y Gasset: „Elend und Glanz der Übersetzung" an. Und bei dem Stichwort Leidenschaft mag der eine oder andere Leser an den Slogan einer großen deutschen Bank denken, der es nicht verdient hat zitiert zu werden, da er auch ohne den heute gängigen Missbrauch englischer Wörter einen Platz unter den Top Ten der dümmsten Werbeslogans erreicht hat.

Was macht diese doppelte Passion des Übersetzens aus? Es liegt mir fern, die Übersetzer und Dolmetscher nach der Frage, für wen seine Arbeit die Erfüllung einer Leidenschaft darstellt und für wen sie vielmehr gelegentlich einem regelrechten Passionsweg gleich kommt, in zwei große Lager teilen zu wollen. Schließlich kennen wir alle die beiden Extreme, erleben alle Übersetzer und Dolmetscher aus den verschiedensten Gründen alle Höhen und Tiefen des Übersetzens. Und natürlich gehe ich davon aus, dass jedem nach getaner Arbeit gelegentlich diese Glücksmomente begegnen, die eine „perfekte" und auch noch gut ankommende Übersetzung, eine begeisternd gedolmetschte Rede uns bescheren können.

Doppelte Passion andererseits auch bei dem Gedanken an die vielen inhaltlichen, vielleicht nicht auf Anhieb erkennbaren Parallelen zwischen Übersetzen und Dolmetschen, aber auch an die wichtigen vordergründigen, allgegenwärtigen und stets bewussten (System-)Unterschiede zwischen den beiden Aktivitäten, für die ich ja so dezidiert eine gemeinsame Wurzel, aber eben auch so unterschiedliche Ausführungsmodalitäten postuliere. Der Abgrenzung aus systematischer, „funktionaler" Sicht soll hier ein eigener Abschnitt gewidmet werden.

Und schließlich noch ein Gesichtspunkt, der mich veranlasst, von doppelter Passion zu reden: Ich bin mir bewusst, dass eine Erörterung des Übersetzungsprozesses, bei der vorwiegend oder gar ausschließlich die Hürden und Klippen der Arbeit betont würden, die Gefahr einer ungewollten Verzerrung in sich bergen müsste. Es wäre ein Trugschluss anzunehmen, dass Inhalt und Wesen des Übersetzens und Dolmetschens in erster Linie anhand der sich stellenden Probleme sprachlicher und kognitiver Natur zu definieren und zu erläutern wären. Dass sie sich auf diese Dimensionen reduzieren ließen. So sieht zum Beispiel der in Lausanne tätige deutsche Literaturwissenschaftler und Experte für literarisches Übersetzen, Peter Utz, auf den ich weiter unten ausführlicher zu sprechen komme, im Übersetzer einen Literaten ganz eigener Prägung, einen „treuen, weil sinnstiftenden Leser", jemanden, der sich in seiner Übersetzung „als Übersetzer zeigen darf".

Andererseits kennen auch Übersetzer, die sich nicht ständig in dieser Rolle des „edlen Literaturübersetzers" befinden, die vorwiegend mit dem Übersetzen von sogenannten Gebrauchstexten ihr Brot verdienen, diese Dimension des Übersetzens. Übersetzen bedeutet zwar gelegentlich wahre Sysiphusarbeit, jedoch sehe ich vor mir weniger einen Berg Knacknüsse, wie unsere Schweizer Freunde sagen, sondern ich empfinde das Übersetzen eher wie die Arbeit an einem Kreuzworträtsel, am magischen Würfel oder an den berühmten „Logeleien" aus der ZEIT. Die Freude, die der engagierte „Translator" empfindet, schöpft er eben nicht aus der Meisterung der semantischen, strukturellen oder morphologischen Gegebenheiten von Text und Rede allein. Sie nährt sich vielmehr zu einem großen Teil aus seiner Neugier und seinem Interesse, aus seiner subjektiven Einstellung zu dieser Tätigkeit – und aus der Genugtuung über deren Ergebnis.

Bevor ich weiter über Ansprüche und Prioritäten beim Übersetzen sinniere, gebietet sich ein klärendes Wort zur Abgrenzung des Untersuchungsgegenstands. Meine Überlegungen in diesem Kapitel beziehen sich nicht auf das Übersetzen von Texten mit fachlich-technischem Inhalt. Ob Gebrauchsanleitung oder Patentschrift: Sofern derartige Texte kompetent und unter Beachtung des jeweiligen Registers und Fachjargons verfasst werden, sind Kategorien wie Interpretieren, Hermeneutik, Verstehen jenseits der fachlichen Zusammenhänge, aber auch zum Beispiel die Frage, an welchem Ufer eine Übersetzung auf ihren Empfänger treffen soll, ohne Bedeutung für ein korrektes und durch diese Korrektheit gutes Übersetzen.

Niemand möge an einen Text mit literarisch-kritischen Erwartungen oder gar mit übersetzungstheoretisch fundierten Vorbehalten herangehen, ohne zuvor für sich eine Kategorisierung des Texts und damit eine Zuordnung oder im Gegenteil eben auch den oben dargelegten Ausschluss vorgenommen zu haben.

Natürlich lässt sich über den Verlauf der Grenzlinie zwischen den soeben ausgeschlossenen Texten und denen, über die dieses Kapitel geschrieben wird, trefflich streiten. Sicher ist, dass auch fachlich orientierte Texte nicht von vornherein ohne jeden literarischen Anspruch bleiben müssen und dass man sie aus sprachlicher Sicht mehr oder weniger gut bzw. perfekt übersetzen kann. Genau hier liegt ja auch der Grund dafür, dass es trotz allen Mühens bis heute keine allumfassende Theorie, zumindest keine allgemeingültige Formel für das Übersetzen gibt und dass es diese nach meinem Verständnis niemals geben wird: Jede einzelne Übersetzung jedes einzelnen Texts ist immer wieder ein „Unikat", und so bereitet schon die Einteilung in Kategorien gewisse Schwierigkeiten und impliziert die Möglichkeit, Texten und ihren Übersetzungen nicht gerecht zu werden.

Dennoch will ich im Interesse der Differenzierung dort eine Trennlinie ziehen, wo ein Verstehen des gegebenen Texts ohne Interpretieren nicht möglich ist und wo die Notwendigkeit des Interpretierens *per definitionem* die Möglichkeit unterschiedlicher Versionen – des Verstandenen und des Übersetzten – impliziert. Diese Abgrenzung scheint mir in dem vorliegenden Zusammenhang weiter zu führen als jede an Begriffen wie fachlich, technisch, literarisch ausgerichtete Textsortendifferenzierung.

1. Ziel und Anspruch – zur Philosophie vom Übersetzen und Dolmetschen

Umberto Eco, der den meisten von uns als brillanter Romanautor bekannte italienische Professor, hat in seiner Eigenschaft als einer der führenden Semiotiker unserer Zeit auch ausgiebig über das Übersetzen nachgedacht – und selbst auch viel übersetzt. Eine seiner zahlreichen Veröffentlichungen trägt den Titel *Dire quasi la stessa cosa* (wörtlich: ‚Praktisch dasselbe sagen'). In dieser Arbeit, die in der deutschen Übersetzung den Titel ‚Quasi dasselbe mit anderen Worten' erhalten hat, beschäftigt er sich mit den ungeheuren Untiefen, die schon in einem so einfachen Satz wie „Übersetzen bedeutet, ,dasselbe' *(la stessa cosa)* in einer anderen Sprache zu sagen" lauern.[42] Es mag weniger wissenschaftlich, weniger verschraubt und esoterisch klingen als bei manchen deutschen oder französischen Translationswissenschaftlern – aber dies genau macht ja das Können und das Privileg der wirklich großen Köpfe aus. Sie führen noch das komplizierteste Dilemma auf die einfachsten Fragen zurück: Was ist denn diese ,selbe Sache'? Selbst nach sorgfältigster Interpretation eines Textes gebe es Textsituationen, in denen es extrem schwierig sei, sich auf das Wesen einer *cosa* definitiv festzulegen. Da Eco einen regelrechten Horror vor denjenigen Theoretikern hat, die über das Übersetzen schreiben, ohne jemals selbst zu übersetzen, führt er als Praktiker zahllose ebenso interessante wie relevante Beispiele an, um deutlich zu machen, dass jedem Übersetzen eine Interpretation vorauszugehen hat, ja mehr noch – dass Übersetzen Interpretieren ist.

Peter Utz und Umberto Eco – These und Antithese?

Etwa gleichzeitig mit dem Erscheinen der deutschen Übersetzung des Buchs von Umberto Eco hat Peter Utz sein *Anders gesagt – autrement dit – in other words* vorgelegt.[43] Man widersteht kaum der Versuchung, schon bei den Titeln der zwei Werke mit einem Vergleich der beiden Denkansätze zu beginnen, der umso reizvoller wird, je tiefer man in das Denken der zwei Autoren einsteigt. *Anders gesagt* versus *Quasi dasselbe mit anderen Worten* – eine Nuance, die auf der Ebene der Sprache geringfügig, bedeutungslos erscheinen mag und die doch fundamental andere Sichtweisen ermöglicht und in der Tat eröffnet. Utz verspricht sich von der Übersetzung hermeneutische Hilfe, von der das Original profitiert, die dessen Lesern einen Gewinn bringt. Für ihn besitzen Übersetzungen insofern, als sie mehrsprachiges Lesen von Texten ermöglichen, ein hohes Erkenntnispotenzial. „Weil uns die Übersetzungen das Original anders sagen, können wir es auch anders lesen", ist einer seiner Leitsätze. Dies liegt seiner Ansicht nach in erster Linie daran, dass die traditionelle Hermeneutik darauf trainiert sei, den Sinn eines Texts lediglich hinter und unter seiner sprachlichen Oberfläche zu suchen. Dem möchte ich in aller Bescheidenheit zustimmen: Eine Übersetzung kann natürlich nur gelingen, wenn beim Erarbeiten und Verstehen des Sinns auch und gerade die vielfältigen Interaktionen erkannt und berücksichtigt werden, die zwischen sprachlicher Oberfläche und tiefer liegenden gedanklichen Strukturen wirksam werden.

Utz erteilt damit all denen eine klare Absage, die in der Übersetzung immer nur einen zwangsläufig „suboptimalen" Kompromiss sehen, für die in der Übersetzung immer „irgendetwas" verloren geht. So formuliert der Philosoph Hans-Georg Gadamer: „Jede Übersetzung, die ihre Aufgabe ernst nimmt, ist klarer und flacher als das Original."[44] Ein Gewinn an Klarheit, erkauft durch einen „flacheren" Text? Jedenfalls bleibt hier in erster Linie die Vermutung einer Einbuße, eines Verlusts von Dimensionen und von Kategorien, die den Originaltext reicher erscheinen lassen als seine Übersetzung. Leidet in den Augen der Einen der Nuancenreichtum von Texten, so sehen andere gleichzeitig die Genauigkeit, aber auch vagere Kategorien wie den „Geruch" oder auch den „Geschmack" des Originals leiden. Und für den US-amerikanischen Lyriker Robert Frost leidet gar in erster Linie die Poesie eines Texts: „Poetry is what gets lost in translation."[45] Diese Erkenntnis hat es sogar bis zum Filmtitel gebracht.

Anstatt Differenz mit Verlust gleichzusetzen, zitiert Utz den französischen Musil-Übersetzer Philippe Jacottet mit diesen Worten: „Es ist die Differenz, welche Original und Übersetzung sowohl trennt als auch verbindet."[46] Das Übersetzen wird so für Utz zum „Paradigma für den Umgang mit dem Fremden". Im Übrigen ist es für ihn schon deshalb kein Verlustgeschäft, weil er von der Übersetzung von vornherein etwas „anderes" erwartet, weil er sich nicht in die Suche nach Äquivalenzen einspannen lässt (siehe weiter unten im Zitat sein Bild von Pferd und Kamel). Utz zitiert in diesem Zusammenhang Walter Benjamin und dessen Aufsatz „Die Aufgabe des Übersetzers", den dieser einer Ausgabe seiner Übertragungen von Baudelaire-Gedichten voranstellt. Auch Benjamin gestehe der Übersetzung ihr „Eigenrecht" und ihre „Eigendynamik" zu. Auch er sei durch die eigene Übersetzertätigkeit davor geschützt, das „Übersetzen an einem billigen Ideal des Identischen zu messen". Auch für ihn „schafft erst die Übersetzung das Original als Original" – in einem besonders schönen Bild vergleicht er sie mit dem fremden Prinzen, der von außen kommt und „ein im Original schlummerndes Potential weckt".[47]

Auch für Umberto Eco besitzt die Interpretation als grundlegender und untrennbarer Bestandteil des Übersetzungsprozesses die absolut vorrangige Bedeutung. Aber sie ist für ihn „nur" die Brücke zu einem gleichen Text in anderen Worten, wenn ich dies so formulieren darf. Sie soll sich nicht als Ergebnis des Übersetzungsprozesses verselbstständigen und zu einer rein subjektiven Lösung führen, was allerdings auch bei Utz einen falschen Akzent setzen dürfte, sondern sie wird instrumentalisiert, um mit ihrer Hilfe in der anderen Sprache „Dasselbe" sagen zu können. So fordert Eco auch von der Übersetzung etwas anderes als Utz, er zieht andere Konsequenzen aus der Einsicht, dass es ohne lückenloses Interpretieren nicht geht. Er will keine Zweideutigkeit, so wie sie erst in verschiedenen Übersetzungen derselben Texte zum Ausdruck kommt. Für ihn zählen mit der Korrektheit und der Treue, aber auch mit der Forderung nach einer an meine *Stimmigkeit* erinnernden *Angemessenheit* der Übersetzung Kategorien, wie sie auch mir bei aller Sympathie für andere Ansätze unverzichtbar erscheinen.

Eco ist als Übersetzer, aber eben auch als selbst übersetzter Autor an Zweideutigkeit, auch noch als Grundprinzip des Übersetzens, weniger interessiert als an allem anderen. Er stimmt nicht in die oft zu hörende Klage ein, die Übersetzungen mit schönen Frauen vergleicht und einen etwas sexistischen Zusammenhang herstellt: „La traduction belle mais infidèle" („Die Übersetzung – eine schöne, aber treulose Gestalt"). Denn für ihn bedeutet Treue beim Übersetzen vielmehr die feste Überzeugung, dass bei entschlossenem Forschen nach dem Sinn jeder Text übersetzbar ist und dass jede Übersetzung Ergebnis eines „Verhandlungsprozesses" ist, bei dem der Autor, der Leser, der Text als einziges

Zeugnis sowie der Übersetzer am Tisch sitzen, um die „angemessene und gerechte" Lösung auszuhandeln.

Man würde Peter Utz aber womöglich falsch lesen, wenn man annähme, die schöne, aber untreue Übersetzung entspräche seiner Idealvorstellung. Es geht ihm in erster Linie um ein Maß an Unabhängigkeit, an Losgelöstheit, welches die Übersetzung benötigt, um aus ihrem Abstand zum Text diesen neu erkennen zu lassen. Das „schräge Licht der Übersetzung" gebe der Oberfläche des Originals jenes Relief, das bei einer literaturwissenschaftlichen Lesart nicht erkennbar sei. Der Literaturwissenschaftler sei ein „Sinntaucher", der unter die sprachliche Oberfläche abtauche und sich „dort unten" aufhalte, während Übersetzer „Sprachsurfer" seien – was ich so verstehe, dass sie die sprachliche Oberfläche benötigen und sie in ihre Arbeit zwingend einbeziehen, nicht jedoch so, dass sie in einem oberflächlichen Ansatz lediglich der Oberfläche verpflichtet wären.

Noch einmal kurz zurück zu Differenz und Äquivalenz: Utz sieht und toleriert eine Lücke zwischen Ausgangstext und Zieltext, die er ganz bewusst „vibrierend offen lässt", wie es in einer Kritik von Gerhard Neumann in der *Frankfurter Allgemeinen Sonntagszeitung*[48] im Januar 2008 heißt. Eco wolle diese Lücke dagegen so weit wie möglich schließen. So suche jeder auf seine Weise nach der verlorenen dritten Sprache, die in diesem Zwischenraum zwischen Original und Übertragung nistet: Als ein dynamisch sich öffnender Fächer von Bedeutungen oder aber als im Kompromiss verborgene, nie erreichbare Utopie, die Sprache des eigentlichen Sinns, der nicht von dieser Welt ist. „Der Wunsch nach Übersetzung", hat Jacques Derrida einmal gesagt, „ist undenkbar ohne die Korrespondenz mit einem Denken Gottes." Damit beruft er sich aber auf Walter Benjamin: „Die Interlinearversion des heiligen Textes ist das Urbild oder Ideal aller Übersetzung."[49]

Ich verzichte bewusst darauf, einzelne Positionen zu bewerten oder mich gar auf die eine oder andere Seite zu schlagen. Allenfalls will ich festhalten, dass das Eco'sche Prinzip des „Aushandelns der angemessenen und gerechten Lösung" mir nicht nur sehr charmant erscheint, sondern dass es auch mit jedem

Tag und jeder neuen Arbeit in der Praxis erneut bestätigt wird. Andererseits kann man als Übersetzer auch dann, wenn vom Auftragseingang her betrachtet die Texte über Koronarstenosen und Betablocker im Alltag häufiger sind als *Der Mann ohne Eigenschaften* oder große Fontane-Romane, nur entzückt sein von den zahllosen Perlen, die bei Peter Utz darauf warten, durch den manchmal von Abstumpfung bedrohten Übersetzer entdeckt zu werden. Allerdings möchte ich, ohne dass dies als der berühmte Schuss „Wasser in den Wein" gelesen wird, dennoch anmerken, dass Utz aus seiner sehr persönlichen Sicht natürlich auch die Übersetzungen so stark interpretierend liest (nehmen wir nur seine Erörterung der Wendung „mit einem Wort" und ihrer französischen und englischen Übersetzung am Anfang des *Mann ohne Eigenschaften*), dass er zwangsläufig zu jenen subjektiv gefärbten Schlüssen und Erkenntnissen gelangt, die er den „literaturwissenschaftlich gepolten" Lesern ein wenig vorzuhalten scheint.

Mit der Frage nach der *gleichen* oder der *anderen* Übersetzung umkreisen wir natürlich nicht den einzigen interessanten Pol der Gesamtproblematik. Auf ebenso wichtige Fragen wie diejenige nach der Funktion und der Bewertung von Übersetzungen soll diese Diskussion aber allenfalls am Rande erste Antworten geben. Dennoch ist sie meines Erachtens von zentraler Bedeutung. Dieser Fragestellung verdanken wir es schließlich, dass Zielsetzung und Aufgabe des Übersetzens in einem völlig neuen Licht gesehen werden können. Sie führt dazu, dass die Übersetzung nicht länger „außen vor" bleibt, wenn es um „jenen Erkenntnisprozess" geht, „für den sich heute die Literaturwissenschaft für zuständig hält" (Peter Utz). Und diese Diskussion hat das große Verdienst, das Übersetzen und die Übersetzer aus einer mitunter selbst auferlegten Zwangsjacke zu befreien und die mehrfach angesprochenen, für eigenständige, gar große Leistungen nicht gerade förderlichen Minderwertigkeitskomplexe der Übersetzenden zu überwinden.

Ein Nebenprodukt dieser Diskussion ist die Erkenntnis, dass und warum es bis heute keine allumfassende Theorie vom Übersetzen gibt und warum es keine solche geben kann. Wer selbst übersetzt, lebt ohnehin in diesem Widerstreit der Gefühle: dem Bedürfnis, das eigene Tun systematisch erfassen, analysieren und dadurch weiterentwickeln zu können, steht mit jeder neuen, praktischen Erfahrung die Einsicht gegenüber, dass die „lustvollen Mühen unserer unendlichen Aufgaben", wie Peter Utz es formuliert, nicht zu systematisieren sind. „Jeder Übersetzungswissenschaftler und jeder Übersetzer sagt sein „autrement dit" anders – das Übersetzen selbst sperrt sich gegen jeden generalisierenden Zugriff". Treffender kann man es nicht auf den Punkt bringen.

Der übersetzte Text – vertrautes Terrain
oder fremde Anmutung?

Fragen wir nun unter einem anderen Blickwinkel nach Anspruch und Ziel des Übersetzens. Was erwarten wir von einer Übersetzung? Was soll und was muss sie leisten können? Soll sie als solche zu erkennen sein – oder soll sie dem Leser nicht als Übersetzung bewusst werden? Mit anderen Worten: Wollen wir den Autor lesen, den Sprecher hören, oder empfangen wir vielmehr ein Produkt, für das der Übersetzer, in diesem Falle als Geburts- bzw. Verständnishelfer, verantwortlich zeichnet? Ist die Übersetzung die Brücke, über die der Verfasser des Texts in den Empfangsraum des Rezipienten vordringt, oder ist sie die Brücke, über die der Adressat gehen muss, um Sinn und Form des Gesagten im „Sendebereich" des Autors abzuholen? Erwarten wir von dem Übersetzer und womöglich gar von dem Dolmetscher, unabhängig von deren unterschiedlicher Arbeitssituation, dass sie uns ein Produkt in unseren eigenen vier Wänden servieren? Dass sie mit ihrer Arbeit an unserem Ufer festmachen anstatt uns an das andere Ufer zu bitten, an dem die Reise begonnen hat? Dass sie es uns nicht zumuten, sondern es uns vielmehr ersparen, uns einen Schritt vor die eigene Tür zu begeben, um ein wenig von dem „Fremden" mitzubekommen, das uns ja auch dann nicht entgeht, wenn wir einen Text im Original lesen, wenn wir einen Sprechenden in dessen eigener Sprache direkt anhören?

In der ZDF-Sendung „Nachtstudio" war im Sommer 2008 eine Diskussion von Historikern und Kulturexperten mit dem Sprachwissenschaftler, Schriftsteller und Übersetzer Raoul Schrott zu verfolgen, der die *Ilias* von Homer[50] neu übersetzt und mit dieser Arbeit großes Aufsehen erregt hat. Nicht nur siedelt er als Ergebnis eigener Recherchen das Geschehen der *Ilias* geografisch völlig neu an, nicht in Troja, sondern wesentlich weiter in der Tiefe Kleinasiens – seine Figuren agieren auch, wann immer der sprachliche Zusammenhang dieses hergibt, in unserem heutigen Lebensrahmen, im sprachlichen und kognitiven Universum des 21. Jahrhunderts („Du hast also mit meinem Vater gebumst!?"). Von heller Begeisterung bis zu vollständiger Ablehnung reichten die Reaktionen auf diese „zeitgemäße", wie es in einer Kritik hieß „donnernde" Übersetzung.

Wie ist es da zu verstehen, dass die Shakespeare-Übersetzungen von August Wilhelm Schlegel und Dorothea und Ludwig Tieck aus der Zeit der Romantik weiterhin als unübertroffen gelten – obwohl es im zwanzigsten Jahrhundert nicht an Versuchen gefehlt hat, uns durch neue Übersetzungen einen „modernen und zeitgerechten" Shakespeare nahezubringen? Liegt es daran, dass gerade die neuen Shakespeare-Inszenierungen der letzten Zeit dem Original ungleich näher sind als Schlegel und Tieck und dass diese Originalnähe heute nicht mehr so gut ankommt wie die Texte aus der Romantik? Dass diese beiden den damaligen Zeitgeist in Deutschland optimal getroffen haben? Ja, ein besonders bekannter, mediengängiger Literaturkritiker in Deutschland wird nicht müde zu versichern, Schlegel und Tieck seien diejenigen, die uns Deutschen unseren größten Bühnenautor geschenkt hätten.

Stellt es einen Wert an sich dar, wenn ein weit zurück in der Vergangenheit angesiedelter Text durch seine Übersetzung in unsere Zeit transponiert wird – einem modern inszenierten Theaterstück gleich, wie ich weiter unten an einem Beispiel aufzeige? Wie ist bei dieser Prämisse die so oft geforderte Werktreue zu gewährleisten? Je mehr Beispiele ich mir anschaue, desto zwingender habe ich den Eindruck, dass diese Frage sich nie wird beantworten lassen. Dass es eben auch eine Geschmacksfrage ist – und dass dieser Frage jedenfalls immer auch Willkürliches anhaftet. Und es ist von Text zu Text erneut zu fragen, wie relevant es für die Rezeption eines Werks wirklich ist, ob ein Text uns das Fremdartige aus der Welt des Verfassers vor Augen führt oder ob er in unserer Erfahrungswelt angesiedelt ist. Die Beantwortung dieser Frage dürfte in höchstem Maße von der Art und der Bestimmung des jeweiligen Texts abhängen.

Angesichts dieser Diskussion stelle ich mir die Frage, ob es sich mit dem Übersetzen von Texten wie mit dem Inszenieren von Theaterstücken verhält. Aber – hat der Übersetzer überhaupt die Freiheiten, die ein Teil der Theatergemeinde dem Regisseur einräumt, während der andere Teil darauf besteht, dass Stücke so aufzuführen sind, wie der Autor sich dies vorgestellt hat? Die moderne Fassung von Goethes *Werther,* die vor einiger Zeit im deutschen Fernsehen mit einem jugendlichen Arbeitslosen in der Hauptrolle zu sehen war, hätte der Autor womöglich nicht oder allenfalls anhand der durchgehenden Grundmotive wiedererkannt. So gängig und nach allgemeinem Konsens zulässig derartige Adaptionen von Theaterstücken auch sein mögen, sie zeigen uns auch die Grenzen der Freiheit von Übersetzern auf.

Es kommt natürlich auch darauf an, wie jeder einzelne Übersetzer seine Rolle versteht, allerdings bin ich der Ansicht, dass Übersetzen nicht Adaptieren ist. Solange ein Übersetzer nicht den Auftrag hat, in eine andere Zeit oder eine andere Kultur zu übersetzen, sollte er mit jedweder Anpassung, ob an einen bestimmten Zeitgeist oder eine gängige Sprache oder Kultur, sehr vorsichtig sein. Seine Aufgabe ist es sicher eher, einem Regisseur einen Text zu liefern, den dieser in absoluter Werktreue bearbeiten oder adaptieren oder wie auch immer ändern kann. Ich nehme übrigens an, dass auch Raoul Schrott als „moderner" Homerübersetzer einräumen dürfte, dass eine moderne Sprache das eine ist, die Neuansiedelung von Handlung und Personen aber etwas ganz anderes. Dass er sich diesseits der Trennlinie, die ich als Übersetzer für die Übersetzer ziehe, als einer von uns betrachtet hat, jenseits dieser Linie aber die eigentlich jedem Übersetzer auferlegte Zurückhaltung bewusst aufgegeben hat, um „Neues" zu schreiben und nicht nur, um zu übersetzen.

Wie stark wird die Rezeption eines Texts im Übrigen durch unterschiedlich angelegte Übersetzungen beeinflusst oder gar geprägt? Wie zahlreich sind die Leser, die sich die Mühe machen, verschiedene Übersetzungen zu lesen – und dabei auch noch die spezifischen Unterschiede herauszuarbeiten und festzuhalten, die sie zwischen den Versionen feststellen können? Dabei geht es ja nicht nur um punktuelle, auffallende Übersetzungsunterschiede, sondern ggf. um einen durchgehend anderen Ansatz, der eine grundsätzlich andere Lesart des Texts bedingt! Soll die Theorie, sollen die Translationswissenschaftler für die Lesergemeinde entscheiden, welche Art von Übersetzungen diese bekommen soll?

Nehmen wir das auch in anderem Zusammenhang angeführte Beispiel der Prosa von Marcel Proust, seinen Romanzyklus *Auf der Suche nach der verlorenen Zeit*, dessen erster Band[51] im Jahre 1913 erschienen ist und für dessen zweiten Band der Autor 1919 den Prix Goncourt, den wichtigsten Literaturpreis in Frankreich, erhalten hat. Ganze Generationen von Literaturwissenschaftlern und selbst Philosophen haben sich seither an den fünf Bänden dieses „roman-fleuve" die Zähne ausgebissen – welch eine Aufgabe also für jeden Übersetzer! Nehmen wir nun an, es werde von ihm gefordert, er solle Kriterien wie Zeitgeist, Sprachstil und Wahrnehmungsmuster des Autors, aber eben auch der Menschen seiner Zeit, sowie die damals verwendeten Begriffe und Ausdrücke, vor allem aber die vielfältigen Interaktionen zwischen Sprache und Lebensgefühl einer Zeit zum Ausdruck bringen – um dem Leser der Übersetzung genau dieselbe Erfahrung, dasselbe Erlebnis zu bescheren wie dem Leser des Originals. All dies reiche eigentlich aus, um eine „zeitgerechte" Übersetzung auszuschließen, wenn wir diesen Begriff so verstehen wollen, dass die insbesondere sprachlichen Besonderheiten aus der Zeit der Entstehung unterschlagen würden, dass die Übertragung in eine Sprache erfolgt, die der Leser nicht erst in seinen eigenen Horizont übertragen muss – ja, dass womöglich gar außersprachliche Gegebenheiten in den Empfängerhorizont des Lesers verlegt würden. Die berühmte *Madeleine*, die Proust in seinen Kaffee taucht, müsste in der Sorge, der deutsche Leser könnte mit der Bezeichnung eines der berühmtesten Gebäcke Frankreichs nichts anfangen, daher vielleicht zu einem Stück Butterkuchen werden. Ich habe den Eindruck, dass es sich hier eher um einen Streit für die Übersetzungskritik handelt, weshalb ich im Fazit zu diesem Kapitel (S. 209) noch einmal darauf zurückkommen möchte.

Schon im neunzehnten Jahrhundert stellte übrigens Friedrich Schleiermacher, der nach dem Bilde vieler Universalgelehrter jener Zeit auch im Bereich der Übersetzungstheorie Großes geleistet und Bleibendes geschrieben hat, in seinem Essay *Über die verschiedenen Methoden des Übersetzens* [52] fest, die Übertragung sei eine Bewegung, die in zwei entgegengesetzten Richtungen erfolgen könne. Entweder man bringe den Autor der Sprache des Lesers nahe, oder man bewege den Leser der Sprache des Autors entgegen. Schauen wir, was Ortega y Gasset in seinem schon erwähnten Essay über *Elend und Glanz der Übersetzung* die Teilnehmer seiner nacherzählten „gelehrten Diskussionsrunde" postulieren lässt. Die erste Alternative Schleiermachers bezeichnet einer von ihnen, der Sprachwissenschaftler in dieser Runde, als „Übersetzen im uneigentlichen Sinne", da nur eine Paraphrase des Originals hergestellt werde. Erst wenn der Leser aus seinen Sprachgewohnheiten herausgerissen werde, nur wenn er gezwungen werde, in die Sprache des Autors hineinzuschlüpfen, könne die eigentliche Übersetzung zustande kommen. Im krassen Gegensatz zu dem Ansatz von Raoul Schrott heißt es dann bei Ortega zusammenfassend, die Leserschaft eines Landes schätze Übersetzungen im Stile der eigenen Sprache gar nicht. Das Schaffen der heimischen Autoren liefere genug von derartigen Texten. Für die gelungene Übersetzung sei vielmehr zu fordern, dass die Möglichkeiten der eigenen Sprache bis an die äußerste Grenze der Verständlichkeit getrieben würden, damit in ihr die dem Autor eigentümlichen Redeweisen durchsichtig würden.

Bedeutet dies alles nun, dass ich doch einer *Ilias* nicht von Raoul Schrott, sondern in der Version der klassischen, etwa um das Jahr 1790 entstandenen, legendären Übersetzung von Johann Heinrich Voß den Vorzug gebe? Damit das Fremdartige, das

Eigentümliche, das jedem in der Vergangenheit und außerhalb unseres Kulturkreises verorteten Text mehr oder weniger stark anhaftet, auch für den Leser der Übersetzung sichtbar wird? Damit wir nicht vergessen, dass wir dabei sind, eine Übersetzung zu lesen? Als Übersetzer bin ich geneigt, diesem Handel zuzustimmen – aber nur unter der Bedingung, dass nachher niemand die Übersetzung als schlecht, als holprig und seltsam klingend kritisiert.

Wie relevant und interessant die vorstehenden, „philosophischen" Überlegungen zum Übersetzen auch sein mögen, sie werden uns niemals restlos darüber aufklären können, was eigentlich genau geschieht, wenn wir Ecos *cosa* aus einem Text herausmeißeln und sie sodann als *quasi la stessa cosa* in unserer Zielsprache erneut ausdrücken. Ich zitiere noch einmal Umberto Eco und übersetze dabei seine Aussage aus der französischen Übersetzung von Myriem Bouzaher: „Was bringt es uns, in der Ilias zum Beispiel eine „Sache an sich" aufspüren zu wollen, die jenseits und oberhalb jeder sie übersetzenden Sprache durchschiene und ihren eigenen Glanz entfaltete beziehungsweise auch trotz aller sprachlicher Bemühungen durch eine andere Sprache niemals erreicht würde."[53] Um wirklich klar zu sehen, fordert Eco uns auf, herunter auf den Boden der Sprachen zu kommen, „tief zu fliegen" – dies tut er über weite Strecken in seiner Abhandlung – und das werden auch wir weiter unten tun, um eine Reihe von besonderen sprachlichen, das heißt an die Sprache gebundenen und sich aus der Einzigartigkeit jeder Sprache ergebenden Übersetzungsschwierigkeiten vorzustellen.

Zunächst jedoch noch einige Gedanken darüber, wie relevant, wenn überhaupt, das Vorstehende für die Kommunikationssituation des Dolmetschens sein kann. Vielleicht stoßen wir dort, wo es um Ziel und Anspruch geht, gerade auf eine entscheidende Grundfrage, die uns zu einer unerwarteten Abgrenzung von Übersetzen und Dolmetschen führt. Möglicherweise treten erst hier einige Merkmale zutage, die auf den ersten Blick nicht ohne Weiteres bewusst werden, um dann jedoch womöglich gewichtige Argumente für die immer wieder behauptete Inkompatibilität zwischen unseren beiden Formen der Translation zu liefern.

Die verdolmetschte Rede – Geschehen und Verstehen im Hier und Jetzt

Wenn ich meinen Übersetzerhut ab- und meinen Dolmetscherhut aufsetze, so muss ich mich in diesem Zusammenhang fragen, ob nicht gerade diejenigen Merkmale des Schreibens und Sprechens, die beim Übersetzen Anlass zu all diesen Fragen, zu dem einen oder anderen „gescheiten Disput" (J. Ortega y Gasset), zu Überlegungen über eine unterschiedliche Platzierung von Text und Übersetzung auf der Zeitachse geben, bei der Bearbeitung von gesprochener Sprache gänzlich fehlen. Soweit sie aber vorhanden und relevant sind, müssten sie in der Situation mündlicher Kommunikation doch sicher andere Lösungsansätze verlangen. Stellt sich zum Beispiel in der *hic et nunc* stattfindenden Kommunikationssituation des Dolmetschens überhaupt die Frage, an welchem der zwei beteiligten Ufer, an demjenigen des Schreibenden/Sprechenden oder am Ufer des Adressaten, die Verdolmetschung festzumachen hat? Besitzt für den Dolmetscher mit anderen Worten dieses beliebte Bild von den Ufern, das uns in der Übersetzungstheorie gleich bei mehreren Autoren begegnet, überhaupt irgendeine Relevanz und Gültigkeit?

Gerade auch unter Dolmetschern selbst ist immer wieder zu hören, eine Verdolmetschung erfolge in einer ganz anderen Mission, mit einem anderen Ergebnisauftrag als eine Übersetzung. Ich frage mich seit vielen Jahren, ob diese Feststellung nicht eher eine Schutzbehauptung ist, mit der wir einem Eindruck begegnen wollen, der sich aus dem ungerechten Vergleich von schriftlichem, „für die Ewigkeit" fixiertem Text und aufgezeichnetem gesprochenem Wort ergibt. Es ist der Eindruck, die Verdolmetschung könnte sprachlich weniger anspruchsvoll als der überlegte, redigierte, optimierte Text sein. Ob Schutzbehauptung oder stichhaltige, überzeugende Erklärung: ein besonderes Merkmal der Mission des Dolmetschens ist es sicher, dass der Zuhörer durch diese Verdolmetschung in den Kreis der anderen Zuhörer hinein zu holen ist, dass er uneingeschränkt teilhaben soll an der Kommunikationssituation, die ganz offensichtlich durch andere Determinanten geprägt ist als das Schreiben und

Konsumieren eines Textes. Angesichts der zahlreichen Unwägbarkeiten, die den mündlichen Kommunikationsprozess vom
Schreiben und Lesen unterscheiden, wobei ich beispielhaft nur
das stärkere Gewicht der anwesenden Zielgruppe und die Rolle
der außersprachlichen Kommunikationskomponenten erwähnen will, ist dieser Vorgang deutlich stärker durch situative Aspekte, durch Intuition, ja durch so unspezifische Faktoren wie
„Fingerspitzengefühl" bestimmt.

Im Gegensatz zum Übersetzen, wo ich mich nicht festlegen
möchte und meine Antwort sehr stark an der Textsorte und an
der Funktion des Texts orientieren würde, zweifle ich beim Dolmetschen nicht einen Augenblick daran, dass der Dolmetscher
seinen Zuhörer (und damit natürlich den Zuhörer „seines" Redners), im Hier und Jetzt treffen muss, dass er am Ufer des Zuhörers anlegen muss – wie hätte er auch die Wahl, nachdem doch
jeder Sprechende allein durch seine Präsenz und diejenige des
Zuhörers jeden theoretischen Gedanken darüber, dass Rede und
Übersetzung unterschiedliche Punkte auf der Zeitschiene besetzen könnten, *ad absurdum* führt? Diese Zielorientierung sollte
aber keinen Dolmetscher daran hindern, dem an „seinem Ufer"
angesprochenen Zuhörer kleine Hinweise auf das Ufer zu geben,
von dem der Redner aufgebrochen ist. Dies ist im Gegenteil nach
meinem Verständnis Teil der Hohen Schule des Dolmetschens,
und so gehe ich weiter unten noch etwas näher auf diesen Gesichtspunkt ein.

Wie angedeutet, liegt hier, verborgen hinter der Frage nach
„vertrautem Terrain oder fremder Anmutung" einer der zentralen Unterschiede zwischen dem Übersetzen und dem Dolmetschen, der allerdings an sich nichts darüber aussagt, ob und in
welchem Maße die beiden Tätigkeiten miteinander vereinbar
oder inkompatibel sind. Die geschilderten, gezielten Eingriffe in
die Sprache auf der Zeitschiene spielen für die „Simultankom-
munikation" nicht die Rolle, die ihnen bei der Übersetzung von
Literatur zukommt. In der gesprochenen Kommunikation ent-
fällt das diachronische Element, das überhaupt erst zu dem oben
diskutierten Dilemma führt. Das Kommunikationsgeschehen
findet im Hier und Jetzt statt. Da keine Texte aus einer anderen

Zeit vorgetragen werden, stellt sich auch nicht die Frage, ob diese andere Zeit in der Übersetzung aufleben soll oder ob das Geschehen und das Denken der anderen Zeit in die Kategorien und Dimensionen der Jetztzeit zu übertragen ist, bis hin zur freien Adaptation, so wie wir sie vom Theater her kennen.

Dennoch könnte abgesehen von diachronischen Aspekten möglicherweise auch hier gefragt werden, sofern wir uns in der obigen Diskussion auf die Seite der „Traditionalisten" gestellt haben, ob ein Dolmetscher nicht analog zum Übersetzer und zu dessen Umgang mit alten Texten seinen Sprecher gelegentlich fremdartig, eigentümlich klingen lassen sollte. Beim Bearbeiten von schriftlichen Texten mag der Übersetzer diese Alternative haben. Der Dolmetscher jedoch würde mit einer absichtlich fremdartig, „seltsam und verschroben" klingenden, in einer anderen Zeit verorteten Verdolmetschung in der Kommunikationssituation mit Sicherheit deplatziert und komisch erscheinen – dies ist eine Überlegung, die sich in der Praxis nicht stellt. Es bestünde auch zu leicht der Eindruck, der Dolmetscher wolle sich lustig machen oder in den Vordergrund spielen – während er doch eigentlich unbemerkt bleiben, sich regelrecht vergessen machen soll. „Nur ein schlechter Dolmetscher erregt die Aufmerksamkeit seiner Zuhörer!" Auf diese Formel bringt es mein Kollege Peter Naumann.

Kann der Übersetzer sich als Brückenbauer durchaus oftmals in einer anderen Zeit ansiedeln als sein Autor, so würde ein solches Divergieren der Standorte von Redner und Dolmetscher in der mündlichen Kommunikation allenfalls zu komischen Effekten führen. Abgesehen davon, dass in der Sprechsituation, wie angedeutet, diejenigen Textgegebenheiten normalerweise gar keine Rolle spielen, die beim Übersetzen von Texten Fragen wie die nach dem angemessenen Ufer erst aufkommen lassen.

In Klammern sozusagen will ich schnell anmerken, dass die fremde oder die vertraute Anmutung auch dadurch je nachdem befördert oder vermieden wird, dass ein Redner „aus einer anderen Welt" durch einen Dolmetscher aus dieser anderen Welt oder durch einen Dolmetscher aus der Welt der Zuhörer gedolmetscht wird. So diskutieren wir bei ARTE durchaus darüber, ob nicht deutsche Studiogäste durch deutsche Simultandolmetscher übersetzt werden sollten. Diese sind selbst dann, wenn sie akzentfreies Französisch sprechen, als Nichtfranzosen zu erkennen, da die Sprechhaltung, das heißt Elemente wie Intonation, Tonlage, Sprechrhythmus, Artikulation etc., bei französischen TV-Sprechern eine ganz andere ist als bei ihren deutschen Kollegen. Für den französischen Nachrichtensender LCI habe ich vor einigen Jahren den deutschen Bundeskanzler Gerhard Schröder live gedolmetscht. War die Reaktion unter Kollegen äußerst gespalten, wenn nicht negativ, da es einem fast zementierten Tabu der Kollegenszene entspricht, im Fernsehen in eine Nicht-Muttersprache zu dolmetschen, so fand diese Vorgehensweise bei den verantwortlichen Redakteuren große Zustimmung, da das „deutsche Kolorit" hier nicht nur bei dem Redner, sondern auch bei seinem Dolmetscher auf authentische Weise gesichert war, ohne Qualitätseinbußen, wie man versicherte. Einen direkten Vergleich liefert die gegenteilige Konstellation: Über viele Jahre hinweg wurde der damalige Bundeskanzler Helmut Kohl bei allen Fernsehauftritten in Frankreich durch einen meiner besten französischen Kollegen verdolmetscht. Kohl kam mit diesen Auftritten in Frankreich auch als Redner so hervorragend an, dass meine französischen Gesprächspartner immer wieder überrascht waren zu hören, dass Rhetorik, Aussprache und Vortragsweise nicht zu seinen größten Stärken gehörten. *Traduttore – traditore*? Das Beispiel liefert eine interessante Variante dieses alten Wortspiels, mit dem seit eh und je einer der wichtigsten Wesenszüge, ja eine der großen Schwächen allen Übersetzens aufgespießt wird: ,Der Übersetzer als Verräter', als Verräter am Autor bzw. am Sprecher oder jedenfalls an einem Teil der intendierten Aussage.

Durch die tägliche Nachrichtensendung des europäischen Kultursenders ARTE führt abwechselnd ein deutscher und ein französischer Moderator, wodurch die Sendung bei ansonsten unveränderten Merkmalen abwechselnd den Charakter einer deutschen oder einer französischen Sendung erhält. Wir diskutieren eher kontrovers darüber, ob dem jeweils anderssprachigen Zuschauer durch die Verdolmetschung der Eindruck vermittelt werden soll, er befinde sich „zu Hause" – oder ob wir ihm in den engen Grenzen, die ohnehin durch das Format der Sendung gesetzt sind, etwas von der anderen Machart, dem anderen „parfum" mitgeben sollen, das für TV-Sendungen beim Nachbarn charakteristisch ist. Mit anderen Worten, ob dieser „andere" Zuschauer das Gefühl vermittelt bekommen soll, aus einem anderen Sprach- und Kulturkreis heraus angesprochen zu werden. Persönlich bin ich nicht der Auffassung, man müsse den Zuschauer beruhigen, Vertrauen schaffen, ihm das Gefühl geben, er befinde sich in seinem vertrauten Umfeld. Auch der Dolmetscher sollte seinen „Kunden" gelegentlich deutlich machen, dass sie es mit sprachlichem und außersprachlichem Material zu tun haben, das aus einem anderen Lebensumfeld, einem anderen Kulturkreis stammt. Schauen sie nicht auch deshalb das ARTE-Programm an, weil sie „etwas von den Nachbarn" sehen möchten, weil sie sich außerhalb ihrer vertrauten, nationalen und kulturellen Grenzen umschauen möchten?

Auch dem Zuhörer einer Rede sollte in der Situation verbaler Kommunikation gerade angesichts der physischen Präsenz des Gegenübers etwas von der fremden Identität bewusst gemacht werden – allerdings sicher nicht durch verschroben klingende Formulierungen, seltsame Akzente und falsche Betonungen. Hier ist der Dolmetscher als Vermittler gefragt, der zwischen den Sprechern aus verschiedenen Sprachwelten mit einer Vielzahl von Gesten das Fremdartige darstellen kann, ohne die Kommunikation zu behindern. Einwürfe wie ‚bei uns in Deutschland' oder ‚wie Sie in den USA sagen würden' oder Anmerkungen des Dolmetschers mit Fußnotencharakter wie ‚wenn Ihr Dolmetscher über die Verhältnisse in England richtig informiert ist', können hilfreich sein, sind aber nur in Ausnahmefällen erforderlich, um den „fremd" anmutenden Charakter des Gesagten zu verdeutlichen. Jeder Zuhörer, der dem Vorgetragenen über einen Dolmetscher folgt, ist sich ohnehin schon durch das Tragen des Kopfhörers einer gewissen Fremdheit bewusst.

Interessant und relevant ist diese Diskussion allemal. Es ist ein ebenso schmaler wie heikler Grat, auf dem wir uns bewegen, wenn wir im Verständnishorizont unserer Zuhörer Gegenstände aus dem Absenderhorizont eines „fremden" Sprechers anzusiedeln versuchen. Aber gerade dies macht den guten Dolmetscher aus, wie noch zu zeigen sein wird.

Fazit: „la stessa cosa" – Dasselbe in unterschiedlichem Gewand

Zwar stellen wir uns auch als Dolmetscher gelegentlich die „philosophische" Frage, wie und mit welcher Anmutung wir die gehörten Inhalte und die sprachliche und außersprachliche Begleitmusik übertragen wollen. Aber den Hut des Übersetzers tragen wir bei dieser Arbeit nicht – wir haben nicht die Wahl, wie und wo wir unseren Text verorten wollen, ob wir in der Sprache einer anderen Zeit reden wollen – dies tut ja auch „unser" Redner nicht. Die physische Präsenz der Kommunizierenden, aber auch die in solchen Situationen benutzte Sprache und die behandelten Stoffe schaffen in aller Regel Eindeutigkeit und Präzision. Es stellt sich nicht die Frage, ob wir den Zuhörer mit unserer Verdolmetschung in eine andere Zeit oder eine andere Welt (ent-)führen oder ihm einen anderen „Geschmack" oder „Duft" vermitteln wollen. Zwar erlauben wir uns gelegentlich, einen Redner mit Marseillaiser Akzent in das Deutsch eines Jürgen von Manger oder einen Schotten in schönstes Bayerisch zu verdolmetschen – dies aber nur bei abgeschaltetem Mikrofon, um uns nach der Sitzung zu entspannen, oder wenn wir mit unseren Zuhörern so vertraut sind, dass wir wissen, wann sie ein wenig Humor oder Abwechslung brauchen.

Da leuchtet es ein, dass das Postulat Ecos vom „Aushandeln der angemessenen und gerechten Lösung" für uns Dolmetscher von einer größeren praktischen Relevanz ist als ein „schräges Licht", mit dem wir die sprachliche Oberfläche des Gehörten ausleuchten und ihr Relief verleihen. Die gerechte Lösung unter den zeitlichen Zwängen des Dolmetschens auszuhandeln, um *la stessa cosa* sagen zu können – das muss das Ziel sein, und hier muss das verbindende Element zwischen Übersetzen und Dolmetschen angesiedelt sein. Da ich einige erhebliche Unterschiede in den Ausführungsmodalitäten bereits postuliert bzw. eingeräumt habe, hier noch ein besonders wichtiger:

Es gibt im Gegensatz zum Übersetzen neben dem Ziel einer korrekten und vollständigen Verdolmetschung „Stellgrößen", die der Dolmetscher von sich aus situationsabhängig und zur Anpassung an den Redner und dessen persönliche Besonderheiten regeln kann und regeln muss. Sie betreffen in erster Linie seine Sprechhaltung und eigentlich sogar ausschließlich seine Sprechhaltung, wenn wir diese Größe so definieren, dass sie nicht nur Merkmale wie Betonung und Schnelligkeit, sondern auch den Sprachrhythmus, die Lautstärke und die Flüssigkeit, aber auch weniger klar definierte Merkmale wie defensives oder offensives Sprechen oder auch Dinge wie den „Brustton der Überzeugung" bzw. sein Gegenteil umfasst.

Neben den textbedingten Unterschieden führen diese Besonderheiten der mündlichen Kommunikationssituation zu meiner Forderung, der Dolmetscher müsse dem Gesagten ein unterschiedliches Gewand schneidern, in dem er abweichend vom Übersetzer dennoch seine *stessa cosa* präsentieren soll.

Was alle inhaltlichen Komponenten der Verdolmetschung betrifft, so wird es niemanden wundern, dass ich sämtliche Kriterien, Postulate und Bewertungsparameter, die ich für das Übersetzen genannt habe, auch auf das Dolmetschen anwende. Diese Form der Translation hat zwar ihre eigenen Zwänge, und diese werden auch in der gebührenden Ausführlichkeit dargelegt und berücksichtigt, jedoch können sie nicht bedeuten, dass an die Qualität und das Wesen des Produkts, an den Grad, in dem es sich mit der Vorlage deckt oder nicht deckt, andere bzw. niedrigere Anforderungen gestellt oder Maßstäbe angelegt werden. Dies soll nicht bedeuten, dass es keine Konzessionen gibt, denn diese sind schon angesichts der unstetigeren Rahmenbedingungen, unter denen im Vergleich zum Übersetzen gedolmetscht wird, nie ganz auszuschließen.

Die „Quasi-Identität" jedoch, die sorgfältig ausgehandelte, angemessene und gerechte Lösung Ecos – gemessen natürlich an der gehaltenen Rede als Referenzgröße und eben nicht an dem geschriebenen und übersetzten Text –, die Dichte der Äquivalenz und die Kriterien für den Abstand zum Original – alles dies postuliere ich für die Verdolmetschung ebenso wie für die

Übersetzung. Literarische Texte sind zwar in aller Regel durch gewollte Unbestimmtheit bzw. Interpretationsbedürftigkeit geprägt, während der größte Teil aller gesprochenen Reden klare und verständliche Mitteilungen und Aussagen zum Inhalt haben dürfte. Dem steht jedoch die Erkenntnis gegenüber, dass die Abweichungen bzw. sogar Widersprüche im individuellen Verständnis von mündlich vorgetragenen Äußerungen eher noch größer ist als beim Lesen von Texten.

Analog zu den Effekten, die durch unterschiedliche Übersetzungen von literarischen Texten hervorgerufen werden, ist es im Grunde an der Tagesordnung, dass einzelne Dolmetscher die Äußerungen eines Redners durchaus auf abweichende Art und Weise übersetzen. Bei Teams von Simultandolmetschern, die in mehrere Sprachen gleichzeitig arbeiten, haben wir eine besonders gute „Versuchsanordnung", dank derer dieses Phänomen sich beobachten lässt.

Auf der anderen Seite ist natürlich genau wie der Autor des literarischen Texts auch jeder Sprechende ein Unikat, drücken niemals zwei Sprecher vergleichbare Gedanken auch in gleichen Wörtern und Worten aus. Nicht alle Redner sind kohärent und vergleichbar, nie sind sie gleich einfach oder gleich schwer verständlich. Und doch muss der Simultandolmetscher schneller als jeder andere Zuhörer die *cosa* erfassen und unvermeidbare Unterschiede auf das Gewand beschränken, in dem er seine *stessa cosa* darbietet.

Um jedes Missverständnis zu vermeiden, das sich aus dieser Diskussion ergeben könnte: Die Kategorie der Qualität einer Übersetzung hat nichts damit zu tun, ob letztere eher beim Autor oder eher beim Leser angesiedelt ist. Und auch das Gewand, in dem eine Übersetzung daherkommt, steht nicht unbedingt in einem Zusammenhang mit ihrer Qualität. Ist die Frage nach der „Verortung" der Übersetzung eher eine philosophische, so bin ich geneigt, Qualitätsfragen im Bereich des Handwerklichen anzusiedeln, um das es im siebten Kapitel geht.

2. Fremde Wörter – falsche Freunde: Stepping-stones und Stolpersteine

In dem dritten, entschieden praktischen Teil dieses Kapitels stelle ich eine Reihe jener Probleme des Übersetzens vor, die ich als rein sprachliche Klippen eines Textes oder einer Rede betrachte und die durch ihre sprachliche Bedingtheit zwangsläufig als relative, als durch die vorhandenen Sprachkenntnisse relativierte Schwierigkeiten zu gelten haben. Je nach dem Perfektionsgrad, mit dem jemand seine Sprachen beherrscht – und auch hier gilt wieder mein Relativitätsprinzip – werden diese, unter anderem aus der Asymmetrie der Sprachen resultierenden Gegebenheiten – wie zum Beispiel Interferenzen und „falsche Freunde" – als unterschiedlich schwierig empfunden. Wollte man zur Veranschaulichung übertreiben, so ließe sich fragen, wie schwer das Übersetzen jemandem fallen mag, der ansonsten mit 500 Wörtern einer Sprache durchs Leben geht. Ein Berufsanfänger, für den es beim Übersetzen teilweise noch um Spracherwerb geht, dürfte die im Folgenden vorzustellenden, sprachlichen Besonderheiten mehr als alle anderen Text- und Inhaltsmerkmale als Kriterien zur Beurteilung der Schwierigkeit einzelner Aufgaben heranziehen. Wenn das Übersetzen auch bei jemandem mit wirklich perfekten Kenntnissen beider Sprachen alles andere als einfach ist, dann muss es in seinem Kern aber neben der sprachlichen Hülle des Gelesenen und Gesprochenen andere Größen geben, an denen wir die in Texten und Reden liegenden Herausforderungen messen. Da sprachliche Hülle immer dann, wenn es sich nicht um Poesie handelt, um das dichterische Verschmelzen von sprachlicher Form und Aussageinhalt, mehr als ein reiner Selbstzweck ist, da sie dazu dient, Inhalte zu kommunizieren, geht es in erster Linie um diese Inhalte, um die geistige Arbeit, mit der das Verständnis von Texten und Reden erworben wird.

Bevor ich zu meiner Auswahl von sprachlichen Besonderheiten komme, will ich aber kurz die Frage ansprechen, was denn eine schwierige Übersetzung überhaupt ausmacht – und damit unauflösbar verknüpft auch eine gelungene Übersetzung. Gibt es objektive Kriterien, nach denen einzelne Texte und Reden leichter oder schwerer zu übersetzen bzw. zu verdolmetschen sind als andere? Und wie, nach welchen Kriterien beurteilt ein Übersetzer, noch bevor seine Leser die Gelegenheit dazu erhalten, ob seine Übersetzung richtig und vielleicht gar gut ist?

Und – müssen wir nicht generell fragen, ob sprachliche Phänomene wie seltene Wörter oder Wendungen, unerwartete Konnotationen eines in seinen bekannteren Bedeutungen häufig verwendeten Worts (das englische *hawk* heißt nicht nur ‚Falke‘ im ornithologischen sowie im übertragenen Sinn, sondern ist auch das Werkzeug eines Gipsers), Bedeutungsänderungen durch Änderung der Wortstellung (*un certain souci – un souci certain*, ‚eine gewisse Sorge‘ – ‚eine große Sorge‘) überhaupt als Gradmesser für die Schwierigkeit von Texten taugen? Im Gegensatz zu den hermeneutischen Schwierigkeiten eines Textes sind diese Gegebenheiten ja *per definitionem* schon dann keine Schwierigkeiten mehr, wenn sie dem Übersetzer bekannt sind. So banal es klingt – diese Kenntnis muss eigentlich von jedem Übersetzer theoretisch und prinzipiell verlangt werden. Schwierig ist eine Übersetzung vielmehr dann, wenn Textmerkmale wie Stil, Register, Ironie, Anspielungen, Wortspiele etc. nur unter großen Anstrengungen in der Zielsprache nachzuvollziehen sind. Wenn sie ohne eine sichere Vertrautheit mit dem Gegenstand nicht ohne weiteres zu erkennen sind. Wenn ein Autor oder Redner sich inkongruent oder unlogisch ausdrückt und wir ohne Möglichkeit der Rückfrage dennoch erkennen müssen, was gesagt werden soll.

Falsche Freunde, Interferenzen, Kongruenzfallen

Damit sind wir bei meinem ersten Dementi, mit dem allen landläufigen Annahmen über die Schwierigkeit von Texten zu begegnen ist: Es bezieht sich auf die so genannten falschen Freunde zwischen jeweils zwei Sprachen. Ich spreche hier von „Scheinkonvergenz“: *burro* heißt ‚Butter‘ im Italienischen, aber ‚Esel‘ im Spanischen. Als Scheinkonvergenz, als nur scheinbare Deckung oder Übereinstimmung bezeichne ich auch die semantischen

Interferenzen, die durch Systemunterschiede begründet werden: *nation* im Amerikanischen versus ‚Nation' im Deutschen. Das französische *culture* bedeutet natürlich in vielen Zusammenhängen nichts anderes als ‚Kultur', wird aber oft im Sinne von Bildung verwendet: *Il avait une grande culture.* Deutsch: ‚Er war ein hochgebildeter Mann'. Unsere deutsche ‚Kultur' hingegen kommt unseren Englisch oder Französisch sprechenden Freunden in geradezu abenteuerlichen Komposita entgegen: Kulturbeutel, Körperkultur etc. Und schließlich haben wir auch das Phänomen der Teilkonvergenz, das dafür sorgt, dass scheinbare Entsprechungen (Kongruenzen) von Begriffen, aber auch von komplexeren Strukturen situations- und kontextabhängig sind und nicht durchgehend unterstellt werden dürfen: *bon appétit* heißt ‚guten Appetit', aber *il avait un appétit énorme de la nouveauté* vielleicht besser nicht mit: ‚Er hatte einen Riesenappetit auf Neues' wiedergeben, sondern mit ‚Begierde auf Neues', oder schlicht ‚Neugier'.

Seinen schönsten, aber für den Übersetzer auch folgenschwersten Ausdruck findet dieses Phänomen bei Redensarten und Sprichwörtern, die in zahllosen Fällen beim Transfer von einer Sprache in die andere eine Verschiebung der möglichen Bedeutungskonstellationen erfahren – ganz abgesehen von der Frage, mit welcher Präzision wir schon in unserer eigenen Sprache manche Redewendungen und Sprichwörter verwenden, und welche interindividuellen Unterschiede schon innerhalb einzelner Sprachgemeinschaften auszumachen sind. Als kleiner Junge wohnte ich einer Skatrunde bei, in deren Verlauf mein Onkel enttäuscht bemerkte, mit dem soeben erhaltenen Blatt könne er ‚kein Blumentopf werden'. Auch bei einer Wendung wie *this is the last straw* geht es nur darum zu wissen, was mit ihr ausgedrückt werden soll und mit welcher möglicherweise völlig anderen Wendung dies in der Zielsprache ausgedrückt wird. Wenn wir wissen, dass man sich im Englischen nicht ‚an den letzten Strohhalm klammert', sondern dieser im Deutschen ‚das Fass zum Überlaufen bringen' würde, dann hat dies den Rang von Vokabelwissen, ohne das man zwar nicht übersetzen kann, für das aber das zum Thema Relativität Dargelegte gilt. Den Rang einer Übersetzungsschwierigkeit mag ich solchen Wendungen mit Vokabelcharakter daher ebenso wenig zusprechen, wie ich dies bei einzelnen Wörtern tue.

Ganz anders verhält es sich mit einer großen Gruppe von Redewendungen und Sprichwörtern, die einen hohen Interpretationsbedarf in sich bergen. Das französische *Le vin est tiré, il faut le boire* sagt aus, dass ein einmal gezapfter Wein auch getrunken werden muss: ‚Wer A sagt, muss auch B sagen'. Aber verhält es sich dabei wie mit der ‚selbst eingebrockten Suppe'? Ist bei letzterer nicht eher die kausale Komponente, das „Verursacherprinzip", die Schuldfrage vorrangig? Wenn wir feststellen, jemand backe nunmehr kleine Brötchen, so wird ein englischer Übersetzer sich möglicherweise für *he eats humble pie* entscheiden. Dabei kann nur der Kontext ausschließen, dass gemeint ist, ‚jemand bemesse seine Taschen nach seinen Mitteln', *You must cut your pockets according to your means* oder ‚Er krieche zu Kreuze'. Die Dimension der Demut ist in dem englischen Begriff *humble pie* eindeutig stärker als bei den ‚kleinen Brötchen' im Deutschen. In der Wendung mit dem Kreuz dagegen ist sie womöglich allzu stark und vordergründig. Und wo verläuft die Trennlinie zu jemandem, der Kreide gefressen hat? Bilder und Wendungen fügen sich immer wieder zu ganzen Ketten, deren einzelne Glieder wie Ringe ineinander verschlungen sind, sich teilweise überlagern und sich doch niemals vollständig überdecken. Soweit jedenfalls ein Beispiel – um zu zeigen, dass es beim Übersetzen neben zahllosen Redewendungen und Redensarten mit Vokabelcharakter auch solche mit starker Interpretationsbedürftigkeit gibt. Zwischen den beiden Kategorien verläuft eine für das Übersetzen enorm wichtige Grenze, anhand derer ich diejenigen Formulierungen, Wendungen und Sprichwörter, die sich wie Vokabeln lernen lassen, von denen unterscheide, die durch den ihnen inhärenten Interpretationsaufwand Übersetzungsprobleme darstellen und natürlich gerade für den Simultandolmetscher besondere Herausforderung bedeuten.

Auf die Gefahr hin, mit einer pauschalen und daher vielleicht etwas kühnen Feststellung zu provozieren, stelle ich zusammenfassend die These auf, dass es keinesfalls die im dritten Abschnitt vorgestellten sprachlichen „Knacknüsse" sind, die einen

Text schwierig machen. Sie sind als Übersetzungsprobleme allzu subjektiv, ihr Gewicht als solche ist relativ. Und selbst wenn sie mitunter gemessen am gängigen Sprachgebrauch etwas exotisch erscheinen mögen – von einem professionellen Übersetzer, der dies ja *am Ende des Tages* nicht zuletzt dank seiner guten Sprachkenntnisse ist, sollten sie sicher beherrscht und können sie jederzeit recherchiert werden. Ob ein Text „sprachlich" einfach oder schwer ist, sollte für den Profi ohnehin *à priori* irrelevant sein. Wichtig ist dagegen die Frage, ob die Aussagen eines Texts, seine Kommunikationsinhalte sich dem „durchschnittlichen" Leser ohne unüberwindliche Schwierigkeiten erschließen, denn dann wird auch der Übersetzer mit dem Text fertig. Was ihm womöglich aufgrund seiner besonderen Herangehensweise sogar leichter fallen könnte als dem „normalen" Leser.

Einzelne Sprachmerkmale, aber auch die völlig normale Inkongruenz der Sprachen taugen also nicht als Kriterien für die Unterscheidung von schweren und vermeintlich einfachen Texten. Andererseits kann natürlich eine Übersetzung nicht bereits dann als gut oder gelungen gelten, wenn die im Text enthaltenen sprachlichen Hürden übersprungen wurden, wenn die alles Übersetzen bestimmende Inkongruenz „neutralisiert" werden konnte.

Schwierigkeitsgrade und Qualitätskriterien für Übersetzungen

Nach welchen Kriterien wollen und sollen wir also die Schwierigkeit und eng damit zusammenhängend auch die Qualität einer Übersetzung beurteilen? Nachdem wir bei Harald Weinrich gelernt haben, dass alle Texte übersetzbar sind, nachdem wir zwar die Sklaven der Wörter, aber auch die Herren der Texte seien, ist es womöglich gar nicht mehr relevant zu wissen, ob einzelne Texte schwer oder leicht zu übersetzen sind. Für den Profi in seinem Übersetzeralltag ist hier natürlich eine wirtschaftliche Dimension gegeben: „Leichte" Texte sind schneller und müheloser zu übersetzen als schwierige. Und auf jeden Fall haben wir es auch mit einer didaktischen Kategorie zu tun: Es muss anhand der Unterscheidung zwischen schwierig und leicht möglich sein,

Lernenden und Anfängern angemessene Aufgaben zu stellen und deren Bewältigung gerecht zu beurteilen. Ansonsten halte ich die Unterscheidung für eine eher akademische von geringem praktischem Wert. Wenn ein Text übersetzt, eine Rede verdolmetscht ist, dann sagt das fertige Produkt nichts mehr darüber aus – und darf nichts mehr darüber aussagen –, ob seine Erstellung mühevoll oder einfach war. Und eine mehr oder weniger große, objektiv bestehende oder auch nur subjektiv wahrgenommene Schwierigkeit darf ich ohnehin nicht und niemals in einen Zusammenhang mit der Qualität meiner Arbeit stellen, das heißt als Begründung für mehr oder weniger gelungene Übersetzungen bemühen.

Worin sind nun die objektiven Textmerkmale begründet, die einzelne Texte leicht, andere dagegen schwierig machen? Halten wir zunächst fest, dass es im Gegensatz zu den rein sprachlichen Textmerkmalen hier keinerlei Unterschiede zwischen dem Übersetzer und dem „normalen" Leser gibt. Texte sind aus denselben Gründen für beide gleich schwierig oder leicht– zu verstehen oder zu übersetzen. So wie wir gelegentlich sagen, wir hätten einen Text praktisch „auf Autopilot" übersetzt, so überfliegt der Leser einfache Texte, ohne sich besonders konzentrieren zu müssen. Dort, wo er einen Text nur mit einer gewissen Mühe versteht, können auch wir als Übersetzer damit rechnen, dass er eher zu den schwierigen gehören dürfte, deren Übersetzung uns Kopfzerbrechen bereitet.

Nachdem ich es in verschiedenen Zusammenhängen angesprochen habe, mag es inzwischen wie eine Binsenweisheit klingen: A und O allen Übersetzens ist die Forderung, wir müssten zunächst verstehen, was gemeint ist, was ausgesagt werden soll. Auch das Postulat von Umberto Eco, jedwedes Übersetzen fordere zunächst einen Interpretationsschritt, bedeutet nichts anderes. Keinerlei Rolle kann dabei die Frage spielen, ob der Verfasser sich der adäquaten und korrekten Mittel bedient hat, um seine Intentionen in Textform zu gießen. Während die meisten Äußerungen auf Anhieb verständlich sind, bedürfen manche – und das sind oft gerade die wichtigsten – der Interpretation und verlangen vom Übersetzer und vom Dolmetscher, dass er sich schon zu Beginn seiner Arbeit auf eine von mehreren gleichermaßen überzeugenden Alternativen festlegt.

Das überragende Kriterium zur Beurteilung der Schwierigkeit von Texten ist deren Interpretationsbedürftigkeit. Mit welcher Leichtigkeit offenbaren sie den Sinn der in ihnen enthaltenen Aussagen? Genügt ein leises Anklopfen, oder verlangen sie nach hartnäckigem Bohren und geduldigem Suchen? Daraus ergeben sich die Kriterien für eine erste Qualitätsbestimmung der Übersetzung: Bei einer guten Übersetzung wurden alle interpretationsbedürftigen Aspekte als solche erkannt. Die Interpretation des Ausgangstexts ist von Umfang und Tiefe her in Ordnung, und das Verstandene hat seinen exakten und vollständigen Ausdruck in der Zielsprache gefunden.

Eng im Zusammenhang damit steht ein Aspekt des Übersetzens, den ich, vielleicht zum Erstaunen mancher Leser, in den Rang einer besonderen Schwierigkeit des Übersetzens erhebe, obwohl er völlig anderer Natur ist als die Interpretationsbedürftigkeit und die Hermeneutik selbst, als die Achtung vor Stil, Register und Wortwahl, ein Aspekt, der auch mit den klassischen Übersetzungsfallen nichts zu tun hat. Ich meine eine jegliches Übersetzen begleitende, völlig sprachunabhängige Tücke, die auch von erfahrenen Übersetzern und Dolmetschern immer wieder außer Acht gelassen wird: Die vorschnelle Sicherheit, das richtige Wort gewählt, die Aussage des Textes richtig verstanden zu haben. Auch wenn es womöglich ein wenig um die Ecke gedacht ist, kann ich diesen Aspekt gar nicht nachdrücklich genug betonen – hier liegt eine der häufigsten Ursachen für schwere Übersetzungsfehler, zumal die daraus resultierenden Missverständnisse und Fehler die inhaltliche Korrektheit und nur selten die sprachliche Hülle beeinträchtigen.

Wir halten fest: Ist die Interpretationsbedürftigkeit von Texten das wichtigste Maß für deren Schwierigkeit, so bildet die Sorgfalt, mit der ein Übersetzer die Interpretationsbedürftigkeit seines Texts auslotet, sowie die Bereitschaft zur selbstkritischen Überprüfung der gewählten Lösungen, eines der entscheidenden Merkmale für die Unterscheidung zwischen guten und schlechten Übersetzungen. Und wir vermerken am Rande, dass auch dieses Kriterium nicht direkt in den am Übersetzungsprozess beteiligten Sprachen begründet ist.

Schwierig zu übersetzen sind des Weiteren Texte, die ihre wahre Schwierigkeit nicht auf Anhieb erkennen lassen, da sie sich zum Beispiel wie gute Romane oder Geschichten auf verschiedenen Ebenen von Anspruch und Subtilität lesen lassen. Doppeldeutigkeit und Doppelbödigkeit kommen unter anderem in komplexeren Strukturen, aber auch in der Verwendung von bedeutungsreicheren Wörtern und Begriffen zum Ausdruck. Ebenso wie der Leser, der sich verschiedene Ebenen und Tiefen eines Textes erschließen möchte, dafür einen eigenen Blick und ein besonderes Gespür pflegen und bewahren muss, muss der Übersetzer sicherstellen, dass er durch die gewählte Form (Struktur, Wortwahl etc.) seinen übersetzten Texten dieses Potenzial mitgeben muss.

Abschließend sei mir noch eine Binsenweisheit erlaubt, die bei aller Trivialität durchaus nicht immer bedacht wird. Schwierig zu übersetzen sind auch Texte, die einfach nicht gut verfasst sind. Und wie gut ein Text verfasst ist, dies wurde an anderer Stelle kurz angesprochen, das erweist sich oftmals erst beim Übersetzen, das heißt dort, wo ein klares Verständnis von Texten erst durch die vielfältigen Entscheidungen des Übersetzers in seiner Rolle als Leser hergestellt wird. Unbeabsichtigte Zweideutigkeiten in einem Text, über die ein „normaler" Leser meistens hinweg liest, errichten für den Übersetzer unüberwindliche Hürden. Und wie oft habe ich erlebt, dass einem Verfasser, den ich zur Klärung anrief, nichts anderes als diese Frage einfiel: „Habe ich so einen Blödsinn tatsächlich geschrieben?"

Irrlicht oder Fixstern – die Stimmigkeit der Übersetzung

Eine neue Kategorie in der Bewertung von Übersetzungen möchte ich mit dem Begriff der Stimmigkeit einführen. Kaum ist das Wort geschrieben, so höre ich schon die „Mathematiker" unter unseren Kollegen stöhnen, so sehe ich, wie sie sich die Haare raufen. Und ich richte mich auf den Einwand ein: „Ist das etwa alles? Soll das etwa das Fazit sein nach allen Analysen und Er-

klärungen? Bleibt unter dem Strich wirklich nicht etwas weniger
Vages und Unbestimmtes, bleibt da nur eine so dürftige Kategorie wie die Stimmigkeit einer Übersetzung?" Und natürlich stimmen die Traduktologen sofort ein: „Haben wir uns all die vielen
Jahre etwa umsonst bemüht, plausible und stichhaltige Theorien
vom Übersetzen zu entwickeln? Nur damit am Ende die Praktiker sich für nichts Fundierteres, nichts Greifbareres interessieren
als für die ‚Stimmigkeit' ihrer Übersetzungen?"

Was ist „objektiv", „interindividuell" unter Stimmigkeit zu
verstehen? Es hat keinesfalls an Versuchen gefehlt, diesen vagen
Begriff der Stimmigkeit zu definieren und ihm einen etwas kon-
kreteren Inhalt zu geben, als er auf den ersten Blick zu haben
scheint. Der Umweg über mögliche Entsprechungen in anderen
Sprachen (*coherence* im Englischen) gibt nur bedingt Aufschluss.
Auch mit dem „harmonischen Zusammenpassen aller Einzel-
elemente" decken wir nur einen Teil des Bedeutungsfeldes ab –
wohl deshalb, weil dieser Begriff eben auch eine sehr ausgeprägte
Komponente von subjektivem Empfinden umfasst.

Ob stichhaltig definiert oder nicht – ich fürchte bei aller Komplexität des Vorgangs, bei aller Analyse und trotz aller Bemühungen um wissenschaftliche Aufarbeitung, dass es tatsächlich
so ist mit dem Übersetzen: Am Ende, unter dem Strich, dort, wo
abgerechnet wird, wo die Waagschalen des ‚pro' und des ‚con-
tra' befüllt werden, als ließe sich auf das Gramm genau wiegen
und abwägen, ob die Übersetzung nun exakt und perfekt oder
ob sie vage und fehlerhaft ist – da kommt mit der Stimmigkeit
eine Größe ins Spiel, die alle rationalen und wissenschaftlichen
Kategorien im Grunde *ad absurdum* führt, die diese durch ihren
emotionalen Charakter als eine über den Bauch gesteuerte Mess-
größe zumindest relativiert.

Ob wir etwas als stimmig empfinden – egal, ob eine Aussage
oder eine Übersetzung – das ist, wie das Wort stimmig bereits
besagt, eine Frage des Bauchgefühls. So wie wir gelegentlich Aussagen beim ersten Anhören als vage, unklar, diffus, unrund, kurz
als erläuterungsbedürftig empfinden, so wie wir selbst das Gefühl
kennen, einen in unserem Kopf völlig klaren Gedanken nicht
in dieser selben Klarheit ausgedrückt zu haben, so geht es dem

Übersetzer, wenn er den Abgleich zwischen dem verstandenen Ausgangstext und seiner Version in der Zielsprache vornimmt. Er spürt – über die Fingerspitzen –, ob seine Übersetzung „rund" ist, ob nichts „hängt" oder „klemmt", ob seine Formulierungen übertrieben oder zu schwach sind, ob Stil und Wortwahl „passen". Es ist schwierig, diese Kategorien in Worte zu fassen und sie reproduzierbar zu beschreiben. Ich will mich nicht drücken und ins Allgemeine ausweichen, und doch habe ich den Eindruck, dass wir es hier letztlich mit einer Fähigkeit unseres Gehirns zu tun haben, die wir einerseits nicht restlos erklären und die wir andererseits bzw. gerade deshalb nicht mit Hilfe eines Computers nachbilden können.

Mit dieser gefühlsmäßigen ersten Einschätzung seiner Übersetzung verschafft jeder sorgfältig vorgehende Übersetzer sich den ersten Aufschluss darüber, ob er in die Einzelprüfung von Kriterien wie Diktion, Stil, Register, Vollständigkeit, Richtigkeit der Wiedergabe von Zahlen und Fakten und vieles mehr einsteigen muss – und so fließen alle diese Einzelgrößen in die Sammelkategorie der Stimmigkeit ein, und diese verliert womöglich ein wenig von ihrem vagen, vielleicht willkürlich anmutenden Charakter. So viel vielleicht zur Ehrenrettung der Stimmigkeit als „Messinstrument" und zur Relativierung des Einwands, sie sei ebenso subjektiv wie manipulierbar. Ich stelle jedenfalls nach Tausenden von übersetzten Seiten fest, dass es keine reproduzierbaren Kriterien, keinen allgemein gültigen Maßstab, keine Schablone und schon gar keine Formel gibt, anhand derer sich bestimmen ließe, ob denn nun gut, ob richtig übersetzt worden ist oder nicht.

Erinnern wir uns noch einmal, wenngleich ein wenig vereinfachend an die wenigen Schritte, in denen eine Übersetzung zustande kommt. Es wird das Verständnis des Texts hergestellt. Sodann werden die sprachlichen Äquivalente gefunden und wie die Zutaten für ein Gericht neben dem Herd bereit gelegt, bevor sie nach und nach zu einem neuen Text kombiniert und verarbeitet werden – was übrigens seltener in Form von Sätzen und meistens nach einzelnen Aussagen, nach Gedankensegmenten geschieht. Dabei werden auch, ja eigentlich vor allem, die kleinsten, die unbedeutend erscheinenden Wörtchen angemessen berücksichtigt und mitgenommen – vergessen wir nicht, um im Bild der Zubereitung von Gerichten zu bleiben, dass es am Ende die kleinsten Partikel, die Gewürze und Aromazutaten sind, die für den Erfolg die größte Bedeutung haben.

Nach diesen eigentlichen Arbeitsschritten bekommt die Übersetzung nach dem Bild des köchelnden Gerichts die notwendige Zeit zu ziehen oder sich zu setzen, ihrerseits nun so auf ihren Autor, den Übersetzer, einzuwirken wie zuvor die Textvorlage und nach und nach ihre vielfältigen Dimensionen preiszugeben. Erst jetzt kommt der wichtigste Schritt – und für diesen gibt es eben weder einen Plan noch Instruktionen oder eine *standard operation procedure (SOP)*, wie sie uns von jenseits des großen Teichs für beinahe alle Abläufe in beinahe allen Unternehmen beschert worden sind. Diesen Schritt gestaltet jeder Übersetzer auf seine eigene Weise – er prüft die Stimmigkeit seiner Arbeit. Er verkostet sozusagen, was er zuvor angerührt hat. Wenn die groben, oben angesprochenen Kategorien „stimmen", dann kann es sein, dass hier noch eine Prise Ironie, dort ein Hauch pragmatischerer Ausdrucksweise fehlt, dass der Text stellenweise ein Quantum Straffung brauchen kann oder sich für eine zunächst nicht übersetzte, sondern umschriebene Metapher plötzlich doch noch ein passendes Bild einstellt.

Stimmigkeit – das ist in der Tat ein seltsamer Begriff, einer, der mich an steinzeitliche Arbeitsmethoden denken lässt und auf den wir doch nicht verzichten können. Erst die Prüfung der Stimmigkeit veranlasst uns Übersetzer zu einer Einzelprüfung der gewählten Lösungen, bei denen wir uns selbst vielleicht noch nicht ganz sicher sind. Die größte Fertigkeit, über die ein guter Übersetzer verfügen kann, ist die Fähigkeit zu erkennen, wann die Übersetzung auch nur minimale Abweichungen von der Vorlage aufweist, wo möglicherweise eine der vielen Konnotationen eines Worts fehlt, wo ein Begriff eine ursprünglich nicht vorhandene Konnotation, einen unterschwelligen zusätzlichen Sinn, einen nicht gewollten Ton oder auch einen Oberton einschleust – lauter Zustände, die letztendlich tatsächlich nur mit Hilfe eines Sensoriums zu erfühlen sind, das im Grunde in den

Bereich von Talent gehört, das meiner festen Überzeugung nach jedoch auch durch einen guten, sensiblen Lehrer aufgebaut und behutsam vermittelt werden kann.

Und doch erkenne ich an, dass diese Kategorie als oberster Maßstab für die Qualität und die Richtigkeit von Übersetzungen auf den Außenstehenden durchaus etwas dürftig wirken mag. Schließlich ist es bei anderen Handwerkern ganz anders: Der Schreiner prüft den Sitz, die Toleranzen, die Maßgenauigkeit seiner Arbeit, wozu ihm Instrumente und reproduzierbare Größen zur Verfügung stehen. Der Schlosser stellt im Handumdrehen fest, ob sein Schloss schließt und die Schlüssel korrekt passen. Der Schneider dagegen hat es schon schwerer – er prüft mit der Passform seines Anzugs seinerseits die Erfüllung von eher vagen, durch subjektive Eindrücke geprägten Kriterien und Vorgaben, die ihrerseits (der Übersetzung ähnlich) wechselnden Moden unterworfen sind und sich nicht durch Zahlen quantifizieren lassen – worin sie mit der Stimmigkeit durchaus vergleichbar werden.

3. Übersetzen konkret – eine Auswahl von Blüten und Dornen

Kommen wir zu unserem Tiefflug durch die Niederungen der zu übersetzenden Sprache, nachdem wir bei Umberto Eco gelernt haben, dass deren für die Translation ausschlaggebende Gegebenheiten aus großer Höhe nicht deutlich genug erkennbar sind, um sie beim Übersetzen angemessen berücksichtigen zu können. Aus welcher Kategorie, soweit sie sich überhaupt kategorisieren lassen, die nachher folgenden Klippen und Untiefen des Übersetzens auch ausgewählt sein mögen – eines ist ihnen gemein: sie alle müssen eindeutig und restlos geklärt sein, bevor ein sicher und ohne alle Fragezeichen verstandener Text auf den Weg in die andere Sprache gebracht werden kann. Um aber geklärt werden zu können, müssen sie vorher bekannt sein, müssen sie identifiziert und gegebenenfalls recherchiert werden. Und solange wir vom Dolmetschen reden, muss dies alles auch noch blitzschnell, ja eigentlich fast instinktiv geschehen. Zur Einstimmung präsentiere ich eine kleine Textprobe, die einige besonders reizvolle und aufschlussreiche Blüten und Dornen enthält:

Von den Fallen des Übersetzens in die Fremdsprache –
Eine Fallstudie zum Einstieg

Halb im Ernst und halb scherzhaft behaupte ich immer wieder, übersetzte Texte zu kennen, in denen ein einziger Satz an Übersetzungsfehlern ausreichend Stoff und „Artenvielfalt" für ein ganzes Seminar über die Tücken und Klippen des Übersetzens biete – und oftmals für ein Seminar im langen Wintersemester. Ja, ich kenne Texte, bei denen schon Freude aufkommt, wenn einzelne Wendungen und Formulierungen nicht durch den Rotstift bedroht sind. Einen solchen Text stelle ich Ihnen vor – den Anzeigentext, den ein französisches Luxushotel vor einigen Jahren im Reiseteil der FAZ veröffentlicht hat. Dabei entnehme ich der Anzeige nur die relevanten Formulierungen, da organisatorische Angaben zu den Angeboten des Hotels nicht interessieren.

> ➤ *Eine andere Idee von Luxus in der Bucht von St. Tropez!*
> ➤ *Eskapaden, von denen Sie sonst nur träumen!*
> ➤ *Ein Paradis – mitten im Herzen der Côte d'Azur …*
> ➤ *Genießen Sie Ihr Frühstück auf der Terrasse,*
>   *die die Bucht dominiert …*
> ➤ *Erleben Sie großartige kulinarische Experimente*
>   *in unserem gastronomischen Restaurant…*
> ➤ *Profitieren Sie von unserem Strandrestaurant –*
>   *dort speisen Sie die Füße im Wasser …*

Hand aufs Herz – müssen Sie diese Textstücke zweimal lesen, um sich bewusst zu machen, dass da etwas nicht stimmt? Dann hätte der Text sein primäres Ziel ja zunächst noch erreicht. Mir persönlich geht es so, dass die Sprache bereits den Zugang zur Botschaft versperrt. Aber ich muss einräumen, dass dies womöglich eine der weniger wünschenswerten Spätfolgen meiner Beschäftigung mit der Sprache ist.

Über die Entstehungsgeschichte des Texts kann ich nur spekulieren: Entweder hat ein des Deutschen nicht ganz unkundiger französischer Werbetexter seine Grenzen falsch eingeschätzt oder einfach nicht verstanden, worum es beim Übersetzen geht. Oder es hat ein durch die Agentur eingeschalteter, externer Übersetzer die Ursünde begangen, einen hochsensiblen Text in eine Nicht-Muttersprache zu übertragen. Beides ist denkbar, wobei ich jedoch bei meiner Einschätzung bleibe, dass der Text nicht von einem entgleisten Muttersprachler stammt. Dabei darf aber auch nicht vergessen werden, dass selbst professionelle Übersetzungen in die Muttersprache häufig die an solche Texte zu stellenden Erwartungen nicht befriedigen können.

Natürlich wäre zu fragen, ob Werbetexte überhaupt durch die Übersetzung von Vorlagen aus anderen Sprachen entstehen dürfen – ob sie nicht vielmehr grundsätzlich und in allen Fällen situations- und zielgruppengerecht neu erstellt bzw. so weitgehend adaptiert werden müssen, dass von Übersetzen gar nicht die Rede sein kann. Schon die Frage nach der übersetzten Sprachrichtung spielt hier eine wesentliche Rolle. Es ergibt sich aus allem bisher Gesagten, dass gerade bei professionellen Übersetzern und Dolmetschern ein besonders enger Zusammenhang zwischen der beruflichen Erfahrung und der Skepsis gegenüber dem Übersetzen in eine Fremdsprache zu beobachten ist. Der vorliegende Text kann auf den ersten Blick gar nicht durch einen Muttersprachler erstellt worden sein – eine Aussage, die ich aber sogleich wieder relativieren muss. Schließlich begegnen mir oft Übersetzungen von Muttersprachlern, denen es nur nicht gelungen ist, sich vom Ausgangstext ausreichend zu lösen, um diejenigen Interferenzen zu vermeiden, die dem Muttersprachler einfach nicht passieren dürfen (siehe unten ‚die Füße im Wasser‘). Andere haben so lange außerhalb ihres Landes gelebt, dass ihnen das Gefühl für das Vorliegen möglicher Interferenzen und damit jeder Abwehrmechanismus abhanden gekommen sind. Ein guter deutscher Freund, der seit 20 Jahren in Frankreich lebte, sagte einmal, als er mir etwas Unangenehmes sehr offen mitteilen wollte, er werde seine Wörter nicht kauen *(mâcher ses mots)*, obwohl er eigentlich ‚kein Blatt vor den Mund nehmen' wollte.

Beginnen wir die Analyse der Anzeige mit einer Fehlerkategorie, für die ich die Bezeichnung „orthografische Interferenz" verwende. Ein Fehler wie ‚Paradis' wäre noch am einfachsten zu vermeiden und ist vielleicht gerade deshalb besonders ärgerlich. Im Französischen wird das Paradies in der Tat mit einfachem „i" geschrieben, und es existiert dort ein „ie" auch gar nicht, um ein „i" gedehnt sprechen zu lassen. So haben wir es womöglich mit nicht mehr als einer „Ansteckung" zu tun, die alltäglicher nicht sein könnte – die aber umso ärgerlicher ist, als zur Kontrolle ein Blick in das Wörterbuch gereicht hätte. Um Wörter wie Rhythmus in meinen verschiedenen Arbeitssprachen richtig zu schreiben, sehe ich noch nach Jahrzehnten regelmäßig und zur Vorsicht im Rechtschreibduden nach. Und meine besonders erfahrenen Kollegen bestätigen diesen Reflex, der für den Wanderer zwischen zwei Sprachen zur Routine gehören sollte, da gerade sie der angedeuteten Ansteckungsgefahr ganz besonders ausgesetzt sind. „Es ist immer genau nicht so wie im Deutschen", pflegte ein Lehrer meiner sprachbegeisterten Tochter zu sagen, um eine Eselsbrücke anzubieten. Warum also schreiben so viele Deutsche das englische *program* grundsätzlich mit einem doppelten „m", während die Franzosen es sich nur mit Mühe verkneifen können, das englische *development* mit einem doppelten „p" zu schreiben?

Ein Beispiel aus der Kategorie der Grammatikfehler bietet ein in der Formulierung ‚die Füße im Wasser' steckender Aspekt. Dort, wo wir im Deutschen vielleicht lesen möchten: ‚zum sanften Klang der Wellen' und wo es zumindest heißen müsste ‚mit den Füßen im Wasser', sagt der Franzose in der Tat *les pieds dans l'eau* und nicht *avec les pieds,* so liegt hier ein banaler Grammatikfehler vor.

Wichtiger ist an diesem Fehlerbeispiel aber der Aspekt der Idiomatik. Es gibt im Deutschen keine Formulierung ‚mit den Füßen im Wasser', um die als positiv empfundene Nähe zum Wasser zum Ausdruck zu bringen. Wir sind eher daran interessiert, einen Bestimmungsort trockenen Fußes zu erreichen und empfinden also ein Begriffspaar wie *Füße* und *Wasser* eher als negativ besetzt. Ist auch bei uns mitunter eine Lage direkt am Wasser positiv konnotiert, so ersteht dennoch vor unserem geistigen Auge nicht dasselbe Bild, wie wenn ein Franzose *les pieds dans l'eau* hört.

Noch deutlicher ist die Unstimmigkeit bei der Begrifflichkeit der *Eskapade* oder *„escapade".* Wer sich erstere leistet, der gilt uns zumindest tendenziell als unseriös. Für unsere französischen Freunde dagegen bedeutet die *escapade* das Ausbrechen aus dem Alltag, die Flucht in ein kurzes, keinesfalls schlüpfriges Abenteuer. Mit der *Idee vom Luxus* sind wir wieder im Reich unserer berühmt-berüchtigten Interferenzen. Da ich weiter unten genauer zwischen Teilkonvergenz und Scheinkonvergenz differenzieren werde, hier nur kurz der Hinweis, dass es in bestimmten Fällen zwar eine genaue Deckung von *idée* und ‚Idee' geben kann, dass diese Fälle aber eher die Ausnahme darstellen. Hier ist die Vorstellung, die Auffassung, die Konzeption gemeint, und wenn's etwas freier sein dürfte, so würde ich nicht zögern, von ‚einer anderen Lesart von Luxus' zu sprechen – vielleicht auch von ‚Luxus, einmal ganz anders interpretiert …' Die Vorstellung von einer Terrasse, welche die Bucht dominiert, lässt sich im Deutschen besser hervorrufen, wenn der Gast aufgefordert wird, die freie oder gar beherrschende Sicht auf die Bucht zu genießen. Wollte er von dieser schönen Aussicht ‚profitieren' *(profitez de la belle vue),* so würde dies bei uns schon wieder den Hintergedanken aufkommen lassen, er könnte die Situation auf Kosten eines Dritten, auf egoistische Weise, zu (niederen) eigenen Zwecken nutzen.

Halten wir *en passant* fest, dass wir Deutschen keine gastronomischen Restaurants kennen, sondern eher solche für Feinschmecker, und dass wir bei Gastronomie leicht an das Hotel- und Gaststättengewerbe oder auch an Gebinde für Großverbraucher denken, und kommen wir zum letzten Fehler: Leser in meinem Alter denken, wenn ihnen kulinarische Experimente angeboten werden, womöglich an die Wahlplakate von Konrad Adenauer und seiner CDU: „Keine Experimente!", hieß es dort als Warnung vor der Opposition. Oder denken Sie an einen Teller mit gerösteten Ameisen und Heuschrecken? Experimente sind dort, wo wir Genuss und Sicherheit erwarten, im Deutschen nicht erwünscht. Mag dies eine subjektive Wertung sein, so gilt jedenfalls, dass hier eine Teilkonvergenz von *expériences* und ‚Erfahrungen‘ bzw. ‚Experimenten‘ vorliegt. So wenig, wie ein späterer Physiknobelpreisträger seine Erkenntnisse aus Erfahrungen, sondern stattdessen oft aus Experimenten bezieht, dürfen *expériences culinaires* mit ‚kulinarischen Experimenten‘ übersetzt werden. Abgesehen davon, dass der Mut zur freien Übersetzung, zum Sprung in die Erfahrungswelt des deutschen Lesers sicher belohnt würde, wenn es zum Beispiel hieße: ‚In unserem Feinschmeckerrestaurant erwarten Sie die raffiniertesten kulinarischen Genüsse.‘

Angesichts derartig vieler Fehler und Unzulänglichkeiten in einem so kurzen Text will ich nochmals darauf hinweisen, dass diese Beispiele nicht erfunden sind. Haben Sie schon einmal auf einer Auslandsreise in Ihrem Hotel die oft an der Tür angebrachte Notiz „Wie benehmen, wann brannt?“ gelesen? Dann werden Sie zustimmen, dass unsere Fantasie meistens gar nicht ausreicht, um derartige übersetzte Texte frei zu erfinden.

Die Übersetzungssituation, in der obige Textfragmente entstanden sind, war sicher trivial und alltäglich. War die Übersetzung so schwierig, wie man es aus dem misslungenen Ergebnis zu folgern geneigt ist? Wann ist eine solche Arbeit schwierig, wann ist sie leicht? Dazu habe ich weiter oben ausführlich Stellung genommen. Daher nur dies zur Abrundung: Schwierig ist Übersetzen mit Sicherheit auch immer dann, wenn es in eine Fremdsprache erfolgt. Wer sich diese Aufgabe schon zutraut, der sollte jedenfalls sowohl seine Ansprüche als auch seine Risikofreude ein wenig zurücknehmen und der Versuchung widerstehen, in der Zielsprache ein Feuerwerk abbrennen zu wollen. Anstatt durch Bilder und Redewendungen zu glänzen und zu zeigen, wie perfekt seine Sprachbeherrschung ist, sollte er seine ganze Aufmerksamkeit lediglich der sprachlichen und inhaltlichen Korrektheit widmen. Und da es ihm nicht um mehr als um eine korrekte Übertragung gehen sollte, sind bestimmte Textsorten *ipso facto* von vornherein ausgeschlossen – wie zum

Beispiel der obige Werbetext. Aber Vorsicht: wie schon angedeutet, haben auch banale, auf den ersten Blick simple und harmlose Texte ihre Tücken. Vielleicht ist auch Ihnen gelegentlich aufgefallen, wie stark, aber eben auch wie unberechenbar zum Beispiel das sprachliche Register von Beipackzetteln, Kochrezepten, aber auch simplen Gebrauchsanleitungen von dem abweichen kann, was wir in unserer Muttersprache gewohnt sind. Diese Textsorten fordern in aller Regel eine durch sprachliche Konventionen streng eingeengte Textführung, die nicht jeder Übersetzer in einer Nichtmuttersprache ohne Weiteres zustande bringt.

Nach diesem Beispiel aus dem Alltag folgt nun ein sicher etwas willkürlich zusammengestelltes Bouquet von sprachlichen Phänomenen und Textgegebenheiten, die uns normalerweise erst beim Übersetzen auffallen, die dann aber gerne umso größere Schwierigkeiten bereiten. Dabei werde ich unter anderem das Phänomen des *Over-* bzw. des *Undertranslating* vorstellen. Die mit der Polysemie verbundenen Probleme und den „kategorischen Imperativ" der Vermeidung von Interferenzen habe ich ausführlich mit der Würdigung unserer kapriziösen Sprachen vorgestellt, obwohl dieser Themenkomplex erst hier seine ganze praktische Bedeutung erlangt. So soll die Polysemie hier nur noch einmal kurz gestreift werden – zur Erinnerung und zur Vollständigkeit. Der auf den ersten Blick vielleicht harmlos wirkenden Kategorie der heimtückischen „Abtönungspartikel" dagegen soll ein wenig mehr Raum gegeben werden, und schließlich will ich noch auf die unterschiedliche Herangehensweise an die Übersetzung von Redewendungen und Sprichwörtern eingehen. Einige von diesen sind einfach zu lernen wie Vokabeln, andere dagegen werfen dadurch echte Übersetzungsprobleme auf, dass sie einen gewissen Interpretationsbedarf mit sich bringen – zum Beispiel, weil sie in unterschiedlichen Zusammenhängen verwendet werden.

Ich komme zum ersten Phänomen aus der Auswahl, die ich vorstellen möchte. Erinnern wir uns an die bereits diskutierte Inkongruenz und Asymmetrie, die wir in praktisch allen Sprachenpaaren feststellen. Die sich daraus ergebenden Schwierigkeiten beim Übersetzen hängen zwar mit sprachlichen Gegebenheiten zusammen, werden jedoch außerhalb des rein Sprachlichen aufgelöst.

*Overtranslating und Undertranslating –
die Asymmetrie als Übersetzungsproblem*

Wenn es eine Erscheinung beim Übersetzen gibt, die sich der rationalen Beschreibung, der einfachen Definition entzieht und für deren Bewältigung der Übersetzer das sprichwörtliche Fingerspitzengefühl besitzen muss, dann ist es das in der englischsprachigen Fachliteratur so genannte *overtranslating*. Diesem gerne unterschätzten, sich oftmals unerkannt in Übersetzungen einschleichenden Phänomen der „exzessiven" Übersetzung stelle ich als ein in der Literatur bisher nicht beschriebenes Äquivalent das *undertranslating* zur Seite. Definieren will ich das *overtranslating* als eine Note in der Zielsprache, die durch die allzu vollständige Übertragung von solchen Elementen der Ausgangssprache entsteht, die in der Zielsprache besser mit anderen Mitteln als der genau deckungsgleichen Eins-zu-eins-Übersetzung zum Ausdruck gebracht werden sollten.

Ein technischer Übersetzer, dem ich vor einigen Jahren die Übersetzung von Do-it-yourself-Anleitungen aus dem Englischen ins Deutsche anvertraute, forderte beharrlich und trotz wiederholter Korrekturen und Erläuterungen seine Leser auf, die verschiedensten Latten, Bretter etc. *an ihre Stelle* bzw. auch *an Ort und Stelle* zu nageln. *To nail in place* ist die geschlossene, idiomatische Formulierung, mit der im Englischen das deutsche ‚annageln' ausgedrückt wird. Die Wörter *in place* explizit zu übersetzen, stellt einen Fall von *overtranslating* dar.

Auf einem französischen Anrufbeantworter hören wir oft: *Vous êtes bien au …,* womit uns versichert werden soll, dass wir uns nicht verwählt haben. Übersetzen wir das *bien* zum Beispiel mit *sehr wohl* oder mit *durchaus* so ist dies ein Fall von *overtranslating,* und das Deutsche klingt entsprechend befremdlich. Bliebe die in dem *bien* enthaltene Nuance dagegen gänzlich unübersetzt, so würde ich einen Fall von *undertranslating* sehen. Hier greift einmal mehr die Gegebenheit der Asymmetrie der

Sprachen: Was im Französischen ein – wenngleich unschein-
bares – Wort ist, wäre im Deutschen am besten durch die besondere Betonung zum Ausdruck zu bringen: ,Sie *sind* bei der Firma
xy...'. Dass es ganz anders geht, zeigt einer meiner Freunde, der
dem Anrufer explizit versichert, dieser habe sich nicht verwählt
– aber auch dies ist ja ein Fall von Asymmetrie.

Soweit nur ein kleines Beispiel. Natürlich kommen uns als
einschlägige Elemente in der Ausgangssprache sofort die weiter
unten ausführlicher behandelten Füllwörter in den Sinn. Wann
immer sie keine klare Bedeutung und keine Funktion haben
– das Füllen einer „Wortlücke" gilt mir in diesem Sinne nicht als
Funktion –, besteht die Gefahr, dass sie in der Übersetzung ein
gar nicht intendiertes Gewicht erhalten. Dies ist mit dem *overtranslating* gemeint. Auf die Gefahr hin, mit diesem kleinen Beispiel schon fast karikaturhaft zu verzerren, rege ich dennoch an,
kurz nachzusprechen und zu lauschen, wie es klingt, wenn man
das englische *isn't it?*, angehängt an irgendeine beliebige Äußerung, eins zu eins übersetzen wollte. ,Heute ist das Wetter aber
wirklich sehr unfreundlich, ist es nicht?' Bleibt ein Füllwort aber
unübersetzt, obwohl es eine wie schwer auch immer zu überset-
zende Funktion oder Bedeutung hat, so kann sehr schnell ein
undertranslating resultieren. Schon bei dem soeben gezeigten
Beispiel wird der eine oder andere Leser ein Übersetzungsdefizit
erkennen, wenn die in dem *question tag* enthaltene kleine Aussage völlig unbeachtet bleibt. Man könnte sich ein ,Finden Sie
nicht auch?', ebenso gut vorstellen wie das deutsche Allerwelts-
füllsel ,nicht wahr?'

Wer das englische *skills* lediglich mit ,Fertigkeiten' ins Deutsche übersetzt, der riskiert ein ebensolches Übersetzungsdefizit,
wenn eigentlich sowohl ,Kompetenzen' als auch ,Fertigkeiten'
gemeint waren. Generell sind zahllose Wörter, deren gesamten,
intendierten Bedeutungsumfang wir beim Dolmetschen nicht
immer ganz, aber auch beim Übersetzen oft nur teilweise über-
schauen können, besser mit zwei Begriffen in der Zielsprache
wiederzugeben als mit nur einem. Mitunter genügt zwar ein
einziger Begriff, der aber dann besonders betont werden sollte.
Oder der Dolmetscher begleitet einen Begriff durch eine Geste,

eine Mimik oder ein anderes außersprachliches Merkmal, während der Übersetzer natürlich auf andere Mittel der Hervorhebung zurückgreifen muss.

Das Fazit: Übersetzungsfehler entstehen auch und durchaus häufig durch das unreflektierte, systematische Substituieren von Wörtern durch Wörter, von Textvolumen durch Textvolumen. Dabei sollte die ganze Palette sprachlicher und außersprachlicher Mittel bemüht werden. So wird zum Beispiel gerade beim Dolmetschen oft das Wort in der einen Sprache zur Geste in der anderen, das Lächeln eines Redners zu einer humorvollen Betonung in der Zielsprache.

Ein weiterer Fall des *undertranslating* ergibt sich aus der Verwendung von „internem Jargon", der von allen Insidern, jedoch nicht von Außenstehenden verstanden wird und daher zum sicheren Verständnis für diese erweitert werden muss. Wenn meine Tochter mich fragt „Arbeitest Du morgen?", da sie gerne etwas mit mir unternehmen würde, möchte sie nicht nur wissen, ob ich überhaupt etwas zu tun habe, sondern ob ich ein Engagement habe und daher abwesend bin. *Will you be working tomorrow?* wäre daher eine unzureichende Übersetzung – ein spezieller Fall von *undertranslating,* der zum Beispiel durch *Do you have an assignment tomorrow?* zu vermeiden wäre.

Eine Französin, die ich einmal bat, mich an der Autobahn ein paar Meter abzuschleppen, erwiderte meine Bitte mit der Frage: *J'ai le droit?* Auf einer Party erklärte neulich ein Franzose neben mir dem Kellner auf die Frage, ob er nicht ein Glas Wein wolle, er habe nicht das Recht. Müsste es im ersten Fall ‚Darf ich das denn?' heißen, besser noch: ‚Ist das denn hier nicht verboten?', so wäre im zweiten ‚Ich darf nicht' oder ‚Das hat der Arzt mir verboten' die richtige Übersetzung. Würden wir in die deutsche Übersetzung die rechtliche Dimension des französischen *droit* hineinbringen, so hätten wir eindeutig „über-übersetzt". So wie es ein *undertranslating* wäre, wenn wir das deutsche ‚dürfen' nicht mit *avoir le droit* übertragen würden, sondern nur mit *Je peux?,* was ein Franzose lediglich als ‚Kann ich?' verstehen würde.

Ein Wort ist ein Wort ist ein Wort …
Polysemie und Unbestimmtheit – Freund und Feind
des Übersetzers

Hier noch einmal das geflügelte Wort von Gertrude Stein in einer verspielten Variation. Im Sinne meiner Argumentation wäre es aber vielleicht besser zu formulieren: „Ein Wort ist nicht mehr als ein Wort ist nicht mehr als ein Wort …". Denn wir wissen inzwischen: Ein Wort ist sogleich alles und gar nichts. Nur was bedeutet ‚nichts' in unserem „virtuellen Zeitalter"? Dort, wo im Grunde alles nur noch virtuell ist beziehungsweise wo virtuell alles sein kann, kann natürlich das Virtuelle nicht mehr nur „Nichts" sein – es ist im Gegenteil alles und allgegenwärtig. Dies gilt natürlich auch und besonders im Kontext der Sprache, wo wir damit schnell bei Kategorien wie Unbestimmtheit und Beliebigkeit sind. Bedenken wir nur, in wie vielen Begriffen eine Bedeutung und gleichzeitig deren Gegenteil stecken. Was meinen wir, wenn wir eine Verhaltensweise ‚sanktionieren'? Das Wort wird sowohl in der positiven Bedeutung von (formal) ‚gutheißen' als auch negativ im Sinne von ‚bestrafen' verwendet. Wie kann es sein, dass wir eine Strafe verwirken können, ein Anspruch dagegen verwirkt sein kann? Wie häufig kommt es vor, dass wir beim Zuhören gelegentlich genau das Gegenteil von dem verstehen, was ein neben uns sitzender Zuhörer versteht! Wenn Sie dies als Aufruf verstehen, mit Sprache – bis hin zum letzten, kleinsten Wort – bewusst umzugehen und sich in Ihrem Sprechen und Schreiben zu jeder Zeit um Klarheit und Eindeutigkeit zu bemühen, dann haben Sie sicher nicht falsch verstanden.

Wir haben gesehen, dass weder Wörter noch komplexere Sprachgebilde außerhalb des Kontexts irgendeine brauchbare Bedeutung besitzen. Und dass einer der wichtigsten Schritte beim Übersetzen daher die Entscheidung für das Eine und gegen das Andere ist. Genauer gesagt: Die Entscheidung für eine Bedeutung eliminiert die anderen infrage kommenden Bedeutungsmöglichkeiten. Da ich diese Möglichkeiten der Entscheidung, die uns dank (sic!) der Polysemie und der daraus resultierenden Unbestimmtheit aller Wortbedeutungen zuwachsen, nicht als

Last, sondern als Glück und Privileg empfinde, erscheint es mir logisch, das Übersetzen und Dolmetschen mit einer Spielwiese zu vergleichen. Dabei gebe ich zu, dass man das Übersetzen im Gegenteil auch mit dem Gang über ein Minenfeld vergleichen kann. Dies ergibt sich einerseits aus den Problemen der Unbestimmtheit und der Polysemie, andererseits natürlich aus der in meiner Anatomie des Simultandolmetschens im dritten Teil des Buches weiter erörterten Problematik der Interferenzen. Beide Gegebenheiten greife ich woanders wieder auf, um im Zusammenhang mit den „Blüten und Dornen" des Übersetzens (S. 223 ff.) daran zu erinnern, dass der sichere Umgang mit ihnen zu den zentralen Aufgaben jedes Übersetzers und Dolmetschers gehört – auch wenn ich ihnen, wie ausführlich begründet, nicht den Rang von Übersetzungsproblemen im eigentlichen Sinne einräume.

Kontextdeterminierung und Textbedeutung versus Wortbedeutung

Schauen wir uns eingangs an, was Harald Weinrich in seiner *Linguistik der Lüge* zum Thema Übersetzen und Inkongruenz der Wort-„Bedeutungen" sagt:

Es erübrigt sich die alte Klage, Sprache seien im Grunde unübersetzbar, „Gemüt" entziehe sich als deutsches Wort ebenso der Übersetzung wie „esprit" als französisches Wort oder „business" als amerikanisches Wort. Dilettantische Argumente wie dieses sind ebenso wertlos wie ärgerlich. ... Kein Wort ist übersetzbar. Aber wir brauchen auch gar keine Wörter zu übersetzen. Wir sollen Sätze und Texte übersetzen. Es macht nichts, dass sich die Wortbedeutungen von einer zur anderen Sprache für gewöhnlich nicht decken ... Man braucht nur den Kontext entsprechend einzustellen. Texte sind daher prinzipiell übersetzbar. Sind Übersetzungen also Lügen? Man mag sich an diese Regel halten: Übersetzte Wörter lügen immer, übersetzte Text nur, wenn sie schlecht übersetzt sind.[54]

Bei Weinrich lernen wir somit, dass der Kontext jede Polysemie im Handumdrehen auflöst. Dass er, wie ich mit einem Bild sagen möchte, unseren ursprünglich wie Stammzellen daherkommenden Wörtern ihre spezifische „Zellfunktion", d. h. ihre Bedeutung im Zusammenhang, zuweist.

Stellen wir uns im Übrigen einen Augenblick lang vor, es gäbe weder Polysemie noch Inkongruenz und somit auch keine Unbestimmtheit von Wörtern und Textabschnitten – so wie wir es sonst nur in der Mathematik kennen. Höre ich einen Seufzer der hypothetischen Erleichterung, dass es all diese vermeintlichen Sprachkomplikationen doch gibt? Vielleicht sollten wir die Polysemie nicht nur als Erschwernis im Umgang mit Sprache empfinden. Wie wortreich müsste unsere Sprache sein, wie perfekt müssten wir alle schreiben und sprechen, wenn wir uns nicht auf Krücken wie Polysemie und Unbestimmtheit stützen könnten!? Begreifen wir sie daher lieber, ja richtigerweise, als unsere Freunde und besonders als die natürlichen Freunde aller Übersetzer – für die sie bei näherem Hinsehen häufiger hilfreich als hinderlich sind. So, wie die Steine im Fluss, die wir als ,Tritthilfen' benutzen: *stepping-stones* statt Stolpersteinen …

Da wir aber bei den praktischen Problemen des Übersetzens sind, will ich versuchen, meine allgemeinen Erkenntnisse auch praktisch zu veranschaulichen. Schließlich erledigt der für die Auflösung von Polysemie und Unbestimmtheit so wichtige Kontext diese Arbeit ja nicht allein und ohne unser Zutun. Sehen wir anhand von zwei oder drei Beispielen, was dabei herauskommt, wenn wir beim Übersetzen, aber ganz besonders beim Simultandolmetschen mit seinen zeitlichen Zwängen diese „Kontextarbeit" nicht leisten. Nun müssen weder Übersetzer noch Dolmetscher ständig wissenschaftliche Begriffe wie den der Polysemie wie eine Monstranz vor sich hertragen – aber die darin steckenden Erkenntnisse sollten doch von ihnen beiden zu natürlichen, bei der Arbeit spontan greifenden Reflexen verarbeitet worden sein.

Hier ein Exempel, das ich an der Schnittstelle von Teilkonvergenz und Polysemie sehe und das deutlich macht, dass diese Abgrenzung mitunter schwierig und etwas willkürlich sein kann:

Zwei Deutsche verabschieden sich von ihrem amerikanischen Gesprächspartner mit den Worten: (der Eine) *Nice to meet you!* und (der Andere) *Nice meeting you!* Ist es ‚Jacke wie Hose‘, ob wir das Eine oder das Andere sagen? *C'est blanc bonnet – bonnet blanc? Is it equal,* wie man gelegentlich von deutschen Muttersprachlern hören kann *(six of one and half a dozen of the other)?* Sie ahnen schon: Es ist keinesfalls ‚gehupft wie gesprungen‘. Ersteres sagt man zur Begrüßung, letzteres zum Abschied. ‚Freut mich, Sie kennen zu lernen.‘ – ‚Nett, dass wir uns kennen gelernt haben.‘

Derartig stark abweichende Bedeutungen verbergen sich oftmals hinter den vordergründigen Bedeutungen, sie werden maskiert durch eine gar nicht mehr hinterfragte Konvergenz der eingefahrenen, „konventionellen“ Bedeutungen einzelner Wörter. Es handelt sich dann wohlgemerkt nicht um falsche Freunde, aber diese Fälle sind mindestens ebenso tückisch, so sehr haben wir uns an eine bestimmte Bedeutung des betreffenden Worts gewöhnt. Die Abweichung im vorliegenden Fall ist wieder einmal rein kontextdeterminiert – allein die Situation, in der die Formulierung verwendet wird, bestimmt ihre Bedeutung. Besonders interessant wird es dort, wo idiomatische Besonderheiten in einer der Sprachen mit situativ bedingten Unterschieden in der durch den Kontext aufgelösten Unbestimmtheit verschmelzen.

Bleiben wir einen Augenblick bei *meet* bzw. *meeting* als einem schönen Beispiel zur Veranschaulichung der Polysemie in ihren zwei Dimensionen von Mehrfachbedeutung und Kontextdeterminierung. Zunächst ein sehr aktueller Anglizismus, der in einem engen Zusammenhang mit der Polysemie steht. ‚Sportlichkeit trifft Eleganz‘ ist eine momentan im Deutschen äußerst beliebte, weil für originell gehaltene Form eines ganz besonders stupiden Amerikanismus. Auch unsere Politiker treffen gerne ihre Amtskollegen aus dem Ausland – oft nicht einmal aus Zufall, sondern weil sie sich mit ihnen unterhalten möchten. Treffen sich also Sportlichkeit und Eleganz? Oder haben wir es mit einer Begegnung zu tun, aus der heraus und dank derer Neues entsteht? Warum dann nicht ein Slogan wie ‚Die Begegnung von

Sportlichkeit und Eleganz'? Und warum kann ein Politiker nicht mit seinem Amtskollegen ‚zusammentreffen', um eine Frage zu erörtern?

Das deutsche ‚jemanden treffen' enthält eine Bedeutungs-komponente, die das Zufällige an der Begegnung einschließt – und dies ist in der Tat im Englischen in einzelnen, eher seltenen Fällen mit *to meet* angemessen übersetzt (*I met him at the airport, when I left for Germany.*). In anderen Fällen jedoch (*I met him at the airport when he came in from the US.*) ist die im Wort enthaltenen Komponente der Intention, des herbeigeführten Treffens zum Zwecke des Abholens das Ausschlaggebende. Ist ein Registerwechsel erlaubt, so kann es im ersten Fall heißen *I ran into him at the airport.* Dies wäre im zweiten Fall undenkbar, wo es vielmehr darum ging, jemanden abzuholen oder sich mit ihm zu unterhalten.

Einmal wurde ich Zeuge, als ein amerikanischer Tagungs-kunde dem Veranstaltungsleiter des Hotels, in dem seine Konferenz stattfinden sollte, eine halbe Stunde vor Beginn erklärte: *You arrange the tables as we agreed over the phone – or we're not gonna meet.* ‚Oder wir treffen uns nicht'? ‚Oder wir werden uns nicht begegnen?' Natürlich sollte es heißen: ‚Die Konferenz wird nicht stattfinden', wenn die Anordnung der Tische nicht im letzten Moment so geändert würde, wie dies telefonisch besprochen worden war.

Übrigens: Wenn ich an anderer Stelle feststelle, die wissen-schaftliche Beschäftigung mit der Arbeit des Übersetzens und Dolmetschens könne zwar einen gewissen Gewinn im Hinblick auf die Didaktik bringen – abgesehen davon, dass sie Generationen von Forschern ins Brot bringt –, ihre qualitätssteigernde Wirkung auf die praktische Arbeit sei jedoch nicht erwiesen, so muss ich gerade hier eine Einschränkung machen. Nur wer Phänomene wie Polysemie und sprachliche Interferenzen sowie auch Asymmetrie und Unbestimmtheit der Sprachen und natürlich deren zumal nicht reproduzierbare Willkür kennengelernt und verstanden, ja verinnerlicht hat, kann den sich daraus ergebenden Problemen in der Praxis sicher begegnen und verhindern, dass sie auf seine Arbeit durchschlagen. Ganz besonders ist hier natürlich der Simultandolmetscher mit den für seine Arbeit spezifischen Bedingungen, d.h. vor allem mit ihren zeitlichen Zwängen zu erwähnen. Wer im ICE-Tempo übersetzen muss und ohnehin vieles gleichzeitig zu bewältigen hat, ist immer im Vorteil, wenn er diese „Standardsituationen", wie man im Fußball sagen würde, mehr oder weniger per Autopilot erledigen kann.

Bei einem Seminar über Werkstoffprüfung, in einer Arbeitssitzung zum Thema ‚Penetrometrie', lernten wir einst, dass einer der wichtigen Parameter, nach denen sich das Eindringverhalten eines Stahlkegels in eine Gelatineprobe charakterisieren lässt, die sogenannte Fallzahl ist, französisch der *indice de chute*. Mein Kollege, der in der Simultankabine diese Nuss erfolgreich geknackt hatte, übersetzte wenige Monate später den Bericht über eine demografische Studie, in dem der Begriff ‚Fallzahl' als statistischer Fachausdruck verwendet wurde. Diesen übersetzte er – verständlicherweise, hätte ich beinahe gesagt – mit *indice de chute*. Hier fällt allerdings kein Kegel auf eine Probe, sondern es geht um die Größe der statistischen Probe, der Studienpopulation. Im Englischen spricht man von *sample* oder von *sample size*, im Französischen wäre *échantillon* nicht schlecht gewesen. Mein Kollege wird es mir verzeihen, wenn ich ihm hier ein Denkmal setze, anhand dessen er sich womöglich schneller erkennt als die vielen anderen, deren „translatorische Heldentaten" ich neben meinen eigenen zur Veranschaulichung in diese Erzählungen einstreue.

Natürlich sind die Kenntnisse von zwei Sprachen niemals intim genug, um zu verhindern, dass wir gelegentlich zu Opfern der Polysemie einzelner Wörter werden können. Dies ist ein Problem, eine Randbedingung unserer Arbeit, für die ich keine bessere Lösung weiß als den Rat, sich an den zuvor erwähnten Ungläubigen Thomas zu erinnern und niemals, aber wirklich auch zu keinem Zeitpunkt, wie unkonzentriert oder wie indifferent man auch sein mag, etwas zu schreiben oder ins Mikrofon zu sprechen, dessen man nicht dank einer Überprüfung oder einer früheren Erfahrung weitestgehend sicher sein kann.

Wer sich ein wenig mit der Funktionsweise von Sprachen beschäftigt, der weiß, dass Fälle, wie der soeben gezeigte, nicht die

Ausnahme darstellen, sondern den ganz alltäglichen Normalfall. Die guten und erfahrenen Übersetzer und erst recht die wahren Simultandolmetscher erkennen sofort und ohne zu zögern diejenigen Begriffe und Formulierungen, bei denen Vorsicht geboten ist. Sie suchen blitzschnell und oft instinktiv den Kontext nach Hinweisen ab, die beim Eingrenzen helfen. Beispiele haben es leider an sich, dass sie gerne etwas einfach und oft auch konstruiert klingen: Wenn das Wort *glacier* in einem Bericht über Strandferien vorkommt, so ist dies ein Kontexthinweis auf die ‚Eisdiele‘, im Zusammenhang mit einem Wintersportort denken wir automatisch eher an einen ‚Gletscher‘. Es gehört zu den spezifischen Arbeitsreflexen eines guten Simultandolmetschers, zu jeder Zeit, mehr noch als der erfahrene Übersetzer, der jederzeit in aller Ruhe prüfen, abwägen und entscheiden kann, das Gehörte laufend wie mit einer Sonde daraufhin abzutasten, welche mehrdeutigen Wörter mit dem Kontext abzugleichen sind und welche Wendungen und Formulierungen in der Zielsprache nicht eins zu eins, sondern nur mit einem zusätzlichen Aufwand wiederzugeben sind.

Teilkonvergenz und Scheinkonvergenz – die Sache
mit den falschen Freunden

Beginnen wir mit der Abgrenzung von *Scheinkonvergenz* und *Teilkonvergenz*. Mit dem ersten, in der Literatur wohlgemerkt nicht eingeführten Ausdruck bezeichne ich synonym die so genannten *faux amis* oder ‚falschen Freunde‘ – die jeweiligen Wörter eines Begriffspaars (*burro* im Spanischen und im Italienischen = ‚Esel‘ bzw. ‚Butter‘) entsprechen sich einfach nicht in zwei verschiedenen Sprachen. Mit dem zweiten Terminus sind Fälle gemeint, in denen zwischen einzelnen, auf den ersten Blick identischen Begriffen in jeweils zwei Sprachen, aber auch zwischen komplexeren Strukturen bis hin zu ganzen Sprichwörtern keine hundertprozentige Deckung, jedoch immerhin unterschiedlich große Schnittmengen gegeben sind. Dort ist von Fall zu Fall zu prüfen, ob im jeweiligen Zusammenhang die Wörter oder Wendungen die aufgrund ihrer Morphologie, ihrer Oberfläche vermutete Bedeutungsdeckung aufweisen oder nicht. Beispiel: *to meet somebody* – jemanden treffen. Oftmals entsprechen Begriffe sich in einzelnen „Positionen" ihres semantischen Feldes, während sie in anderen Positionen eben nicht konvergieren. Hier sei auch an das schon vorgestellte Beispiel *appétit* versus ‚Appetit‘ erinnert. Und hierher gehört auch der Hinweis, dass selbst die Angehörigen einer selben Sprachgemeinschaft immer wieder ihre eigenen Wörter, Redensarten und Sprichwörter ohne die notwendige Trennschärfe verwenden, so dass der Übersetzer und der Dolmetscher hier eine zusätzliche Prüfung einschalten müssen, bevor sie sich ans Übersetzen machen.

Die Teilkonvergenz ist sicher der kompliziertere Typ der Interferenz (siehe weiter unten). Einfacher sind die eigentlichen falschen Freunde zu besprechen, für die uns allen spontan das eine oder andere Beispiel einfällt. Hier haben wir es mit der scheinbaren Entsprechung der Bedeutungen auf der Ebene „einfacher" Wörter zu tun, die im Übrigen auch häufiger sein dürfte als diejenige von komplexeren Formulierungen: Das englische Wort *eventually* bedeutet in keinem Zusammenhang ‚eventuell‘. Das französische *flair* ist einer der schönsten *faux amis* überhaupt, denn es bedeutet niemals dasselbe wie unser „deutsches" ‚Flair‘, wofür die Franzosen *ambiance* oder *atmosphère* sagen, sondern es bezeichnet den Geruchssinn, den Spürsinn des Detektivs, den Geruchssinn des Hundes etc. Klassisch auch die Verwechslung von ‚Vortrag‘ und ‚Beziehung‘ im Italienischen und Französischen: *relazione* versus *relation*. Das spanische *embarasada* (‚schwanger‘) hat mit dem französischen *embarassée* (verlegen, peinlich berührt) ebenso wenig zu tun wie der französische Vortragsredner *conférencier* mit dem deutschen Abendunterhalter, der als ‚Conferencier‘ auftritt. Und das spanische *equipaje* ‚Gepäck‘ sollte im Französischen ebenso wenig mit *équipage* ‚Besatzung‘ übersetzt werden wie das englische *support* im Französischen mit *supporter;* denn das englische *support* bedeutet ‚unterstützen‘ (wie ein Fan) und das französische *supporter* ‚ertragen‘.

Hier noch ein Sonderfall von *faux amis,* an dem wir Deutschen, möchte ich fast etwas *salopp* sagen, sozusagen selber schuld sind. Wir können uns im Deutschen *salopp* kleiden oder auch ausdrücken, sollten aber immer im Auge behalten, dass in Frankreich mit diesem Wort ausschließlich Frauen bezeichnet werden, die bei der Generation unserer Eltern als Schlampe gegolten hätten – Vorsicht also! Ich habe bereits darauf aufmerksam gemacht, dass die Entlehnung von Begriffen aus anderen Sprachen und gerade aus dem Französischen immer gerne gleichzeitig mit einer Bedeutungsverschiebung einhergegangen ist, aus Gründen, über die sich trefflich spekulieren ließe. Da bleibt es dann gar nicht aus, dass Wortpaare wie *visage* (Gesicht) und ‚Visage‘, *flair* und ‚Flair‘, *bagage* (Gepäck) und ‚Bagage‘ *ipso facto* zu falschen Freunden werden. Halten wir in Klammern fest, dass es in der umgekehrten Richtung, vom Deutschen ins Französische, aber auch ins Englische, diese Tendenz nicht annähernd im selben Maße gibt. Die Gründe dafür zu untersuchen, würde den Rahmen dieser Erörterung sprengen.

Da die falschen Freunde im Rahmen des Spracherwerbs durchaus zu lernen sind, stellen sie keine Übersetzungsprobleme dar. Die unter die Teilkonvergenz fallenden Begriffe dagegen verursachen beim Übersetzen völlig unabhängig von Qualität und Erfahrung des Übersetzers einen Mehraufwand und implizieren auch die Möglichkeit von Fehlern. Bei ihnen muss ja zunächst eine sorgfältige Prüfung und Abstimmung der Wortfelder beider Begriffe erfolgen, bevor wir eine Entscheidung für die im jeweiligen Kontext zutreffende Übersetzung fällen können.

Achtung Ansteckungsgefahr – Sprachliche und sachliche Interferenzen als Übersetzungsproblem

Bevor ich den Begriff der Interferenzen definiere, hier eine Preisfrage: Ist es ein falscher Freund oder eine Interferenz, wenn ein TV-Simultandolmetscher in einer Rede von Bill Clinton an der innerdeutschen Grenze ‚Tanker‘ auffahren lässt? Die Antwort muss wohl lauten, es ist ein Versprecher – der englische *tank* ist im Deutschen ein ‚Panzer‘. Aber es könnte sich auch um eine Interferenz handeln – ebenso wie die Aufforderung, wir sollten ‚keine schlechten Gefühle angesichts der Situation haben‘ *(no bad feelings).* Begünstigt werden solche „Simultan-Interferenzen" durch die besonderen Zwänge der Simultansituation – schlechte Hörbedingungen, Nervosität, Stress bei der Bewältigung vielfältiger Aufgaben und angesichts des prominenten Redners u. v. m. Um einen falschen Freund handelt es sich jedenfalls nicht, da die beiden beteiligten Begriffe, wie gesagt, wortgleich sein müssen, um diesen Tatbestand zu erfüllen.

Ist das Phänomen der falschen Freunde schon dank ihrer Bezeichnung so treffend benannt, dass eigentlich jedermann auf Anhieb weiß, was darunter zu verstehen ist, so gibt es diese begriffliche Klarheit nicht bei dem Begriff der Interferenzen. Hier gehen die inhaltlichen Vorstellungen weit auseinander, was auch für den Zusammenhang zwischen falschen Freunden und Interferenzen gilt. Letztere sind streng genommen der Oberbegriff, unter den auch die falschen Freunde zu subsumieren sind. Denn auch diese gehören als ein Typ von Interferenzen zu der Gesamtheit aller Erscheinungen, bei denen rein sprachliche, aber auch inhaltliche und strukturelle Merkmale der einen Sprache in der Übersetzung so erhalten bleiben, dass sie mit entsprechenden Merkmalen der anderen Sprache interferieren, dass also „störende Einflüsse" auf die Zielsprache durch die Übersetzung nicht unterbunden werden.

Damit und mit dem obigen, ersten Beispiel einer Interferenz sind wir nach der Behandlung der eigentlichen falschen Freunde schon bei einer umfassenderen Vorstellung der verschiedenen Typen von Interferenzen. Den „Redewendungen mit Vokabelcharakter", spreche ich, ebenso wie den echten falschen Freunden, nicht nur den Rang von Übersetzungsproblemen ab, sondern auch jede Bedeutung als Interferenzen. Es ist eine subjektive und relative, von den jeweils vorhandenen Sprachkenntnissen abhängende Frage, ob sie beim Übersetzen zu Problemen werden oder ob ihre lexikalische Bedeutung bekannt ist. Wenn es im Französischen heißt *Il pleut des cordes* und (ganz wenige!) Engländer sagen *It is raining cats and dogs,* dann gibt es hier wie bei einfachen Vokabeln die Entsprechung: ‚Es regnet Bindfäden' (cordes = Schnüre) oder auch: ‚Es regnet in Strömen'. Die englische Wendung ist inzwischen auch in Deutschland so weit bekannt, dass keine Fehler, sondern nur noch Späße mit ihrer Übersetzung gemacht werden.

Betrachten wir im Gegensatz dazu ein Beispiel für diejenigen Redewendungen, bei denen verschiedene, jeweils nur leicht abweichende Aussagen intendiert sein können, so dass sie vor dem Übersetzen analysiert werden müssen. Wird im Deutschen jemand als ein ‚Hansdampf in allen Gassen‘ bezeichnet, so denken wir je nach Kontext an jemanden, der in allen Sätteln gerecht ist oder vielleicht an einen Tausendsassa. Je nachdem, ob der Sprecher, der den Begriff verwendet, die Person eher positiv oder eher negativ sieht, könnte er noch Konnotationen wie ‚Haudegen‘, ‚Multitalent‘, aber eventuell sogar ‚oberflächlich, der macht alles, aber nichts richtig‘ subsumieren. Auch mit einem Hauch von ‚Schwerenöter‘ habe ich dieses Wort schon gekoppelt gesehen.

Was machen die Engländer und Franzosen nun daraus? Gibt es die genaue Deckung der Aussagen und der Inhalte? Jemand ist ein *sacré gaillard,* wenn er alles kann, ein *touche-à-tout,* wenn er sich an allem versucht, wenn er (negativ gesehen) von nichts die Finger weglassen kann, aber nicht ein *homme à tout faire* (deutsch vielleicht veraltet ein ‚Faktotum‘). Dieser wiederum ist zwar ein Multitalent, im Englischen ein *handyman,* aber er befindet sich auch nicht in der Nähe des *Jack of all trades,* wie man den Hansdampf auf Anhieb übersetzen würde. In diesem Zusammenhang sei daran erinnert, dass das französische Hausmädchen, die *bonne,* ursprünglich von *la bonne à tout faire* kommt.

Jemand, der die Fähigkeit besitzt, gleichzeitig am Backofen und in der Mühle zu sein *(être à la fois au four et au moulin)* wird auch von Franzosen gelegentlich mit dem ‚Hansdampf‘ verwechselt. Dabei wird diese Wendung eigentlich nur in der Negation verwendet und bedeutet eindeutig, dass niemand gleichzeitig auf zwei Hochzeiten tanzen kann. Dies stellt für einen Dolmetscher regelmäßig ein zusätzliches Problem dar, da er analysieren muss, welche Aussage der Sprecher, und zwar eben auch der Muttersprachler, tatsächlich beabsichtigt.

Soweit nur einige wenige Beispiele – um den Unterschied zwischen den Redewendungen und Sprichwörtern mit Voka-

belcharakter und denjenigen von hoher Interpretationsbedürftigkeit aufzuzeigen. Zwischen den beiden Kategorien verläuft
eine enorm wichtige, für das Vorgehen der Übersetzer und Dolmetscher entscheidende Grenze. Denn allen Beispielen aus der
letztgenannten Kategorie muss zugestanden werden, dass sie in
der Tat insofern sehr spezifische Übersetzungsprobleme darstellen, als sie nicht wie „fertige" Vokabeln zu lernen sind. Sie
müssen einerseits auf ihren Bedeutungsgehalt hin abgeklopft
und zur Deckung gebracht werden, andererseits ist in jedem
Einzelfall zu prüfen, ob ein Autor oder Sprecher seinerseits die
Wendung wirklich kompetent, d. h. entsprechend den geltenden
sprachlichen Konventionen verwendet oder ob er ihr womöglich
wissentlich oder unbewusst eine persönliche Note beigegeben
hat. Insofern ist diesen Wendungen ihr Charakter als besondere
Übersetzungsschwierigkeiten nicht nur nicht abzusprechen,
sondern sie sollten sogar in der Ausbildung ein ganz besonderes
Augenmerk erhalten – wenngleich ihr Bestand natürlich niemals
erschöpfend zu behandeln ist, so dass jedes Lernen hier nur einen exemplarischen Charakter haben kann.

Hier noch ein weiteres Beispiel: Wenn wir die französische
Redensart *L'habit ne fait pas le moine* (wörtlich ‚Das Gewand
macht (noch lange) keinen Mönch') hören, dann denken wir
unwillkürlich an den Schweizer Autor Gottfried Keller und sein
‚Kleider machen Leute'. Dem erfahrenen Übersetzer fällt vielleicht auf den ersten Blick auf, dass der Verneinung im französischen eine positive Formulierung im Deutschen gegenüber
steht, und dies reicht normalerweise, sofern er die Lösung nicht
bereits auf seiner Festplatte abgespeichert hat, um vorsichtig an
den Fall heranzugehen. Aber erst die Analyse dessen, was mit
diesen zwei Redewendungen ausgesagt werden soll, lässt erkennen, dass auch hier keine „Volldeckung" vorliegt, wenngleich die
Schnittmenge auch recht groß ist – sie liegt in der Erkenntnis begründet, dass man sich durch den Anblick eines Kleidungsstücks
gern bzw. leicht täuschen lässt. Der hinter jeder Redewendung
emporragende Zeigefinger zeigt jedoch in etwas verschiedene
Richtungen: Eignet die deutsche Wendung sich eher als Gebrauchsanleitung für Hochstapler, Heiratsschwindler und andere

Aufschneider, die mehr scheinen wollen als sie sind, so fordert die französische Wendung eher dazu auf, hinter die Fassade zu schauen und Menschen nicht nach dem Äußeren zu beurteilen.

Wir Deutschen klammern uns gelegentlich an den letzten Strohhalm. Vorsicht beim Übersetzen ins Englische! Vielleicht ist uns nicht bewusst, dass *the last straw* den Tropfen meint, der ‚das Fass zum Überlaufen‘ bringt. Bei *la goutte qui fait déborder le vase* erkennt jedermann leichter, gar auf den ersten Blick, dass es um jenen Tropfen geht, für den im Fass (im Französischen im Gefäß) kein Platz mehr ist. In der englischen Wendung dagegen wird das lächerlich geringe Gewicht des letzten Strohhalms zu viel und überfordert daher endgültig die Tragfähigkeit welcher Person oder welcher Situation auch immer. Diese Inkongruenz oder Nichtentsprechung ist ein sehr schönes Beispiel einer Interferenz, wie ich sie oben definiere. Es geht, mehr als bei den eigentlichen falschen Freunden, hier insofern um einen ganz typischen Fall des Phänomens, als es um eine sich auf den ersten Blick scheinbar aufdrängende Entsprechung von ganzen Bildern geht, die sich bei näherer Prüfung als nicht deckend herausstellen. Um ein korrektes Äquivalent herzustellen, muss zu einem ganz anderen Bild gegriffen werden.

Auch die berühmt-berüchtigten Anglizismen, aber natürlich auch alle anderen „–ismen“ wie zum Beispiel die Gallizismen als Interferenzen aus dem Französischen gehören *per definitionem* in diese Gruppe von Spracherscheinungen. Diese Art von Interferenzen liegt nicht nur bei einer missbräuchlichen, da sinnverkehrenden Verwendung von Wörtern aus einer anderen Sprache vor, wie es bei den falschen Freunden der Fall ist, sondern auch bei ganzen Formulierungen und besonders bei vielen vorübergehend in Mode kommenden Redensarten: ‚Das macht nicht wirklich Sinn.‘ ‚Ich sehe den Punkt, den Sie machen wollen.‘ etc. Diese werden unbedacht oder absichtlich ohne die erforderliche Anpassung oder Umsetzung in der anderen Sprache übernommen, wobei es sich bei uns meistens um das Englische handelt, das als Lieferant der schlechten Vorbilder fungiert.

Die heute grassierende Lust an solchen Erscheinungen ist eher nicht damit zu erklären, dass diese im eigentlichen Sinne Übersetzungsprobleme darstellen. Die meisten Zeitgenossen sind sich sicher gar nicht bewusst, dass sie schlecht übersetzen, wenn sie sich dieser Wendungen bedienen. Ihnen dürfte es darum gehen, extravagant oder „cool" oder auch „in" zu schreiben und zu reden. Andere finden es chic, vielleicht gar etwas exotisch, Kategorien aus fremden Sprachen (obwohl es sich doch meistens nur um das Englische handelt) einfließen zu lassen – vielleicht auch um vorzugeben, sie wären mit der anderen Sprache vertraut. Haben die von mir gegeißelten Phänomene allerdings einmal ihren *titre de noblesse* erhalten, sind sie sozusagen akkreditiert und werden auch von öffentlichen Figuren wie TV-Moderatoren etc. verwendet, so benutzt Otto Normalverbraucher sie schon zur Befriedigung seines Bedürfnisses, dazu zu gehören, ‚ganz vorne mit dabei zu sein'. Dann benötigt er keine weiter führenden Gründe mehr. Aber ich entferne mich damit ein wenig von der leidenschaftslosen Schilderung von Übersetzungsproblemen – richtig bleibt jedenfalls, dass gerade die Übersetzer und Dolmetscher der Versuchung konsequent widerstehen und zu jedem Zeitpunkt den erforderlichen Abstand zwischen ihren Sprachen einhalten sollten, um als Grenzgänger ihre beiden Sprachen vor Ansteckungen zu schützen.

Falsche Freunde führen immer zu Interferenzen, die ihrerseits mit Störungen des Verständnisses gleichzusetzen sind, zumindest bei Personen, die nicht durch die Kenntnis beider Sprachen das Problem durchschauen können. Dasselbe gilt natürlich für die Folgen nicht erkannter oder nicht beachteter Teilkonvergenzen. Unverständlich aufgrund einer Interferenz ist zum Beispiel die entsprechende deutsche Frage, wenn ich bei „*Tu as fait la commission?*" mit ‚Kommission' operiere – hier sogar mit der Folge der totalen Unverständlichkeit. (*Faire la commission* bedeutet, ‚eine Nachricht zu übermitteln', und nicht, eine ‚Kommission machen'). Oder wenn der Übersetzer den Titel eines Stückes des englischen Dramatikers John B. Priestley *An inspector calls* übersetzen würde mit ‚Ein Inspektor ruft an', während der korrekte deutsche Titel lautet: ‚Ein Inspektor kommt'. Das englische *call* bedeutet nicht nur rufen, anrufen und vieles mehr, sondern eben auch ‚vorbeischauen', ‚besuchen' usw.

Damit sind wir bei einer ganz anderen Systematik, um Interferenzen zu unterscheiden: Es gibt solche, die zur Unverständlichkeit einer Aussage führen und nur beim Übersetzen oder Dolmetschen vorkommen können, und zwar immer dann, wenn die zwei Sprachen nicht deutlich genug „entkoppelt" werden. Daneben gibt es solche, die nur ungewöhnlich oder gar blöde klingen und die auch jedem Schreibenden oder Sprechenden in der fremden Sprache spontan einfallen können. In dem Kultfilm *Casablanca* fragt der ältere deutsche Emigrant seine Frau, um unerkannt zu bleiben, auf Englisch nach der Uhrzeit: *How much clock is it?* Und im Falle des englischen Theaterstücks haben wir es mit einem nochmals anderen Fall von Interferenzen zu tun, die für den „durchschnittlichen" Empfänger unbemerkt bleiben könnten, die ihm zumindest nicht zwingend auffallen.

Hier noch ein Beispiel für die erste Gattung: In der deutschen Übersetzung eines französischen Romans stieß ich auf diese Erwiderung auf eine als dumm oder störend empfundene Frage: „Und Deine Schwester?" – Eine völlig unverständliche Bemerkung dort, wo im Französischen stand: *Et ta soeur?* Man muss einfach wissen, dass dies eine Abfuhr ist, für die man heute sagen würde: ‚Nerv mich nicht‘, für die wir früher die bildhaft-lustige Erwiderung verwendet hätten: ‚Frag’ das doch deinen Frisör, der hat mehr Zeit.‘ Und zum Schluss noch dieses Beispiel, das ich „nicht wirklich" in Frankreich erwartet hätte. Dort hört man zur Zeit häufig: *Ce n’est pas ma tasse de thé* – wohl weil die englische Wendung *This is not my cup of tea* zu sehr zur wörtlichen Nachahmung verführt, als dass man sich die Mühe machen würde zu sagen: *Ce n’est pas mon genre* oder *Ce n’est pas mon truc.* ‚Mein Ding ist das nicht.‘

Opfer von Interferenzen sind wir entweder beim Verstehen und damit auch beim Übersetzen (siehe vorangehendes Beispiel), oder wir produzieren aus verschiedenen Gründen selber Interferenzen – siehe Casablanca. Dabei spielen oftmals nicht kritisch durchleuchtete Gewohnheiten die entscheidende Rolle. Wir fühlen uns von jemandem in die Bredouille gebracht, weil wir nie nachgeschaut haben, was dieses Wort überhaupt bedeutet, nicht weil uns beim Übersetzen diese Interferenz unterlaufen würde. Oft projizieren wir Bedeutungen in Wörter und halten unser Leben lang daran fest, nur weil wir irgendwann das Wort in einer falschen Verwendung gehört haben.

Das Beispiel mit der Bredouille ist deshalb besonders treffend, weil die Interferenz im Französischen durch ein ursprünglich französisches Wort entsteht – nur versteht es kein Franzose in der Bedeutung, die es im Deutschen hat. Ich stecke in einem *pétrin*, einem Knettrog, sagt man im Französischen dort, wo ein Deutscher sich in der Bredouille fühlt. Für den Franzosen gibt es die *bredouille* jedenfalls nur in einer einzigen, äußerst enggefassten Bedeutung: Jemand ist von der Jagd oder vom Fischen mit völlig leeren Händen heimgekehrt: *il est rentré bredouille* – ob Sie's glauben oder nicht. Nicht nur das Übersetzen gleicht mitunter einem Minenfeld, sondern auch das Sprechen einer Nicht-Muttersprache kann ein Unterfangen voller Tücken sein.

Fazit: Fragen wir nach dem praktischen Nährwert dieser Erkenntnisse für das Übersetzen und das Dolmetschen, so ergeben sich wichtige Unterschiede im Hinblick auf die Strategien, die bei den beiden Tätigkeiten zu den richtigen Lösungen führen können. Unterschiede, die allerdings auch deutlich machen, wie sehr die von mir geforderte Ausübung beider Tätigkeiten durch beide Akteure zur Vertiefung und zur gegenseitigen Befruchtung beiträgt. Ein guter Übersetzer wird immer dann, wenn die Rahmenbedingungen, wie Zeit und Zugang zur Recherche, gegeben sind, sich durch die besonders schwierigen Stellen eines Texts erst recht herausfordern lassen und über seine normale Aufgabe hinaus besondere Akzente setzen, um seiner Arbeit einen Anklang von Kunst zu verleihen. Nur an diesen Stellen hat er normalerweise die Möglichkeit dazu.

Der Simultandolmetscher verfügt angesichts seiner besonderen Arbeitssituation über eingeschränktere Möglichkeiten. Ihm muss es darum gehen, mehr noch als jeder andere, der mit Fremdsprachen zu tun hat, eine möglichst große Vielfalt von Wendungen in mehreren Sprachen wie Vokabeln auswendig zu lernen und „vorzuhalten". Die vorgestellten Schein- und Teilkonvergenzen und die sich aus Asymmetrie und Willkür der Sprachen ergebenden Klippen muss er schon im Vorfeld in Strategien umsetzen. Unter anderem sollte er zu jedem Zeitpunkt bedacht sein, mit bildhaften, sprichwörtlichen, potenziell problematischen Ausdrucksweisen sparsam umzugehen und diese nur dann zu verwenden, wenn er sich der Stimmigkeit seiner Übersetzung absolut sicher ist. Da der Dolmetscher mit der kontinuierlichen Analyse des Gehörten mehr als gut beschäftigt ist, und da er bei allem Antizipieren nicht sprechen kann, bevor er verstanden hat, ist sicheres Paraphrasieren auf der Basis dieses Verständnisses allemal eine bessere Lösung als jede ungewisse und jedenfalls zeitraubende Suche nach dem optimalen Äquivalent.

Große Crux mit kleinen Wörtern

Jeder ein wenig sprachsensible Leser macht regelmäßig diese Erfahrung: Er bewundert die ausgezeichneten Deutschkenntnisse eines Bekannten, sagen wir aus Frankreich oder England, und attestiert ihm gute Wortwahl, akzentfreie Aussprache etc., bis ihm plötzlich diese kleinen Wörtchen auffallen, die irgendwie nicht passen wollen. Sie fallen dadurch auf, dass sie immer an der falschen Stelle auftauchen und jedenfalls anders verwendet werden, als man es selbst tun würde. ,Mein Mann ist ja Ingenieur‘, obwohl das Wissen um diesen Umstand beim Gegenüber nicht vorausgesetzt werden kann. ,Unsere Tochter ist mal im Kindergarten‘, obwohl das Kind täglich im Kindergarten ist. ,Das war doch ein toller Film‘, obwohl niemand etwas anderes behauptet hat.

Was füllen diese Wörter, die wir als *Füllwörter* bezeichnen? Was tönen sie ab? Denn man bezeichnet sie auch als *Abtönungspartikel*. Machen Sie selbst den Test: Erst wenn wir diese Wörter zu übersetzen haben, wird uns klar, dass sie alles andere als belanglos sind. Übersetzen wir sie, so meistens falsch. Übersetzen wir sie nicht (nach dem englischen Übersetzercredo *when in doubt, leave it out*), dann spüren wir sogleich, dass unserer Übersetzung eine Nuance fehlt, oftmals sogar die Entscheidende!

Woran denken Sie, wenn Sie den Begriff ,Füllwort‘ hören? Möglicherweise an kleine Wörter, die am Rande ihrer Sprache ein dürftiges, vernachlässigtes Dasein fristen und eigentlich überflüssig sind? Vielleicht an Wörter, die jeder Schreibende oder Sprechende eher aus Verlegenheit oder, um Zeit zu gewinnen, verwendet? Die eine Lücke füllen, eine Atempause des Redners überbrücken helfen? Aber sicher nicht an Wörter, die für Sinn und Bedeutung einer Aussage entscheidend sind, die aufgrund ihrer Funktion im Satz eindeutig konnotiert sind, die also ihre ganz spezifische Aufgabe und Bedeutung haben, die man mag und gerne verwendet, da sie ähnlich wichtig und interessant sind wie die Gewürze, die ganz zum Schluss zu einem Gericht hinzugegeben werden. Oder gehören Sie zu den wenigen Menschen, die diese Wörter gerecht einstufen? Wer hat ständig diese kleinsten, scheinbar unbedeutendsten Textbestandteile im Auge?

Dabei sind es gerade diese Wörter, die vielen Texten nicht nur ihr Gepräge, sondern eben auch ihre spezifische Schwierigkeit verleihen. Und die sich auch für den erfahrenen Übersetzer immer dann als tückisch erweisen, wenn sie nicht mit großer Sicherheit und Genauigkeit verwendet werden. Ich will versuchen, Ihnen vor Augen zu führen, dass diese Wörtchen wie *doch, mal, aber, fei (in Süddeutschland!), bien, well, donc, though, really, ja,* und viele andere oftmals die eigentlichen Sinnträger einer Aussage sind. Dass sie gerade uns Simultandolmetschern das Leben schwer machen können, da sie einem Chamäleon gleich ihre Bedeutung, sofern sie nicht ganz ohne eigentliche Bedeutung verwendet werden, je nach dem Kontext ändern können. Zu allem Überfluss sind diese Wörter sogar dem Schreibenden oder dem Sprechenden in ihrer impliziten oder expliziten Bedeutung gar nicht immer bewusst. Und werden sie wirklich ohne sauber umrissene Bedeutung oder ohne eine besondere Artikulationsabsicht verwendet, dann kommt bestimmt ein Übersetzer daher und übersetzt sie mehr oder weniger wörtlich, so dass sie in der Zielsprache garantiert als störend auffallen oder eine Sinnkomponente setzen, die nicht intendiert war. Ja, häufig liegt auch hier eine Ursache des bereits vorgestellten *overtranslating* – ein in seiner Sprache bedeutungsfreies, „schwaches" oder belangloses Wort erhält durch seine bloße Anwesenheit in einem zielsprachigen Text ein gar nicht intendiertes Gewicht und verfälscht damit die beabsichtigte Aussage.

„Ich habe im Kühlschrank nachgesehen – da ist *doch* gar nichts zu trinken." Was soll dieses *doch* bedeuten? Wie wollen wir es übersetzen? Ohne zu klären, was damit gesagt werden soll, am besten überhaupt nicht ... Bei aller Subjektivität des Verstehens von Sprache – und besonders der Wörter, um die es hier geht –, sind wir sicher einig, dass mit diesem *doch* bei bewusster Verwendung ein Widerspruch angedeutet wird, eine Korrektur von zuvor Gesagtem. Als bedeutungsfreies Füllwort wäre hier jedenfalls ein kleines *ja* richtiger – wenn es schon sein muss. Und wenn es ein Wort mit gleichem Ausdrucksumfang wie bei unserem *doch* in unserer jeweiligen Zielsprache nicht gibt, dann müssen eben andere Mittel her. Dann wird die Übersetzung zwangsläufig asymmetrisch: *Ce n'est pas vrai – il n'y a rien au frigo, you are wrong, there is nothing to drink in the fridge* etc. Das kleine *ja* dagegen würden wir am besten unübersetzt lassen.

„Da muss ich Ihnen schon Recht geben ..." ,Schon' heißt *déjà* und *already?* Es sind diese „Übersetzungen", mit denen immer wieder gescherzt wird, die immer wieder in Witzbüchern anzutreffen sind (,Er ist schwer auf Draht' – *He is heavy on wire*). Wir wissen, wann wir worüber lachen dürfen, wann etwas schon vom Sprachgefühl her nicht stimmig ist. Aber wissen wir auch, wie man im Englischen und im Französischen den Gedanken auszudrücken hat, der hinter ,doch', ,schon', ,ja', ,mal' und all den anderen harmlosen Wörtchen, wie auch hinter diesem ,schwer', steckt, mit deren Hilfe wir unseren Äußerungen mitunter die entscheidende Nuance, die eigentliche Pointe verleihen? Denken wir daran, dass jenes *ja* meistens seine Entsprechung in einem gar nicht so harmlosen *as you know* oder *comme vous le savez* (wie Sie ,ja' wissen) findet? Ein erfahrener Simultandolmetscher begrüßt diese Formulierungen in der Ausgangssprache übrigens schon deswegen, weil er sie mit großem Zeitgewinn durch eines dieser deutschen Wörtchen übersetzen kann.

Etwas aufwendiger wird es für ihn, wenn in der fremdsprachigen Äußerung einer dieser Gedanken auftaucht, die der Redner im Deutschen mit einem unserer Wörtchen ausgedrückt hätte – und zwar zum Beispiel völlig implizit, so wie es im Französischen oft der Fall ist: Im Absatz über das „Dolmetschen mit

schleifender Kupplung" stelle ich das Beispiel vor: Bei allem
Zeitdruck darf kein Simultandolmetscher *Que faites-vous dans la
vie?* mit ‚Was tun Sie im Leben?‘ übersetzen. Wenn schon, dann
lieber ‚Was machen Sie denn so im Leben?‘ An dieser Stelle geht
es mir um das ‚denn‘ und um das ‚so‘ – hier haben wir es tatsächlich mit Füllwörtern bzw. so genannten Abtönungspartikeln
zu tun, ohne die der deutsche Satz klingt wie eine Suppe ohne
Würze (‚Was machen Sie im Leben?‘), deren Fehlen ihn zwar
nicht unverständlich werden ließe, ihm aber doch eine geringfügig andere Wendung geben würde. Andererseits dienen sie einer
Zuspitzung, die andere mögliche Interpretationen ausschließen
hilft, wie die wortwörtliche Übersetzung unseres Beispielsatzes
zeigt.

Es gilt ganz allgemein und eigentlich für alle diese vermeintlichen Füllwörter oder Abtönungspartikel: Es gibt sie so gut wie
nie parallel in zwei Sprachen. Zur Erinnerung an den unverges-
senen Professor Hans Paepcke vom Dolmetscher-Institut der
Universität Heidelberg bin ich geneigt, analog zu einer seiner
wichtigen, immer ein wenig gespreizt daher kommenden Maximen „Die Kategorie der Sinnentreue impliziert die Kategorie der
Abweichung" eine weitere, eigene Maxime zu postulieren: Die
Kategorie der Präzision des Übersetzens impliziert die Kategorie
der Asymmetrie der Texte.

Hier ein besonders vielsagendes Beispiel für die große Crux
mit den kleinen Wörtern. Ein wahre Begebenheit, wie es so
schön heißt, noch einmal aus der Welt des Films.

They shoot horses, don't they?
On achève bien les chevaux.
Nur Pferden gibt man den Gnadenschuss.

Erinnern Sie sich an diesen Film des großen, im Sommer 2008
verstorbenen Sydney Pollack aus dem Jahre 1969? Jane Fonda in
der weiblichen Hauptrolle, der Film nominiert für neun Oscars,
das Kinoereignis des Jahres. Der Film spielt im Jahre 1932, auf
dem Höhepunkt der wirtschaftlichen Krise in den USA, als die
Veranstaltung von Tanzmarathons groß in Mode war, zumal das

jeweils gewinnende Paar einen hohen Geldbetrag als Prämie einstreichen konnte. Die von Jane Fonda dargestellte Gloria Beatty bittet gegen Ende des Marathons völlig erschöpft und verzweifelt ihren Partner, sie zu erschießen, da sie selbst dazu nicht mehr in der Lage ist. Robert mag ihr diesen Wunsch nicht abschlagen. Später, im Polizeiverhör, gibt er die Erklärung ab, die dem Film als Titel dient: *They shoot horses, don't they?*

Zugegeben: Müsste man diese Aussage ohne Kontext übersetzen, so würde man sich schwer tun. Vor dem Hintergrund des Geschehens jedoch wird deutlich, dass das englische „question tag" *don't they?* – so oft nur ein Anhängsel ohne eigene Bedeutung, wie zum Beispiel auch das Wörtchen „well" – hier eine entscheidende Bedeutung annimmt. Die deutsche Übersetzung der darin enthaltenen Nuance muss zwangsläufig mit dem Wörtchen *doch* arbeiten, obwohl dies, wie oben gezeigt, so oft ohne jede Bedeutung, in anderen Fällen mit einer ganz anderen Bedeutung verwendet wird. Richtig wäre also: ‚Nun regen Sie sich mal nicht auf – Pferden gibt man doch auch den Gnadenschuss'.

Das französische *bien,* in diesem Kontext im Gegensatz zu unzähligen, anderen Situationen ebenfalls nicht gerade ein harmloses, bedeutungsfreies Füllwort, zeigt, dass die Bedeutung des englischen Originaltitels von dem französischen Titelübersetzer voll verstanden wurde. Es wird zwar oft auf Anhieb mit *sehr wohl* oder *durchaus* übersetzt, enthält aber hier genau dieselbe Sinnnuance wie das deutsche *doch auch*. Das deutsche *nur* dagegen führt einen völlig anderen Sinn ein: Man darf einen Menschen nicht erschießen, nicht einmal mit dem Gnadenschuss, denn dieser ist Pferden vorbehalten. Damit wird die Tat Roberts zumindest gerügt oder als unangemessen dargestellt, während sie im englischen Original und auch im französischen auf ironischzynische Weise als fast „normal" postuliert wird, nachdem man ja auch mit Pferden so verfährt. Es ist schwer zu sagen, ob die deutsche Version des Filmtitels eine bewusste Abkehr von der Aussage im englischen Titel darstellt oder ob der Verfasser sich die Nuancen einfach nicht bewusst gemacht hat. Eine (im weitesten Sinne) „politische" Übersetzung? Eine Adaption? Oder das Ergebnis unzureichender sprachlicher Kompetenz?

Für Übersetzer und Dolmetscher jedenfalls ist klar, dass sie sich solche Freiheiten nicht ohne Rücksprache erlauben können. Allzu leicht würde man ihnen vorwerfen, zu verfälschen oder nicht richtig verstanden zu haben. Vielleicht ist es nur ein kleiner Unterschied, der jemandem, der nicht übersetzen muss, gar nicht auffallen würde. Andererseits zeigen die Zwänge des Übersetzens besonders deutlich, wie nuanciert und wie differenziert bei der Hermeneutik vorgegangen werden muss, will man als Übersetzer oder Dolmetscher wirklich mit letzter Präzision ausloten – und danach adäquat in die andere Sprache herüberbringen – was ein Schreibender oder Sprechender wirklich intendiert hat.

Auch der Zusammenhang mit den spezifischen Zwängen und Schwierigkeiten des Simultandolmetschens ist unschwer zu erkennen. Bedenken wir, wie viele Probleme gleichzeitig auf den „armen Mann mit dem Kopfhörer" einstürmen, so lässt sich durchaus fragen, wie oft er eigentlich die Chance hat, auf diesem Niveau von Präzision und schon fast „pingeliger" Analyse zu arbeiten. Und es wird leicht verständlich, welche Vorteile ein Dolmetscher hat, dem ein solcher Arbeitsansatz, sei es dank eines besonderen Talents, sei es dank einer guten Ausbildung, in die Wiege gelegt oder jedenfalls von Anfang an mitgegeben wurde. Die Fähigkeit, spezifische Schwierigkeiten dieser Art in einer Rede ohne jeden Zeitverlust zu erkennen und wiederum ohne Zeitverlust angemessene Strategien zu ihrer Bewältigung aus dem Ärmel zu ziehen oder *ad hoc* zu entwickeln, gehört zu den wichtigsten Kriterien, nach denen die wirklich besonders guten Simultandolmetscher von den vielen anderen zu unterscheiden sind.

Soweit das Thema der so genannten Füllwörter oder Abtönungspartikel. Ohne ein ständig waches Bewusstsein um ihre Tücken und ihre herausragende Bedeutung, in des Wortes doppelter Bedeutung (!), laufen wir Gefahr, analog zur Würze in der Suppe für unsere Übersetzungen Entscheidendes zu verpassen oder falsche Akzente zu setzen. Eine Gefahr, die beim Simultandolmetschen besonders akut ist, da hier viele Belastungsfaktoren gleichzeitig ihren Tribut fordern und diese vermeintlich kleinen

Partikel dabei oft auf der Strecke bleiben. Dort, wo es sich um Füllwörter im wahren Sinne des Wortes handelt, dürfen sie sogar untergehen – aber eben immer nur als Ergebnis einer bewussten Überlegung.

4. Ein Schlusswort zur Übersetzungskritik

Zwar hat sich das Ansehen der literarischen Übersetzung in den letzten dreißig Jahren entscheidend verbessert. Doch wenn man sie in Literaturkritik und Feuilleton überhaupt als eine eigene Arbeit wahrnimmt, dann wird sie nicht selten auf die „Fehler" reduziert, die man ihr unter dem Maßstab einer hypothetischen „Äquivalenz" zwischen Übersetzung und Original vorrechnet. Diese Art Übersetzungskritik impliziert letztlich, dass man der Übersetzung das Recht abspricht, anders zu sein als das Original; sie läuft darauf hinaus, dass man einem Kamel vorwirft, sein Fell fühle sich nicht wie das eines Pferdes an.[55]

Der als Hauptwerk des französischen Schriftstellers Gustave Flaubert (1821–1880) und als eines der fünfzig wichtigsten Werke der Weltliteratur geltende Roman *Madame Bovary* ist bis heute fünf Mal ins Deutsche übersetzt worden. Jeder Übersetzer hat, so viel dürfen wir annehmen, seine Arbeit zumindest teilweise als eine Kritik an den anderen Übersetzungen betrachtet. Auch der oben zitierte Peter Utz nimmt an, jeder „Neu"-Übersetzer orientiere sich an seinem Vorgänger, lasse sich durch ihn inspirieren und kopiere ihn gar heimlich. In erster Linie gehe es allerdings darum, gegen die Veralterung anzuschreiben, der Übersetzungen sich ebenso wenig entziehen können wie literaturwissenschaftliche Interpretationen, da beide „auf ihre Weise Teil des hermeneutischen Prozesses" seien. Anders zu übersetzen und dadurch Kritik an früheren Übersetzungen zu üben, ist insofern einfach, als es bei literarischen Texten im Gegensatz zu Fachtexten so etwas wie eine „richtige" Übersetzung niemals geben kann. Denn: Nach welchen Kriterien beurteilen wir eine Übersetzung? Wo ziehen wir die Grenze zwischen sprachlichen, semantischen und grammatikalischen Fehlern einerseits und andererseits den unglücklichen, vielleicht nur uns ganz persönlich missfallenden Lösungen? Ist ein Unterschied zu beachten zwischen veralteten Übersetzungen und solchen Texten, die durch ihren womöglich veralteten Stil mühsam zu lesen sind? Und gibt es vielleicht gar Übersetzungen, die uns deshalb missfallen, weil sie uns nicht die Atmosphäre des neunzehnten Jahrhunderts vermitteln, sondern stattdessen durch eine „zeitgemäße" Sprache das Handeln und Sprechen aller Protagonisten in unsere Zeit verlegen?

Ist es ein Fehler oder eine unglückliche Lösung, wenn ein aus dem Amerikanischen arbeitender Übersetzer das alltägliche „four letter word" *bull shit* mit „Ochsenmist" übersetzt? Auf welche Fehlerkategorie zielt unsere Kritik, wenn ein Übersetzer seine Protagonistin sagen lässt, die (von dieser verzehrte) ‚Schokoladentorte zwicke an ihr'? Hätte er von einem schlechten Gewissen wegen des Verzehrs der Torte schreiben müssen, oder ist seine Übersetzung als originell, gar mit dem Hinweis, er habe etwas von der berühmten „fremden Anmutung" herüberbringen wollen, dennoch zu rechtfertigen?

In der *FAZ* las ich vor vielen Jahren eine Buchbesprechung mit eben dieser Überschrift: "Die Schokoladentorte zwickt an mir" von Helmut Winter.[56] Es ging um eine Veröffentlichung von zwei Übersetzungstheoretikern und Lehrern der Germersheimer Schule (Fachbereich Angewandte Sprach- und Kulturwissenschaften der Universität Mainz). Die Autoren Hönig und Kussmaul klagen in ihrem interessanten, erfrischend zu lesenden Bändchen über die Selbstbezogenheit und das Fehlen aller objektiven Maßstäbe in der Übersetzungskritik. Übersetzungskritik als eine Form intellektueller Selbstbefriedigung – so kommt der Tenor ihrer Kritik bei mir an. Das reine, mitunter von einer Mischung aus Schadenfreude und Triumphgeheul begleitete Aufzählen von Übersetzungsfehlern lehnen sie als Übersetzungskritik ab. Die gängige Vorgehensweise der Übersetzungskritik bediene lediglich das Bedürfnis des Lesers, sich an der Erkenntnis zu delektieren, er selber hätte die dargestellten Fehler natürlich nicht begangen, sondern alles richtig gemacht.

Erinnern wir uns auch an die Dissertation jenes Romanisten,

der auf knapp dreihundert Seiten die Frage untersuchte, ob es bei dem Verzehr eines *bonbon* in der ‚Suche nach der verlorenen Zeit' von Marcel Proust *(A la recherche du temps perdu)* um ein Bonbon, so wie wir es im Deutschen verstehen, gegangen ist oder vielmehr um eine (Schokoladen-) Praline. Das *bonbon au chocolat* wird im Französischen in der Tat oft verkürzt als *bonbon* bezeichnet.

Die Frage nach der Richtigkeit einer Übersetzung kann uns hier nicht weiterbringen. Und Kategorien wie die Stimmigkeit werden immer subjektiv bleiben, zumal in diesen Begriff per definitionem unser jeweils subjektives Verständnis einfließt, anhand dessen wir befinden, ob die Übersetzung in dem Sinne stimmig ist, dass sie alle inhaltlichen und formalen Aussagen und Intentionen des Verfassers so wiedergibt, wie sie bei entsprechender Kenntnis der Originalsprache bei uns, aber eben bei uns und nicht bei unserem Nachbarn, angekommen wären.

Unsere Übersetzungskritik sollte in allen Fällen differenziert angelegt sein: Trennen sollte sie nach denjenigen Aspekten und Gegebenheiten, die wir auf der sachlich-faktischen Ebene angesiedelt sehen, und allen Merkmalen und Kriterien, die das Übersetzen in die Nähe des Schreibens rücken und aufgrund derer (literarische) Übersetzungen im Idealfall Produkte der Literatur sind – in ihrer ganzen Vielfalt und auf allen Qualitätsstufen. In diesem Falle, da unsere Kritik analog zum Wirken des Kritikers angelegt ist, sind natürlich dezidiert subjektive Wertungen ebenso erlaubt wie vernichtende Beurteilungen – bis hin zu gnadenlosen Verrissen. Voraussetzung ist allerdings, dass wir diese Art von Kritik offen und ehrlich etikettieren, anstatt sie mit dem erhobenen Zeigefinger des Oberlehrers vorzutragen.

Eine Erkenntnis, die dabei als Nebenprodukt anfallen mag, besagt, dass Übersetzer auch Autoren mit all ihrer subjektiven Besonderheit sind – und eben nicht Computer, die einhundert Mal hintereinander dieselbe Arbeit ausspucken können. Dass ihnen eine mindestens ebenso große Breite und Vielfalt zuzugestehen ist wie den Verfassern der Texte, die sie übersetzen. Dies kann jedoch keinesfalls bedeuten, dass wir die in den meisten Übersetzungen enthaltenen sprachlichen, anhand von Lexikon und Grammatik nachweisbaren Fehler akzeptieren oder gar aus „ideologischen" Gründen rechtfertigen dürfen. Daraus ergibt sich für mich folgendes Postulat zur Übersetzungskritik:

▶ *Übersetzungskritik* muss immer und überall einen sachlich-sprachlichen Teil und einen zweiten, dem Rahmen und den Begleitumständen gewidmeten Teil umfassen, in dem das subjektive Urteil des Übersetzers, seine Leserperspektive und seine Intention als „Interpret" zum Ausdruck kommen. Diese zwei Komponenten jedweder Übersetzungskritik sind streng und deutlich erkennbar voneinander zu trennen.

Auf Fehler der erstgenannten Kategorie darf ohne den gestreckten Zeigefinger des Oberlehrers hingewiesen werden, bei den Fragen der „subjektiven Abteilung" muss eingeräumt werden, dass es keine abschließende Wahrheit gibt. Nur so lässt es sich vermeiden, dass bei der Besprechung von Übersetzungen sämtliche Kategorien der Kritik wie Kraut und Rüben durcheinander geworfen werden. Dass eindeutige Fehler verschwiegen und mit dem Hinweis gerechtfertigt werden, die Übersetzung treffe so schön den Ton des Originals. Oder dass eine Arbeit umgekehrt, obwohl jedes Wort stimmt und dem Leser ein großes Lesevergnügen in der Sprache seiner Zeit geschenkt wird, zerrissen wird, weil sie es nicht schafft, Geruch und Geschmack der Originalvorlage heraufzubeschwören.

In bestimmten Kreisen der Übersetzungswissenschaft wird seit einigen Jahren über Bemühungen berichtet, das komplexe Geschehen jeder Übersetzungstätigkeit in einer Formel darzustellen, mit deren Hilfe nicht nur das Übersetzen gelehrt werden könne, sondern die auch dazu dienen könnte, die „Richtigkeit" einer Übersetzung zu überprüfen. So wie es von Albert Einstein bis Stephen Hawking keinem Genie gelungen ist, eine über die Erklärung von Einzelphänomenen, wie der Entstehung des Universums oder der Krümmung der Raumzeit, hinausgehende Weltformel zu entwickeln, wird es sich auch in Zukunft mit dem Übersetzen verhalten – ich bitte um Nachsicht für diesen hochtrabenden Vergleich. Denken wir nur kurz an alles, was zum Thema der Willkür und der Individualität von Sprache im Sinne von Sprechen und Schreiben im vorherigen Kapitel ausgeführt wurde. Und vergegenwärtigen wir uns, dass all dies natürlich auch und erst recht für das Übersetzen gilt.

TEIL III

Anatomie einer besonderen Form des Übersetzens

Exkurs

Was Sie schon immer fragen wollten ...

Gleichzeitig hören und sprechen? Das geht doch gar nicht!

Es gibt eine Handvoll Fragen, denen man als Simultandolmetscher einfach nicht ausweichen kann. Sei es, dass man im Gespräch außerhalb jeder Arbeitssituation seinen Beruf erwähnt, sei es, dass man während einer Kaffeepause auf einer Konferenz darauf angesprochen wird. Viele Außenstehende nutzen gerne die Begegnung mit einem Vertreter unseres Berufs, um diese Fragen zu stellen und von einem Insider eine fundierte Antwort zu erhalten – über ein lakonisches „Wird nicht verraten – man soll uns ja weiterhin engagieren" hinweg.

Diesen Fragen soll das nachfolgende Kapitel gewidmet sein. Mit Antworten, die meine verehrten Leser nicht immer zufrieden stellen mögen, die sie teilweise überraschen könnten, und die vielleicht auch nicht immer tierisch ernst gemeint sind – dort zumindest, wo das Simultandolmetschen gewisse Wesenszüge einer künstlerischen Arbeit aufweist. Und welcher Künstler würde nicht dazu neigen, sich gelegentlich mit dem, was er tut, selbst auf die Schippe zu nehmen?

Sie sind doch sicher zweisprachig aufgewachsen?! Das kann und darf doch bestimmt bei einem Simultandolmetscher gar nicht anders sein, oder?!

Da ich versucht habe darzulegen, wie vielen „selbsternannten" zweisprachigen Studenten ich von unserem Beruf abgeraten habe, wie wenigen zweisprachigen Menschen ich in meinem Leben begegnet bin und wo die Grenzen, aber auch die Gefahren von Zweisprachigkeit (wenn es diese überhaupt gibt) liegen, werden Sie diese Frage sicher schon an dieser Stelle in einem völlig neuen Licht sehen.

Sind Simultandolmetscher nicht regelrechte Sprachakrobaten?

Bei der Antwort auf diese Frage denke ich wieder einmal an Radio Eriwan. Aber es kommt tatsächlich darauf an, woran man bei diesem Begriff denkt. Zauberer sind sie mit Sicherheit nicht. Aber auch keine Messerwerfer oder Trapezkünstler. Und sie verstehen sich auch nicht darauf, durch brennende Ringe zu springen oder schwebende Jungfrauen zu zersägen. Etwas näher kommen wir dem Konzept, wenn wir an die Jongleure denken. Dazu im folgenden Kapitel ein wenig mehr.

Was machen Sie, wenn Ihnen mal ein Wort nicht einfällt?

Dies ist eine ganz besonders beliebte Frage. Ebenso entnervt wie im Anflug arrogant beantwortete sie einst ein illustrer Kollege in Paris, gleichzeitig Direktor der E.S.I.T., einem Journalisten gegenüber: „Vielleicht setzen Sie, wenn das Wort im Vortrag auftaucht, schnell den Kopfhörer auf – dann hören Sie, was ich an der Stelle sage." Eine originelle oder eine arrogante Antwort? Eine stilisierte Legende? Jedenfalls ist auch hier, wie so oft, sicher ein Körnchen Wahrheit daran – wenn nicht gar etliche Körnchen. Gemeint war mit dieser launigen Antwort einfach der Hinweis, dass Wörter in aller Regel so sehr in ihren Zusammenhang eingebunden sind, dass dieser Zusammenhang auch viel Hilfe zum Verständnis gibt, abgesehen davon, dass erst der Zusammenhang überhaupt Aufschluss über die Bedeutung eines Worts gibt. Oft genügt zunächst auch der Griff nach einer Umschreibung, einer Alternative. Ein souveräner Simultandolmetscher liefert solche Begriffe gelegentlich einen Satz später auch noch nach.

Ich werde auch versuchen darzulegen, warum wir zum Beispiel die Frage für wichtiger halten, was wir tun können, wenn nicht ein Wort fehlt, sondern wenn die Gedankenführung eines Redners nicht nachzuvollziehen ist. Denn hier liegt meistens die eigentliche Herausforderung, wenn der Dolmetscher Schwierigkeiten hat, seine Aufgabe zu bewältigen.

Sie müssen ja eigentlich zwei Gehirne im Kopf haben!?

Ein Journalist wählte einmal für einen Artikel über mich die Überschrift „Der Mann mit den zwei Gehirnen" – Eine Formulierung, mit der man sich des Spotts in der Kollegenszene sicher sein darf! Dabei wollte der Autor nur einen zugegeben wenig bekannten Filmtitel spielerisch aufgreifen und womöglich zum

Die Anatomie einer besonderen Form des Übersetzens

Nachdenken darüber anregen, ob anspruchsvolle mentale Prozesse wie Zuhören, Nachdenken und Sprechen gleichzeitig in einem Kopf ablaufen können.

Sind es tatsächlich simultan ablaufende und in dieser Gleichzeitigkeit nicht zu vereinbarende Prozesse, die da ablaufen? Oder ist das Simultandolmetschen eine so genannte Single-Channel-Tätigkeit, wie es im Bereich der kognitiven Psychologie heißt? Der Begriff sagt aus, dass allem ersten Anschein zum Trotz auch bei sehr komplexen mentalen Vorgängen nur ein Kanal belegt ist und die gesamte Aufmerksamkeit auf nur einen Gegenstand gelenkt wird, mit dem alle auch sehr unterschiedlichen Aspekte des ablaufenden mentalen Prozesses eng zusammenhängen. Prozesse, wie das Anhören einer Rede und das Lesen des Kurszettels in der Zeitung, müssten zwangsläufig auf zwei getrennten Kanälen ablaufen, und dies könnte einfach nicht mit einem brauchbaren Ergebnis geschehen.

„Bei der Geschwindigkeit, mit der Sie arbeiten, können Sie doch unmöglich die Zeit haben, über das Gesagte auch noch nachzudenken!"

Von Außenstehenden, aber auch von vielen Konferenzteilnehmern ist immer wieder diese vielleicht vordergründig verständliche Vermutung zu hören. Ich werde mich bemühen, beliebte Vorstellungen behutsam zu beeinflussen und gleichzeitig den Blick auf diejenigen „Auffälligkeiten" zu lenken, über die man sich tatsächlich Gedanken machen müsste. So führt dieses Nachdenken zwangsläufig zu Fragen von Anspruch und Qualität: Wie stellen manche Dolmetscher es an, so flüssig und schlüssig wie der Redner zu klingen, während andere auf ihre Zuhörer einen bemühten, gequälten und gestressten Eindruck machen?

Kapitel 6

Was beim Simultandolmetschen geschieht – und was nicht

Sie rieb sich beide Ohren, wo sonst ihre Kopfhörer anlagen, ihre Schaltungen automatisch funktionierten und die Sprachbrüche stattfanden. Was für ein seltsamer Mechanismus war sie doch, ohne einen einzigen eigenen Gedanken im Kopf zu haben, lebte sie, eingetaucht in die Sätze anderer, und musste nachtwandlerisch mit gleichen, aber anderslautenden Sätzen sofort nachkommen, sie konnte aus „machen" to make, faire, hacer machen, jedes Wort konnte sie auf einer Rolle sechsmal herumdrehen, sie durfte nur nicht denken, dass machen wirklich machen bedeutete, das konnte ihren Kopf unbrauchbar machen, und sie musste schon aufpassen, dass sie eines Tages nicht von den Wortmassen verschüttet wurde.[57]

Als ich diese Schilderung von Ingeborg Bachmann aus ihrer Erzählung *Simultan* zum ersten Mal las – es muss während einer medizinischen Fachtagung gewesen sein – nahm ich mir vor, eines fernen Tages in aller literarischen Freiheit über die Arbeit der Neurochirurgen zu schreiben. Dabei war mir sofort klar, dass ich dem Operateur einen silbernen Teelöffel in die Hand legen

würde, wenn es darum ginge, einen Hypophysentumor „wegzu-
schaben".

Funktioniert der Kopf eines Simultandolmetschers so wie
die gute alte, elektrische Kugelkopfschreibmaschine? Ist es das,
was beim Simultandolmetschen passiert? Würde uns ein Konferenzteilnehmer, der wissen möchte, wie das mit dem Simultandolmetschen funktioniert, eine solche Schilderung abkaufen?
Ergeben die Entsprechungen von Wörtern in der anderen Sprache „gleiche, aber anderslautende Sätze"? Was ist ein gleicher,
aber anderslautender Satz? Wenn ich bedenke, wie oft wir mit
der Vermutung konfrontiert werden, wir könnten beim Dolmetschen nicht auch noch über den Inhalt nachdenken, dann bin
ich durchaus eher pessimistisch und neige zu der Annahme, dass
derartige Erklärungen unseres Tuns womöglich die größte Aussicht haben, für bare Münze genommen zu werden. Wer nicht
übersetzt – und schon gar nicht simultan –, wer Sprache nur
„konsumiert" und „produziert", für den ergibt sich nur selten die
Notwendigkeit, über ihre Funktionsweisen nachzudenken.

Die durch Ingeborg Bachmann am Beispiel ihrer Simultandolmetscherin vorgenommene Verklärung dessen, was die Protagonistin oder gar Heldin leisten muss, um Äußerungen simultan übersetzen zu können, ist sicherlich dem Bedürfnis nach
einer charmant-fantasievollen Darstellung im Bereich der literarischen Fiktion *geschuldet*, um noch einmal diese Kombination
aus Modewort und Barbarismus zu verwenden. Ich rätsele noch
heute darüber, ob die Dichterin hier in der Fiktion überzeichnet
darstellen wollte, was nicht der Realität entspricht, oder ob sie
sich wie zahllose außenstehende Beobachter einfach nicht genau
vorstellen konnte, was beim Simultandolmetschen im Einzelnen
passiert. Viele Menschen können und wollen sich für bizzar-
überraschende Erklärungen eher erwärmen als für die nüchterne
Analyse gedanklicher Prozesse.

Dadurch, dass sich im Kopf der Simultandolmetscherin von
Ingeborg Bachmann eine Walze dreht, deren mechanisches
Rattern man förmlich zu hören glaubt, entsteht das Bild eines
eindimensionalen, reproduzierbaren, auf die reine Abfolge von
Zeichen reduzierten Geschehens, das mit den vielschichtigen

Prozessen während der Kommunikation in zwei Sprachen nicht vereinbar ist. Man fühlt mit ihr, wenn sie sich als einen „seltsamen Mechanismus" empfindet, und möchte ihr wünschen, das eigene Tun ein wenig weiter zu reflektieren, um sich Erleichterung zu verschaffen. Schließlich ist ein hohes Maß an Dynamik im Spiel, wenn Gedanken entstehen und ausformuliert werden. Kein mechanischer Ansatz würde es erlauben, Gedankeninhalte ihrer sprachlichen Hülle zu entledigen, sie unmittelbar danach in eine andere sprachlichen Hülle zu bringen, sie in der Zielsprache in angemessener Weise neu zu verpacken. So kann die Simultanverdolmetschung nicht zu einem statischen Ergebnis führen, als würden auf einem Abakus die Perlen hin- und hergeschoben, bis ein Rechenergebnis „stimmt", als entstünden Sinn und Verständnis durch den mechanischen Austausch von Wörtern durch Wörter. Wie bei den meisten anderen Formen des Übersetzens geht es beim Simultandolmetschen nicht um das Aneinanderreihen von möglichen Wortbedeutungen, sondern um das Vermitteln von Sinn und Verständnis – und diesem Ziel sind alle anderen Anliegen und Überlegungen unterzuordnen.

1. Simultandolmetschen – komplexer geht's nimmer

Ein Schutzpatron für die Simultandolmetscher?

Der oft als Brückenheiliger gezeigte Heilige Christophorus, der durch den Fluss watend ein Kind sicher von einer Seite zur anderen trägt, der es damit *über*setzt, dieser Christopherus, der auch als Schutzpatron der Fährleute und Autofahrer gilt, wird gemeinhin als der Schutzpatron der Übersetzer betrachtet. Er trägt hinüber, aber über*trägt* er auch? Er setzt über, aber über*setzt* er auch? Und welche Relevanz besitzt er für die Dolmetscher? Auch sie sind ja mit dem *Über*setzen und mit dem Über*setzen* gleichermaßen beschäftigt.

Mir persönlich erscheint der römische Gott Janus mit seinen zwei Gesichtern für diese Aufgabe als die logischere Wahl. So wie Janus ständig der Vergangenheit und der Zukunft gleichzeitig zugewandt ist, sehen wir auch bei den Simultandolmetschern in ihrer Arbeit eine deutliche Janusköpfigkeit. Ständig – und in diesem Sinne wirklich gleichzeitig – sind sie mit ihrem Gesicht sowohl dem Sprecher, den sie übersetzen, als auch ihren Zuhörern zugewandt. Beide fordern von ihnen ein etwa gleiches Maß an Aufmerksamkeit und Konzentration. Wie bei Janus das Vergangene prägend für das Kommende ist, ist bei ihnen das Gesagte, und nur dieses, maßgebend für das zu Sagende.

Obwohl wir nicht zur genau gleichen Zeit wie „unser" Redner sprechen, also nicht buchstäblich das abdecken, was er sagt, da wir dies zunächst ja anhören müssen, kommunizieren wir doch zu jedem Zeitpunkt gleichzeitig in zwei Sprachen. Dabei muss zunächst eine erfolgreiche Kommunikation des Redners mit uns stattfinden, damit dieser auf diesem Umweg mit seinen Zuhörern kommunizieren kann. Es liegt sodann ausschließlich an uns, wie die zweite Stufe dieses Kommunikationsprozesses gestaltet wird und wie sie gelingt. Hier hängt der Erfolg letztlich tatsächlich maßgeblich von den Simultandolmetschern ab.

Wie mit dem Janusbild angedeutet, ist der Simultandolmetscher genau betrachtet ständig in zwei verschiedene Kommunikationsprozesse eingebunden, in denen er unterschiedliche Rollen spielt, diejenige des Empfängers und die des Senders. Als Empfänger ist es seine oberste Aufgabe, das Gehörte in allen seinen Aspekten sicher und vollständig zu erfassen. Als Sender hat er in erster Linie für einen kontinuierlichen Redefluss zu sorgen, in den er nach und nach alle als Empfänger erfassten Informationen wie Inhalte und Gedanken, Stil, Wortwahl, Betonung einspeisen muss. Je besser ihm dies gelingt, desto weniger klingt es nach Jägerlatein, wenn ich behaupte, gute Dolmetscher könnten bei ihren Zuhörern regelrecht in Vergessenheit geraten. Erinnern wir ruhig noch einmal an diese Maxime: „Nur ein schlechter Dolmetscher erregt die Aufmerksamkeit seiner Zuhörer."

Zur Komplexität des Simultandolmetschens

In dem Prozess der zweisprachigen Kommunikation, in der intensiven Interaktion zwischen zwei Sprachen – und natürlich vor allem in dem Interaktionsfeld von zahlreichen Gegebenheiten, welche hinter der aus Wörtern gebildeten Fassade stehen – ist der Dolmetscher gleichzeitig Bindeglied, Puffer, Relaisstation und Brückenbauer. Er operiert nur scheinbar in einem Niemandsland zwischen den Sprachen, denn gerade dort spielen sich zwischen dem Augenblick des Anhörens einer Aussage und der Ausformulierung ihrer nach allen Kriterien adäquaten Übersetzung zahlreiche Schritte und Prozesse ab, ohne die der Sprung von der einen Sprache in die andere nicht gelingen kann. Alles hängt in diesem „Grenzstreifen" von ihm, dem Simultandolmetscher ab – und davon, ob er die Komplexität der Situation bewältigen und die Voraussetzungen für das Gelingen der zweisprachigen Kommunikation schaffen kann. Ob er, mit anderen Worten, die von ihm erwarteten *Brücken* zwischen den Sprachen tatsächlich bauen kann – welcher literarische Reiz auch immer in Ingeborg Bachmanns Bild von den Sprach*brüchen* liegen mag.

Daraus ergibt sich zwangsläufig auch, dass der Simultandolmetscher die Sprachen beziehungsweise zumindest ihre Funktionsmechanismen mit dem Ziel der Sinnvermittlung ein Stück weit manipulieren muss: Er rückt sie stellenweise einander näher, um sie unmittelbar danach auf Distanz zu bringen. Er stellt in diesem kontinuierlichen Prozess der Kommunikation Kategorien wie Nähe und Entfernung, Sprecher- und Zuhörerorientierung her, er beachtet und optimiert Parameter wie Stilebene und Diktion, Sprachregister und Sprechhaltung. Er ist derjenige, der alle diese „Stellgrößen" laufend überwacht und auspegelt.

Zwischen den zwei genannten Polen – dem Empfangen und dem Senden – finden alle diejenigen Prozesse statt, für die dem Übersetzer schriftlicher Texte so viel Zeit zur Verfügung steht, wie dieser sich nehmen möchte. Soweit Prozesse, die sich überlagern bzw. teleskopartig ineinanderschieben, voneinander getrennt untersucht werden können, wollen wir das in den folgenden Abschnitten versuchen. Dabei werde ich zur Einstimmung zunächst einige Mythen hinterfragen, die sich seit eh und je hartnäckig, selbst unter Dolmetschern, halten. Danach zeige ich einige für das Übersetzen und Dolmetschen relevante Spracherscheinungen, wie sie beim Simultandolmetschen besonders deutlich, wie unter der Lupe, hervortreten. Und schließlich folgen noch einige Aspekte unserer Arbeit, die offenbar tatsächlich die Annahme, Simultandolmetschen sei „Multitasking" (um den gegenwärtig arg strapazierten Begriff einmal zu verwenden) belegen können. Ich bin mir bewusst, dass die Erörterung dieser Dinge in einzelnen Abschnitten etwas künstlich erscheinen mag, wenn wir von der „Gleichzeitigkeit" der Schritte reden. Aber anders wird meine angekündigte „Anatomie" sich nicht bewerkstelligen lassen.

Schauen wir also nacheinander die diversen Aufgaben an, die der Simultandolmetscher bei seiner Arbeit zu bewältigen hat. Ob sauberes Trennen der Sprachen bei größter Nähe, ob Strategien zur Vermeidung der gefürchteten Interferenzen, ob sicherer Umgang mit schwierigen und vor allem gegenläufigen Syntaxstrukturen – für einen ersten Einstieg sind sicher gewisse Techniken hilfreich, die in der Ausbildung genannt bzw. empfohlen werden, um gute Sätze zu bilden und für einen ordentlichen Redefluss zu sorgen. Aber obwohl zahlreiche Hürden sicher durch die einzelnen Simultandolmetscher auf vergleichbare Art und Weise genommen werden, will ich nicht so weit gehen, daraus etwas künstlich Strategien oder gar „Blaupausen" zu konstruieren – dazu ist die Arbeit jedes einzelnen Dolmetschers wohl zu individuell angelegt. Mit Sicherheit können sich aus dieser Diskussion interessante Einblicke in die Arbeit des Simultandolmetschers ergeben, die auch Antworten auf die eingangs gestellten, immer wieder an uns herangetragenen Fragen geben können.

Zwischenfrage: Simultan – was heißt eigentlich gleichzeitig?

Dies schnell noch vorab zur Klärung: Kennen Sie jemanden, der einem Vortrag folgt und schon während der Redner ein Wort spricht, dieses versteht? Versteht in dem Sinne, dass ihm neben der Bedeutung des Wortes in seinem Kontext und durch seinen Kontext auch klar ist, was damit gesagt werden soll? Und das genau gleichzeitig? Was heißt überhaupt gleichzeitig? Man wird das Bild der Sophisten nicht benötigen, die in unschlagbarer Logik nachweisen, dass bei genauestem Rechnen, eben auch in Bruchteilen von Hundertstelsekunden, ein noch so schneller Läufer niemals eine Schildkröte einholen kann. Auch ohne dieses Bild ist klar, dass das Verständnis von Gehörtem nach und nach beim Anhören entsteht. Und dass dies zudem bei einzelnen Zuhörern aus den verschiedensten Gründen unterschiedlich schnell geschieht. Muss ich nicht die kleinste Einheit von Sprache jenseits des nackten Zeichens oder des einfachen Lauts erst angehört haben, bevor die Verarbeitung durch mich als Übersetzenden, Verstehenden, Wiedergebenden überhaupt beginnen kann? Ja, wenn wir das Beispiel der chinesischen Sprache nehmen, so gibt es ernst zu nehmende Fachleute, die bestreiten, dass aus dem Chinesischen überhaupt simultan gedolmetscht werden kann, da das Verständnis aus formalen, strukturellen, inhaltlichen und auch kulturellen Gründen nach völlig anderen Mustern zustande kommt, als wir sie in unseren Sprachen kennen. Dem diametral entgegengesetzt verhalten sich die Dinge in einer Konstellation, in der jemand lediglich das Gehörte aufschreibt, also tatsächlich umkodiert (in diesem Falle Gesprochenes in Geschriebenes) und somit einzelne Buchstaben oder Silben sofort verarbeiten kann, noch bevor irgendetwas davon verstanden ist. Hier denke ich zum Beispiel an Stenografen und an das verstärkt auch in Europa eingesetzte *court reporting*.

Simultan zu dolmetschen kann *per definitionem* nicht bedeuten, gleichzeitig im Sinne von deckungsgleich mit dem Redner dessen Wörter übersetzt zu sprechen. Nicht einmal das bloße Aneinanderreihen von unverarbeiteten Wörtern wäre wirklich gleichzeitig zu leisten. Wenn für den Zuhörer dennoch und ganz natürlich der Eindruck entsteht, der Dolmetscher arbeite gleichzeitig, dann deshalb, weil es eine Vielzahl von Einzelschritten gibt, die er zur gleichen Zeit vollziehen muss, die sich sozusagen ineinanderschieben und dem Zuhörer gar nicht einzeln bewusst werden. Während wir eine so gut wie fertige, auf Anhieb definitive, nur selten nachträglich noch änderbare Übersetzung ins Mikrophon sprechen, hören wir natürlich aufmerksam die weitere Folge der Rede. Und da wir zwangsläufig bereits beim Anhören eine erste Analyse vornehmen, stellen wir auch wie von selbst erste Überlegungen zur Übersetzung des Gehörten und Verstandenen an. Die genannten Einzelschritte wollen wir uns im folgenden Abschnitt näher anschauen. Ein gewisser Widerspruch ist mir sehr wohl bewusst, wenn ich von gleichzeitig ablaufenden Prozessen rede und diese doch voneinander gelöst erörtere, zumal der ganze Komplex sich sicher auf unterschiedliche Weise zerlegen ließe.

Vom Stricken und Zeitunglesen – Multitasking falsch verstanden

Legenden sind beliebt – warum auch immer. Sie lenken den Blick von der harten Wirklichkeit ab, sie eignen sich zum Nacheifern, und irgendwann hat jeder von uns das Bedürfnis, per Übertreibung zu veranschaulichen, besondere Kompetenzen zu bewundern, zu jemandem aufzuschauen. So war es auf der Uni, wenn die strickende Simultandolmetscherin bei der EG-Kommission oder der bei seiner Arbeit Zeitung lesende Simultandolmetscher auf einem Ärztekongress beschrieben wurden und wir Studenten, eigentlich „Azubis", aus dem Staunen nicht herauskamen. Es ist bedauerlich, dass gerade an den „Dolmetscherschulen" solche Legenden gedeihen und gepflegt werden. Dabei hätten einige wenige Worte aus berufenem Munde ausgereicht, um klar zu machen, was beim Simultandolmetschen geschieht und warum ein solches „Multitasking" schlechterdings nicht möglich ist. Stattdessen hingen wir an den Lippen derer, die uns unseren zukünftigen Beruf als Zirkusnummer vorstellten. Ich will nicht verhehlen, dass ich dies natürlich später auf die Probe gestellt habe – mit dem Ergebnis, dass ich meine Eignung für diesen Beruf in Frage stellte. Denn es gelang mir nicht, auch nur einen Satz in der Zeitung (verstehend, wohlgemerkt) zu lesen, ohne dabei die entsprechende Textmenge des zu dolmetschenden Vortrags zu verlieren.

Ich weiß nach wie vor nicht, ob wir in der Lage sind, zwei miteinander völlig unverknüpfte Tätigkeiten gleichzeitig zu leisten, ob wir mit anderen Worten verschiedene Kanäle mit dem gleichen Maß an Aufmerksamkeit belegen und betreiben können. Allerdings weiß ich nun, dass die vielen gedanklichen Prozesse, die beim Simultandolmetschen ineinandergreifen, auf ein

Ein guter Simultandolmetscher ist immer einen Satz voraus

und demselben Kanal und nicht auf verschiedenen Kanälen parallel ablaufen. Diese Parallelität wird ja mitunter als Grundlage für die Behauptung bemüht, das geschilderte, aus meiner Sicht falsch verstandene, Multitasking sei möglich. Oft höre ich übrigens auch, Frauen seien zum Simultandolmetschen besonders geeignet, weil sie das „Geschlecht des Multitaskings" seien.

Nein – beim Simultandolmetschen gilt unsere ungeteilte Aufmerksamkeit einem einzigen Gegenstand, den Gedanken, die ein Redner vorträgt. Es ist ein Unterschied, ob ich diese übersetze und gleichzeitig stricke, lese oder gar telefoniere (!) oder ob ich verschiedene Dimensionen einer Äußerung wie gedanklicher Inhalt, Diktion, Stil, Betonung usw. in einem „Aktionsbündel" zusammenfasse und abarbeite. Es geht um ein und dieselbe Sache, mit der wir uns auf verschiedenen Ebenen und in verschiedenen Aspekten beschäftigen. Das Rückgrat des Ganzen stellen immer wieder und zu jedem Zeitpunkt die Kommunikationsinhalte des Redners dar; um sie herum sind alle einzelnen Prozesse und Schritte angesiedelt. Von außen wie Störelemente einwirkende, inhaltlich und gedanklich völlig anders gelagerte Kommunikationsgegenstände sind damit nicht vereinbar, und auch der Hinweis auf ihr angeblich mechanisches Wesen ändert daran nichts. Betrachten wir die Frage kurz andersherum: Wenn ein Simultandolmetscher tatsächlich während der Arbeit stricken oder seine Zeitung lesen kann, ohne dass seine Verdolmetschung darunter leidet, dann handelt es sich *per definitionem* nicht um Dolmetschen. Dann werden Sprachelemente vorgetragen, die keine Texte sind – zum Beispiele Listen, wie die an anderer Stelle erwähnten Auflistungen von Zollpositionen in einem Verwaltungsausschuss bei der EU-Kommission, oder Stücklisten jeder Art, deren Einzelkomponenten in keinerlei inhaltlichem Zusammenhang miteinander stehen.

Ich räume ein, dass die Legende charmanter ist als die Wirklichkeit, aber gerade diese Vorstellungen, die davon ausgehen, dass eine „geteilte Aufmerksamkeit" möglich ist, vermitteln ein ähnlich falsches Bild von Simultandolmetschern wie die auf einem absichtlich oder fahrlässig falschen Verständnis beruhende, wenn auch furiose Schilderung von Ingeborg Bachmann.

Der schnelle Redner – Mythos und Wirklichkeit

So ist es nun einmal im Leben: Soeben noch habe ich auf einer Konferenz einem fragenden Teilnehmer erklärt, es gebe praktisch keinen frei sprechenden Redner, der schneller ist als sein Dolmetscher. Und schon ist gerade mein nächster Kandidat ein Redner, der sein Letztes gibt, um mich zu widerlegen. Ist der Redner, der „nicht zu schaffen ist", also Mythos oder Wirklichkeit? Oder gibt es auch hier nur ein beherztes „sowohl als auch"? Ob Mythos, Teilmythos oder Realität – wichtiger ist mir die

Frage, ob es sich bei Rednern, die im ICE-Tempo sprechen, um ein Problem für die Dolmetscher handelt oder ob es nicht vielmehr um den Erfolg oder das Scheitern der Kommunikation mit allen Zuhörern geht. Wenn ein Vortrag zu schnell gehalten wird, um von den Dolmetschern, immerhin besonders erfahrenen Zuhörern, richtig verstanden zu werden, bekommen dann die „normalen" Zuhörer überhaupt noch etwas mit? Gut – sie haben es leichter, da sie „nur" verstehen müssen und nicht auch noch simultan eine zweite Sprachfassung zu liefern haben. Aber immerhin haben sie das Gehörte mit dem zum Thema bereits vorhandenen Wissen abzugleichen und zu vernetzen. Sie urteilen, während sie hören, und müssen daher auf einer eher noch komplexeren Ebene das Gehörte zunächst verstehen, – auch wenn ihnen das Verstehen als Kollegen des Vortragenden, in anderen Fällen als motivierte Zielgruppe vielleicht leichter fällt als den Simultandolmetschern.

Immer wieder kommt es vor, dass Vortragende ihre Ausführungen mit dem Hinweis beginnen, sie sprächen eigentlich viel lieber frei, wollten sich aber, um den Dolmetschern ihre Arbeit zu erleichtern, an ihr Manuskript halten – was in aller Regel auf ein schnelles Herunterlesen des vorgefertigten Textes hinausläuft. Wir halten fest, dass offenbar zahlreiche Redner das freie Sprechen als das bessere Sprechen betrachten. Auch bei freier Rede kann man sich übrigens an ein Manuskript halten, das die bessere Einhaltung des Ablaufs und des Aufbaus garantiert und dennoch den Redner nicht fesselt. In Wirklichkeit haben wir Simultandolmetscher den Eindruck, dass die meisten Redner im freien Vortrag nicht wirklich geübt sind und ihr Manuskript als Krücke benutzen. In letzter Zeit ändert sich dies allerdings mit dem Aufkommen der berüchtigten Power-Point-Präsentationen, die auf diese Art und Weise auch ihr Gutes haben: Indem die Vortragenden die in Chartform gezeigten Informationen kommentieren und diese nach und nach abarbeiten, sprechen sie zwangsläufig frei.

Warum bevorzugen erfahrene, qualifizierte Simultandolmetscher frei sprechende Redner? Es gibt auf diese Frage zwei sehr verschiedene Antworten. Erstens kann ein Dolmetscher, der nicht nur sorgfältig zuhört, sondern der auf einfühlsame Weise in seinen Redner regelrecht hineinschlüpft, sich in den bei einem frei sprechenden Redner ablaufenden Prozess des Ausformulierens von Gedanken sehr früh „einklinken" – lange bevor die fertigen Formulierungen gesprochen sind. Und zweitens ist ein zuvor am Schreibtisch erstelltes Manuskript im Augenblick des Vortrags bereits tote Materie, sofern der Redner nicht sehr bewusst versucht, es lebendig und im Stile des freien Vortrags darzubieten. Ein nicht in der Sprechsituation, sondern zuvor am Schreibtisch erstellter „Vortrag" ist darüber hinaus durch eine gänzlich andere Textstruktur gekennzeichnet – ohne Wiederholungen, ohne Redundanz, so wie der Redner sie aus didaktischen Gründen einbaut, ohne jeden Versprecher oder neu angesetzten Satz, mit dem der Redner sich selbst korrigiert.

Es kommt hinzu, dass vorher ausformulierte Manuskripte durchschnittlich in einem um etwa 50 Prozent höheren Sprechtempo vorgetragen werden als freie Vorträge. Nehmen Sie diese messbaren Tatsachen sowie die kompaktere, dichtere Struktur von schriftlich erstellten Vorträgen, von denen zumal oft die Publikationsfassung vorgelesen wird, dann wird sicher klar, warum ein Simultandolmetscher freie Redner bevorzugt – auf die Gefahr hin, gelegentlich Eigennamen oder Zahlen nicht richtig mitzubekommen. Was im Übrigen der Grund dafür ist, das wir unsere Redner um ihre Sprechfassung bitten, selbst wenn diese nur aus Handnotizen besteht. Nicht, weil wir sie „mitlesen" möchten, sondern weil wir ihnen die Informationen entnehmen, die der Redner gar nicht als potenzielle Klippen für den Dolmetscher erkennt, und bei denen er, gerade weil er mit diesen Dingen besonders vertraut ist, oftmals weniger deutlich und sorgfältig und darüber hinaus auch noch schneller spricht. Nehmen Sie als Beispiel einen auf Englisch vortragenden Franzosen, dem ein deutscher Dolmetscher normalerweise leichter folgen kann als einem „Ur-Engländer". Sobald er aber französische Begriffe wie Ortsnamen, Eigennamen etc. vorträgt, spricht er plötzlich schneller, undeutlicher – eben wie ein Franzose und nicht wie ein „Beuteengländer" – und wird dadurch schwerer verständlich.

Das Simultandolmetschen ist, mit einem Wort, eigentlich

nicht für die Übertragung von gelesenen Texten „erfunden" worden. Und so ist es regelmäßig auch authentischer und „besser", wenn es ausgehend von freier Rede aus erfolgt. Weniger kompetente Simultandolmetscher, die mit hohem Zeitaufwand Manuskripte vor dem Vortrag studieren und fast vollständig vorübersetzen, sind zwar auf Konferenzen keine Seltenheit, gehören aber nicht zu unserem Thema, da sie womöglich eher als „verkappte Übersetzer" zu betrachten sind.

Abschließend noch ein Wort zu einer besonderen Spezies von Rednern, die uns Dolmetscher immer wieder heimsucht – wahrscheinlich um uns zu gemahnen, dass Demut die höchste Tugend jedes Sprachmittlers ist. Ich meine den notorischen „Freileser", den Redner, der zwar frei spricht, dabei aber sein bereits etliche Male vorgetragenes Manuskript so vollständig im Kopf hat, dass er sich von den ICE-Lesern nicht messbar unterscheidet. Dies sind die Augenblicke, da der Konferenzteilnehmer studieren kann, welch unterschiedliche Mentalitäten die Simultandolmetscher haben können. Manche schalten genervt ab und bemerken allenfalls ihrem Kabinenkollegen gegenüber, für solche Übungen seien sie halt nicht ausgebildet. Andere krallen sich fest und versuchen, dennoch am Redner dranzubleiben, wobei sie notfalls so intelligent, wie in der Kürze der Zeit möglich, zusammenfassen oder einkürzen, was der Redner herunterrasselt. Wieder andere bieten ihren Zuhörern zum Ausgleich dessen, was sie ihnen von der Rede vorenthalten müssen, launig-humorvolle Einlagen: „Der Redner biegt nun in die Zielgerade ein. Der Dolmetscher verrät Ihnen gerne, wer der Sieger sein wird."

Zusammenfassend sei festgehalten, dass gutes Simultandolmetschen ohne gutes Reden noch schwieriger ist, als es vielen Beobachtern ohnehin einleuchten wird. Dass es besonders dann gute Erfolgschancen hat, wenn eben keine komplizierten, verschachtelten und perfektionierten Texte in hohem Tempo vorgelesen werden – mit einem Wort, wenn der Sprechende einen deutlich erkennbaren Kommunikationswillen an den Tag legt. Dass es jedoch oftmals eben auch zu kurz gegriffen ist, wenn Simultandolmetscher ihre unzulängliche Leistung mit dem allzu schnellen Sprechen der Redner begründen. Der schnelle, der wegen seines Sprechtempos nicht zu bewältigende Redner – er ist oftmals nicht mehr als ein Mythos, wie ich hoffe dargelegt zu haben. Sofern sich unter meinen geschätzten Lesern allerdings der eine oder andere befindet, der gelegentlich Vorträge hält und weiß, dass er dabei simultan gedolmetscht wird, so wird er womöglich hier die Anregung herauslesen, seine Vortragsweise an den Bedürfnissen und Zwängen dieser Art des Dolmetschens zu orientieren.

Dolmetschen bis zum Umfallen

In der eingangs gebotenen Aufzählung habe ich eine Frage unberücksichtigt gelassen, da ihre Beantwortung dort den Rahmen gesprengt hätte. Dennoch gehört auch sie zu unseren Favoriten: Wie lange können Sie eine derartig schwierige, komplexe, stressige, konzentrierte, ja eigentlich unmögliche Arbeit überhaupt leisten? Stimmt es, dass Sie nach etwa 20 Minuten völlig am Ende sind und unbedingt abgelöst werden müssen?

Scherzhaft erwidere ich gelegentlich, jeder von uns habe seine ganz eigene Droge, um bis zum nächsten Wechsel durchzuhalten. Und es sei verpönt, unter Kollegen darüber zu reden, wer Kokain und wer stattdessen eher Designerdrogen bevorzuge. Ernsthaft jedoch ist mir durchaus bewusst, dass es viele Simultandolmetscher gibt, für die ihre Arbeit – aus verschiedenen Gründen, nicht nur wegen der großen Anspannung am offenen Mikrofon – eine starke nervliche und physische Belastung darstellt. Und die in der Tat mit den verschiedensten Mitteln und Mittelchen nachhelfen, um so gut wie möglich über die Runden zu kommen. Die perfekte Droge für Simultandolmetscher müsste eigentlich das Kokain sein – bewusstseinserweiternd, konzentrationssteigernd, euphorisierend. Auch vom Gebrauch von Sedativa habe ich gehört – etwas ungläubig allerdings, denn nichts könnte ich bei der Arbeit weniger gebrauchen als eine Absenkung meines „Pegels", der eben auch ein wachsames und konzentriertes Arbeiten ermöglicht. Man stelle sich einen Bühnenschauspieler vor, der sein Lampenfieber mit einem Beruhigungsmittel bekämpft: Er würde damit eine entscheidende Antriebskraft drosseln.

Der internationale Verband AIIC hat immer wieder Studien von Arbeitswissenschaftlern anfertigen lassen, die in der Essenz zu dem Ergebnis kamen, dass es in kaum einem anderen Beruf zu vergleichbaren, punktuellen Spitzenbelastungen kommt wie beim Simultandolmetschen. Ernsthaft bin ich der festen Überzeugung, dass es aus den verschiedensten Gründen sehr sinnvoll und auch notwendig ist, das Simultandolmetschen grundsätzlich als einen „Fall für Zwei" anzuerkennen und sich abzuwechseln. Abgesehen von klar definierten Ausnahmefällen, in denen die Arbeit des Simultandolmetschers eine Gesamtdauer von 30 bis 60 Minuten nicht übersteigen soll, sollten pro Sprachenpaar immer zwei Dolmetscher eingesetzt werden. Nichtsdestoweniger gehören alle übertriebenen „Nervenzusammenbruchsszenarien", wie auch so viele andere Vermutungen und Spekulationen, in das Reich der Mythen. Wer sein Thema beherrscht und sich richtig auf seinen Redner einstellt, wer aber vor allem Freude an dieser Arbeit hat und sie jedes Mal noch besser als beim vorigen Mal machen möchte; wer mit der Gelassenheit und kompetenter Professionalität an sie herangeht und aus ihr vor allem Befriedigung bezieht, anstatt häufig die Kabine völlig frustriert zu verlassen, der ist nicht nach dreißig Minuten am Rande der Erschöpfung, der dreht nicht durch, der muss während seiner Pause nicht unter ein Sauerstoffzelt, wenn der Kabinenkollege ausgerechnet im Augenblick des anstehenden Wechsels einen Hustenanfall erleidet oder die Toilette aufsuchen muss.

2. Simultandolmetschen – kein Verstehen ohne zu verstehen

Da wir Simultandolmetscher immer und immer wieder, und zwar eher skeptisch, gefragt werden, ob wir denn auch verstehen, was wir übersetzen, möchte ich gleich eingangs betonen, dass die Erarbeitung des Verständnisses dessen, was wir zu verdolmetschen haben, den weitaus wichtigsten Einzelprozess in dem vielschichtigen Geschehen darstellt. Wie in der Sprache und durch ihre Mechanismen auf der Ebene des Sprechens

Sinn zustande kommt, ist eine der wichtigsten Fragen, die uns Dolmetscher auch außerhalb der Arbeitssituation beschäftigen. Allerdings gehört die Sinnforschung auf der Ebene der Theorie zu den Teilgebieten der Sprachphilosophie und Linguistik, auf denen bis heute nur wenig wirklich Überzeugendes ausgesagt wurde. Gerade die Übersetzer und die Dolmetscher arbeiten hier an vorderster Front – und doch wird man von ihnen meistens nur Empirisches und Bruchstückhaftes darüber hören, wann und wie sich der Sinn des Gehörten erschließt. Dabei haben gerade sie ein besonders großes Interesse an allgemein gültigen Erkenntnissen darüber, wie und unter welchen Umständen der Sinn sprachlicher Äußerungen erschlossen wird. Ich meine aber, dass sie gut beraten sind, wenn sie ihre eigene „Sinnforschung" auch weiterhin an sehr praktischen Kriterien ausrichten und dabei nach eher empirischen Ansätzen vorgehen. Wenn wir bedenken, in welcher Weise ganze Legionen von Philosophen, Sprachphilosophen usw. sich mit der Sinnfrage beschäftigt haben und weiter beschäftigen, dann kann es nur anmaßend erscheinen, an dieser Stelle auf unwissenschaftliche Art und Weise darüber zu spekulieren. Dennoch will ich im nächsten Unterabschnitt einige Überlegungen zum Thema Interpretation, Hermeneutik und Kontextanalyse anbieten, da fundiertes Übersetzen und Dolmetschen ohne gewisse Grundeinsichten zum Verständnis und zur Interpretation von Texten und natürlich von Reden gar nicht denkbar ist.

Den Kontext lesen – Interpretieren – Verstehen

Texte und Reden werden vom Kontext her verstanden, und sie sind immer dann interpretationsbedürftig, wenn ihr Verständnis nicht so deutlich auf der Hand liegt, dass es sich von selbst ergibt. Da ich den Eindruck habe, dass in zahlreichen Schriften zur Übersetzungstheorie die Begriffe Interpretation, Auslegung und Hermeneutik ein wenig durcheinander gehen, hier zunächst eine Definition aus Meyer's Lexikon:

Hermeneutik (zu griechisch hermēneúein ‚erklären‘, ‚kundgeben‘, ‚auslegen‘) die H., im engeren Sinn die Kunstlehre der Interpretation von schriftlich fixierten Texten und gesprochener Rede, im weiteren Sinn die Theorie des Verstehens und Methodologie der Interpretation von Sinngebilden aller Art (Artefakten, Bildern, Texten, musikalischen Werken etc.). Unter »Interpretieren« versteht man eine Tätigkeit, die erforderlich wird, wenn etwas nicht unmittelbar verstanden werden kann, und die dem Ziel dient, zu einem adäquaten Verstehen zu gelangen. Die Hermeneutik versucht, diese Tätigkeit methodisch anzuleiten.

Es hängt von verschiedenen Faktoren ab, zum Beispiel von der Vertrautheit des Simultandolmetschers mit seinem Redner und dessen Thema, wie weit der Prozess des Interpretierens beim Simultandolmetschen gehen muss oder gehen kann – jedenfalls ist das Verständnis des Gehörten die Voraussetzung für eine sinnvolle Verdolmetschung. Und dieses Verständnis ist nur selten so spontan und mühelos gegeben, dass der Dolmetscher sich einzig und allein auf die formalen, sprachlichen Gegebenheiten konzentrieren kann. So steht das Verstehen oder besser die aktive Erarbeitung des Verstehens im Mittelpunkt sämtlicher Prozesse, welche der Dolmetscher zu bewältigen hat.

Eine ausgewachsene Hermeneutik, wie sie beim Übersetzen schriftlicher Texte oftmals unverzichtbar ist, ist allerdings beim Simultandolmetschen nicht durchführbar, wenngleich die obige Definition die gesprochene Rede ausdrücklich einbezieht. Quellenforschung und gründliche Recherche sind zum Beispiel Bestandteile jedweder Hermeneutik, und man kann sich leicht vorstellen, wo beim Simultandolmetschen die Grenzen für derartige Prozesse verlaufen. Betrachten wir noch einmal als praktisches Beispiel die Rede, die der neue amerikanische Präsident Barack Obama anlässlich seiner Amtseinführung im Januar 2009 gehalten hat. Ohne die laufende Interpretation des Gesagten (des Gelesenen!) wäre eine sinnvolle Verdolmetschung sicher nicht möglich gewesen. Die Bewertung der Rede in ihrer geschichtlichen Bedeutung, das Ausloten des ganzen Tiefgangs, sämtlicher Anspielungen und Implikationen, die Relevanz ihrer stilistischen

Ausrichtung – alle diese Aspekte dagegen müssen einer Hermeneutik vorbehalten sein, die ein Simultandolmetscher schlechterdings nicht leisten kann.

Der Simultandolmetscher bedient sich hermeneutischer Ansätze nicht, um das Gehörte intellektuell oder gar philosophisch zu verarbeiten, sondern allenfalls, um Unklarheiten im Text aufzuspüren und Eindeutigkeit herzustellen. Auch dies ist ein Beleg dafür, dass Dolmetscher laufend Entscheidungen treffen. Natürlich sind die Grenzen zur Interpretation fließend. Wesentlich stärker als die auf das Gedankliche eines Texts ausgerichtete Hermeneutik stützt sich die Interpretation des Gehörten beim Dolmetschen auf den Kontext – jedenfalls nach meiner Definition der Interpretation beim Simultandolmetschen. Ein Dolmetscher interpretiert zum Beispiel schon durch die Wortwahl oder

Wie war noch einmal das Thema dieser Konferenz?

wenn er eine der Vorlage angemessene Stilebene aussucht, um sich im selben sprachlichen Register aufzuhalten wie der Redner. Hier zwei Beispiele für die am Kontext orientierte Interpretation – eines aus einer Simultansituation und eines aus übersetzter Literatur: Während der Eröffnungsfeier der Olympischen Spiele von Peking appellierte IOC-Präsident Jacques Rogge an die im Stadion versammelten Sportler aus aller Welt, sie sollten jedes *doping and cheating* ablehnen. *Cheating* im Sinne von ‚Mogeln‘ oder ‚Schummeln‘ – wie es Kinder beim Spielen tun? Oder im Sinne von Tricksen – wie es ein Kartenspieler tut? Ich habe die Bedeutung des Worts determiniert gesehen durch den Kontext von *doping*, das inzwischen so stark kriminalisiert ist, dass ich für *cheating* ein Wort mit einer (straf-) rechtlich einschlägigen Bedeutung für angemessen hielt. So kam nur ein Begriff wie ‚Betrug‘ in Frage.

Als Emma Bovary (aus dem Mund ihres Ehemannes) erfährt, dass ihr soeben geborenes Kind ein Mädchen ist, wendet sie den Kopf ab und fällt in Ohnmacht. *Elle tourna la tête et s'évanouit.* Das Verb *tourner* sagt zunächst nichts darüber aus, in welche Richtung Emma den Kopf dreht. Nur der Kontext ermöglicht den Schluss, dass sie sich nicht gerade ihrem Mann zuwendet. Etwas später, auf einem Spaziergang, dreht sie den Kopf erneut: *Elle tourna la tête et aperçut son mari* – ihren Mann kann sie nicht sehen oder erkennen, indem sie den Kopf abwendet: ‚Sie schaut hin und dreht sich dazu (gezielt) um.‘

Das Wissen um den Gegenstand –
conditio sine qua non für jeden Dolmetscher

Kommen wir von der Interpretation des Gehörten auf der Basis des Textes selbst, unter dem Stichwort Kontext bzw. Kontextdeterminierung, zur zweiten Dimension von Verstehen, ohne die ein Dolmetschen nicht möglich ist. Es ist eine Binsenweisheit, die ich immer wieder ansprechen möchte, da sie sich bei zahllosen Beobachtern unserer Arbeit bisher einfach nicht verankern will: Ohne ein Minimum an Verständnis für das Gesagte, und zwar nicht nur auf der sprachlichen, sondern eben auch auf der inhaltlichen Bedeutungsebene ist es nicht möglich zu übersetzen. Aber ebenso ist es eine Binsenweisheit, dass niemand, und erst recht kein Simultandolmetscher, jemals so beschlagen sein kann, dass diese Bedingung auf allen Wissensgebieten erfüllt würde.

An dieser Stelle hilft uns eine wichtige Erkenntnis, ausgehend von dieser Frage: Wie tief und wie intensiv muss das kognitive, das fachliche Verstehen von Reden und Vorträgen bei einem Simultandolmetscher sein, und was bedeutet gutes und vor allem sicheres Verstehen überhaupt, was setzt es voraus? So sollte nämlich im Grunde gefragt werden, anstatt nur auf die zeitlichen Zwänge abzuheben, die ein Verstehen mutmaßlich ausschließen. Es geht um diesen weiter greifenden Aspekt: Können Simultandolmetscher angesichts der Vielzahl von Sachgebieten und auf den oftmals hoch spezialisierten Wissensgebieten ihrer Kunden überhaupt wenigstens annähernd verstehen oder auch nur nachvollziehen, worum es geht? Ich will dieser Frage nicht ausweichen, sondern versuchen, eine ehrliche Antwort zu geben. Es reicht nicht aus, darauf zu verweisen, dass man natürlich nichts übersetzen kann, was man nicht zunächst verstanden hat.

Also – wie tief und von welcher Qualität muss das Verstehen sein, um übersetzen zu können? Ist Verstehen teilbar? Kann man so viel verstehen, dass es zum sinnvollen Übersetzen, jedoch nicht zum Urteilen und Einordnen und jedenfalls nicht zum Handeln reicht? Und – wann hat man etwas wirklich verstanden? Unabhängig davon, dass eine der häufigsten, in Gesprächen geäußerte Floskel lautet: „Ich verstehe". Wem würde es nicht gelegentlich so gehen: Man meint und man sagt, man habe verstanden. Sobald man dann aber ein wenig weiter über den Gegenstand nachdenkt, wird man sich bewusst, dass mehr Fragen offen geblieben sind, als man sich bewusst gemacht hat – mitunter sogar mehr Fragen als vorher. Auch wenn es ein wenig unwissenschaftlich klingt: Es rettet uns, die wir als Simultandolmetscher auf den meisten Wissengebieten bestenfalls nur teilweise verstehen und auch bei den besten Anstrengungen schon gar nicht eine zum Handeln befähigende Kompetenz entwickeln können, eine einfache Beobachtung: Es gibt einen sozusagen

„stufenlosen" Prozess des Verstehens, der vom einfachen Identifizieren von bekannten oder bekannt erscheinenden Wörtern
bis hin zum Verstehen unter gleichermaßen kompetenten und
qualifizierten, hochspezialisierten Fachkollegen geht.

Bedeutet Verstehen, gleichzeitig mit der Fähigkeit des Nach-
vollziehens auch eine Kompetenz zum Handeln auf einem gegebenen Fachgebiet zu besitzen? Einen Koronarchirurgen richtig
und verständlich zu übersetzen, der erklärt, er lege soeben eine
Seit-zu-Seit-Anastomose an, setzt sicher nicht voraus, dass man
selbst in der Lage wäre, eine solche OP-Technik durchzuführen.
Und wenn zur Begründung hinzugefügt würde, dass diese Form
der Anastomose bessere Strömungsverhältnisse oder eine längere Garantie der Dichtigkeit bedeute, so ist auch diese Aussage
für jeden Zuhörer ohne eigene Handlungskompetenz nachvollziehbar, verständlich und daher auch übersetzbar. Ein Wissenschaftsjournalist, der sich auf geisteswissenschaftliche Themen
spezialisiert hat, und nun im Wissenschaftsteil der FAZ zur Zufriedenheit auch der Fachleute über einen Kongress schreibt, bei
dem Philosophen tagelang über den Seinsbegriff von Heidegger
gestritten haben, ist womöglich nicht *ipso facto* dazu in der Lage,
dieses Teilgebiet der Philosophie durch einen eigenen, Epoche
machenden Beitrag weiter nach vorn zu bringen. Dennoch kann
er unter der Voraussetzung, dass er über die sprachlichen Möglichkeiten verfügt (Fachsprache, Register), durchaus „übersetzen", was die Experten von sich geben.

Der Simultandolmetscher – die wandelnde Enzyklopädie?

Auf der anderen Seite postulieren gute Simultandolmetscher immer wieder für sich das Ziel, in der Kommunikation zwischen
Fachleuten (und gerade auf internationalen Tagungen oft den
besten ihres Fachgebiets) so aufzutreten und zu reden, als gehörten sie zur jeweiligen Fachszene hinzu. Nichts trifft sie mehr,
nichts ist stärker geeignet, ihr Selbstverständnis zu erschüttern
und die Wertschätzung für ihre Arbeit zu unterminieren, als
die Scherze und Anekdoten, die Fachleute gelegentlich einander
erzählen nach dem Motto: „Meine Dolmetscherin neulich auf

dem Meeting in New York – die verstand wirklich nur Bahnhof …" Unnötig zu erwähnen, dass zahllose Referenten, Kongressbesucher und Experten aller Art der Auffassung sind, sie seien nicht nur besonders gefürchtete Redner, die gerade „ihre" Dolmetscher regelmäßig zur Verzweiflung bringen, sondern ihr Wissensgebiet sei auch komplizierter als alle anderen, ja regelrecht esoterisch, und bei Ihnen könne ohnehin niemand mitreden. Wir sind im Begriff, uns von der Frage zu entfernen, was beim Simultandolmetschen geschieht und was nicht. Denn die angemessene Antwort auf die soeben gestellten Fragen gibt ein professioneller Simultandolmetscher durch das, was er vor dem eigentlichen Einsatz tut.

Wenn er die tatsächlichen Kongressunterlagen, wie Referate, abstracts, Protokolle und Tagungsbände vom letzten Mal, etc. zur Verfügung hat, so wird er diese gründlich durcharbeiten und sich normalerweise auch ein Glossar mit Fachbegriffen anlegen. Etwas schwieriger und zeitaufwendiger wird es, wenn er die anstehenden Themen aus dem Programm oder aus der Publikationsliste der eingeladenen Referenten ableiten muss, da dieses Vorgehen zwangsläufig weniger gezielt ist. Aber auch auf diese Weise bieten sich Vorbereitungsmöglichkeiten, die wir vor der Internet-Ära einfach nicht hatten. Ein Dolmetscher, für den fleißiges Aktenstudium kein Fremdwort ist, wird immer Wege finden, um von den Fachleuten, für die er tätig wird, ernst genommen zu werden. Sie erwarten nicht von ihm, dass er mit ihnen Fachgespräche führen kann, und sind normalerweise zufrieden, wenn er sie so weit versteht, dass er nachvollziehen und übersetzen kann.

Auf der anderen Seite sind sehr viele der Dolmetscher, die ich kenne, überdurchschnittlich neugierig. Ständige Wissensbeschaffung auf allen Gebieten, die irgendwann einmal bei der Arbeit gefordert sein könnten, ist bei ihnen so etwas wie eine Berufskrankheit, eine *déformation professionnelle,* wie wir gerne sagen. Einige von diesen Kollegen gelten uns als wandelnde Enzyklopädien. Wenn Sie sich mit Simultandolmetschern unterhalten und dabei nach deren Freizeitbeschäftigungen fragen, so werden Sie häufiger als sonst feststellen, dass sie sich immer wieder, in der einen oder anderen Form, auch außerhalb der Arbeitssituation mit Dingen beschäftigen, die im weiteren Sinne dem Wissenserwerb gewidmet sind. Und gerade die Freiberufler unter ihnen werden auch darauf hinweisen, dass es keine saubere Trennung zwischen Berufs- und Privatleben, zwischen Arbeit und Freizeit gibt. Simultandolmetscher zu sein, Sie haben es schon geahnt, bedeutet eine ganze Lebenseinstellung, ein eigenes Lebensgefühl. Ein hohes Maß an Verfügbarkeit und eine große Freude an ständigem Lernen, an immer neuen Einblicken in immer neue Wissensgebiete sind damit unauflösbar verknüpft.

Dass man sich in aller gebotenen Bescheidenheit als Generalisten einstuft, schließt die Bereitschaft mit ein, ständig hinzuzulernen zu wollen. Auch Fachjournalisten und sogar Politiker sind zu dieser Einstellung gezwungen. Im Gegensatz zu ihnen kann ein Simultandolmetscher es sich allerdings sogar leisten, in der Arbeitssituation Wissenslücken einzugestehen und offenzulegen. Dies kann ich mir bei einem Fachjournalisten nicht und bei einem Politiker, wenn auch aus anderen Gründen, gar nicht vorstellen.

3. Simultandolmetschen – die Probleme des Übersetzens unter der Lupe

Verschiedentlich habe ich bereits erläutert, warum ich in einem Buch über das Simultandolmetschen der Problematik des Übersetzens einen so breiten Raum gebe, und zwar sowohl den handwerklichen Aspekten als auch den allgemeinen und theoretischen Fragen. In diesem Abschnitt werden wir sehen, wie intensiv Übersetzen und Simultandolmetschen ineinandergreifen, wie vielfältig diese beiden Tätigkeiten interagieren. Es gibt für das Übersetzen eine Reihe von Grundregeln, von Kardinalfehlern, von Geboten, aber auch von Todsünden, die durch den für das Simultandolmetschen so entscheidenden Faktor der Zeit nochmals stark an Bedeutung hinzugewinnen.

Die Falle der Interferenzen, die falschen Freunde, lange Schachtelsätze – dies sind im Vergleich mit dem Simultandolmetschen beim schriftlichen Übersetzen vergleichsweise niedrige Hürden. Manche Schwierigkeiten bleiben beim Übersetzen aufgrund der zeitlichen Verhältnisse sogar unbemerkt, zumindest bei routinierten Übersetzern, während sie sich beim Simultandolmetschen zu erheblichen Stolpersteinen auswachsen können. Die Versuchung, an der syntaktischen Form und an der Wortstellung der Ausgangssprache zu kleben – aber auch das berühmte Problem mit der Stellung des deutschen Verbs am Satzende und die fehlende Kongruenz der Grammatik in verschiedenen Sprachen sind Beispiele für diese Klippen.

Ich will beschreiben, mit welchen Strategien auf diese Gegebenheiten reagiert werden kann – jenseits aller rein persönlichen Verhaltensweisen jedes einzelnen Dolmetschers. Vielleicht wird es etwas künstlich erscheinen – aber ich will dennoch versuchen, diese Schwierigkeiten in Kategorien zu erfassen, so wie es auch jeder Trainer, Coach oder Lehrer tun muss, der seinen Schützlingen allgemein Gültiges vermitteln möchte.

Das ganz eigene Gewicht der Interferenzen
beim Simultandolmetschen

Wie erinnern uns: Unter Interferenzen versteht man beim Übersetzen im engeren Sinne Wörter, Formulierungen, aber auch Bedeutungen, die aus der einen in die andere Sprachen drängen, da nicht sorgfältig genug nach den eigentlich richtigen Entsprechungen gesucht wird, die in der Zielsprache zur Verfügung stehen. Die gegenwärtig sehr beliebte, aber nicht wirklich korrekte Formulierung *nicht wirklich* ist eine solche Interferenz. Manche Formulierungen oder Einzelbegriffe werden in der einen Sprache sowohl im direkten als auch im übertragenen Sinne, in einer anderen Sprache dagegen nur entweder im übertragenen oder im direkten Sinne verwendet. Dadurch entstehen partielle Interferenzen wie zum Beispiel bei *at the end of the day* ‚am Ende des Tages‘, wenn in der aktuellen Verwendung der englischen Wendung nicht die Tageszeit gemeint ist, sondern eine Art von Resumé oder Schlussfolgerung, die wir im Deutschen lieber mit ‚unter dem Strich‘ oder mit ‚im Endeffekt‘ ausdrücken würden.

Man kann sich unschwer vorstellen, dass gerade Simultandolmetscher der Gefahr von Interferenzen besonders ausgesetzt
sind – wenn man sie als Gefahr einstufen möchte. Die sogenannten falschen Freunde (dt. ‚Flair‘, frz. *flair,* engl. *flair; burro* = ital.
‚Butter‘, aber spanisch ‚Esel‘) stellen eine eigene Form von Interferenzen dar, für die ich den Begriff der Scheinkonvergenz verwende – in Anlehnung an das semantische Phänomen der Teilkonvergenz. Eine ausführlichere Erörterung dieser Fragen findet
sich in Kapitel 5.3, das sich mit den spezifischen Problemen des
Übersetzens beschäftigt. An dieser Stelle soll es nur darum gehen, die Relevanz der Interferenzen für die besondere Übersetzungssituation des Simultandolmetschens aufzuzeigen. Sehen
wir uns also verschiedene Formen von Interferenzen an, so wie
ich sie zum Zwecke meiner Demonstration ein wenig weiter ge-
fasst definiere. Und vergessen wir dabei nicht, dass es sich hier
nicht um starr definierte Kategorien handelt, beachten wir stattdessen, dass die Grenzen fließend sind.

Verstehen wir oder sprechen wir von ‚Nationen‘, wenn wir
im US-Fernsehen hören, bei den Olympischen Spielen seien
more than 200 nations am Start gewesen? Immer wieder höre
ich Dolmetscher, die im Eifer des Gefechts wörtlich übersetzen.
Welche Bedeutung hat für uns der Begriff ‚Nation‘? Die Tatsache, dass es einen Begriff wie *Nationenbegriff* gibt, sollte jeden
aufhorchen lassen, der sich mit Sprache beschäftigt. Und wenn
die Rede von einer *nation-wide initiative* ist? Dann haben wir einen Hinweis aus dem Kontext, der uns veranlasst, eher an das
ganze Land als an die es bewohnende Nation zu denken. Dann
fällt es selbst unter dem Zeitdruck der Simultansituation schon
leichter, ‚landesweit‘ zu sagen. Wir halten fest: Es ist nicht so sehr
das „Paradoxon der Gleichzeitigkeit", das wir bewundern sollten,
sondern vielleicht eher der Umstand, dass ein guter Simultandolmetscher schon im Zusammenhang mit einem banalen und
einfachen Wort wie ‚Nation‘ derartig komplexe Überlegungen
anstellt.

Was passiert im Kopf des Simultandolmetschers, der *Globali-
sierung* ins Französische mit *globalisation* anstatt mit *mondialisa-
tion* übersetzt? Der die Tatsache begrüßt, dass heute keine Tan-

ker mehr an den Grenzen innerhalb Westeuropas stehen (englisch *tanks* heißt im Deutschen Panzer)? Und noch einmal dieses Beispiel: *Le gouvernement français explique en termes brutaux sa position au gouvernement allemand?* Auf der Titelseite einer großen deutschen Tageszeitung wurde der französischen Regierung hier ein ‚brutales Verhalten' attestiert, obwohl sie doch lediglich der deutschen Regierung ihre Position in schonungsloser Offenheit dargelegt hatte.

Was haben diese Beispiele mit einer schleifenden Kupplung zu tun? Es ist ein Bild, an das ich denken muss, wenn der Simultandolmetscher, der zwangsläufig die beiden Sprachen in größter Nähe zueinander zu bearbeiten hat, an gewissen Stellen nicht verhindern kann, dass sie sich „berühren", dass es zu diesen Interferenzen kommt – man könnte auch von einer Ansteckung sprechen. Er erliegt der formalen Versuchung immer dann, wenn er entweder nicht die Zeit hat oder nicht auf die Idee kommt, die sich aufdrängende „praktische Lösung" kritisch zu prüfen, bevor er sie anwendet. Würde er zum Beispiel das Wortumfeld von ‚Nation' kurz abklopfen, so könnte er wie von selbst von Ländern oder Staaten reden. Um das Bild abzurunden: Solange die beiden Sprachen allzu weit voneinander entfernt bleiben, wie die Teile einer Kupplung im ausgekuppelten Zustand, kann der Dolmetscher nicht sicher sein, zu jedem Zeitpunkt die Übertragung in der kurzen Zeit schnell genug zu bewältigen. Das ist es, was ich mit der Nähe der Sprachen zueinander in dieser Simultansituation meine.

Vielleicht wirkt es etwas künstlich, wenn ich einerseits von Interferenzen schreibe und andererseits das Stichwort der „formalen Versuchung" einführe. Unter Interferenzen verstehe ich die Ansteckung der Zielsprache durch inhaltliche Elemente der Ausgangssprache (frz. *brutal* = deutsch ‚brutal' statt ‚in schonungsloser Offenheit'), während die formale Versuchung sich auf eine Ansteckung durch die formalen Elemente der Ausgangssprache bezieht: Syntax, d. h. unterschiedliche Wortstellung, grammatikalische Merkmale wie die Inversion nach bestimmten Konjunktionen in der einen, nicht jedoch in der anderen Sprache, *more* beim Komparativ versus *more* im quantitativen Sinne etc.

Wir haben weiter oben anhand des Beispiels von den *offeneren Grenzen in der EU* schon gesehen, was passiert, wenn ein Simultandolmetscher sich die Formelemente der Ausgangssprache „aufdrängen" lässt und sie direkt für seinen eigenen Vortrag übernimmt (im konkreten Fall hatte der Dolmetscher von *mehr offenen Grenzen* gesprochen). Der frühere US-Präsident Bill Clinton forderte uns deutsche Fernsehzuschauer in einer großen Rede einmal auf, gegenüber den Feinden von gestern *keine schlechten Gefühle zu haben* (englisch *no bad feelings*). Man benutzt in diesen Fällen zwar die Wörter der Zielsprache, dies jedoch in den formalen Strukturen und wie im letzten Beispiel sogar in der primären Bedeutung der Ausgangssprache – ein Effekt, der nicht nur bei Simultandolmetschern zu beobachten ist, sondern immer wieder auch dann, wenn zum Beispiel auf Konferenzen die Redner der „Minderheitssprachen" gezwungen sind, in einer der offiziellen Sprachen zu reden. Problemlos verstanden werden sie dabei oft nur durch diejenigen Zuhörer, die ihre Muttersprache einigermaßen gut kennen und daher ableiten können, was sie wirklich sagen wollen bzw. in ihrer Muttersprache tatsächlich gesagt hätten.

Hier noch ein Beispiel für meine formale Versuchung mit einer etwas komplexeren Formulierung – mit der ich schon überleite zur nächsten, von mir so definierten Form von Interferenzen neben dem Fahren mit schleifender Kupplung und der formalen Versuchung: Kein Simultandolmetscher wird jemals bewusst und vorsätzlich versuchen, Ausführungen eines Redners *auf Autopilot* zu verdolmetschen – selbst wenn wir gelegentlich zur Charakterisierung der Schwierigkeit einer Rede behaupten, wir hätten sie auf Autopilot bewältigt. So soll dieses Bild mir lediglich dazu dienen zu erläutern, wie eine Simultanverdolmetschung ausfällt, wenn der Dolmetscher nicht zu jedem Zeitpunkt die Zügel in der Hand behält, sondern aus sehr unterschiedlichen Gründen in einen Modus verfällt, bei dem er sich von Wort zu Wort „hangelt" und sich letztlich von der Wortebene gar nicht mehr lösen kann.

Ein Autopilot ist in der Lage, ein Flugzeug zu steuern und dabei sämtliche Manöver auszuführen, die denkbar sind. Im Falle eines Triebwerkbrands wird er möglicherweise sogar besser als der Pilot die bestmöglichen Schritte einleiten, kann sich dabei aber darauf verlassen, dass die Auswahl an möglichen Reaktionen begrenzt und klar definiert ist. Erinnern wir uns an das, was weiter oben zur Unbestimmtheit der Sprache, zu ihrem zwangsläufig vagen Wesen gesagt wurde, so ergibt sich ganz klar, dass es schlechterdings unmöglich ist, einen Computer, aber natürlich auch sich selbst so zu „programmieren", dass ein mechanisches Übersetzen als Übersetzen in dem durch uns definierten Sinn stattfinden könnte. Allenfalls dürfen wir in diesem Zusammenhang vielleicht an den bereits erwähnten Fall denken, da gar nicht richtig gedolmetscht werden muss, sondern lediglich Begriffe bzw. stehende Formulierungen ohne inneren, gedanklichen Zusammenhang umgesetzt werden müssen.

Es wird an anderer Stelle untersucht, inwieweit und mit welchem Tiefgang ein Simultandolmetscher die vorgetragenen Inhalte verstehen muss, um sinnstiftend übersetzen zu können. Eines ist jedoch hier schon festzuhalten: Immer dann, wenn der Dolmetscher gar nicht oder nur sehr vage versteht, stützt er sich wie auf Krücken auf die einzelnen Wörter, die er hört – und er hört in diesem Fall nichts anderes mehr als einzelne Wörter. So beschränkt er seine Verdolmetschung darauf, Entsprechungen dieser Wörter (ich sage bewusst nicht *Übersetzungen*) in der Zielsprache aneinanderzureihen – er klebt auf der Wortebene fest, und damit zwangsläufig auch auf der formalen Ebene der Ausgangssprache. Mit anderen Worten: Ein Dolmetscher, der mangels Souveränität (Souveränität = Abstand vom Text plus Verstehen der Gedanken plus Textübersicht plus „Hoheit" über seine eigenen Formulierungen) auf der Ebene der Wörter verbleibt, erliegt eher der Gefahr aller soeben differenzierten Formen von Interferenzen zugleich – er muss akzeptieren, dass seine Übersetzung zum Spielball des Zufalls wird.

Dies heißt wohlgemerkt nicht, dass dieser Dolmetscher nur Unsinn erzählt. Solange die zwei bearbeiteten Sprachen in ihrer Willkür und trotz aller Willkür in der Formulierung eines Gedankens deckungsgleich arbeiten, kann die Eins-zu-eins-Übertragung gelingen. Fast wie *auf Autopilot* übersetzt der Dolmetscher *Let us talk about my central hypothesis* mit ‚Reden wir über meine zentrale (besser meine wichtigste) These' – keine Falle, kein Problem. Sagt der Redner jedoch *This brings me to the second point I would like to make,* so wird es mit ‚Dies bringt mich zu dem zweiten Punkt, den ich machen möchte', schon kritischer. ‚Damit komme ich zu dem zweiten Punkt, den ich ansprechen möchte', ist sicher die richtigere Formulierung. Ein neben mir sitzender Dolmetscher übersetzte einmal ins Französische, eine bestimmte Entscheidung werde erhebliche Auswirkungen haben … *aura des conséquences très importantes.* Der deutsche Redner hatte lediglich gesagt: ‚mit allen Konsequenzen, die sich daraus ergeben könnten'. Es handelt sich um nicht weniger als eine der klassischen Sinnverkehrungen, so wie sie immer wieder bei Konferenzen für Stirnrunzeln sorgen und sogar diplomatische Komplikationen hervorrufen können. Der Anlass war gering, jedoch alles andere als ‚geringfügig' (*minor,* jedoch nicht *insignificant, petit,* jedoch nicht *insignifiant*): Der Dolmetscher hatte mangels Souveränität, möglicherweise nur ganz punktuell an dieser Stelle, nur ‚Auswirkungen' gehört, seine Konzentration war wahrscheinlich aufgrund einer momentanen Überflutung durch mehrere Probleme nicht ausreichend, um die Nuance des Redners a) voll aufzunehmen und sie b) auch als feine Nuance zu formulieren. Es ist bei allen Spekulationen und Fehleinschätzungen, die in der Öffentlichkeit über unsere Arbeit zu hören sind, beileibe nicht verkehrt anzunehmen, dass nur mit äußerster, zumal durchgehend hoch gehaltener Konzentration eine fehlerfreie Verdolmetschung möglich ist.

Sicher hat jeder meiner Leser irgendwann einmal bei einem Vortrag, auf einer Konferenz oder im TV-Zusammenhang eine ähnliche Erfahrung gemacht. Neulich bat eine Bekannte mich, ihr dieses Phänomen zu erklären: Sie hatte in einer Talkshow ein Gespräch mit einem amerikanischen Geistlichen angehört, das simultan verdolmetscht wurde. Solange einfache, nicht interpretationsbedürftige Fakten vorgetragen wurden, fühlte sie sich mit der Simultanübersetzung gut bedient. Sobald jedoch „intellektuelle" Inhalte angesprochen wurden, als es zum Beispiel um inhaltliche Unterschiede zwischen Bibel und Koran ging, als Begriffe im übertragenen Sinne verwendet wurden, was wie aufgezeigt nur selten „symmetrisch" in zwei Sprachen geschieht, hatte sie den Eindruck, dass der Dolmetscher sich selbst seiner Aussagen nicht sicher war, dass er auf die Wörterebene umstieg und diese Unsicherheit auch auf seine Zuhörer übertrug.

Da ich eingangs von Strategien zur Überwindung von simultanspezifischen Hürden sprach: Gegen lückenhaftes Verstehen des Redners gibt es auch bei den besten Simultandolmetschern keine Strategien. So unbefriedigend dies erscheinen mag – der Dolmetscher hat allenfalls die Möglichkeit, auf etwas mehr Distanz zu gehen, seinen Abstand vom Redner (wir verwenden ähnlich wie bei Zeitzonen das französische Wort *décalage*) zu vergrößern, um Zeit zur Analyse zu gewinnen, dabei eher zusammenzufassen, was er verstanden hat – und diese Schwierigkeiten seinen Zuhörern zu erklären, sie für sie transparent zu machen. All dies lässt sich für eine Fernsehsendung natürlich leichter empfehlen als ausführen. Aber es gibt tatsächlich Dolmetscher, die sich gründlicher vorbereiten als andere, wenn es um anspruchsvolle Themen in Live-Sendungen geht. Andere sind mit sich selbst strenger und verzichten, wenn sie sich ein Thema nicht zutrauen. Leider gilt dies nicht für alle Simultandolmetscher – das Dolmetschen im Fernsehen besitzt, wie weiter oben schon erwähnt, eben immer noch eine besondere Strahlkraft, die manche Vertreter unseres Berufs momentan der Fähigkeit beraubt, ihre Grenzen zu erkennen.

Noch ein Mythos – das vermaledeite Verb
im deutschen Satz

> *Das Simultandolmetschen aus dem Deutschen in eine andere*
> *Sprache ist ganz besonders schwierig, weil im Deutschen das*
> *Verb immer am Satzende steht, während man es in anderen*
> *Sprachen früh braucht, um sich das Verständnis des Gesagten*
> *zu erschließen.*

Diese Behauptung hört man immer wieder. Auch hier handelt es sich um einen dieser Mythen, die sich in der Wahrnehmung sowohl vieler Dolmetscher als auch der breiten Öffentlichkeit mühelos halten. Weil niemand sie in Frage stellt? Weil niemand diese Klischeevorstellungen einer „Plausibilitätskontrolle" unterzieht, anstatt sie unkritisch zu wiederholen?

Gehen wir nur von dem Fall aus, dass jemand aus seiner deutschen Muttersprache in eine andere Sprache simultan zu dolmetschen hat. Lassen wir Nichtmuttersprachler einen Augenblick beiseite, da sie womöglich wirklich stärker von der Kenntnis des am Ende stehenden Verbs abhängig sind, um den Rest des Satzes zu verstehen. Da sich bei ihnen nicht mit derselben Leichtigkeit schon nach dem Anhören einiger Fragmente eines Satzes durch den automatischen Abgleich mit Millionen von gehörten Sätzen wichtige Hinweise auf den weiteren Verlauf einstellen. Fragen wir stattdessen lieber, ob ein Deutscher, der einen Vortrag in deutscher Sprache anhört, regelmäßig erst dann versteht, wenn ein Satz sein Ende erreicht und der Redner endlich das Verb preisgibt. – Man möge dies aber bitte nicht als die Behauptung missverstehen, der Sinn einer Äußerung ergebe sich von selbst, solange sie nur in der Muttersprache getan wird. Wir berühren hier eines der schwierigsten Gebiete an der Schnittstelle zwischen Sprachwissenschaft und Philosophie.

Zunächst jedoch zurück zu unserem „Mythos vom späten Verb". Wenn die oben zitierte These zutreffend wäre, dann würden alle Simultandolmetscher in einem Stakkatorhythmus sprechen, bei dem in jedem Satz zunächst das Verb abgewartet werden müsste, bevor etwas „Sinnvolles" gesagt werden könnte. Sofern überhaupt das Verb im Deutschen grundsätzlich am Ende des Satzes steht. Gerade im Zuge einiger aktueller Sprachmoden kommt es immer häufiger vor, dass beim Sprechen das Verb vorgezogen wird – hat der Sprechende Sorge, er könnte bei längeren Sätzen den Überblick verlieren und ein falsches Verb gebrauchen? Oder will er seinem Zuhörer die Arbeit erleichtern, weil er ihm den Überblick über längere Satzzusammenhänge nicht zutraut?

Andererseits gibt es keinen „passiven" Zuhörer, der nach einem solchen Verlaufsschema eine Rede verfolgte oder verstünde. Dies liegt daran, dass das Verständnis von Gesagtem nicht satzabhängig und das Verständnis eines Satzes nicht syntaxabhängig ist. Wie oft kommt es vor, dass Sie auf einer Plakatwand einen Satz sehen und schon durch den Blick auf ein einzelnes Wort verstehen, was da ausgesagt wird!? Wie oft hören wir jemanden am Telefon unsauber und wissen doch, obwohl ein Wort oder mehrere Wörter uns entgangen sind, ziemlich genau, was da gesagt wurde!? Jede nur etwas komplexere Äußerung enthält schon unterhalb der Satzebene „Sinneinheiten", das heißt sinnhaltige Aussagen, die auf den Sinn des insgesamt Gesagten hinweisen und auf ihn hinführen. Die vom Zuhörer schon einmal „in den Arbeitsspeicher" genommen werden, und die ein Simultandolmetscher mit großer Flexibilität entweder in Form von Teilsätzen, Elementen von Aufzählungen oder in anderer Form spricht oder die er in seinen Zwischenpuffer nimmt, von dem aus er sie laufend in seinen Redefluss einspeist, sobald die formal passende Stelle in der Zielsprache erreicht ist.

Vielleicht sollte ich abschließend erwähnen, dass es mir in meiner jahrzehntelangen Praxis allenfalls ein Dutzend Mal passiert ist, dass ich durch ein völlig überraschendes und so nicht erwartetes Verb am Ende eines deutschen Satzes meine gesamte Aussage im Papierkorb entsorgen musste. Dies ist zwar kein Beweis für meine These, zeigt aber doch, dass es unberechtigt ist, die Satzstellung im Deutschen zu dem großen Problem beim Simultandolmetschen zu stilisieren – es gibt viele andere, stichhaltigere Überlegungen, aus denen es gerechtfertigt erscheinen mag, die Arbeit eines Simultandolmetschers, besonders wenn sie gute Ergebnisse liefert, zu würdigen und vielleicht manchmal etwas zu bewundern.

Stimmigkeit und Plausibilität – zur laufenden Qualitätskontrolle

Nun könnte man meinen, die geschilderten Prozesse beanspruchten für sich bereits mehr Aufmerksamkeit als der Simultandolmetscher sie auch bei größter Konzentration aufbringen kann. Dabei wurden zwei der wichtigsten Aspekte bisher noch gar nicht erwähnt. Wer bewusst hört, übersetzt und spricht, kommt normalerweise gar nicht umhin, das selbst Gesagte noch beim Sprechen einer fast automatischen Ausgangskontrolle zu unterziehen und dabei auch eine laufende Plausibilitätskontrolle durchzuführen. Diese sollte sicher bei Inhalten und Termini, mit denen der Dolmetscher weniger vertraut ist, gründlicher ausfallen, ist jedoch gleichzeitig auch deutlich schwieriger. Jedenfalls geht es darum, laufend zu kontrollieren, ob die Gedankenfragmente, die Bündel von Wörtern, die einen (Teil-) Sinn ergebenden Teilsätze, die der Simultandolmetscher zunächst „unter Vorbehalt" und dennoch sorgfältig, nach Prüfung ihrer Bedeutung und Abgleich mit dem Zusammenhang, in ihrer übersetzten Version „in den Raum gestellt" hat, nun in demselben Maße, in dem die Bedeutung des Gesagten ihm in der Ausgangssprache restlos klar geworden ist, auch in der Zielsprache das Gesagte korrekt und vollständig wiedergeben.

Manche Ungenauigkeiten werden uns erst nach und nach bewusst, je mehr wir vom behandelten Gegenstand hören und mitbekommen. Andere Dinge erweisen sich plötzlich rückblickend als unrichtig und müssen korrigiert werden. Je souveräner der Dolmetscher, desto leichter fällt es ihm, Fehler oder Ungenauigkeiten seinen Zuhörern offen einzugestehen und die richtige Version einige Sätze später nachzureichen. Vielleicht ist dies der schwierigste Teilaspekt unserer Arbeit, denn nachdem selbst beim Simultandolmetschen laufend Details und damit auch Korrekturen nachgereicht werden können, ruhen wir nicht eher, als bis wir das Gefühl haben, alles Gehörte plausibel und stimmig wiedergegeben zu haben. Dadurch ist diese Qualitäts- und Plausibilitätskontrolle derjenige Teilprozess, der uns am längsten, nämlich über den gesamten Vortrag hinweg, begleitet. Es ist, als seien wir permanent mit dem gleichzeitigen Spinnen von zwei Fäden beschäftigt, um von den vielen anderen überlagernden Prozessen gar nicht zu sprechen, die kontinuierlich sicher stellen sollen, dass wir a) richtig verstehen und b) dieses Verstandene auch richtig und vor allem unmissverständlich in der Zielsprache wiedergeben. Erst wenn das, was wir uns sagen hören, und die damit ausgedrückten Gedanken diese Plausibilitätskontrolle überstanden haben, werden sie im Kopf „abgehakt", um Platz zu schaffen für die nächste Sequenz aus Wörtern und Gedanken – auch wenn diese mitunter schon begonnen hat und daher bei uns kurzfristig in einer Art von „mentalem Zwischenspeicher" abgelegt werden muss. Natürlich ruhen diese Gedanken im Zwischenspeicher nicht, sondern sie werden ständig auch an dem neu Gesagten sowie mit Hilfe von eigenen Überlegungen zum Thema abgeglichen.

4. Simultandolmetschen – Multitasking richtig verstanden

Welcher Teilschritt auch immer zu einem gegebenen Zeitpunkt den größten Teil der Aufmerksamkeit des Simultandolmetschers beanspruchen mag – das Erfordernis der laufenden Plausibilitätskontrolle, des Einstellens und Abrufens von Gedanken und Fragmenten in den und aus dem Zwischenspeicher, macht deutlich, was wir mit Multitasking meinen – jedenfalls nicht das „simultane" Stricken in der Kabine. Schauen wir uns neben der Durchführung einer laufenden Ausgangs- und Qualitätskontrolle als einer der wichtigsten Aufgaben, die ein qualitätsbewusster Simultandolmetscher zu erledigen hat, noch eine Reihe weiterer Schritte an, die gleichzeitig mit anderen ablaufen, und auf die die laufende Kontrolle zu jedem Zeitpunkt zugreift.

Vom Gurkenfegen und vom Trennen – und vom Zuhören durch Gitterstäbe

Hier im Vorübergehen ein schönes Beispiel für das schon aufgezeigte Phänomen der Polysemie. In meiner westfälischen Heimat bezeichnet man neben vielen anderen Wortbedeutungen als Gurke auch die in Kneipen und Gasthäusern aufgehängten Spielautomaten. Mein Gurkenfeger ist zwar ein schönes Beispiel für ein Determinationskompositum im Sinne des weiter oben vorgestellten Sprachwissenschaftlers Mario Wandruszka, dürfte aber dennoch für die meisten Leser rätselhaft und vollkommen undeterminiert bleiben. Gurkenfeger nennt man Personen, die aufgrund einer ophthalmologischen Anomalie in der Lage sind, die Walzen in den Spielautomaten um soviel langsamer drehen zu sehen, dass sie bei jedem Spiel gewinnen und den Automaten im Eiltempo leeren (= fegen) können.

Was das mit dem Simultandolmetschen zu tun hat? Auch wenn dies scherzhaft gemeint scheinen könnte, auch wenn Sie nun meinen, Jägerlatein zu lesen, ist doch wie so oft ein Körnchen Wahrheit in meinem Vergleich. Gelegentlich denke ich bei besonders schnellen Rednern an meine Gurkenfeger und bilde mir ein, ich könnte, auf Knopfdruck sozusagen, das schnell Vorgetragene langsamer hören und damit besser verstehen – und daher selbst gelassener und entspannter sprechen.

Das Geheimnis hinter diesem Bild, die mögliche Erklärung für ein erfolgreiches, entspanntes, mit dem gleichzeitigen Übersetzen und Sprechen noch vereinbares Zuhören liegt bei vielen Simultandolmetschern in einem taktischen Trick beim Zuhören: Durch jahrelange Konditionierung ist es manchen von ihnen möglich, so selektiv zuzuhören, dass sie die bedeutungstragenden Wörter privilegieren, ohne den Rest wirklich zu vernachlässigen – sie „trennen", anstatt wie die Simultandolmetscherin von Ingeborg Bachmann „von den Wortmassen verschüttet" zu werden. Diejenigen Wörter, für die gerade „kein Platz" ist oder die in der Übersetzung noch nicht „passend oder dran sind", werfen sie nicht weg, sondern legen sie wiederum in ihrem Zwischenspeicher ab, aus dem sie später nach und nach in den Redefluss hinein dosiert werden. Sie lassen sich nicht von den Wortmassen verschütten, sondern sie hören höchst konzentriert durch dieses Gitter hindurch, das durch zunächst nicht verarbeitbare Informationen gebildet wird. Anders als Rilkes Panther hinter ihren Gitterstäben stumpfen sie dabei nicht ab, sondern das eigentlich Wichtige, „die Welt", das wichtige an der Rede, das es bevorzugt herauszuhören gilt, liegt eben genau dahinter. Davor bildet sich ein Vorhang aus „noise", aus weniger bedeutungsentscheidenden Beispielen, aus austauschbarem, nur der Veranschaulichung dienendem Beiwerk, das allzu leicht den Blick auf das Unerlässliche verstellt. Diese Vorgehensweise hat den zusätzlichen Vorteil, dass nach einem intelligenten bzw. zumindest überlegten System eliminiert wird, wenn der Dolmetscher einmal aus Zeit- oder Tempogründen wirklich keine Chance hat, das Gesagte zu 100 Prozent zu übertragen.

Wenn Sie denken, eine solche Trennung könne angesichts des Redetempos niemand leisten, so bedenken Sie bitte, wie viele Wörter aus einem Satz Sie wirklich benötigen, um zu verstehen. Jedermann kann dieses Experiment machen: Schreiben Sie einen Satz auf, decken Sie jedes zweite oder dritte Wort ab und bitten Sie jemanden, den Satz zu erklären. Sie werden überrascht sein von dem Ergebnis. Inwieweit die zunächst zwischengespeicherten Wörter dann abgerufen und zu jedem Zeitpunkt durch den Dolmetscher in seinen Vortrag eingebaut werden können, ist sicher eine Frage des Trainings. Ähnlich wie beim Konsekutivdolmetschen Details so notiert werden, dass sie zwangsläufig die Erinnerung an die wichtigen, jedoch nicht notierten Informationen auslösen, wird der erfahrene Simultandolmetscher die zwischengespeicherten Wörter bzw. Informationen auf die eine oder andere Weise „markieren", um sie im Eifer des Gefechts nicht zu vergessen.

Überholen verboten, Antizipieren erlaubt – oder ein guter Simultandolmetscher ist immer einen Satz voraus

Ein Kalauer aus unserer Szene lautet: „Ein guter Simultandolmetscher ist immer einen Satz voraus." Lohnt es sich, auch hier nach dem berühmten Körnchen Wahrheit zu suchen? Simultan zu dolmetschen, so viel wurde schon angedeutet, kann *per definitionem* nicht bedeuten, dass der Simultandolmetscher in dem gleichen Atemzug seine Übersetzung spricht, in dem der Redner einen Gedanken äußert. Er spricht bestenfalls die Übersetzung des unmittelbar zuvor geäußerten Gedankens, dies allerdings, während er gleichzeitig den nächsten Gedanken anhört. Nicht einmal das bloße Aneinanderreihen von unverarbeiteten Wörtern könnte er wirklich gleichzeitig leisten. Daher nochmals: Die durchaus vorliegende Gleichzeitigkeit liegt darin begründet, dass der Dolmetscher zu jedem Zeitpunkt ein ganzes Bündel von Aufgaben zu bewältigen hat. Aber wie ist es angesichts dieser

Umstände überhaupt möglich, auch noch einen Satz voraus zu sein?! Je ernsthafter wir diesen Kalauer während der Kaffeepause von uns geben, desto ernsthafter werden wir gefragt, wie wir es denn in der Praxis anstellen, immer einen Satz voraus zu sein. Hier kommen wir wiederum zu dem gewissen Körnchen Wahrheit, das allen Legenden innewohnt.

Andre Agassi, der große Tennisspieler der 1990er Jahre, erklärte mir einmal am Rande eines Interviews: „Wenn ich abwarten will, bis mein Gegner seinen Ball gespielt hat, brauche ich gar nicht mehr auszuholen." Sein Spiel, so erläuterte er, bestehe mindestens zur Hälfte aus Beobachten und Antizipieren. Was dies wiederum mit der Sprache und dem Simultandolmetschen zu tun hat, ergibt sich auf den ersten Blick. Dazu muss ich Agassi ein zweites Mal zitieren: „Wenn ich Wimbledon gewinne, dann habe ich in der Saison etwa 10 Millionen Bälle allein im Training gespielt." Ich habe nie gezählt, wie viele Sätze ein Simultandolmetscher hört und verdolmetscht. Aber offensichtlich antizipiert er als besonders geübter Zuhörer beim Anhören einer Rede ständig, und zwar ganz unwillkürlich. Er hat gezwungenermaßen einen eigenen „Blick" entwickelt, der für den „normalen" Zuhörer völlig unbedeutend, ja irrelevant, ist. Der Dolmetscher fragt sich unentwegt, wie es weitergehen wird. Um dies herauszufinden, geht er beim Zuhören und Dechiffrieren des Gehörten nach ganz anderen Kriterien und Strategien vor als andere Zuhörer. Wie oft ertappe ich mich bei einem Vortrag, im Kino oder wo auch immer, dabei, dass ich wieder einmal so wie beim Dolmetschen zuhöre. Wenn ich dabei einen negativen Aspekt benennen müsste, dann wäre es der, dass ich mich bei dieser Art des Zuhörens nicht gänzlich dem Sprechenden anvertrauen kann, dass ich versuche, mit einer geringeren emotionalen Beteiligung zuzuhören. Eben eine *déformation professionnelle* oder Berufskrankheit, wie man sie oft bei Simultandolmetschern, und zwar anhand der verschiedensten Aspekte ihres Kommunikationsverhaltens, beobachten kann.

Die formalen Tücken der Sprachen –
Wegzaubern nicht möglich, Jonglieren erwünscht

Wie schon dargelegt, werden wir oft mit der Annahme konfrontiert, das Simultandolmetschen sei eine besonders schwierige, sehr stressbelastete Tätigkeit. Ich widerstehe hier der Versuchung zu diskutieren, was Stress bedeutet und welche Zustände unberechtigt unter diesen Begriff subsumiert werden. Ebenso oft reagiere ich mit der Gegenfrage, was denn im Einzelnen für besonders schwierig gehalten werde. Neben der „unmöglichen Gleichzeitigkeit" wird dann meistens darauf verwiesen, die beteiligten Sprachen wiesen doch in der Regel sehr unterschiedliche Strukturen auf, die ein einfaches „Umsetzen" so „ohne Weiteres" nicht zuließen. Sofern die Einstufung der Simultandolmetscher als Sprachakrobaten an diesem Punkt ansetzt, schließe ich mich an: Ein Sprachakrobat ist der Dolmetscher insofern, als er permanent mit den zwei Sprachen bzw. ihren Strukturen jongliert, um formale Inkongruenzen auszugleichen. Er sorgt trotz aller strukturellen Unterschiedlichkeit der Sprachen für den regelmäßigen Redefluss, dank dessen sein Zuhörer sich auf die Inhalte des Gesagten konzentrieren kann. In diesem Sinne soll es mir recht sein, wenn wir Simultandolmetscher gelegentlich als Jongleure bezeichnet werden.

Können wir dabei auf sprachen- und sprachenpaarbezogene Strategien zurückgreifen? Schauen wir uns einige der Hürden an, die ein Simultandolmetscher in den einzelnen Sprachen nehmen muss. Wie schon an anderer Stelle erwähnt, werden die spezifischen Eigenarten, derentwegen Sprachen sich nicht deckungsgleich übereinander legen lassen, oft erst dann als solche wahrgenommen, wenn es darum geht, sie zu übersetzen, besonders unter den speziellen Bedingungen des Simultandolmetschens. Für das einfache Verstehen stellen sie normalerweise kein Problem dar.

Es handelt sich dabei im Wesentlichen um die nicht vorhandene Kongruenz der Sprachen, die anhand von formalen, aber auch von inhaltlichen Merkmalen zu erkennen ist. Nehmen wir die sehr häufige Erscheinung, dass die Regel zur Wortstellung im

Satz *Subjekt-Prädikat-Objekt* im Deutschen zum Beispiel nach einer Reihe von Umstandsbestimmungen, Konjunktionen, Präpositionen usw. durch die so genannte Inversion außer Kraft gesetzt wird. *Der Bundeskanzler hat im Parlament die Regierungspolitik begründet.* Dieser Satz lässt sich ohne Probleme ins Englische oder Französische übersetzen – im Verhältnis eins zu eins, und zwar auch dann, wenn er noch durch zahlreiche Zusätze und Einschübe verschachtelt wird. Wie ist es aber mit *In der vergangenen Woche hat der Bundeskanzler im Parlament (im Rahmen der Haushaltsdebatte, in der er durch die Opposition scharf angegriffen wurde …) die Politik begründet* – oder: *den Vorwürfen widersprochen* – oder: *seinerseits die Opposition, die …, angegriffen usw. usw.?*

Es ist eine Binsenweisheit, dass der Simultandolmetscher an diesen Stellen „auf Zeit spielen" muss. *In our company somebody who wants to leave some minutes earlier in order to catch a certain train, in order not to come home too late etc. … must / has to / is obliged / is not allowed / wants to / will etc.* – jede einzelne dieser möglichen Versionen bedingt eine unterschiedliche Wahl des früh im deutschen Satz auftauchenden, hier aber noch völlig undeterminierten Verbs oder Verbteils. Ins Deutsche arbeitende Kollegen wählen oft regelrecht systematisch den Rückgriff auf den dass-Satz, der die Möglichkeit eröffnet, die entscheidenden Informationen abzuwarten. ‚In unserer Firma ist es so, dass Mitarbeiter, die …'

Er hat den Zug verpasst und kommt daher später – ok, kein Problem. Wie steht es aber mit: *Er kommt heute später, weil er heute morgen, nachdem er das Haus verlassen hatte, kurz vor der Haltestelle noch ein Schwätzchen mit dem Nachbarn gehalten hat / halten musste / nicht abwehren konnte etc.* Eine Lösung wäre es, die Aussagen des Nebensatzes in verschiedenen Hauptsätzen unterzubringen und diese nachher sinngemäß durch die richtigen Konjunktionen wieder miteinander zu verbinden. Eine andere, sicher ebenso häufig gewählte Lösung besteht darin, darauf zu setzen, dass das zusammengesetzte Verb sich entweder mit ‚hat' oder mit ‚ist' bilden wird, und eine der beiden Formen „provisorisch" zu wählen. Notfalls schiebt man zur Korrektur das richtige

Hilfsverb oder besser noch das treffende Verb nach – und hat auf diese Weise einen ununterbrochenen Redefluss angeboten, der allemal für den Zuhörer angenehmer ist als ein zögerliches, gedehntes, abwartendes Sprechen, angesichts dessen jener oftmals mit dem Dolmetscher regelrecht mit leidet und sich auch nicht auf die Inhalte des Vorgetragenen konzentrieren kann. Ein Simultandolmetscher, der auf diese Weise jongliert, wird von seinen Zuhörern nicht negativer beurteilt als ein Redner, der sich ebenfalls von Zeit zu Zeit korrigiert oder Sätze neu beginnt.

Wie steht es andererseits mit den in der Polysemie von Wörtern und vor allem von ganzen Formulierungen (der grammatischen Polysemie Weinrichs) liegenden Hürden für den Simultandolmetscher? Welches Gewicht haben die gelegentlich in der Syntax begründeten Unklarheiten, Doppeldeutigkeiten, Klippen und Stolpersteine, die dem Simultandolmetscher das Leben schwer machen? Denken wir an das englische Gerundium am Satzanfang, das analog allerdings auch am Anfang französischer Sätze eine Rolle spielt: *Considering that this is a major difficulty* ... Hier kann ‚man‘ das Subjekt ebenso sein wie eine bestimmte Person. *Considering that there would have to be a fair solution to this problem, the judge decided* ... Das Subjekt kann ‚man‘ sein, stellt sich dann aber als ‚der Richter‘ heraus. Ebenso kann es sich im französischen Satz verhalten. Ein erfahrener und gut ausgebildeter Simultandolmetscher erkennt diese Schwierigkeiten schon im Ansatz und entschärft sie auf die eine oder andere Weise – unangenehm sind sie ja meistens wegen ihres offenen und überraschenden Charakters und weniger dadurch, dass sie ein Übersetzungsproblem darstellen. Allerdings stellen diese Hürden allemal hohe Anforderungen an den Dolmetscher, indem sie ihn zum Abwarten und Klären, zum Abwägen und Entscheiden zwingen.

Ein weiteres Problem stellen die zusammengesetzten Verben im Deutschen dar – weniger für uns Muttersprachler, die wir oft „instinktiv" erkennen, in welcher Bedeutung ein Verb tatsächlich im gegebenen Zusammenhang verwendet wird, sondern mehr für unsere Kollegen, deren Muttersprache nicht das Deutsche ist. *Die Regierung und die Opposition zogen noch vor einem Jahr* ...

an einem Strang? ... von Bonn nach Berlin? ... eine Steuersenkung in Erwägung? ... vor das Verfassungsgericht? Auch hier lässt sich natürlich mit dem dass-Satz fast jedes Problem lösen. Andererseits bietet sich sowohl im Englischen als auch im Französischen die Möglichkeit an, durch Umstandsbestimmungen der Zeit oder des Orts, die sich gut an den Satzanfang stellen und dehnen bzw. kontrahieren lassen, die Zeit so zu steuern, dass auch in diesen Fällen ein natürlicher Redefluss problemlos herzustellen ist – im Gegensatz zum Deutschen, wo nach einer solchen Umstandsbestimmung auf jeden Fall zunächst das Hilfsverb ‚hat' bzw. ‚ist' folgen muss, bevor weitere Aussagen übersetzt werden können.

Entre mon travail en cabine et les traductions écrites, erklärte mir neulich ein französischer Kollege auf die Frage, ob er gut ausgelastet sei, und fuhr fort, es bleibe ihm kaum Zeit, einmal einen arbeitsfreien Tag einzulegen. *Entre* bedeutet hier: *Wenn ich die Kabineneinsätze und die schriftlichen Übersetzungen addiere ...* Derartige „Nebelkerzenwörter" sind im Französischen durchaus häufig. Ihre wahre Sprengkraft entwickeln sie im Verein mit einer ihnen gehorchenden, eigenen Syntax – ein Komplex, der nur ganzheitlich erkannt und bewältigt werden kann. Wehe dem, der hier beginnt, einzelne Wörter zu übersetzen! Wer mit *entre* seine Übersetzung beginnt und ‚zwischen' sagt, wie es in 99,9 Prozent aller Fälle korrekt ist, hat in diesem Falle verloren. Derselbe Kollege sagte übrigens im selben Gespräch, jedoch in einem anderen Kontext, auch einmal ‚zwischen' auf Deutsch und wollte dabei ebenfalls sagen, was herauskomme, wenn er das eine und das andere zusammennehme oder zusammen sähe. Er produzierte damit im Deutschen eine ganz eigene, eher seltene Interferenz, nämlich eine solche in der Fremdsprache, wie sie durch wörtliche Übersetzung einer muttersprachlichen Wendung entstehen kann.

Sehr gerne beginnen Franzosen im Gespräch auch Sätze mit *déjà.* Was natürlich in den meisten Fällen *schon* bedeutet – und doch gibt es zahlreiche Fälle, in denen es eher die Funktion des englischen *well* hat, mit anderen Worten ein zögerndes Nachdenken am Satzanfang signalisiert. „*Déjà, si vous posez la question en ces termes ...*" Man kann den deutschen Satz sowohl mit ‚nun' beginnen: ‚nun, wenn Sie so fragen …' als auch mit einer längeren Formulierung, wenn man zum Beispiel als Simultandolmetscher Zeit gewinnen und weitere Klärung abwarten möchte. So würde ich formulieren: ‚Es beginnt ja (schon) damit, ob man die Frage so stellen soll …'

Abschließend noch ein Beispiel aus der zweiten Sprache, aus der wir in diesem Buch unsere „Fälle" beziehen: Was macht ein Simultandolmetscher mit diesem englischen Satzanfang? *Being the very experienced politician* (Einschub: *who has always … etc.*)… Natürlich würde der deutsche Satz in der schriftlichen Übersetzung mit einem Nebensatz beginnen, daran kann es aus stilistischen Erwägungen heraus keinen Zweifel geben: *Da ich (da er?) ein sehr erfahrener Politiker bin (ist?), etc.* Der Simultandolmetscher hat die Möglichkeit zu raten oder abzuwarten und zu hoffen, dass es nicht noch zahlreiche Einschübe gibt, bevor er Aufschluss erhält über die Person, um die es geht.

Schere im Kopf und Knoten in der Zunge – Der Simultandolmetscher als Zensor?

Da wir bei der für alles Übersetzen, vor allem aber für den Simultandolmetscher mit seinen zeitlichen Zwängen so entscheidenden Kategorie der Entscheidung sind, hier noch ein paar Überlegungen zu Entscheidungen einer ganz anderen Art: Ich habe ausführlich dargelegt, dass es eine Reihe von Fragen an „den Simultandolmetscher" gibt, die uns im Laufe der Jahre so vertraut geworden sind, dass manche Kollegen während der Kaffeepause schon dazu neigen, diese im *small talk* regelrecht zu provozieren, um sie dann im Stile der großen Offenbarung, mitunter auch im Duktus und Gehabe von Gurus zu beantworten. Eine dabei unerwähnt gebliebene Frage lautet schlicht und entwaffnend: „Was übersetzen Sie eigentlich, wenn ein Sprecher sich im Register vergreift?" (Vulgo: Wenn ein Redner so vulgär wird, dass dem Dolmetscher spontan Bedenken kommen, das Gesagte zu verdolmetschen).

Auf dem berühmtesten Sofa der Nation saß vor etlichen Jahren der amerikanische Schauspieler Mickey Rourke, da es wieder einmal darum ging, seinen neuesten, in Deutschland in die Kinos kommenden Film zu „promoten", wie es heute so schön heißt. Ansonsten schien er sich während dieser Sendung eher zu langweilen, obwohl er alle Gesprächsinhalte simultan aufs Ohr gedolmetscht bekam. Auf die Frage des „großen blonden Moderators", ob es denn am Set an langen Drehtagen nicht gelegentlich langweilig werde und was er tue, um dieser Langeweile zu entgehen, antwortete er, was manchem Zuhörer bzw. TV-Zuschauer ungezogen und sicher auch vulgär erscheinen mochte: *I sit in my mobile home and jerk off.* Wahrscheinlich glaubte der live auf dem Sender sprechende Simultandolmetscher einen Augenblick, er könne – ob dieser im Bereich der Analsprache angesiedelten, provokativen Antwort – seinen Ohren nicht trauen. Dann entschied er sich mit minimaler Verzögerung für die intendantenfreundliche Lösung und übersetzte: ‚Dann gehe ich in mein Wohnmobil und entspanne mich.'

Natürlich sind solche Szenen und Vorkommnisse, vor allem im Kollegenkreis, beliebte Diskussionsthemen. Und Dolmetscher, denen so etwas passiert, werden oft noch nach Jahren mit dieser einen Szene identifiziert bzw. an sie erinnert. Unabhängig jedoch von Häme, Spott oder Besserwisserei wird dabei auch sehr ernsthaft die Frage erörtert, wie man sich in diesen Fällen verhalten soll. Da gibt es auf der einen Seite die Auffassung vieler Dolmetscher, es sei nicht ihre Aufgabe zu zensieren. In dem Maße, da alle Zuhörer des Originals dasselbe ungefiltert, in all seinen Dimensionen und mit allen Konnotationen zu hören und zu „genießen" bekommen, sei es nicht Sache des Dolmetschers, spezifische sprachliche Merkmale einer Äußerung beim Dolmetschen herauszuoperieren. Wer schockieren wolle, der wolle auch die Zuhörer seiner Verdolmetschung schockieren. Der wolle zumindest nicht bei verschiedenen Teilen seiner Zuhörerschaft unterschiedliche Effekte erzielen.

Wahrscheinlich will kein Redner überhaupt jemals bei seinen Zuhörern unterschiedliche Effekte erzielen. Und so neige ich zu der Ansicht: „Null Zensur, null Schere, null ‚Verbesserung' oder Abmilderung". Anderseits jedoch gilt es womöglich auch, die Interessen der Zuhörer und vielleicht mehr noch der Verantwortlichen der Sendung im deutschen Fernsehen im Auge zu haben. Ihnen ist es womöglich alles andere als lieb, wenn ein Gesprächsgast sich rüpelhaft verhält, und womöglich sind sie dankbar dafür, dass ihr Dolmetscher dem Zuschauer eine Brücke baut und vielleicht allenfalls anklingen lässt, dass soeben etwas „Unziemliches" gesagt wurde.

Ich bin generell alles andere als ein Gegner von „Regieanweisungen" durch den Dolmetscher. Oftmals sind diese hilfreich und im Übrigen das einzige Mittel, für den Zuhörer erkennbar einen Schritt zurückzutreten und deutlich zu machen, dass es eine Distanz zwischen Redner und Dolmetscher gibt, dass diese beiden nicht in jeder Sprechsituation miteinander verschmelzen. In diesem Sinne bediene ich mich gelegentlich dieses Hilfsmittels, um drastische Formulierungen etwas weniger drastisch zu übersetzen und mir trotz der großen Eile, in der dies geschieht, die Zeit für eine „verbale Fußnote" zu nehmen, in der ich deutlich machen kann, dass die Formulierung aber eigentlich noch etwas deutlicher, saftiger, drastischer, vielleicht gar unflätig war.

Glücklicherweise sind derartige Situationen aber der große Ausnahmefall: Als ich einmal vor einer Live-Sendung zur Eröffnung von Olympischen Spielen ein Vorgespräch mit einem der größten Violinisten unserer Zeit führen durfte, der gekommen war, um in der Sendung die Erkennungsmelodie des Senders für seine Übertragungen zu spielen, musste ich vor der Sendung unseren Moderator fragen, wie denn mit dessen im Vorgespräch ausgeprägter Analsprache später in der Sendung umzugehen sei. Man gab mir eine Reihe von abgemilderten, eher lustigen Wörtern und Formulierungen mit auf den Weg und bat mich, im Hinblick auf die beste Sendezeit am Samstagabend nicht allzu drastisch zu formulieren. Diese Sorge sollte sich jedoch als unnötig erweisen, denn kaum sah der Star vor sich das rote Licht einer Kamera, schaltete er in Sekundenschnelle in ein anderes sprachliches Register, so dass ich schließlich glaubte, das Vorgespräch mit ihm nur geträumt zu haben.

Ganz anders mag es sich verhalten, wenn ein Redner Dinge von sich gibt, die dem Dolmetscher auf Anhieb als Ungeheuerlichkeiten erscheinen – als beleidigend für die Zuhörer, als sachlich unzutreffend, soweit der Dolmetscher meint, dies beurteilen zu können, als anzüglich, sexistisch, diskriminierend oder wie auch immer. In diesen Situationen plädiere ich mehr noch als im vorher geschilderten Fall für genauestes Übersetzen. Denn dort, wo Inhalte eine größere Bedeutung haben als die sprachliche Form, dürfen diese umso weniger dem Hörer der Übersetzung vorenthalten bleiben.

Und wie oft kommt es vor, dass es im Falle inhaltlicher Unstimmigkeiten oder Missverständnisse am Ende immer „die Übersetzung" gewesen ist! Auch bei korrektester Übersetzung im Zweifel die Verantwortung für ein Missverständnis auf sich zu nehmen, sollte keinem Dolmetscher etwas ausmachen. Dies gehört sicher auch als mitunter sehr diplomatische Dimension zu seiner Tätigkeit. Dazu gehört allerdings auch, dass man auf unangemessenes Interpretieren des Gehörten verzichtet, dass man nicht filtert – und dass man allenfalls, wie oben schon angedeutet, in heiklen Situationen diesen berühmten, „virtuellen" Schritt zurück tut, um für seine Zuhörer ein wenig Distanz zum Sprechenden zu schaffen.

Kapitel 7

Simultandolmetschen – Handwerk oder Kunst?

Die langjährige Direktorin des Sprachendienstes der Kommission der damaligen Europäischen Gemeinschaften, Renée van Hoof, pflegte zur Charakterisierung „ihrer" Simultandolmetscher zu sagen: „In diesem Beruf gibt es viele Ackergäule und ein paar Turnierpferde." Das haben die meisten Betroffenen als menschenverachtend und naturgemäß einige von ihnen als Auszeichnung verstanden. Unabhängig davon, ob derartige Einstufungen richtig oder gerecht sind, lassen sich auch etwas weniger zugespitzt Merkmale der Arbeit von Simultandolmetschern herausarbeiten, an Hand derer gezeigt werden kann, ob und wann es sich um eine eher handwerkliche Arbeit handelt, ob und unter welchen Umständen das Simultandolmetschen Züge einer Kunst annehmen kann und ob es für uns bei unserer Arbeit gelegentlich die berühmten Sternstunden geben kann.

Wie auch immer die Antwort auf die Frage „Handwerk oder Kunst?" ausfallen mag, muss ich von vornherein und ohne jede Wertung feststellen, dass es keine Simultandolmetscher gibt, die sich bei ihrer Arbeit im herkömmlichen Sinn als „Künstler" fühlen. Auch die informierte Öffentlichkeit dürfte uns im Normalfall nicht als Künstler betrachten, wenngleich Begriffe wie *Sprach-künstler* durchaus im Umlauf sind. Mir sind viele Dolmetscher bekannt, die sich grundsätzlich lieber als „ehrliche Handwerker" empfinden und sich mit dieser Sichtweise sehr wohl fühlen. Andererseits kenne ich auch Kolleginnen und Kollegen, die sich ihr ganzes Berufsleben lang die Frage nach ihrer Identität stellen. Dies liegt, wie ich vermute, zum Teil daran, dass wir bei der Arbeit schon vom Grundsatz her ständig zwischen zwei zumindest sprachlich verschiedenen Identitäten hin- und herwandern und die feste Verwurzelung, die viele Menschen brauchen, aus anderen Gegebenheiten beziehen müssen als aus einer identitätsstiftenden Sprache und einer von der Person nicht zu lösenden Kultur. Außerdem gehen die meisten Dolmetscher ihrer Tätigkeit freiberuflich nach. Daher fehlt ihnen die feste Einbindung in einen Kollegenkreis, wie sie in anderen Berufsgruppen gegeben ist und aus der viele Menschen am Arbeitsplatz Halt und Stabilität beziehen. Es liegt aber auch an den äußerst unterschiedlichen Anforderungen und Erwartungen, denen freie Konferenzdolmetscher gerecht werden müssen. Nicht immer können diese sich zu der ihnen gestellten Aufgabe genau positionieren, und nicht immer haben sie ein sicheres Gefühl dafür, ob sie die Erwartungen ihres Auftraggebers erfüllen können. Ein homogenes Bild von dieser Arbeit und ihren Protagonisten ist einfach nicht zu zeichnen, da die Anforderungen zu vielfältig und zu schwer kalkulierbar sind und die Arbeit nicht auf die Herstellung eines Werkstücks von reproduzierbaren Merkmalen und bestimmbarer Qualität abzielt.

Vielleicht wäre die Frage in den 50er Jahren leichter zu beantworten gewesen. Die wenigen freiberuflich tätigen Dolmetscher fühlten sich allesamt als Künstler und wurden als solche von ihren Auftraggebern entsprechend hofiert. Heute betreten wir die im Schatten liegende Bühne, auf der wir tätig sind, meistens nicht durch den Künstlereingang, sondern durch den Lieferanteneingang, zusammen mit allen anderen Dienstleistern des Konferenzbetriebs. Auch in der Öffentlichkeit ist eine eher heterogene, alles andere als konsequente und durchgehende Einschätzung des Simultandolmetschens festzustellen. Aus einer oft hohen Wertschätzung, gepaart mitunter mit einer diffusen Bewunderung und einem niedrigen Informationsstand, entsteht eine Gemengelage, in der nicht ganz klar ist, was von einem Simultandolmetscher erwartet werden kann und muss, so dass wir uns nach unseren eigenen Kriterien bald unter- und bald überfordert fühlen. Das macht es nur allzu verständlich, dass Konferenzdolmetscher in ihrem Arbeitsumfeld nicht mit dem gleichen Selbstverständnis auftreten können wie zum Beispiel ein Vermessungsingenieur oder ein Versicherungssachverständiger – zumal wenn man den Aspekt *Lampenfieber* in diese Überlegungen einbezieht, das einfach ständig mit im Spiel ist, wenn es um Leistungen geht, die vor Zuschauern bzw. Zuhörern erbracht werden müssen.

Abschließend noch einmal zurück zu dem oben verwendeten Handwerkerbegriff. Wenn es eine Mehrheit von Simultandolmetschern gibt, die durch ihre Zuhörer meistens als solide Handwerker erlebt werden und die auch an sich selbst den Anspruch erheben, ihre Arbeit solide wie ein guter, zuverlässiger und ehrlicher Handwerker zu erledigen, so sollte dies nur positiv verstanden werden. Diesen Kriterien gerecht zu werden, gelingt mit Sicherheit nicht allen Vertretern unseres Berufs auf so selbstverständliche Art und Weise, wie es manchmal versprochen wird. Vergessen wir nicht, dass die Berufsbezeichnung nicht geschützt ist und es im Konferenzbetrieb vor vermeintlich oder angeblich zweisprachigen Scharlatanen mit behaupteter „Simultankompetenz" nur so wimmelt.

1. Die handwerklichen Grundlagen des Simultandolmetschens

Some people believe that if you can speak two languages, you can automatically interpret. This is about as true as saying that if you have two hands you can automatically be a concert pianist.

Erstens die Sprache, zweitens die Sprache, drittens die Sprache

Man möchte meinen, es wäre mit den für das Simultandolmetschen geltenden, handwerklichen Voraussetzungen so wie mit den drei angeblich wichtigsten Kriterien für die Bewertung einer Immobilie: „erstens die Lage, zweitens die Lage und drittens die Lage". Erst bei näherem Hinsehen erweisen sich weitere Gesichtspunkte als wertentscheidend. Für den Simultandolmetscher ist es die Sprache, die das alles überragende Kriterium ausmacht. Aber auch hier beginnen die Schwierigkeiten, die eigentlichen Herausforderungen erst jenseits der Sprache. Diese Erfahrung macht im Übrigen jedermann, der sich eine andere Sprache aneignet – sei es, um mit den Kollegen der neu erworbenen Auslandsfirma umgehen zu können, sei es gar, um mit dem Ehepartner reden zu können oder um sich einer anderen Kultur zu nähern. Da hat man sich die Mühe gemacht und eine Sprache richtig gut gelernt – und nun stellt sich eine Erkenntnis ein, von der alle Sprachunkundigen verschont bleiben: Man versteht sich trotzdem nicht. Erst die Sprache legt die vielen Punkte und Bereiche offen, in denen jenseits der Sprache mehr Trennendes als Verbindendes existiert.

Diese Differenzierung jedoch sollten wir nicht falsch deuten. Trotz allem ist und bleibt die Sprache natürlich das A und O, die allererste Basiskompetenz des Dolmetschers. Und wenn ich „Basis" sage, dann nicht, weil etwa Basiskenntnisse oder auch nur „durchschnittliche" Sprachkenntnisse gefordert wären. Ein Dolmetscher verfügt, und dies ist sein herausragendes Qualifi-

kationsmerkmal, über äußerst weitgehende Sprachkenntnisse, so
wie sie landläufig gerne als „perfekt" bezeichnet werden. Noch
wichtiger als ihr Perfektionsgrad sind allerdings die Art und
der Zuschnitt dieser Kenntnisse. Wie in den voraufgegangenen
Kapiteln immer wieder erläutert, werden Sprachkenntnisse, die
zum Übersetzen und Dolmetschen prädestinieren, grundsätzlich anders erworben als solche, mit denen man im Urlaub oder
auf Geschäftsreisen in einem anderen Land „zurechtzukommen"
hofft. Nie sind sie losgelöst von zivilisatorischen und kulturellen
Wissenselementen, nie existieren sie im luftleeren Raum, allgegenwärtig ist vor allem das „kontrastive Element", stets fragen
wir beim Erwerb von Sprache bzw. von neuen Sprachbestand-
teilen nach dem „Warum" des Andersartigen, nach dem außersprachlichen Hintergrund – und natürlich grundsätzlich nach
dem Wort in seinem Zusammenhang, wenn möglich gleich in
mehreren verschiedenen Zusammenhängen.

Und hier noch eine Besonderheit in unserem Verhältnis zur
Sprache und zum Sprechen: Außerhalb des Übersetzungs- und
Dolmetschgeschehens, so mein Eindruck, wird Sprache vielfach
auf den Rang eines ebenso einfachen wie selbstverständlichen
Werkzeuges des Menschen reduziert, ja, sie wird von vielen Menschen – und nicht nur von denen, die durch ein eher unbewuss-
tes, unsensibles Sprechen auffallen – schon fast als eine unbe-
deutende Beigabe der Natur aufgefasst und als solche behandelt
– bzw. eben im Sinne von bewusster Pflege und dauernder Weiterentwicklung gar nicht behandelt. Im Kontrast dazu möchte
ich deutlich machen, dass es mit unserer Sprache im Grunde
nicht anders ist als mit unserer Gesundheit, mit der körperlichen
und der seelischen. Auch die Sprache will gepflegt, unterhalten,
trainiert werden. Man muss ihr ständig neue Nahrung zuführen,
damit sie nicht verkümmert.

An anderer Stelle wurde die Sprache bereits als das wichtigste
Handwerkszeug des Dolmetschers gewürdigt. Sie ist für Übersetz-
zer und Dolmetscher das unverzichtbare Instrument, aber eben
auch nicht mehr als ein Instrument. Dies soll das Zitat am Anfang dieses Abschnitts verdeutlichen. Nun erwarten wir ja auch
von einem Pianisten, dass er sein Instrument mehr oder weni-

ger perfekt beherrscht – obwohl wir wissen, dass die Beurteilung seiner Leistung letztlich nicht oder nicht nur vom Grad der Beherrschung des Instruments abhängen wird; obwohl uns deutlich bewusst ist, dass es auch beim Musizieren Handwerker und Künstler gibt. Im Vorgriff auf die folgende Erörterung „Handwerk oder Kunst" sei schon hier festgehalten: Immer dann, wenn das Simultandolmetschen Züge von Kunst annimmt, setzt dies natürlich voraus, dass auch der Umgang des Dolmetschers mit dem Handwerkszeug Sprache die Züge einer gewissen Kunstfertigkeit aufweisen muss.

Das Simultandolmetschen – dies ist sicher in den vorhergehenden Kapiteln klar geworden – ist eine sehr komplexe Tätigkeit, deren Beherrschung eine Vielzahl von Teilkompetenzen voraussetzt, die ebenso, wie die meisten Fertigkeiten vieler handwerklich ausgerichteter Berufe, mehr oder weniger perfekt erlernt werden können. In Klammern erwähne ich, dass es neben der Sprache natürlich Aspekte unserer Arbeit gibt, bei denen die Erlernbarkeit Ansichtssache ist und bleiben wird. Um nur ein Beispiel zu nennen: Ist eine überdurchschnittliche Konzentrationsfähigkeit erlernbar oder muss es dafür gewisse Anlagen geben, die dann weiter trainiert werden können? Jedenfalls ist auch in Fällen, da die Qualität einer Simultanverdolmetschung so gut ist, dass die Zuhörer und selbst die Kollegen des Dolmetschers geneigt sind, eher von Kunst als von Handwerk zu sprechen, die perfekte Beherrschung der handwerklichen Komponenten des Dolmetschens die unabdingbare Voraussetzung.

Nice to have – oder unverzichtbar?
Das Wissen um Gegenstand und Hintergrund

Sehen wir uns nochmals, hier anhand von zwei Beispielen aus der Medizin an, was mit dem Wissen und Verstehen des zu übersetzenden Gegenstands gemeint ist: *Die Kontraktion der Zellen der glatten Muskulatur in der Darmschleimhaut von Pferden während einer vorliegenden Läsion ist prostaglandinvermittelt.* Und: *There was some evidence of neutrophil infiltration.* Ohne zu verstehen, kann ein Simultandolmetscher nicht übersetzen – so eine unserer zentralen Erkenntnisse, die ich nicht müde werde zu propagieren. Nur – was bedeutet es konkret für den Simultandolmetscher, wenn inhaltliches, ja sogar fachliches Verstehen gefordert wird? Auch zum Begriff des Verstehens und zu der erforderlichen Verständnistiefe konnte bereits an anderer Stelle das Wichtigste gesagt werden. In den zitierten Beispielen stellt sich die Frage: Wie weit muss der Inhalt der beiden Sätze verstanden werden, damit die Übersetzung nicht zufallsbedingt korrekt oder falsch bis abwegig ausfällt? Bestehen diesbezüglich Unterschiede zwischen den beiden Aussagen?

Ich zeige die zwei Sätze, um deutlich zu machen, wie zufallsbedingt manche fachlichen Inhalte, soweit die korrekte Terminologie vorhanden ist, problemlos übersetzt werden können, während andere ohne fachliche Kenntnisse nicht oder nur „mit Glück" zu übersetzen sind. Natürlich wird ein Nichtmediziner die Implikationen der ersten Aussage kaum abschätzen können – dennoch wird schon an der sprachlichen Oberfläche klar, worum es geht. Ein Journalist würde die Aussage für Fachleute verständlich wiedergeben, ein Übersetzer kann sie übersetzen, sofern er die Begriffe in seiner Zielsprache kennt.

Ganz anders die zweite Aussage: Wird Gewebe durch Neutrophile (neutrophile Organismen) infiltriert? Oder werden Neutrophile ihrerseits infiltriert? Einem erfahrenen Dolmetscher wird hier wahrscheinlich der größere Zusammenhang helfen, der Fachmann denkt über die gestellte Alternative nicht einmal nach – dem Anfänger, ob Übersetzer oder Dolmetscher, bietet sich letztlich eine Fifty-fifty-Chance richtig zu liegen – er muss sich entscheiden. Wohlgemerkt: Kein Dolmetscher, auch der erfahrenste nicht, kann jemals damit rechnen, sämtliche Situationen dieser Art zu beherrschen, nicht einmal auf einem überschaubaren, begrenzten Fachgebiet. Je erfahrener jemand ist, desto größer ist daher die Wahrscheinlichkeit, dass er die Finger davon lässt, vor allem von Sachthemen, bei denen solche unangenehmen Überraschungen nicht auszuschließen sind. Vielleicht macht dieses Beispiel auch verständlich, warum manche freie Simultandolmetscher sich in den Augen von Kollegen und Kunden regelrecht „zieren" und Einsätze auf Themenfeldern, in denen sie sich nicht ganz sicher fühlen, lieber nicht annehmen. Viele Akteure in unserer Szene werten ein solches Verhalten im Übrigen nach wie vor als Qualitätsmerkmal, auch wenn es deutliche Züge der „Tugenden von gestern" trägt oder nach „alter Schule" aussieht. Aber ist einem freien Dienstleister ein solches Maß an professioneller Sorgfalt und Vorsicht zu verübeln?

Wo liegt die Verbindung der Problematik von Wissen und Verstehen mit dem umfangreichen Handwerkszeug des Simultandolmetschers? Dieses umfasst auch alle Methoden und Techniken, mit denen er sich die bei seiner Tätigkeit zu bearbeitenden kognitiven Inhalte erarbeitet. Nicht nur Berufsanfänger, sondern gerade auch erfahrene und verantwortungsbewusste Dolmetscher arbeiten sich grundsätzlich in das inhaltliche und gedankliche Umfeld ein, in dem der Gegenstand einer Konferenz, einer Verhandlung oder zum Beispiel eines Vortrags angesiedelt ist. Dies kann je nach der anstehenden Aufgabe von der geschichtlichen Entwicklung ausgehen und bis hin zum neuesten technischen Wissensstand reichen, einschließlich der Kenntnis der Protagonisten, die für ein Wissensgebiet in der Praxis und eventuell auch in Theorie und Forschung stehen. Die so angelegte Vorbereitung eines Einsatzes hat weder mit Talent noch mit Kunst etwas zu tun und gehört im Sinne dieser Erörterungen in den handwerklichen Bereich. Man muss nicht über Fähigkeiten eines Archivars oder Dokumentationsexperten verfügen, sollte sich jedoch ein gewisses Geschick darin erworben haben, mit Hilfe des Internets und anderer moderner Möglichkeiten so schnell und ökonomisch wie möglich Wissensgebiete zu erschließen. Ein sicheres Gefühl für die Zusammenhänge zwischen der verfügbaren Zeit und den Prioritäten sowie der Tiefe des Einstiegs in ein Gebiet erweist sich dabei als sehr hilfreich.

Abschließend noch eine Anekdote von einer Konferenz, deren Veranstalter sich partout nicht mit der Zusicherung zufrieden geben wollte, seine Dolmetscher würden sich äußerst gewissenhaft auf das Thema vorbereiten, und dieses sei im Übrigen auch nicht so schwierig, dass er sich Sorgen machen müsse. Es handelte sich um den Generalsekretär einer europäischen Vereinigung von Sportanglern. Erst als unser Beratender Kollege ihm versicherte, er werde nur Simultandolmetscher in sein Team rekrutieren, die allesamt selbst Sportangler seien, gab er sich zufrieden und unterschrieb den Vertrag. Überflüssig hinzuzufügen, dass wir selbst derartige Zusicherungen unseriös finden würden. Selbst bei Simultandolmetschern mit 40-jähriger Berufserfahrung wäre es eine absolute Ausnahme, wenn sie auch nur überwiegend, sagen wir 30 bis 50 Einsatztage im Jahr, auf ein und demselben Fachgebiet dolmetschen würden. Und ebenso unwahrscheinlich ist es, dass sie in ihrer Dolmetscherpraxis auf Fachgebieten eingesetzt werden, die sich mit ihrem Hobby, einem persönlichen Interessen- oder Wissensgebiet oder einer anderweitig erworbenen Spezialisierung decken.

Akzeptiert werden oder Außenstehender bleiben?
Zur Rolle der Fachterminologie

Es mag klingen wie eine Binsenweisheit: Ein Simultandolmetscher, der nicht die Sprache seiner Zuhörer spricht – Sprache hier im Sinne von Terminologie und Fachjargon – läuft Gefahr, nicht als einer der Ihren anerkannt, sondern vielmehr als Außenstehender empfunden zu werden. Besonders wenn der Vortrag durch Fachtermini beherrscht wird, bei denen alle Umschreibungsmöglichkeiten gegen Null tendieren, ist das Gesagte nur mit Hilfe der sicher beherrschten Fachsprache zu vermitteln. Ein Simultandolmetscher, der schon an dieser Stelle seinem Zuhörer den Eindruck vermittelt, er sei mit dem Gesprochenen – und mit seiner eigenen Übersetzung! – nicht vertraut, kann auch jenseits der reinen Terminologie nicht auf das Vertrauen seiner Zuhörer hoffen. Ein Vertrauen, das umso wichtiger ist, als es für den Zuhörer ohnehin eine zusätzliche Belastung ist, dem Vorgetragenen über Kopfhörer zu folgen.

Hat der Dolmetscher auf diese Weise das Vertrauen seiner Zuhörer in seine handwerklichen Fähigkeiten verloren, so kann er dies durch künstlerische Einlagen nicht mehr gut machen. Er läuft im Gegenteil dann Gefahr, sich durch den Versuch, als brillanter Dolmetscher aufzutreten, lächerlich zu machen – und er wirkt jedenfalls unseriös.

Die sichere Beherrschung der Fachsprache eines Wissensgebiets, auf dem der Simultandolmetscher eingesetzt wird, gehört vor diesem Hintergrund zu den wichtigsten Voraussetzungen, um nicht ähnlich wie Politiker und Journalisten von vornherein als „Generalist" betrachtet zu werden. Mit der überzeugenden Verwendung von Fachsprache sind wir auf einem Umweg wieder bei dem weiter oben angeführten Beispiel aus „Kleider machen Leute": Wir werden als Dolmetscher akzeptiert, wenn unser Auftreten Fachkompetenz suggeriert. Aber Achtung: Damit es dem Dolmetscher nicht wie dem Kaiser im Märchen „Des Kaisers neue Kleider" geht, damit er nicht als „nackt" entlarvt wird, nachdem er zuvor seinem Auftraggeber gründlichste Einarbeitung in das Fachgebiet zugesagt hat, damit er selbst bei komplizierten Fachgesprächen ernst genommen wird, sollte er seine Fachsprache wirklich beherrschen. Nur so kann er hoffen, auch in schwierigen Kommunikationssituationen auf Augenhöhe mit den Fachleuten zu arbeiten.

Ob solides Handwerk oder Kunst – beides geht nicht
ohne Sprecherkompetenz

Von herausragender Bedeutung für jeden Dolmetscher, sicher aber erst recht für jeden Simultandolmetscher ist ein Aspekt, der generell unterschätzt und, wie ich mir festzustellen erlaube, von vielen Simultandolmetschern grob vernachlässigt wird: die „sprecherische" Kompetenz des Dolmetschers. Sie gehört neben der Pflege der Stimme und der Erarbeitung von grundlegenden rhetorischen Fähigkeiten ebenfalls zu den handwerklichen Aspekten unserer Arbeit. Auch diese Fertigkeiten lassen sich trainieren und damit auf handwerkliche Weise weiterentwickeln. Es sind leider zwei sehr verschiedene Dinge, die große Bedeutung der Sprecherziehung zu erkennen, gar anzuerkennen, und sich andererseits tatsächlich der Mühe einer Aus- und Fortbildung zu unterziehen.

Vielleicht ist die damit verbundene Mühe nicht der einzige Grund, warum Sprecherziehung bei Dolmetschern zurzeit offenbar aus der Mode kommt. Selbst in zahlreichen Hörfunk- und

Fernsehprogrammen ist heute oftmals ein sehr schluderiger Umgang mit Sprache und Aussprache zu beklagen, der bei Angehörigen anderer Sprecherberufe eher eine gewisse Indifferenz aufkommen lässt als den Ehrgeiz, so gut zu sprechen wie ein Fernsehsprecher. Dabei tragen gerade die sprechenden Berufe ein besonderes Maß an Verantwortung für die Pflege von Sprache und Aussprache. Dieser Appell erscheint mir sinnvoller als alle Spekulationen darüber, warum quer durch alle Generationen von Simultandolmetschern diejenigen eine absolute Minderheit bilden, die irgendwann während ihrer Ausbildung oder später im Berufsleben eine Aus- oder Fortbildung in Sprecherziehung genossen haben.

Ob man als Dolmetscher eine mehr oder weniger formale, strukturierte Ausbildung in Rhetorik besitzen sollte oder ob rhetorisches Verständnis und eigene rhetorische Fähigkeiten eher in die Kategorie „nice to have" gehören, möchte ich nicht entscheiden. Wenn ich mich in dieser Frage von meinen Beobachtungen in der Berufspraxis leiten lasse, dann kann ich jedenfalls feststellen, dass ich bei den meisten Dolmetschern einen engen Zusammenhang zwischen der Qualität ihrer Arbeit und ihrem Einfühlungsvermögen in rhetorische Belange sehe. Wer sein Leben lang mit gesprochener Sprache, mit Reden in jeder Form zu tun hat, wer tagtäglich Reden übersetzt und diese dabei seziert und analysiert, der kann gar nicht umhin, sich mit den ihnen zugrunde liegenden rhetorischen Regeln und Mechanismen zu beschäftigen.

Handwerk und Talent – nicht Handwerk oder Talent

Wie oft diese Frage uns gestellt wird: Wie machen Sie das überhaupt – gleichzeitig hören und sprechen? Wie erfolgt, an welcher Stelle geschieht der eigentliche Prozess des Übersetzens? Sie müssen doch eine ganz besondere Technik haben, nach der Sie vorgehen!? Kann man das eigentlich lernen, dieses Simultandolmetschen? Oder muss man zum Simultandolmetscher geboren sein? Ja, es gibt meiner Erfahrung zufolge Menschen, die mit einer Reihe von Fähigkeiten geboren werden, die sie bei richtiger, gezielter Nutzung und Entwicklung zum Simultandolmetschen geeigneter erscheinen lassen als andere. Ganz bewusst jedoch spreche ich hier aber weder von Anlagen noch von Begabungen. Nein, das Simultandolmetschen beruht nicht auf einem Paket von Fertigkeiten, mit denen jemand auf die Welt kommt und die ihn oder sie „genetisch" prädisponieren für die geheimnisvolle Tätigkeit des Simultandolmetschens.

Ist ein Tennisstar wie Boris Becker als Tennisspieler geboren worden? Von seinem ewigen Konkurrenten Michael Stich sagten die Fachleute damals, er sei ungleich talentierter als Becker, habe aber seine Möglichkeiten nicht annähernd so konsequent und zielstrebig genutzt wie letzterer. Von beiden wird man jedenfalls annehmen müssen, dass sie ein ungewöhnliches Maß an Ballgefühl besaßen, so wie es für ihren Sport unverzichtbar sein dürfte. Ein Simultandolmetscher wird analog dazu ein überdurchschnittliches Maß an Sprachgefühl mitbringen müssen – ohne sich allerdings mit dieser „angeborenen" Gabe zufrieden geben zu dürfen. Im Gegenteil – je sicherer sich ein großes „Jungtalent" seiner Begabung ist und sein darf, desto größer ist erfahrungsgemäß die Gefahr, dass es die anderen, nicht minder wichtigen Komponenten seiner Entwicklung vernachlässigt. Und obwohl ich keine Illusionen zerstören möchte, will ich doch ganz offen sagen, dass unser Beruf insofern keine Ausnahme darstellt, als auch bei uns die Zahl derer, die sich aufgrund einer emotional fundierten Begeisterung, ohne sorgfältige Abschätzung ihres möglichen Talents hineingestürzt haben, mindestens genau so hoch ist wie die Zahl derer, die man – wohlgemerkt erst rückblickend – als berufen zu bezeichnen geneigt ist.

Damit ist die in der Überschrift zu diesem Absatz indirekt gestellte Frage beantwortet: Das größte Sprach- und Kommunikationstalent kann es sich nicht erlauben, den gründlichen und lückenlosen Erwerb aller dargelegten handwerklichen Fähigkeiten und Fertigkeiten zu vernachlässigen oder dabei größere Auslassungen entstehen zu lassen. Andersherum wird der fleißigste „Handwerker" es in diesem Beruf nicht so weit bringen wie alle jungen Berufsinteressierten es nach meinem Eindruck bringen möchten, wenn er nicht ein überdurchschnittliches Sprachgefühl und Sprachtalent, aber eben auch eine große Freude am Kommunizieren und ein gewisses Talent für die Gestaltung von Kommunikationsprozessen mitbringt.

Die Erörterung der Frage, inwieweit das Simultandolmetschen als solides Handwerk begriffen werden sollte, und unter welchen Umständen es sich mitunter als Kunst betrachten lässt, sollte uns nicht vergessen lassen, dass auch für die handwerklichen Berufe, wenn dies so allgemein festgestellt werden darf, ein gewisses Maß an berufsspezifischem Talent erforderlich ist. Wer von uns hätte sich nicht schon über die Arbeit bzw. die Qualität eines Bäckers, Schreiners oder Gärtners geärgert und den Schluss gezogen, der eine oder andere habe im Grunde seinen Beruf verfehlt? Während wir auf der anderen Seite gelegentlich nicht zögern, einen Handwerker als regelrechten Künstler zu bezeichnen, wenn wir mit seiner Arbeit überdurchschnittlich zufrieden sind.

Ich will in diesem Zusammenhang aber noch kurz auf den an anderer Stelle bereits ausführlicher zitierten und gewürdigten Ortega y Gasset zurückkommen: Folgt man seinen Überlegungen über die an das Übersetzen gestellten Ansprüche, so kann man nur zu dem Schluss gelangen, dass das Übersetzen eine der anspruchsvollsten intellektuellen Beschäftigungen ist, die es überhaupt gibt. Und damit wäre meine „Handwerkstheorie" eigentlich abschließend widerlegt. Allerdings redet Ortega nur von der an das Verfassen eigener Texte grenzenden, literarischen Übersetzung und dem Übertragen von anspruchsvollen wissenschaftlichen und philosophischen Texten. Die handwerklichen Aspekte und Fertigkeiten werden im Übrigen nicht negiert, sondern wohl eher als gegeben vorausgesetzt, und um trivialere Vorgänge wie das Übersetzen von Fachliteratur geht es dem Autor nicht. Der Bereich, in dem das Übersetzen (und damit auch das Dolmetschen) fast ausschließlich handwerklichen Regeln folgen darf bzw. muss, und in dem das Entfalten einer künstlerischen Dimension sogar unproduktiv sein könnte, wird von Ortega gar nicht angesprochen. Ich meine damit das weite Feld der technischen und naturwissenschaftlichen Texte. Auf diese bin ich bereits in einem eigenen Abschnitt eingegangen.

2. Was einen guten Simultandolmetscher ausmacht

Niemals laufen seine Übersetzungen dem Sprechenden ächzend hinterher, niemals stolpern, niemals schwitzen, niemals dröhnen sie. Man kommt, gerade wenn man selber ein Fremdsprachenstammler ist, aus der Verblüffung nicht heraus. Ja, man meint sogar, dass manch ein grandioser Mann (...) von ihm ins Deutsche übersetzt, noch grandioser wirken könnte.[58]

Eine bei uns und unseren Auftraggebern weit verbreitete Einsicht besagt: „Nur ein schlechter Simultandolmetscher erregt die Aufmerksamkeit seiner Zuhörer." Ist das nicht ein Grund zur Frustration für jemanden, der sich vor und während seinem Einsatz jede erdenkliche Mühe gibt, eine perfekte Leistung abzuliefern? Auch wenn mancher Kollege dann, wenn er sich zu Höchstleistungen aufschwingt, an den berühmten Cartoon von F. K. Waechter aus der 68er Zeit denken mag: „Wahrscheinlich guckt wieder kein Schwein!"– Wir fordern unsere Auftraggeber und Zuhörer vor dem Einsatz gerne auf, sie sollten uns am besten vergessen, lieber gar nicht daran denken, dass simultan gedolmetscht wird. Denn wir sind der Ansicht, dass die zweisprachige Kommunikation dann am besten gelingt, wenn unsere Präsenz den Teilnehmern im Grunde gar nicht bewusst ist.

Diese Sichtweise wird durch das obige Zitat von Benjamin Henrichs aus der *Süddeutschen Zeitung* allerdings in Frage gestellt. Es enthält Hinweise auf Merkmale und Kriterien, die eine Simultanverdolmetschung zu einer guten Leistung werden lassen, sie aber ipso facto dem Zuhörer auch deutlich vor Augen führen. Dort werden zum Teil subjektive, emotionale Empfindungen angesprochen. Jeder macht diese Erfahrung: auch als „normale" Zuhörer reagieren wir *ein Stück weit* emotional – manche Redner sind uns sympathisch, wir hören ihnen gerne zu, während andere es uns mit ihrer Art vorzutragen schwer machen, uns auf die Inhalte des Gesagten zu konzentrieren.

Wenn nun unsere Leistung tatsächlich die in den voraufge-
henden Abschnitten dargelegten Elemente und Qualitätsmerkmale enthält, dank derer sich bei der heutigen Vielzahl von dolmetschenden Sprachmittlern die Spreu vom Weizen trennen
lässt, dann freuen wir uns natürlich, wenn diese unseren Zuhörern auffallen und bewusst werden – und sei es nur, damit diese
sich entspannt zurücklehnen und sich voll ihrem Dolmetscher
anvertrauen. Daher würde ich der obigen Aussage gerne eine
zweite hinzugesellen:

▶ „Wer einmal einen guten Simultandolmetscher gehört hat, der gibt sich
   nicht mehr mit weniger zufrieden."

Bedenken wir noch einmal, dass es für einen Konferenzteilnehmer eine zusätzliche Belastung darstellt, den Ausführungen
während der Tagung über Kopfhörer folgen zu müssen, so wird
schnell deutlich, wie wichtig jenseits aller inhaltlichen Korrektheit der Übersetzung Aspekte wie Stimme und Sprechtechnik,
Mikrofonhygiene und Sprechhaltung aus der Sicht des Zuhörers
sind. Scherzhaft sagen wir mitunter, Auftreten, Anzug und Kra-
watte seien die drei Anhaltspunkte, nach denen unsere Kunden
sich ihren ersten Eindruck von der Qualität ihrer Simultandolmetscher bilden. Das mag im Vorfeld einer Konferenz sogar zutreffen – dann, wenn der Veranstalter zwischen verschiedenen
Anbietern auswählen muss. Bei der Konferenz jedoch gilt analog
das, was der berühmte Fußballtrainer Otto Rehagel auf unvergessene Art formulierte: „Die Wahrheit iss aufm Platz." Auch
wenn unsere Arbeit letztlich schwer zu messen und gar nicht zu
quantifizieren ist – den entscheidenden ersten Eindruck erhält
jeder Zuhörer in den ersten Minuten. Hier entscheidet sich, ob
er sich von der sprachlichen Oberfläche löst und der Versuchung
des Sprachvergleichs widersteht, um seinem Dolmetscher zu
vertrauen und sich mit dem Inhalt des Gesagten zu beschäftigen. Die Wahrheit ist in der Kabine – oder sollte ich sagen „im
Kopfhörer"?

Dies könnte unser erstes Kriterium und ein erstes Fazit sein: Ein guter Simultandolmetscher regt seine Zuhörer an und vermittelt durch sein „Auftreten am Mikrofon" Sicherheit und Vertrauen. Er klingt souverän und hechelt nicht hinter dem Redner her. Er ist nicht hörbar bemüht zu glänzen, aber er „versteckt" sich auch nicht hinter der Glasscheibe oder hinter seinem Mikrofon. Orientiert er normalerweise seine Sprechhaltung an derjenigen des Redners, so darf es durchaus auch gelegentlich „ein wenig mehr" sein, wenn er es mit einem glanzlosen, vielleicht sogar langweiligen Redner zu tun hat. Mit einem Wort: Er versteht sich als Dienstleister für seine Zuhörer und ist bemüht, diesen eine einwandfreie Leistung auf angenehme Weise darzubieten.

Schauen wir uns aber nun etwas genauer an, was denn einen guten Simultandolmetscher ausmacht. Bevor ich einige weitere Aspekte nenne, die uns Orientierung geben können, muss ich kurz einflechten, dass ein guter Dolmetscher und eine gute Einzelleistung nicht dasselbe sind. Ersterer wird sich immer bemühen, nach bestem Wissen und Gewissen eine gute Leistung zu erbringen. Ob dies gelingt, hängt aber auch von äußeren Bedingungen ab, auf die er manchmal nur einen begrenzten Einfluss hat. Abgesehen davon jedoch erscheint mir eine anders verlaufende Differenzierung ohnehin wichtiger.

Ein guter Simultandolmetscher – im Urteil der Zuhörer,
Auftraggeber – oder Kollegen?

Unsere französischen Kollegen haben es als Erste gesagt, und so hält sich diese Einsicht unter uns in französischer Sprache: *On est bon pour les collègues.* Ein schönes Beispiel, dies in Klammern, für das Scheitern der meisten wörtlichen Übersetzungen: Wer würde verstehen, was mit „Man ist gut für die Kollegen." gemeint ist? Die Kabinenkollegin oder der Kollege neben mir können am besten entscheiden, ob ich gut arbeite. Wenn meine Kunden mich loben, dann heißt das noch lange nicht, dass mein Kollege mich gut finden wird. Und zwar dies nicht nur, weil er direkt daneben sitzt und beide Sprachversionen hört, sondern auch, weil er unsere eigenen, strengen Maßstäbe an meine Leistung anlegt. Im Englischen spricht man von *peer pressure*, dem Druck, den Angehörige einer selben Gruppe sich untereinander machen, und meint genau dasselbe. Ich selbst beschreibe das Phänomen gern mit dem Hinweis auf den Unterschied zwischen der eigenen Zufriedenheit und derjenigen des Zuhörers. – Eigentlich sind es tatsächlich sogar drei Paar Stiefel, ob wir über die Qualität eines Simultandolmetschers aus der Sicht des Auftraggebers reden, der ihn verpflichtet, ob wir den Standpunkt des Zuhörers während der Konferenz einnehmen oder ob wir nach dem Ruf fragen, den ein Simultandolmetscher bei seinen Kollegen genießt. Der Begriff des Auftraggebers soll im vorliegenden Zusammenhang auch den Arbeitgeber von fest angestellten Dolmetschern umfassen.

Der Auftraggeber neigt wie angedeutet dazu, sich seinen ersten Eindruck anhand von Äußerlichkeiten zu machen. Hat er während des Einsatzes die Möglichkeit und die Gelegenheit dazu, dann wird er an die Stelle dieses ersten Eindrucks eine inhaltlich fundierte Meinung setzen. In diesem Augenblick gelten für ihn dann natürlich die Kriterien, die ich der Einfachheit halber zusammen mit der Einschätzung durch die Kollegen behandeln möchte. Allerdings fehlt es dem Auftraggeber oft an Vergleichsmöglichkeiten, und wenn seine Gäste, für die er ein Team von Dolmetschern engagiert hat, ihrerseits zufrieden sind, dann wird er erfahrungsgemäß bei der nächsten Konferenz, vielleicht ein Jahr später, dieselben Dolmetscher engagieren, da diese sehr gut gewesen seien. Einen fest beschäftigten Konferenzdolmetscher wird er analog dazu als Mitarbeiter nicht in Frage stellen. Dass Gäste sich wegen der Qualität der Verdolmetschung beklagen, ist im Übrigen sehr selten, und es muss schon erhebliche Störungen in der Kommunikation geben, damit es dazu kommt. Wie kompetent die Dolmetscher sind und wie gut die Leistung, welche sie abliefern – das ist aus diesem Blickwinkel fast zweitrangig, wenngleich ich mich ein wenig scheue, dies zu schreiben.

Ein Simultandolmetscher, dem der Auftraggeber
schon im Vorfeld vertrauen kann

In dem Bündel von Kriterien, die ein guter Dolmetscher erfüllt, finden sich natürlich auch einige, an denen sich ein Auftraggeber, sofern er denn überhaupt Laie ist, bereits im Vorfeld orientieren kann. Da ist zunächst der durchaus häufige Fall, dass freie Konferenzdolmetscher auf Empfehlung engagiert werden und der Auftraggeber so schon vor der ersten Begegnung weiß, bei welchen Konferenzen sie sich welche Sporen verdient haben. Daneben spielen die Referenzen, die ein Simultandolmetscher vorweisen kann, wohl die wichtigste Rolle für diejenigen Auftraggeber, die mehr wissen und sich nicht nur auf ihren ersten äußeren Eindruck verlassen wollen.

Es gehört zur Arbeitsweise eines guten Simultandolmetschers, dass er sein Thema vor dem Einsatz, zumal bei Konferenzen von schwierigem fachlichem Inhalt, gründlich dokumentiert und dazu die Hilfe seines Auftraggebers in Anspruch nimmt. Auch vorbereitende Besprechungen mit den Verantwortlichen bzw. die Teilnahme an Vorbereitungssitzungen im größeren Kreis bieten dem Dolmetscher oftmals die Möglichkeit, seinem Auftraggeber vorab deutlich zu machen, dass er mit verantwortungsbewussten Profis zusammenarbeitet, bevor er sich selbst einen fundierten, inhaltlichen Eindruck verschaffen kann. Anekdotenhaft erwähne ich noch die Situation am anderen Ende der Skala: Wir haben es immer wieder erlebt, dass reine Vermittler, die mit dem „Beistellen" von Simultandolmetschern einen schnellen Gewinn zu erzielen hoffen, bis zum Tage der Veranstaltung jeden Kontakt des Auftraggebers mit den Dolmetschern und damit mitunter auch jede Vorbereitungsmöglichkeit unterbinden und weder den Dolmetschern die Identität des Veranstalters noch diesem die Namen und die Qualifikation der Dolmetscher mitzuteilen bereit sind. Auch in diesem Bereich ergeben sich oft wichtige Hinweise auf die mehr oder weniger gesicherte Professionalität der ins Auge gefassten Lösung. Gute Dolmetscher akzeptieren derartige Einsätze schon deshalb nicht, da sie demotivierend sind und vermuten lassen, dass die Qualität ihrer Arbeit nicht zu den Hauptanliegen des Veranstalters gehört.

Ein guter Simultandolmetscher beschränkt sich des Weiteren nicht auf die rein sprachlichen Aspekte seiner Aufgabe und der gesamten Kommunikation bei einer Veranstaltung. Er interessiert sich für die Intentionen des Veranstalters, für das, was dieser erreichen möchte und für den Weg, auf dem er dies umsetzt. Er bietet an, soweit dies gewünscht wird, zum Gelingen der mehrsprachigen Kommunikation mit seiner Erfahrung und seinem Rat beizutragen. Er versteht sich als Teil des Teams und vermittelt seinem Auftraggeber die Sicherheit, dass er sich für dessen Belange engagiert.

Ein Simultandolmetscher, bei dem der Zuhörer sich sicher fühlt

Kommen wir zur zweiten Figur, dem Zuhörer. Dieser ist in seiner Reaktion ähnlich zu beurteilen wie der Auftraggeber, wobei ein wichtiger Unterschied zu diesem darin liegt, dass er nicht derjenige ist, der am Ende die Zeche bezahlt. Uns fällt auf, dass viele Zuhörer eine hohe Belastbarkeit und große Geduld besitzen und dass sie unter allen Beteiligten am ehesten zur Nachsicht neigen. Mitunter hören wir während der Pause sogar Bemerkungen wie: „War zwar nicht toll, diese Übersetzung – aber so richtig gut, wirklich funktionierend habe ich das ohnehin noch nie erlebt." Wen wundert's, wenn unter eine solche Einschätzung auch und gerne technische Störungen und Pannen subsumiert werden?

Die Qualitätskriterien einer simultanen Verdolmetschung, die dem Zuhörer bewusst werden, sind zum Teil dieselben, nach denen auch der daneben sitzende Kollege sein Urteil fällt. Spricht der Dolmetscher in ganzen Sätzen? Hat er einen eigenen Sprechrhythmus, so als trage er selbstständig vor – oder wird sein Sprechen durch die Vorgaben des Redners bestimmt, durch Zögern und Abwarten, durch erzwungene Pausen in Erwartung weiterer Informationen, durch Verständnisprobleme des Dolmetschers beim Anhören des Redners? Und dann natürlich: Ist das, was der Dolmetscher vorträgt, verständlich und kohärent? Werden die Gedanken unter Benutzung der korrekten Fachsprache vermittelt? Sind Diktion und Register des Dolmetschers dem Thema und der Situation, aber auch der Sprechhaltung des Redners angemessen? Passen sie zu all den außersprachlichen Merkmalen des Vortrags, die der Zuhörer ja gleichzeitig mit der Verdolmetschung wahrnimmt? Natürlich fühlt der Zuhörer sich erst dann gut bei seinem Dolmetscher aufgehoben, wenn diese Fragen durchgehend bejaht werden können. Und doch ist für ihn neben dem Inhalt des Gehörten auch die „Verpackung" von überragender Bedeutung: Fühlt er sich direkt und gut angesprochen durch seinen Dolmetscher? Setzt dieser seine Stimme so ein, dass er das Beste aus ihr macht – wie viel Glück er von Natur aus auch mit ihr haben mag? Artikuliert er deutlich und sauber, ist seine Aussprache klar und verständlich?

Ein von seinen Kollegen hochgeschätzter Simultandolmetscher

Kommen wir zur Definition des guten Simultandolmetschers nach dem Verständnis seiner Kollegen. Hier haben wir es wie in einem Spiegelbild mit denjenigen Merkmalen zu tun, die der Zuhörer als Hörer nur einer Version nicht unbedingt bzw. allenfalls indirekt beurteilen kann. Ich will sie zum Zwecke meiner Demonstration mit den „objektiven", materiellen, analysierbaren Kriterien und Leistungsmerkmalen der Fachkollegen des Redners gleichsetzen, wohl wissend, dass es auch in der Beurteilung von Kollegen untereinander viel Subjektives gibt und Neutralität und Fairplay nicht immer überwiegen. Jedenfalls hoffe ich, dass es nicht als Arroganz, sondern als große Offenheit und Ehrlichkeit verstanden wird, wenn ich zugebe, dass unser internes Urteil für uns die größte Aussagekraft besitzt. Eine positive Kehrseite dieser Medaille ist es für unsere Kunden ja, dass junge Kollegen in aller Regel dank der Einschaltung erfahrener Kollegen auf den Markt und in den Beruf gelangen und damit die strengste aller nur denkbaren Prüfungen durchlaufen.

Ein guter Simultandolmetscher, dies ist mein bereits mehrfach angedeutetes Credo, ist auch und in erster Linie ein guter Übersetzer. Dies bedeutet allerdings keinesfalls, dass sein Produkt deckungsgleich mit dem Text sein soll, den er als Übersetzung einer schriftlichen Arbeit herstellen würde. Vielmehr bin ich davon überzeugt, dass die wegen der Gegebenheiten der mündlichen Kommunikation grundsätzlich „andere" Verdolmetschung im Sinne einer Interpretation nur dann die anzustrebende, immer mögliche Qualität erreichen kann, wenn der Dolmetscher ein Produkt „abliefert", das in jeder Hinsicht einer gut verfassten und gut vorgetragenen Rede entspricht. Und dies schließt die Struktur, die Syntax und den Aufbau eines schriftlichen Texts ebenso aus, wie es zwingend die Einbeziehung von rhetorischen Merkmalen, von Betonung und Intonation, von Hinwendung zu den Zuhörern, kurz von allen Merkmalen der Situation mündlicher Kommunikation fordert.

Nach welchen Kriterien führen wir nun einzelne Simultandolmetscher auf den vorderen Plätzen unserer persönlichen Rangliste? Werden die Simultandolmetscher durch ihre Kollegen durchgehend gleich beurteilt? Es fällt auf, wie so oft im Leben, dass die meisten Akteure offenbar sehr genaue und weitgehend deckungsgleiche Vorstellungen davon haben, was ein guter Simultandolmetscher leisten muss. Nur mit der eigenen Einstufung tun sie sich schwer, was angesichts des fehlenden Abstands zur eigenen Leistung verständlich ist. So beurteilt jeder Einzelne sich selbst weniger nach den Kriterien, die er bei seinen Kollegen anlegt, sondern eher nach subjektiven Merkmalen wie der Gefragtheit. So kommt es, dass immer wieder dieselben Namen genannt werden, wenn es um besonders gute, aber auch um weniger gute Simultandolmetscher geht. So durchgehend jedoch die Kriterien scheinen, die dabei angelegt werden, so subjektiv und wenig reproduzierbar im Sinne von objektiven Messgrößen scheinen sie dennoch zu sein. Es gibt keine Checkliste, die bei der Einstufung abgearbeitet wird, sondern es handelt sich zum einen um überprüfbare Eigenschaften, zum anderen um subjektive Eindrücke.

Hier daher eine kleine Aufzählung dieser Qualitätsmerkmale, so wie sie für einen guten Simultandolmetscher genannt werden. Ich liste sie ungewichtet und unsortiert auf – jeder Leser wird sich daraus selbst ein Bild zusammenfügen, in dem der eine oder andere Aspekt ein größeres Gewicht oder eine andere Priorität erhält.

▶ *Qualitätsmerkmale für Simultandolmetscher*

› Ein guter Simultandolmetscher ist zugleich auch ein guter Redner – einer, der Emotionen wecken und gegebenenfalls überzeugen kann.

› Ein guter Simultandolmetscher ist nie ein schlechter Handwerker. Mangelnde handwerkliche Fertigkeiten könnte er durch nichts überspielen.

› Ein guter Simultandolmetscher ist zwar nicht immer einen Satz voraus, jedoch antizipiert er ständig, um so früh wie nur möglich abzusehen, wohin der Redner will.

› Ein guter Simultandolmetscher ist in der Lage, neben dem blitzschnellen Wechseln der Sprache auch von einer Denkwelt in die andere umzusteigen. Er schafft die Gratwanderung zwischen zwei Horizonten.

› Ein guter Simultandolmetscher arbeitet ohne alle Starallüren.

› Ein guter Simultandolmetscher dolmetscht nicht nur, was er hört. Er „palpiert" seinen Redner dort, wo ihm über dessen Worte nicht restlos klar wird, was er sagen will. Er beobachtet, klopft ab, achtet auf Zwischentöne.

› Ein guter Simultandolmetscher ist gründlich auf seinen Einsatz vorbereitet. Er hat das anstehende Thema umfassend studiert und die ihm überlassenen Manuskripte sorgfältig vorbereitet.

› Ein guter Simultandolmetscher zeigt als freiberuflicher Mitwirkender an einer Konferenz jederzeit ein Verhalten und Auftreten, das sich mit dem Bild deckt, welches seine Auftraggeber und Außenstehende sich von einem anspruchsvollen und leistungsfähigen Experten machen.

Wir haben uns im ersten Abschnitt dieses Kapitels diejenigen Fertigkeiten und Fähigkeiten des Simultandolmetschers angesehen, die sich als handwerklich bezeichnen lassen, und sodann im zweiten Teil aus verschiedenen Blickwinkeln eine Vielzahl von Leistungsmerkmalen und Eigenschaften aufgezählt, die es mit sich bringen, dass die Arbeit der Simultandolmetscher mitunter Züge einer Kunst zugesprochen bekommt. Versuchen wir nun in einem dritten Abschnitt etwas systematischer zu prüfen, wo die

Grenze zwischen Handwerk und Kunst verläuft, sofern sich eine
Grenze überhaupt ziehen lässt, und nach welchem Kunstbegriff
dieser Ansatz vielleicht möglich und zulässig ist.

3. Vom Handwerk zur Kunst – wo liegt die Latte?

Im engern Sinne sind Handwerk und Kunst genau unterschie-
den, obwohl es an naher Berührung, ja Verfließen von beiden,
nicht fehlt. Die Kunst wird vom Handwerk unterschieden, die
erste heißt freie, die andere kann auch Lohnkunst heißen.

(Immanuel Kant)

Es erscheint mir unverzichtbar, vor jeder Spekulation darüber,
ob es sich beim Simultandolmetschen um eine handwerkliche
Tätigkeit oder um Kunst handelt, ein wenig über den Kunstbegriff nachzudenken. Es ist klar, dass es in unserem Zusammenhang nicht um die „Schönen Künste" geht, wie in dem Zitat von
Immanuel Kant. Aber aus etymologischer Sicht gilt ja die alte
Erkenntnis, wie abgedroschen sie auch sein mag: Kunst kommt
von Können. Schon im Althochdeutschen hatte das Wort diese
Bedeutung: Kunst bedeutete dort ‚das, was man beherrscht,
Kenntnis, Wissen, Lehre, Meisterschaft'. Denken wir nur an Begriffe wie Heilkunst, Baukunst, die Kunst der Rede – dann sind
wir von der Annahme einer Übersetzungskunst nicht mehr weit
entfernt.

Auch mit der Kochkunst und dem Kunstgewerbe befinden
wir uns eher noch in der Nähe von handwerklichen Tätigkeiten
– bei der Verführungskunst bin ich mir nicht ganz so sicher. „Es
ist mir eine schlechte Kunst", hieß es in einem Theaterstück aus
dem 19. Jahrhundert, das wir während der Gymnasialjahre lesen
mussten. Schlecht bedeutete hier schlicht bzw. einfach, „keine
besondere", und Kunst war eher so gemeint, dass wir in unserer
heutigen Zeit gesagt hätten: „Ist meine einfachste Übung!". Wurde
Kunst noch bis ins 18. Jahrhundert synonym mit der Ausübung
eines Handwerks verwendet, so war es Immanuel Kant, der die
Trennung der Begriffe vollzog – siehe oben. In der Moderne ver-

stehen wir unter Kunst im engeren Sinne zwar das Ergebnis eines kreativen Prozesses, etwa so: „Diese Übersetzung ist ein kleines Kunstwerk!", jedoch mitunter auch den Prozess selbst.

Wie kann all dies nun zur Beantwortung unserer eingangs gestellten Frage beitragen? Wollte man es sich einfach machen, so fände man in den angeführten Definitionen schnell Hinweise darauf, dass Simultandolmetschen selbstverständlich eine Kunst ist – allerdings natürlich eine solche, die mehr oder weniger gut ausgeübt werden kann – wie die Kochkunst, die Reitkunst, die ärztliche Kunst (mit ihren Grenzen!) und viele andere auch. Allerdings habe ich den Eindruck, dass die anerkennende Würdigung unserer Arbeit als Kunst immer dann erfolgt, wenn ein Kompliment gemeint ist und dass dabei über die genauen Inhalte des Begriffs Kunst nicht allzu gründlich nachgedacht wird.

Einer genaueren Einschätzung kommen wir mit dem Gedanken näher, der weiter oben mit einem kleinen Wörtchen nebenbei angedeutet wurde: Ich meine den mehr oder weniger kreativen Charakter der Arbeit eines Dolmetschers – und sicher auch eines Übersetzers. Es ist der kreative Ansatz, der dazu führt, dass die Arbeit eines Simultandolmetschens im positiven Sinne die Aufmerksamkeit seiner Zuhörer erregen kann (von negativer Aufmerksamkeit war ja schon die Rede). Wenn ein *bad guy* sich im Vortrag eines amerikanischen Redners zu einem *good guy* gewandelt hat und der Dolmetscher daraus die Wandlung vom Saulus zum Paulus macht – dann ist dies meiner Ansicht nach Kreativität der guten Art, so wie sie dem schon bedauerten „Kopfhörer-Zuhörer" auf Konferenzen willkommen sein müsste. Wenn analog zu unserem deutschen *Wer nichts wird, wird Wirt* ein Franzose sich als Immobilienmakler versucht und der Dolmetscher daraus ein *Umschulen auf Pizzabäcker* macht (sorry – ich liebe Pizza), dann ist dies Interpretieren im guten Sinne und lässt die Arbeit kreativ werden.

Über die Zulässigkeit und die Grenzen dieser Art von Kreativität diskutieren wir im Kollegenkreis wohl mehr, als unsere Zuhörer sich vorstellen. Immer wieder begegnen sich die zwei Schulen: Diejenigen, die für eine maximal zurückgenommene Arbeitshaltung des Dolmetschers plädieren, und diejenigen, die sich im Zweifel für ein Mehr an Kreativität und Interpretation aussprechen. Bei den ersteren spreche ich ein wenig provokativ von der Arbeits- und Sprechhaltung des Reporters bei der Billard-Weltmeisterschaft, der in erster Linie nicht stören möchte. Diesem Ansatz gilt meine persönliche Präferenz nicht. Entscheidend dafür, ob diese Merkmale willkommen sind oder ob sie als aufgesetzt stören, dürfte die Frage sein, welche Art von Ausführungen für welche Zielgruppe zu verdolmetschen ist. Natürlich haben wir es bei feierlichen Anlässen mit rhetorisch betonten, konsekutiv gedolmetschten Ansprachen mit anderen Anforderungen, aber auch Angemessenheiten zu tun als während einer Fachkonferenz oder, am anderen Ende der Skala, einer Diskussionsrunde im Fernsehen. Und auch auf einer Ebene darunter ist wiederum sorgfältiges Differenzieren gefordert – es ist ein entscheidender Unterschied, ob ein Filmstar bei J. B. Kerner sitzt oder ein Nobelpreisträger für Physik in einer Wissenssendung.

Wir sehen: Es ist eine sehr subjektive, aber auch situationsabhängige Frage, was Kunst ist, sobald wir es nicht mit gestaltender Kunst zu tun haben (obwohl, auch dort …). Dabei haben wir von den äußeren, nicht zu beeinflussenden Bedingungen noch gar nicht gesprochen. Mitunter kann es sich bei einer Simultanverdolmetschung bereits um Kunst handeln, wenn es gelingt, eine korrekte und saubere Arbeit abzuliefern. In diesem Augenblick fließt auch das Kriterium der Schwierigkeit mit in den Kunstbegriff ein. Dann wieder entsteht Kunst völlig losgelöst von den vermittelten Inhalten durch eine brillante Sprachbeherrschung des Dolmetschers.

Letztlich wird man sich der Einsicht beugen müssen, dass es mit der Kunst so ist wie mit der Schönheit. Wie könnte ich an dieser Stelle nicht das berühmte Wort zitieren, das oft Shakespeare in den Mund gelegt wird, das aber schon bei den alten Griechen gängig war: „Beauty is in the eye of the beholder". Was Kunst ist, so müsste die Analogie weitergehen, das liegt im Ohr des Zuhörers.

Vielleicht lässt sich der Punkt, an dem der Schritt zur Kunst vollzogen wird, durch ein paar Beispiele ein wenig genauer verorten. Sie stammen aus der Sammlung von Szenen, die sich tatsächlich am Mikrofon von Dolmetschern abgespielt haben und die mir im Laufe der Jahre zu Ohren gekommen sind. Zunächst ein Beispiel, eigentlich aus der Stillehre, für eine Situation, in welcher der Dolmetscher praktisch gezwungen ist, auf eine kunstvolle Figur des Redners mit einer ebensolchen zu reagieren: Ein Sprecher erklärt dem anderen: *Mon ami a épousé un rossignol!* Soll ich, darf ich übersetzen, der besagte Freund habe eine Nachtigall geheiratet? Sogleich schießt mir durch den Kopf: Welcher Mensch heiratet auf dieser Welt eine Nachtigall? Andererseits: Darf ich dieser Blume die Blätter abzupfen? ‚Mein Freund hat einen ganz tollen Singvogel geheiratet', wäre auch nicht besser. Und wie klingt: ‚Mein Freund hat eine Frau geheiratet, die singen kann wie eine Nachtigall? Oder wie ein Opernstar?' Würden diese Versuche dem Sprechenden nicht komplett seinen sprachlichen Gag rauben? Hat der Dolmetscher das Recht oder die Aufgabe, Kunstvolles zu reduzieren und eindimensional wiederzugeben? Es gibt sicher genug Situationen, in denen es nicht anders geht, da ihm auf die Schnelle keine passende Entsprechung einfällt. Hier jedoch spreche ich mich ohne zu zögern dafür aus, derartige Bilder beizubehalten – selbst wenn der Entscheidungsprozess zunächst viel Aufmerksamkeit erfordert. „Mein Freund hat eine Nachtigall geheiratet."

Well, I hope this is not my ticket for Park Memorial – mit diesen Worten reagierte vor vielen Jahren der im Herbst 2008 verstorbene große Schauspieler Paul Newman, als ihm anlässlich einer Oscar-Verleihung die Auszeichnung für ein Lebenswerk verliehen wurde. Was die Verdolmetschung dieser Aussage in einer live-Situation im deutschen Fernsehen mit Kunst zu tun hat? Nun ist es ja zunächst ein klassischer Fall von „Landeskunde", von Kenntnis der Gegebenheiten in den USA, und damit der handwerklichen Fertigkeiten, ob der Simultandolmetscher erkennt, was gemeint ist. Andererseits kommt eine „Transfer-Aufgabe" hinzu – denn im Gegensatz zur Mehrheit der US-amerikanischen Zuschauer dürften Europäer auf Anhieb mit *Park Memorial* nicht viel anzufangen wissen. Newman meinte den Prominentenfriedhof von Los Angeles.

Sehen wir uns an, welche handwerklichen und welche „künstlerischen" Möglichkeiten sich dem Simultandolmetscher bieten. Sagt er „Eintrittskarte zu Park Memorial" so wird niemand ihm einen Vorwurf machen können – und er muss nicht einmal offenbaren, ob er wusste, was Park Memorial tatsächlich ist. Er mogelt sich durch, wenn er nicht Bescheid weiß, und diese Situation gibt es tagtäglich tausendfach. Weiß er dagegen Bescheid, so kann er in „virtuellen Klammern" die Erweiterung „unseren Prominentenfriedhof" hinzufügen, wobei er allerdings schon ein Zeitproblem gewärtigen muss. Ein französischer Dolmetscher würde an dieser Stelle womöglich den Pariser Prominentenfriedhof *Père Lachaise* erwähnen (‚den Père Lachaise von Los Angeles' oder auch ‚den Père Lachaise der Amerikaner') – und wäre meiner Ansicht nach damit im Bereich der „Kunst". Wie bereits angedeutet, ist diese Vorgehensweise allerdings selbst unter Dolmetschern nicht ganz unumstritten, und das Beispiel bringt uns auch zu der in Kapitel 5 geführten Diskussion zurück: Wollen wir beim Übersetzen die angesprochene Realität in den Lebens- und Erfahrungsraum der Zielgruppe transferieren oder sollte im Gegenteil das Fremde, gar das Exotische transparent und erkennbar bleiben? Dann hinge es vom Allgemeinwissen der Zuschauer/Zuhörer ab, ob sie die Anspielung auf Park Memorial verstehen oder nicht.

Und hier noch ein etwas komplexeres Beispiel: Ich gestehe von vornherein, dass ein Textstück wie das hier gezeigte in einer Simultandolmetscherkabine natürlich eher selten zu hören sein dürfte. Aber es kristallisieren sich in diesem Ausspruch so viele Facetten einer schwierigen Übersetzungsaufgabe, dass ich ihn dennoch anführen will. Zumal er auf ganz besondere Art und Weise deutlich macht, welche Kreativität und welches Allgemeinwissen bei einem Simultandolmetscher möglich, aber auch notwendig sind, wenn jemand die höchsten Ansprüche an sich stellt: *Don't bogart that joint, my friend – pass it over to me* … Diese Aufforderung stammt aus einem Song von *Fraternity of Man*, der in dem Kultfilm *Easy Rider* zu hören ist. Was muss jemand verstehen, der diese Zeile übersetzen will? Muss er mehr verstehen als derjenige, der mit einer Äußerung nur „etwas anfangen" möchte? Der nur wissen will, in welche Richtung es in etwa geht? Was ein Sprechender „im Großen und Ganzen" zum Ausdruck bringen möchte? Wir haben schon an anderer Stelle gesehen, dass gerade ein Simultandolmetscher sich mit diesem Anspruch oft zufrieden geben muss – und dass die Erfüllung dieses Anspruchs oft auch ausreichend ist für die Situation der mündlichen Kommunikation.

Noch einmal: Die Aufforderung, einen Joint nicht zu halten wie Humphrey Bogart seine Zigarette hielt, ist kein besonders typischer Text, mit dem ein Simultandolmetscher täglich konfrontiert wird. Aber er steht doch für zahllose Kommunikationsmodelle und -situationen, bei denen die eigentliche Schwierigkeit der Bewältigung nicht in der Bedeutung von Wörtern und auch nicht im Nichtwissen um technische Inhalte liegt, sondern im Ineinandergreifen von sprachlichem und kognitivem Verstehen, in Identifikationsproblemen an der Schnittstelle von Sprache und kognitivem Inhalt. Wir haben es hier mit Schwierigkeiten zu tun, bei denen das reine Erkennen und Verstehen nur die „halbe Miete" darstellt. Bei denen sich gute bzw. sehr gute Simultandolmetscher vom Durchschnitt ihrer Kollegen abheben.

Natürlich ist es sehr hilfreich, wenn dem Dolmetscher beim Anhören dieses Satzes gleich ein Film von Humphrey Bogart vor dem geistigen Auge abläuft. Wenn er sieht, wie der große Filmstar meistens seine Zigarette hielt. Dann braucht er nur noch ein entsprechendes deutsches Wort zu wissen – oder zu bilden. Aber entscheidend ist ja der Gedanke, der hinter der Formulierung steht – die Überlegung, dass da jemand einen Joint viel zu lange bei sich behält. So kann auch jemand die Situation überleben, der keine Glanzlichter setzen möchte und sich mit der Vermittlung des Gedankens zufrieden gibt. Er würde zum Beispiel sagen: ‚Nun klammere Dich nicht an dem Joint fest, gib ihn rüber zu mir.' Und was könnte dabei herauskommen, wenn sein Kollege kunstvoll dolmetschen möchte? Wenn dieser nun zufällig auch noch weiß, dass der Song aus dem Film *Easy Rider* bildhaft den Frust all derer zum Ausdruck bringen sollte, die sich in ihrer jeweiligen Runde „immer wieder über besabberte Joints nervten", dann würde er womöglich so übersetzen:

‚Jetzt lutsch mir den Joint nicht nass – schieb ihn rüber zu mir.'

Ich zeige hier das Beispiel eines realen Textstücks (zwei Zeilen aus dem genannten Song) und konstruiere daraus eine knifflige Situation für einen Simultandolmetscher. Dies ist womöglich so nicht zulässig, aber letztlich habe ich in zahllosen sprachwissenschaftlichen Abhandlungen zum Sprachvergleich und zur Übersetzung immer wieder nur künstlich anmutende Beispiele angetroffen. Die „Exemplifizierung" von allgemeingültigen Aussagen scheint dies zwangsläufig mit sich zu bringen. Und mancher Leser wird annehmen, dass auch ganz andere, vielleicht von ihrer Struktur und Schwierigkeit her nahe mit diesem Ausspruch verwandte Textbeispiele für einen Simultandolmetscher eine allzu große Herausforderung darstellen, weil niemand die erforderliche Geistesgegenwart besitze, ähnlich originelle Lösungen zu finden.

Da wir bei der doppelt gelagerten Frage waren, was beim Dolmetschen Kunst ist und was einen guten Dolmetscher charakterisiert, und da wir festgestellt haben, dass dazu viele Faktoren zusammenkommen müssen, wollte ich die herausragende Bedeutung der Geistesgegenwart noch einmal deutlich hervorheben. Es gibt Dolmetscher, die für genau diese Fähigkeit bekannt sind, und es gibt Veranstalter, die genau an dieser Stelle die Spreu vom Weizen trennen – nichts ist unmöglich …

4. Grenzen und Möglichkeiten – Sternstunden des Simultandolmetschens?

Manchmal werde ich gefragt, ob man als Simultandolmetscher immer von der perfekten Rede träumt – so wie jeder Schachspieler sein Leben lang von der perfekten Partie, jeder Bundesligastürmer jeden Samstag aufs Neue vom „Tor des Monats" träumt. Gibt es für uns die perfekte Rede, genauer gesagt die perfekt gedolmetschte Rede? Welche Gegebenheiten müssen zusammenkommen, welche äußeren Voraussetzungen geschaffen sein, damit wir von einem großen Augenblick des Simultandolmetschens reden können? Sind diese Augenblicke planbar, oder ergeben sie sich eher durch Zufall? Wann steht der Simultandolmetscher vor dem dreifachen Oxer? Und wann dreht er Pirouetten?

Wem beim Simultandolmetschen einmal das gelungen ist, was in der soeben geschilderten Anekdote zwar im Bereich der Kunst, aber doch auch des Möglichen angesiedelt ist, der hat damit eindeutig die Grenze zur Kunst übersprungen, wie immer wir diesen Begriff definieren und wo immer wir die Grenze verlaufen lassen. Er hat womöglich genau das erlebt, was ich unter einer Sternstunde des Dolmetschens verstehe. Wo verläuft aber auf der anderen Seite die Grenze, jenseits derer eine simultane Verdolmetschung von Gesprochenem schlicht nicht möglich ist? Welche Faktoren müssen vorliegen, damit ein Simultandolmetscher sich verzweifelt den Kopfhörer vom Kopf reißt und stöhnt, das sei nun wirklich nicht mehr zu machen? Dies sind die Fragen, mit denen wir uns in diesem Schlusswort zum Thema *Handwerk oder Kunst* beschäftigen wollen.

Beginnen wir mit der Frage, ob es Situationen bzw. Übersetzungsaufgaben gibt, die durch eine sinnvolle Simultanverdolmetschung gar nicht lösbar sind. Äußere Randbedingungen, die sich zum Beispiel durch das Fehlen oder das Versagen der erforderlichen Simultantechnik auszeichnen, erwähne ich nur nebenbei und erinnere daran, dass selbst das im ersten Kapitel geschilderte Flüsterdolmetschen perfekt im Simultanmodus praktiziert werden kann. Was die technischen Voraussetzungen betrifft, so genügt es, dass der Dolmetscher einwandfrei und ungehindert hören kann und dass er nicht durch Störeinflüsse irgendwelcher Art in seiner Arbeit behindert wird.

Dass der zu verdolmetschende Redner in der Lage ist, sich verständlich zu artikulieren und dass er die als Ausgangssprache gewählte Sprache tatsächlich deutlich und korrekt spricht, setzen wir ebenfalls voraus. Obwohl jener Texaner, auf den ich mit der offensichtlich unzureichenden Berufserfahrung von etwa zehn Jahren bei einer Fachkonferenz über Materialprüfung und Reaktorsicherheit gestoßen bin, dies von sich auch behauptet hätte. Er sprach so, als befinde er sich zu Hause, im Bäckerla-

den um die Ecke – ich war minutenlang nicht in der Lage, den
aus dem Kopfhörer schießenden Wortschwall als „Englisch" zu
identifizieren. Trösten konnte ich mich erst, als sich erwies, dass
mein Kabinenkollege, der seit dreißig Jahren als Fachmann für
schwierigste Fälle bekannt war, nur unmerklich mehr verstand
als ich selbst. Wir haben aufgegeben – mit einer Entschuldigung
bei unseren Zuhörern und der Erklärung, die Dolmetscher ver-
stünden zu ihrem großen Bedauern den Redner nicht.

Eine im Wesen der dargebotenen Texte liegende Schwierigkeit bzw. gar Unmöglichkeit haben wir bereits kennengelernt.
Schriftlich vorbereitete, am Schreibtisch erstellte Manuskripte
anstelle von in der Kommunikationssituation selbst entstandenen Redesequenzen sind der Feind jedes Simultandolmetschers
– aber natürlich auch aller Zuhörer, die ja auch nicht daran gewöhnt sind, Ausführungen mit der Struktur von schriftlichen
Texten problemlos aufzunehmen, wenn sie diese „nur" anhören.
Wenn ein Redner trotz aller Ermahnungen auf dem Wege zum
Pult sein Manuskript aus der Tasche zieht, um dieses unter hohem Zeitdruck zu verlesen, können wir daran praktisch nie etwas ändern. So verlegen wir uns im Notfall am besten auf den
Versuch, ruhig und kohärent im Stile von Reportern kommen-
tierend zu übersetzen anstatt hinter dem Redner herzuhetzen
und jeden zweiten Satz nur zur Hälfte zu beenden.

Ganz aussichtslos wird unser Bemühen dann, wenn Form
und Inhalt der Texte ineinander verschmelzen. Gedichte sind
die *ultimative* Form derartiger Texte, und mit ihnen lässt sich am
besten verdeutlichen, warum „Textkompositionen" sich einer simultanen Verdolmetschung versperren. So wenig Texte von der
Struktur der gesprochenen Rede für Publikationen akzeptiert
werden können und in der Tat akzeptiert werden, und so unan-
gebracht es erscheint, durchkomponierte schriftliche Texte zum
Zwecke der mündlichen Kommunikation einfach vorzulesen anstatt sie in ein völlig neues Gewand zu kleiden, so sicher ist jeder
Versuch zum Scheitern verurteilt, ein sprachliches Werk, in das
der Autor sein ganzes poetisches Können hineingelegt hat, aus
dem Stand verdolmetschen zu lassen – wie kreativ, wie kompetent und wie erfahren der jeweilige Dolmetscher auch sein mag.

Die in diesen drei Varianten auftretenden, jeden Simultandolmetscher normalerweise überfordernden, Formen und Arten von Vormaterialien für die Simultanverdolmetschung kommen aus einer Vielzahl von Gründen, von denen ich beispielhaft den auf Konferenzen herrschenden Zeitdruck, aber auch das mangelnde Verständnis und die begrenzte Unterscheidungsfähigkeit vieler Verantwortlicher nennen möchte, durchaus häufig vor. Erfreulicherweise stellen sie allerdings nicht den Normalfall dar, und so haben wir es immer wieder auch mit Sprachmaterial zu tun, das sich für gutes, korrektes, angenehm anzuhörendes Übersetzen gut eignet. Dies bietet den vielen, heute auf den verschiedensten Gebieten eingesetzten Simultandolmetschern tagtäglich die Gelegenheit, mit Hilfe von technisch, sprachlich und inhaltlich einwandfreien Verdolmetschungen die Tauglichkeit des Simultandolmetschens als Kommunikationsmedium unter Beweis zu stellen. Die Alltagstauglichkeit, wohlgemerkt, denn Simultandolmetschen ist nicht minder als das Übersetzen von schriftlichen Texten heute, nach etwas mehr als einer Generation breitester Anwendung, ein gängiges Instrument, das aus dem internationalen Konferenzbetrieb nicht mehr wegzudenken ist.

Wie stellen sich – über diese Standards hinaus – nun die Voraussetzungen für eine mehr als nur korrekte, für eine überdurchschnittliche oder gar perfekte Verdolmetschung dar? Die volle Konzentrationsfähigkeit des Dolmetschers setzen wir voraus und nehmen an, er sei zu einhundert Prozent verfügbar und bereit, sich seinem Redner in jeder Hinsicht zu stellen und sich sozusagen wie ein Medium zwischen ihn und seine Zuhörer „einklinken" zu lassen. In diesem Augenblick ist der Erfolg dieser „Kommunikation über zwei Banden" einerseits vom Redner abhängig und andererseits davon, wie vertraut der Dolmetscher mit dessen Thema ist bzw. wie sicher er seine Ideenführung, seine Argumentation, seine Rhetorik und vieles mehr in den Griff bekommt. Unter den auf der Seite des Redners liegenden Faktoren nenne ich einen angenehmen Redefluss mit sauberer Artikulation und Aussprache, eine sinnfällige Intonation und Betonung, eine dezidiert auf mündliches Kommunizieren abgestellte Diktion und Syntax sowie eine Zuhörerorientierung, die unter ande-

rem auch an einem zu didaktischen Zwecken eingebauten Maß
an Redundanz, an einer mitunter interaktiven Kommunikation
mit den Zuhörern und an einer offenen und sympathischen Haltung diesen gegenüber abzulesen sein sollte.

Dass es große Augenblicke des Simultandolmetschens gibt,
davon bin ich ebenso überzeugt wie von der Berechtigung, in diesen Augenblicken von Sternstunden zu sprechen. Ich glaube aber
auch, dass es eine Sternstunde in der Nähe der „perfekten Rede"
nur dann geben kann, wenn neben einer erstklassigen Qualität
der Verdolmetschung, die allen, in den bisherigen Kapiteln diskutierten Kriterien ohne irgendwelche Abstriche gerecht wird,
so etwas wie ein Funke zwischen dem Redner und seinen Zuhörern überspringt, wenn es in der Vortrags- und Hörsituation
knistert, wenn alle Beteiligten sich im Bann einer Faszination
befinden, die entweder in der Person des Redners, in dem behandelten Thema, in der Einzigartigkeit des Anlasses oder auch
im *genus loci* liegt. Erst dann hat auch der Simultandolmetscher
die Chance, über sich, aber auch über alle Niederungen banaler
sprachlicher und thematischer Probleme und ihrer korrekten
Lösung hinauszuwachsen und mehr zu leisten, als für Verständigung zwischen den Beteiligten zu sorgen.

Der Gedanke an das Eintreten einer Sternstunde impliziert
für mich, und ich gestehe gerne ein „für mich ganz persönlich
und höchst subjektiv", allerdings auch vor dem Hintergrund einer massiven, umfangreichen Erfahrung, neben allem anderen
auch den Gedanken an „große" Situationen wie die Eröffnung
der Olympischen Spiele durch den IOC-Präsidenten, die Rede
des US-Präsidenten zu seiner Amtseinführung oder den TV-
Auftritt einer Persönlichkeit von Weltformat wie Harry Bel-
afonte oder Kofi Annan, wenn nicht auch die live übertragene
Totenmesse für den französischen Staatspräsidenten François
Mitterand. All dies waren in meinem Erfahrungsraum immer
wieder Augenblicke der besonderen Art, Augenblicke, da alles
passte und sich auf glückliche Weise zusammenfügte. In diesen
Augenblicken gibt jeder Beteiligte in dem Bewusstsein, in einen
besonderen Vorgang eingebunden zu sein („ein Teil davon zu
sein", wie es neuerdings immer häufiger heißt), in äußerster Kon-

zentration sein Bestes und stellt selbst die höchsten Ansprüche an das Ergebnis. Dabei muss es gar nicht möglich sein, und ist es in der Tat meistens auch gar nicht möglich, im Nachhinein all die einzelnen Faktoren und Einflussgrößen zu benennen und zu analysieren, die aus der jeweiligen Situation eine besondere haben werden lassen.

TEIL IV – Anhang

Ausbildung – Markt – Zukunft

► Auf den folgenden Seiten wende ich mich vorwiegend an diejenigen Leser, die sich den Themen Sprache, Übersetzen und Dolmetschen in erster Linie aus dem Blickwinkel des Berufsinteressenten nähern möchten. Ob ein eigener vierter Teil des Buchs oder ein Anhang mit praktischen Hinweisen und Empfehlungen – wichtig ist mir vor allem die Feststellung, dass ich einen Großteil dessen, was in den folgenden zwei Kapiteln und im Schlussexkurs zu lesen ist, ausdrücklich vor dem Hintergrund meiner eigenen Erfahrungen und der ganz spezifischen Form der Ausübung unseres Berufs sage, für die ich mich entschieden habe. Der Beruf, wohlgemerkt nicht die spezifische Tätigkeit des Simultandolmetschens, wird höchst unterschiedlich erlebt je nachdem, ob jemand ihn freiberuflich oder als Beamter bzw. in einer beamtenähnlichen Stellung und Verfassung ausübt.

Kapitel 8

Ausbildung und Berufseinstieg

1. Simultandolmetscher werden

Eine der Grundmaximen meiner Jugend gilt sicher auch heute noch: Hör' besser gar nicht hin, wenn Ältere dir abraten zu tun, was sie selbst getan haben. Andererseits gilt für mich weiterhin und mit jedem Jahr zusätzlicher Erfahrung umso mehr der Rat, sich für eine Ausbildung zu unserem Beruf nicht aus einer spontanen Begeisterung heraus und „nur" wegen eines vorhandenen Sprachtalents zu begeistern. Dies will ich zunächst begründen, bevor wir uns der Frage zuwenden, ob und wie man Simultandolmetscher ausbilden kann.

Die meistens zu hörende Begründung, man habe „etwas mit Sprachen machen" wollen, greift zu kurz, um den vielen Facetten des Simultandolmetschens gerecht zu werden. Dies hoffe ich ausreichend deutlich gemacht zu haben. Abgesehen von den überdurchschnittlich belastenden materiellen Rahmenbedingungen dieses Berufs sind zahlreiche, und vielleicht gar die wichtigsten seiner Merkmale und Grundtatbestände nicht für jedermann auf der Habenseite zu verbuchen. Nennen will ich hier: die ungeheure thematische Vielfalt, die Grundvoraussetzung einer unstillbaren Neugier und den Zwang zu lebenslangem Lernen, aber auch das von manchen als Belastung empfundene Bewusstsein, „überall mitreden zu müssen und von nichts wirklich etwas zu verstehen", den extrem hohen Zeitdruck zwischen den Terminen und bei der adäquaten Vorbereitung der Einsätze.

Auch sollte niemand die physischen Belastungen vergessen, die auf denjenigen warten, der diesen Beruf auf freier Basis ausübt. Nicht jeder verkraftet ohne eine gezielte, ihren eigenen Anteil an Energie verzehrende Anstrengung die dauernden Ortswechsel, das ständige, von außen erzwungene Reisen als Grundmerkmal des Berufs, die laufend wechselnden Kunden und Ansprechpartner sowie die tägliche Notwendigkeit, sich aufs Neue zu bewähren, in jeder Situation hohen Erwartungen und Ansprüchen gerecht zu werden. Es gehört nach den von Begeisterung getragenen Anfangsjahren eine große Routine dazu, mit diesen Begleiterscheinungen fertig zu werden, ohne einen allzu großen Teil der verfügbaren Energie und Konzentration gezielt darauf lenken zu müssen. Sieht jemand diese Faktoren auf der „Sollseite" der Bilanz, so sollte besonders sorgfältig geprüft werden, ob er oder sie mit ihnen leben und dennoch glücklich werden kann. Der ideale Kandidat für den Beruf sollte diese Gegebenheiten durchweg als positive, motivierende Herausforderung empfinden und sie daher auf der „Habenseite" verbuchen können.

Ein weiterer, nicht zu übersehender Gesichtspunkt bei der Entscheidung zugunsten einer Ausbildung zum Simultandolmetscher ist folgender: Diese Ausbildung qualifiziert von ihrer Anlage und ihrem Aufbau her kaum zu irgendwelchen beruflichen Aktivitäten als Alternative zum Dolmetschen – abgesehen vielleicht vom schriftlichen Übersetzen. Sind die im Grundstudium vorgesehenen Fächer wie Sprachwissenschaft und Landeskunde sowie die Einführung in das Übersetzen einmal absolviert, so wird in aller Regel nur noch das Dolmetschen in den verschiedenen Modalitäten trainiert. Der angehende Dolmetscher bereitet sich auf die Prüfung vor (was nicht unbedingt dasselbe ist wie die Vorbereitung auf die Berufspraxis) – so wie ein Sportler sich auf ein sportliches Großereignis vorbereitet. Im Gegensatz zum Juristen erwirbt er dabei nicht eine breite Wissensbasis, die

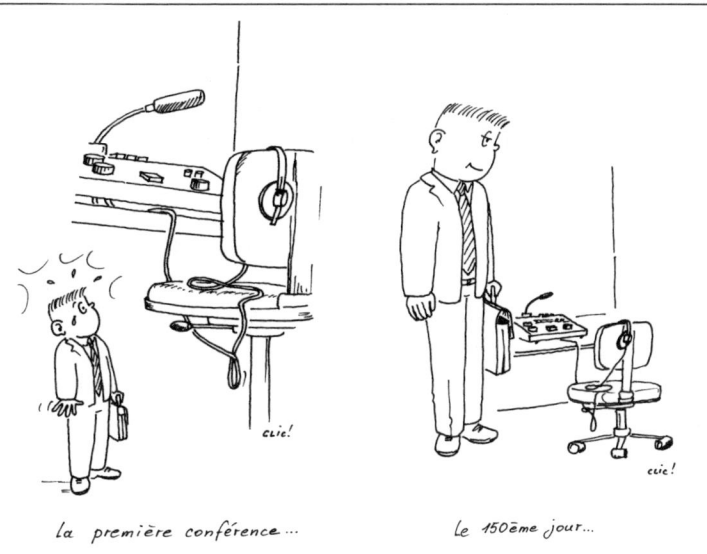

la première conférence ...   le 150ème jour...

Die erste Konferenz / der 150. Arbeitstag

sich als Grundlage für die verschiedensten Berufe bzw. berufliche Tätigkeiten eignen und anbieten würde. Er lernt und trainiert lediglich die verschiedenen Modalitäten des Dolmetschens. Dabei erhält er während der Ausbildung auch bei laufender Benotung keine besonders präzisen Hinweise darauf, wie gut er sie erlernt und wie weit sie ihn im Beruf tragen können. Die deutlich erhöhte Vielfalt der heute gängigen Einsatzmodalitäten, aber auch die im Laufe der Jahre entstandene qualitative Streuung haben es mit sich gebracht, dass unser junger Beruf inzwischen auch weitergehend mit anderen Berufsbildern vergleichbar ist als früher. Obwohl ich selbst gerne darauf hinweise, dass sich in den letzten fünfzig Jahren in unserem Beruf „Ligen" gebildet haben, obwohl gerade im Vergleich mit den ersten zwanzig Jahren unser Markt heute sichtbar und spürbar geschichtet ist, gilt aber für mich nach wie vor diese vielleicht provozierende Erkenntnis: Es ist leichter, und es ist weniger frustrierend, ein durchschnittlicher Jurist zu sein als ein durchschnittlicher Simultandolmetscher.

Schon deshalb sollte die Spezialkompetenz Simultandolmetschen eingebettet sein in einen Fächer weiterer Fertigkeiten und Kompetenzen. Natürlich meine ich damit nicht die Tätigkeit von Fremdsprachensekretärinnen, wie sie de facto, *am Ende des Tages* in der Berufspraxis von vielen Übersetzerinnen und Dolmetscherinnen mit Hochschulabschluss ausgeübt wird. Vielmehr trifft sich hier wieder einmal und auf besonders praxisrelevante Art und Weise meine zentrale Forderung mit der Wirklichkeit der Berufspraxis. Nicht nur sollte ein guter Simultandolmetscher aus den dargelegten Gründen zumindest theoretisch auch ein exzellenter Übersetzer sein – er sollte auch als Übersetzer glücklich sein können und, dies ist meine feste Überzeugung, darauf eingerichtet sein, beide Tätigkeiten im Wechsel oder neben einander auszuüben.

2. Simultandolmetscher ausbilden

Interpreters are born, not made.

Jeder Dolmetscher kennt diesen Ausspruch eines anonymen englischen Kollegen aus der unmittelbaren Nachkriegszeit, der inzwischen zum Geflügelten Wort geworden ist. Zum Dolmetschen muss man geboren sein – das ist eine Behauptung, die wie kaum eine andere geeignet ist, zu polarisieren und Widerspruch hervorzurufen. Aber auch diejenigen, die zum Beispiel in Kreisen der Ausbilder von Dolmetschern zwangsläufig nicht mit dieser apodiktischen Feststellung einverstanden sein können, stimmen gemeinhin zu, dass das Profil des „idealen Dolmetschers" einzelne Aspekte aufweist, die auch in der besten Ausbildung schwierig zu vermitteln sind und die am besten von vornherein zum Persönlichkeitsprofil des jungen Kandidaten gehören sollten. Peter Naumann, der die obige Auffassung weitgehend teilt und in seinem bereits zitierten Aufsatz „Im Gegenverkehr zu Babel" eine Reihe von höchst interessanten Belegen dafür anbietet, kommt zu dem Schluss, dass Dolmetschen weniger ein Beruf als vielmehr eine Berufung sei, eine Berufung wohlgemerkt „im säkularisierten Sinne". Berufung aus Herkunft, Bildungsgang und

Lebensumständen – man möchte meinen, dass eine derartige, dem Leben zu verdankende „Grundausstattung" jeder formalen Ausbildung an der Hochschule immer überlegen sein muss, zumal letztere ohne jede zwingende Selektion schon Abiturienten angeboten wird, die gerade einmal dabei sind, das Erwachsenalter zu erreichen.

Mancher Leser wird sich nach dieser einleitenden Überlegung und angesichts des oben wiedergegebenen Zitats kaum mehr wundern, wenn ich die grundsätzliche Frage stelle, ob man zum Simultandolmetscher überhaupt ausgebildet werden kann. Ist das nicht von vornherein ein Widerspruch? Wieder einmal würde ich am liebsten antworten: „sowohl als auch". Natürlich hat man als „gestandener Praktiker" in nahezu allen Berufen im Nachhinein Vorbehalte zumindest gegen einzelne Aspekte der Ausbildung zum Beruf, einschließlich der eigenen Ausbildung. Für stichhaltige Kritik finden sich immer Argumente – warum sonst gäbe es in schöner Regelmäßigkeit Reformversuche, Reförmchen und Reformen? Unabhängig und jenseits von den Strukturen und vom Anspruch der Ausbildung und von dem Profil der in ihr eingesetzten Lehrer jedoch weist die Ausbildung zu unserem Beruf, wieder einmal im Gegensatz zu anderen, auf den ersten Blick vergleichbaren Berufen, einen überragend hohen Anteil an praktischen Übungen, an Training bzw. gar Drill auf, der den Ansprüchen und Inhalten eines Hochschulstudiums nicht unbedingt und sicher nicht bestmöglich gerecht wird.

Es gibt für diesen Teil der Ausbildung keine Didaktik, und alle Versuche, über die Theorie zu einer Systematisierung der Ansätze zu gelangen, scheitern meinen Beobachtungen zufolge an dem handwerklichen und weitestgehend intuitiven Charakter des Simultandolmetschens. Ist der Kopfhörer einmal aufgesetzt, so reduziert sich jede Ausbildung – dies ist nicht nur meine eigene, sondern vielmehr eine allgemeine Erfahrung – darauf, dem Kandidaten Redematerial vorzutragen und nachher seine Fehler zu besprechen. Oftmals geschieht dies auch noch durch Ausbilder, die nicht selber als Dolmetscher praktisch tätig sind. Besonders sie neigen dazu, ihren Studenten die Texte mit großer Selbstverständlichkeit einfach vorzulesen (!) anstatt sie im Redeformat vorzutragen. Allein diese Beobachtung macht deutlich, wie ernsthaft wir uns mit völlig anderen Mustern der Unterweisung des Nachwuchses befassen sollten.

Sinn und Zweck der Forschungserkenntnisse für die Berufspraxis

Da ich damit bei Fragen der Ausbildung und der möglichen bzw. wünschenswerten Änderungen oder Ergänzungen in der Ausbildung der Simultandolmetscher bin, will ich hier kurz innehalten, um einen Aspekt zu diskutieren, den mancher Leser womöglich als vernachlässigt sieht, den ich aber ungeachtet dessen auch weiterhin zu vernachlässigen gedenke. Ich meine die Frage nach der Stellung und Bedeutung von Forschung und Lehre im Zusammenhang mit der Ausbildung von Simultandolmetschern. Meine diversen Hinweise auf das, was in der Forschung zum Übersetzen und Dolmetschen geschieht – und auf das, was dort nicht geschieht – haben womöglich meine Einstellung zu diesen Bemühungen nicht ausreichend klar werden lassen oder gar missverständlich wiedergegeben. Daher will ich kurz einige Beispiele zur Erläuterung dazu anbieten.

Aufgrund der verschiedenen dargestellten Probleme, die die Parasynthesekonzeption mit sich bringt, scheint es passend, diese aufzugeben. Deshalb wird nun nach einer alternativen Beschreibung der Konzeption gesucht. In diesem Zusammenhang wird in der Literatur zwei Vorschlägen größere Bedeutung beigemessen: Corbin schlägt vor, Parasynthese auf einfache Präfigierung zurückzuführen (1980; 1987, 121–139) und Rueda (1993) spricht sich für die Auflösung der Parasynthese in sukzessive Präfigierung einer adjektivischen oder nominalen Basis und die eigentliche Verbderivation bewirkende Suffigierung aus. Gather (1999: 99) hingegen hält den Vorschlag von Scalise am fundiertesten. Hierbei ist Parasynthese als Suffigierung mit anschließender Präfigierung der verbalen Basis zu verstehen (Scalise 1984 a; 202–208; 1984 b, 145–151; 1994, 218–222). Im Folgenden werden diese drei Konzeptionen näher untersucht und be- bzw. widerlegt.[59]

Dies ist ein Auszug aus der Diplomarbeit einer Studentin der Sprachwissenschaft. Ich will wohlgemerkt nicht über den Sinn und die Relevanz der darin geschilderten Erkenntnisse urteilen und kann dies auch gar nicht. Das Textbeispiel soll aber deutlich machen, welche Art von Theorie der Sprache, welche linguistischen Einblicke ein angehender Simultandolmetscher eher nicht unbedingt benötigt, um die angestrebten Fertigkeiten und Kompetenzen zu erwerben. Seit vielen Jahren frage ich mich, welche Motive dahinterstehen, wenn an den universitären „Dolmetscherschulen" begleitend zu dem resolut praktischen Training im Dolmetschen derartige Themen angeboten werden. Lange haben wir Studenten angenommen, es gehe in erster Linie um eine „Verwissenschaftlichung" unseres Studiums, ohne die es weder Promotionsordnung noch volle Anerkennung als Hochschulstudium oder eben auch eine ausreichende Anzahl von Lehrstühlen geben könne. Diese Erklärung greift sicher zu kurz, allerdings kann ich bis heute einen eindeutigen und überzeugenden Zusammenhang zwischen den an den Fachbereichen für angewandte Sprachwissenschaft (vulgo: Dolmetscher- und Übersetzerschulen) angebotenen Forschungsthemen und den praktischen Inhalten der Ausbildung nur punktuell erkennen. Es gibt jedoch durchaus eine ausreichende Zahl an Themen, die sehr wohl der weiteren Forschung würdig wären. Ohne gleich allzu ehrgeizig von der Sinnforschung zu reden, seien hier Fragen der Analyse der beim Simultandolmetschen ablaufenden Prozesse oder diverse Aspekte der Didaktik des Simultandolmetschens genannt. Hier sehe ich zahllose offene Fragen, ein endloses Feld von unbeackertem Boden und viele lohnende Einzelthemen, anhand derer die Studenten ihre praktische Arbeit mit großem Gewinn theoretisch vertiefen können.

Es bringt den angehenden Dolmetscher, dies bleibt weiterhin meine feste Überzeugung, nicht entscheidend weiter, wenn die „traduktologische" Forschung Pirouetten dreht wie die oben gezeigte. Auch wenn der „interpretative Diskurs", wie ich es doch tatsächlich einmal von einem lehrenden und forschenden Kollegen hörte, Erkenntnisse hervorbringe, die sich womöglich dank einer systematischen Analyse des Geschehens beim Simultandolmetschen in der Ausbildung verwerten ließen – während meiner gesamten Hochschultätigkeit habe ich darauf vergeblich gewartet – arbeiten die Simultandolmetscher deswegen noch lange nicht besser oder auf einer solideren Grundlage. Aber ich will auch das Kind nicht mit dem Bade ausschütten, will diese Bemerkung nicht als pauschale Abwertung verstanden wissen. Immer dann, wenn in Dissertationen und ähnlichen Arbeiten Erkenntnisse erarbeitet werden, welche die Untersuchung eines Fachgebiets einen Schritt weiter voranbringen können, dann ist dies im Prinzip zu begrüßen. Mein Zweifel gilt nur der praktischen Relevanz dieser Erkenntnisse für die untersuchte Spezies bei ihrer praktischen Tätigkeit. Das obige Zitat zeigt, wie wichtig es ist, das große Volumen der theoretischen Erkenntnisse über einem feinmaschigen Sieb abzurütteln. Wenn dabei einige Goldkörnchen im Sieb zurückbleiben, so sollte es sich bei diesen immer nur um praxisrelevante Einsichten handeln, von denen ich einige in diesem Buch diskutiert habe. Das theoretische Verständnis um die Gegebenheiten der Sprache, das Erkennen von Schwierigkeiten und Gefahren, wie sie in Phänomenen wie Polysemie, Interferenz und falschen Freunden, in der Inkongruenz und der Willkür der Sprache und der Sprachen liegen – all dies sind Bausteine eines Fundaments, auf dem der Praktiker durchaus, bei aller Skepsis gegenüber jeder zu weit getriebenen Theorie, das Gebäude seiner praktischen Fertigkeiten, seiner von viel Intuition und Kreativität getragenen Anwendungskompetenzen errichten kann. Hier liegt für mich der Sinn jeder theoretischen Durchdringung, und auf dieses Ziel sollte jedes theoretische Bemühen ausgerichtet sein.

Die Ausbildungsstätten

Aber zurück zur Problematik der Ausbildung im engeren Sinne. Die oben geschilderten Ausbildungsmuster treffen an einigen wenigen Hochschulfachbereichen zu, die ich selber als Student und auch als Ausbilder kennengelernt habe. Einen Gültigkeitsanspruch darüber hinaus erhebe ich nicht. So gibt es an zwei oder drei Orten in Europa auch sogenannte „Schnellkurse" (mit denen ich auch die interne Ausbildung der Brüsseler EU-Kommission gleichsetze), in denen die Kompetenz des Simultandolmetschens während einer völlig praxisorientierten Ausbildung von etwa einjähriger Dauer vermittelt wird. Sicher fehlen hier alle Dimensionen eines „normalen" Studiums, jedoch haben die strenger als an jeder Hochschule selektierten Kandidaten meistens schon ein anderes Studium absolviert und damit den Erwerb des besonders für uns in Deutschland so wichtigen akademischen Hintergrundes abgeschlossen. Des Weiteren werden an ihre sprachlichen Kompetenzen so hohe Anforderungen gestellt, dass ihre Ausbildung bzw. ihr Training zum Simultandolmetscher im Gegensatz zu den universitären Ausbildungsgängen nicht dadurch belastet wird, dass der Spracherwerb bis hin zum Examen einen unangemessenen Raum einnimmt. Die Ausbilder sind hier meistens selbst praktizierende Konferenzdolmetscher, die durch den laufenden Wechsel zwischen Praxis und Lehre eine hohe Praxisbezogenheit sicherstellen können. Natürlich gilt auch hier, dass dort, wo viel Licht ist, auch der Schatten nicht fehlt. Immer wieder musste ich auch feststellen, dass einige dieser Kollegen Defizite im didaktischen Bereich aufweisen, die aufzuarbeiten entweder die Zeit oder überhaupt die Einsicht fehlt.

Ein Vorteil dieser Ausbildungsansätze liegt immerhin auf der Hand: Je höher das Niveau der sprachlichen Kompetenz bereits zu Beginn der Ausbildung ist, desto sicherer lässt sich natürlich auch das Vorhandensein oder das Fehlen der erforderlichen Anlagen, des Talents zum Dolmetschen diagnostizieren. Als ehemaliger Ausbilder von Simultandolmetschern an einer deutschen Universität will ich mich natürlich nicht als Nestbeschmutzer betätigen. Dennoch nenne ich meine ganz persönliche Präferenz, die sicher weniger naiv ist als sie klingen mag, auch wenn sie nicht tierisch ernst genommen werden sollte: Angesichts des limitierten Bedarfs an Nachwuchs in unserem immerhin sehr jungen Beruf sollten (und könnten!) äußerst sorgfältig ausgewählte Talente im unmittelbaren Arbeitsumfeld von erfahrenen Kollegen und auf rein empirische Art und Weise ausgebildet werden – mitunter denke ich sogar an fast mittelalterliche Strukturen, in denen der Meister eine Handvoll Schüler um sich scharte. Coaching von erkannten Talenten anstatt Aussäen auf ungewissem Boden von unbekannter Fruchtbarkeit – so will ich es formulieren.

Dass auch an den Hochschulinstituten aus der großen Zahl der Studienanfänger am Ende die Handvoll an Nachwuchskräften übrig bleibt, die in der Berufsszene benötigt werden und die der Markt aufnehmen kann, übersehe ich nicht. Die Übrigen jedoch, diejenigen Studierenden, denen erst während der Ausbildung und oft in einem sehr späten Stadium die Ungewissheit ihrer Chancen bewusst wird und die sich statt abzubrechen dennoch bis zum Abschluss durchbeißen, sind in aller Regel nicht für denkbare berufliche Alternativen ausgebildet (in Grenzen abgesehen von einer Tätigkeit als Übersetzer), so dass viele junge Dolmetscher dennoch auf Gedeih und Verderb in den Beruf drängen – mit sämtlichen negativen Folgen für alle Beteiligten. Fairerweise will ich aber auch erwähnen, dass heutzutage der „normale" Zugang zu unserem Beruf *de facto* über die einschlägigen Hochschulfachbereiche führt und dass sich Seiteneinsteigern in dem Maße immer geringere Aussichten bieten, da das Angebot an jungen Diplominhabern einfach so groß ist, so dass alle Beteiligten daraus die wenigen aussuchen können, die tatsächlich gebraucht werden und eine Überlebenschance haben. Wohlgemerkt spreche ich hier, wie eingangs angekündigt, vorwiegend von den freiberuflichen Konferenzdolmetschern.

Eine Randbemerkung zum Seiteneinstieg

Wenn unser obiges Zitat vom geborenen Dolmetscher zutrifft, dann müssten Seiteneinsteiger, die irgendwann ihr Talent zum Dolmetschen entdeckt haben, auch heute noch so gute Chancen haben wie vor vierzig oder fünfzig Jahren. Mit der Erwähnung der in verschiedenen Ländern angebotenen Schnellkurse für angehende Simultandolmetscher habe ich das Thema des Seiteneinstieges in den Beruf bereits leicht gestreift. Die für diese Kurse in Frage kommenden Kandidaten haben zuvor entweder ein anderes Studium absolviert oder einen anderen Beruf ausgeübt, bevor sie sich nun dem Dolmetschen zuwenden – motiviert durch ungewöhnlich gute Sprachkompetenzen und ein großes, meistens nicht mehr romantisch verklärtes Interesse am Beruf und den durch ihn gestellten Herausforderungen, die namentlich bei den sprachübergreifenden Kommunikationsprozessen gesehen werden sollten. Schauen wir uns an, inwiefern, aus welchem und wessen Blickwinkel betrachtet dieses Konzept des Seiteneinstiegs nach wie vor Relevanz besitzt, zumal in einem Beruf, der gerade in seinen Anfängen vorwiegend von Seiteneinsteigern ausgeübt wurde.

In einer Zeit, da für einen gegebenen Beruf die akademischen Ausbildungsstätten den tatsächlichen Bedarf des Arbeitsmarkts an Berufsnachwuchs mehr als decken können, wird den Seiteneinsteigern immer etwas Exotisches anhaften, und zwar nicht nur, wenn sie zahlenmäßig fast unterhalb der Nachweisgrenze liegen. Solange die durch sie gebotene Arbeitsqualität nicht überdurchschnittlich bis regelrecht auffallend ist, werden sie sich daher immer einem gewissen Rechtfertigungszwang ausgesetzt sehen. Nichtsdestoweniger fallen mir gleich einige Beispiele ein, in denen Seiteneinsteiger eine höchst interessante Alternative zu schulmäßig ausgebildeten Simultandolmetschern bieten können. Denken wir an den Internationalen Strafgerichtshof, den damit nicht zu verwechselnden Internationalen Gerichtshof oder auch den Internationalen Seegerichtshof. Es erscheint einleuchtend, dass ausgebildete Juristen mit der Kompetenz von Simultandolmetschern eine ernsthafte Alternative darstellen können, die von den auf einer thematisch breiteren Basis tätigen, freien Simultandolmetschern nicht belächelt werden sollte. Ebenso verhält es sich in einer Reihe von anderen Bereichen, wie zum Beispiel in der Automobilindustrie, wenn als Übersetzer tätige Ingenieure sich der Herausforderung des Simultandolmetschens stellen möchten.

Um Missverständnisse zu vermeiden: Die Grundlage für die Akzeptanz und den Erfolg derartiger Alternativzugänge muss sein, dass neben der Freude an der kommunikativ reizvollen Tätigkeit des Simultandolmetschens auch das erforderliche Talent und natürlich ein seriöser Erwerb solider Fähigkeiten gewähr-

leistet sind. Ein Seiteneinsteiger wird niemals erfolgreich sein
können, wenn er hofft, mangelnde Kompetenzen als Dolmetscher mit für die „echten" Dolmetscher überdurchschnittlichen
fachlichen Kompetenzen zu kompensieren.

3. Der aussichtsreiche Kandidat:
Was er mitbringen und was er können soll

Er ist Konferenzdolmetscher. Er kann sich alles leisten.
Nur keinen Mundgeruch.

Diese Aussage in einem denkwürdigen TV-Werbespot, in dem
ein strahlend gut aussehender „James Bond – Typ" am Konfe-
renztisch im Kreise von Gesprächspartnern zu sehen war, bot
mir zu Beginn der sechziger Jahre die allererste Berührung mit
meinem heutigen Beruf. „Welche weitere Motivation braucht ein
Vierzehnjähriger, um sich für einen offenbar auch noch spannenden Beruf zu interessieren?", möchte man fragen. Ich will
versuchen, etwas präziser zu fassen, wie eine gesunde Motivation
für diesen Beruf beschaffen sein sollte und welches Bündel von
Eigenschaften einen idealen Kandidaten oder eine Kandidatin
ausmachen könnte. Lassen Sie mich vorausschicken, dass wir
hier natürlich von dem idealtypischen Kandidaten reden, den es
wohlgemerkt in der Wirklichkeit als eine solche Figur mit einer
optimalen Kombination sämtlicher Eigenschaften niemals geben
kann.

Anstoß und Motivation

Unter den Berufsinteressenten und Studienanfängern befinden
die jungen Damen sich in einer erdrückenden Mehrheit. Es gibt
viele sachliche Gründe und eine Reihe von spekulativen Erklärungen dafür, dass dieses Zahlenverhältnis sich in der Berufsszene später ganz anders darstellt. Ich will aber keine Mutmaßungen anstellen, sondern lediglich festhalten, dass im Bereich
der professionellen Konferenzdolmetscher das Verhältnis zwi-

schen männlich und weiblich bei eins zu drei, vielleicht eins zu vier liegt. Gerade die weiblichen Berufsinteressenten geben auffallend häufig als Grund und Motivation ihres Interesses an, sie wollten unbedingt „was mit Sprachen machen". Ich hoffe gezeigt zu haben, dass dieses Bedürfnis als Motivation unzureichend ist. Auch auf keinen Fall Lehrer werden zu wollen, ist alles andere als eine gesunde Grundlage für eine Berufsentscheidung als Konferenzdolmetscher. Es sind diese Beweggründe, die letztlich dazu führen, dass die Fluktuation in der Dolmetscherausbildung so groß ist, dass alle Welt diese für einzigartig schwierig und anspruchsvoll hält. Dabei fehlt es den jungen Menschen in dieser wichtigen Phase der Entscheidung meistens nur an ausreichenden, sachlichen Informationen. Der Beruf des Simultandolmetschers besitzt eine große, auch nach einzelnen, inhaltlichen Aspekten auszudrückende Attraktivität. Daher lässt sich eine gesunde Motivation jederzeit positiv formulieren. Diese positive Sichtweise sollte mit einem positiven Drang verknüpft sein, mit dem Antrieb, nicht anderen Alternativen auszuweichen, sondern aus den an sich festgestellten Anlagen positive Erfahrungen zu entwickeln. Die Flucht vor anderen Wegen, die Verweigerung gegenüber möglicherweise „drohenden" Alternativen ist sicher kein besserer Ratgeber als die Angst in der berühmten Redensart.

Betrachten wir sodann die romantisch verklärten, motivierenden Aspekte bei jungen Menschen. Manche von ihnen schreiben in ihre Bewerbung bei einer Dolmetscherschule hinein, sie wollten ihre ganze berufliche Energie in den Dienst der Völkerverständigung stellen und durch eine Tätigkeit als Dolmetscher einen Beitrag zur Annäherung der Völker leisten. Andere sind gefesselt von der Vorstellung, ein Leben lang mit den „beautiful people" dieser Welt von Metropole zu Metropole zu eilen. Eine bestenfalls durchschnittlich begabte Examenskandidatin erklärte mir eines Tages, sie wolle auf Anhieb freiberuflich tätig sein und habe sich bereits für ihren Ehemann als Manager entschieden. Ich bin weit davon entfernt, derartige Idealvorstellungen, ja Traumbilder zu belächeln oder für überhaupt nicht tragfähig zu halten – können sie doch den Zündfunken darstellen und dazu führen, dass jemand seine Vorstellungen mit großem Ernst und Fleiß zu verwirklichen versucht. Solange nicht übersehen wird, dass es auch in Rio und in Singapur Hinter- und Seiteneingänge gibt – vielleicht in einem attraktiveren Umfeld als in Castrop-Rauxel – und dass man als Simultandolmetscher auch dort in einer Kabine im Hintergrund sitzt und eine absolut dienende Tätigkeit verrichtet.

Dennoch: Die Vorstellung, in diesem Beruf die Welt oder auch nur viele verschiedene und manche fremde Plätze kennenzulernen, ist nicht abwegig. Solange man die Dinge einzuordnen versteht und keine Einzelaspekte verabsolutiert, sollten wir es begrüßen, wenn junge Menschen bei ihrer Berufswahl auch ihren Träumen ein wenig freien Lauf lassen. Schließlich kommt es immer wieder vor, dass jemand einzelne Szenen aus seinen Träumen zur Realität machen kann – ist es nicht dem Menschen immer wieder gelungen, dem Meer Land abzugewinnen? Dies bedeutet ja nicht, dass dadurch gleichzeitig die sachlichen, objektiveren Diagnosekriterien unter den Tisch fallen müssen, die ich aufzuzeigen und zu gewichten versucht habe.

Persönlichkeitsprofil

Auf einzelne Persönlichkeitsmerkmale, die ein Simultandolmetscher besitzen sollte und die besser auch in jungen Jahren schon angelegt sein sollten, da sie auch einen großen Wert für die Berufsentscheidung besitzen, bin ich an den verschiedensten Stellen dieses Buchs eingegangen. Dabei gilt nichts, ich sage es bewusst noch einmal, im Absoluten. Bedenken wir jedoch, dass zum Beispiel auch bei Spitzensportlern eine zu geringe Körpergröße nicht durch Talent, das Fehlen idealer Hebelverhältnisse nicht durch eisernen Willen ausgeglichen werden kann.

Analog zu diesem Bild liegen die wichtigen „Ausstattungsmerkmale" unseres aussichtsreichen Kandidaten hauptsächlich in der sprachlichen Kompetenz und Begabung, aber wohlgemerkt nicht nur im Sinne von Sprachkenntnissen, sondern weit darüber hinaus im Sprachgefühl, in einer großen Sensibilität für alle sprachlichen Belange. Nicht zu vergessen sind die kommunikativen Neigungen und die rhetorischen Fähigkeiten. Sodann kommen die Merkmale, welche die Persönlichkeit prägen. Ein aussichtsreicher Kandidat ist mit großer Wahrscheinlichkeit ein sehr neugieriger Mensch, eher extrovertiert als introvertiert, er ist weltoffen und verfügt über eine gesunde Mischung aus Selbstbewusstsein und der Fähigkeit, in jeder Situation neutral und souverän zu bleiben, über die Bereitschaft zu dienen und die Fähigkeit, sich nicht in Details zu verhaspeln.

Apropos Details: Der Leser möge bitte nicht die Stirn runzeln, wenn ich fordere, der Simultandolmetscher müsse im Notfall auch in der Lage sein, sich mit einer 95-prozentigen Lösung zufrieden zu geben. Diese Eigenschaft, die ich nicht vordergründig als Oberflächlichkeit missverstanden wissen möchte, schützt uns nicht nur davor, nachts mit dem Gedanken im Schlaf hochzuschrecken, man müsste die eine oder andere Formulierung vom Tage noch einmal sprechen dürfen, sondern sie ist ganz allgemein ein sehr wichtiger Faktor bei einem Brückenbauer, von dem die kommunizierenden Menschen, zwischen denen er steht, zu jedem Zeitpunkt erwarten, dass er eher Öl als Sand ins Getriebe schüttet.

Mit einer solchen Aufforderung meine ich ausdrücklich nicht dasselbe, wie wenn jemand in der Lage ist, mit „halben Sachen" zurechtzukommen. Allerdings erscheint es mir sehr wichtig darauf zu bestehen, dass jemand nur und erst dann dolmetscht, wenn er den Übersetzerhut abgesetzt hat. Nur der Übersetzer hat die Möglichkeit, theoretisch beliebig oft zu seinem Text zurückzukehren und ihn zu optimieren. Für ihn gilt geradezu die Forderung, er müsse einen Text verfassen, der auch zwei Jahre später noch Bestand vor seinen kritischen Augen haben kann. Wollte ein Dolmetscher dies beherzigen, so müsste er nicht nur perfekter als jeder (spontane) Redner sein, sondern ein solcher Ansatz würde sich negativ auf seinen gesamten Vortrag auswirken.

Oft ist zu hören, ein Dolmetscher müsse in der Lage sein, sich selbst bei seiner Arbeit zurückzunehmen. Wir alle kennen Kollegen, die nicht zögern, sich während der Sitzung mit Rednern über die Richtigkeit einzelner Aussagen oder deren Über-

setzung zu streiten. Dieses Verhalten dürfte neben dem Verzicht
auf persönliche Eitelkeiten gemeint sein, wenn es heißt, der
Dolmetscher solle sich zurücknehmen und seine Einstellungen
für sich behalten, so wie ein gut geschulter Kellner eine wegen
Korkgeschmack reklamierte Flasche ohne Diskussion zurück-
nimmt und ersetzt. Ich gebe zu, nach vielen Jahren noch immer
keine einheitliche Verhaltensweise für Situationen entwickelt zu
haben, in denen Missverständnisse zwischen den Teilnehmern
zu Unrecht mit einem Hinweis auf die Übersetzung bzw. gar auf
Übersetzungsfehler – die man uns natürlich dann gerne sofort
verzeiht – erklärt werden. Grundsätzlich gilt sicher, dass es eher
ein Zeichen von Souveränität als von Schwäche und Schuldbe-
wusstsein ist, wenn der Dolmetscher während der Sitzung über
derartige Dinge großzügig hinweggeht.

Dass es für die Feststellung, ein Dolmetscher müsse sich zurücknehmen können, allerdings auch eine wichtige Voraussetzung gibt, dass sie nur *cum grano salis,* mit dem berühmten Maß
an Differenzierung gilt, sehen wir bei Peter Naumann. Damit der
Dolmetscher sich zurücknehmen könne, so dieser Kollege, müsse
er zunächst selbst etwas darstellen und seine eigenen Meriten haben. „Was sollte er sonst zurücknehmen?", fragt Naumann.[60]

Rüstzeug

Es ist nicht einfach, eine klare Abgrenzung vorzunehmen zwischen den soeben geschilderten Persönlichkeitsmerkmalen eines
angehenden Konferenzdolmetschers und dem Rüstzeug, über das
er verfügen bzw. das er so schnell wie möglich erwerben sollte.
Zu den erstgenannten wollen wir die charakterlichen Merkmale
und die erworbenen Einstellungen und Verhaltensweisen rechnen, zu den letzteren dagegen in erster Linie das Wissen und die
Kompetenzen und Fertigkeiten, über die der junge Mensch verfügt.

An der Schnittstelle von persönlichen Eigenschaften und erworbenen Fähigkeiten sehe ich eine Anforderung, die sicherlich
der junge Kandidat noch nicht unbedingt erfüllen muss, die allerdings im späteren Berufsleben für den freiberuflich tätigen

Simultandolmetscher absolut unerlässlich ist: Ich meine ein Mindestmaß an unternehmerischem Denken und Verhalten. Zwar kann auch in anderen Berufen, die freiberuflich oder durch Kleinunternehmer ausgeübt werden, niemand darauf hoffen, ein gewisses Grundwissen schon während der Ausbildung mitzubekommen. Aber Rechtsanwälte, Architekten, ja sogar Ärzte sind heute immer häufiger, zumindest in den ersten Jahren, bei älteren Kollegen fest oder quasi fest angestellt und haben dort die Möglichkeit, auch die geschäftlichen Aspekte des Berufs kennenzulernen.

Die freiberuflichen Konferenzdolmetscher dagegen stellten auch diesbezüglich bis in die jüngste Vergangenheit immer eine Ausnahme dar. Nicht nur war es unüblich und schlicht unmöglich, sich von Kollegen in fester Anstellung beschäftigen zu lassen, zumal die Strukturen des Markts und die Beschäftigungsmuster dies nicht zugelassen hätten. Auch galt es für junge Kollegen immer als verpönt, sich selbst um eigene Kunden zu kümmern, da es vor allem galt, nicht den etablierten Beratenden Dolmetschern ins Gehege zu kommen. Ja, der „gute" Nachwuchsdolmetscher, der Aussichten hatte, eines Tages die Weihen der Älteren zu erhalten, war derjenige, der sich auf die Engagements beschränkte, die er von seinen eingeführten Kollegen und von den internationalen Organisationen angeboten bekam.

So haben es sehr viele freie Konferenzdolmetscher nie gelernt, ihre eigene Dienstleistung am Markt zu verkaufen, um Konditionen zu verhandeln, Verständnis für die Sichtweise und die Argumente ihrer Vertragspartner zu entwickeln – kurz, sich in einem Marktumfeld marktgerecht zu verhalten. Wie bereits dargelegt, hat dieser Markt und haben sich die Arbeitsbedingungen für die an ihm tätigen Dienstleister allerdings inzwischen so weitgehend verändert, dass es den umworbenen Einzelgänger, dem seine Engagements auf dem Silbertablett serviert werden und der gelegentlich aus seinem Elfenbeinturm in die raue Wirklichkeit herabsteigt, in einer weiteren Generation womöglich nicht mehr geben wird. Ein gewisses Mindestmaß aus geschäftlichem Verstand und Einfühlungsvermögen sollte daher zum Rüstzeug jedes freien Konferenzdolmetschers gehören – ob er es nun dazu einsetzt, selbst in dem ihm wünschenswert erscheinenden Maß unternehmerisch tätig zu werden, oder ob es ihm nur hilft zu verstehen, wie ein Dienstleistungsmarkt „tickt" und wie seine Kollegen mit diesem Markt im Interesse aller Beteiligten umgehen.

Kommen wir zum nächsten Fach im Rucksack unseres jungen Kollegen. Es ist angeklungen, dass Konferenzdolmetscher und besonders die mit einer extremen Vielfalt der Themen und Wissensgebiete konfrontierten freien Simultandolmetscher zwar heutzutage nicht mehr wie einst Humboldt das Wissen ihrer Zeit in sich vereinigen können, dass es ihnen aber doch sehr hilft, wenn sie regelrechte wandelnde Enzyklopädien sind. Dabei ist kein junger Mensch ein Universalgenie, und im Grunde kritisieren wir ja sogar Bildungssysteme, die ein übertriebenes Eintrichtern von unreflektiertem Wissen zum höchsten Ziel erheben. Junge Menschen sollen nicht nach dem Motto von „Stadt – Land – Fluss" oder im Hinblick auf das Lösen von Kreuzworträtseln lernen, sondern zum kritischen Differenzieren erzogen werden und ihre Bildungsinhalte einzuordnen lernen.

Aber gerade ein derartiger Ansatz hilft ihnen ja auch dabei, ein Gefühl für die eigenen Lernmuster zu entwickeln, abzuwägen, welche Inhalte sie sich nur schwer, welche dagegen leichter aneignen können, wo ihre Wissenslücken liegen – und natürlich, ob sie überhaupt den mehrfach angesprochenen Wissensdurst besitzen, ob sie Freude am ständigen Lernen und Entdecken haben. Wenn junge Menschen, die sich für unseren Beruf interessieren, im Alter von 17 oder 18 Jahren, wie ich es bei Praktikanten mehrfach erlebt habe, nicht einmal eine Tageszeitung, geschweige denn eine zweite in einer anderen Sprache lesen, wenn sie auch um Sachbücher meistens einen großen Bogen machen, dann ist dies, wie man in der Medizin sagt, ein sehr ungünstiger Prognosefaktor. Eine überdurchschnittliche Allgemeinbildung ist und bleibt eine der wichtigsten Voraussetzungen für unseren Beruf, ergänzt durch die Fähigkeit und das Bedürfnis, ein Leben lang sein Wissen, seinen Horizont zu erweitern.

Den nächsten Teil des unerlässlichen Rüstzeugs finden wir in der Abteilung der Sprache und der Fremdsprachen. Ein Konferenzdolmetscher lebt in und von der Sprache, und hiermit meine ich zunächst die Muttersprache. Wie tief, ja intim das Verhältnis zu der Sprache sein sollte, in der man seine ersten Schritte ins Leben gemacht hat, in der man sozialisiert wurde und dank derer man alle seine Beziehungen zur Außenwelt und zu den anderen Menschen gestaltet, das habe ich an einzelnen Stellen dieses Buches immer wieder betont. Wohlgemerkt gilt diese tiefe Vertrautheit sowohl für die „passive" Rezeption von Sprache als auch für den aktiven Umgang mit Sprache, für ihre Nutzung im Kommunikationsgeschehen, für die Fähigkeit, Sprache zu manipulieren anstatt sich ihr zu unterwerfen. Sodann die Fremdsprachen. Wie relativ ist doch unser Urteil, wenn es um Sprachkenntnisse geht! Wenn ich daran denke, wie oft Menschen, deren sprachliches Niveau ich beurteilen konnte, sich als „perfekt in Wort und Schrift" bezeichnet haben, weiß ich gar nicht, welchen Grad von Sprachbeherrschung ich empfehlen oder fordern soll. Im Übrigen: Warum sollte die weise Erkenntnis von Lao Tse („Wer weiß, dass er nichts weiß, der ist der Höchste") nicht auch auf den Fremdsprachenerwerb zutreffen? „Man lernt nie aus, das ganze Leben ist ein dauernder Lernprozess." Dies sind Weisheiten, mit denen wir uns über die vielfältigsten Wissenslücken hinwegtrösten können. Auch in der eigenen Sprache lernen wir im Normalfall ständig hinzu – wer wollte sagen, er beherrsche seine Sprache wirklich perfekt? Denken wir nur an den durch Bastian Sick zum geflügelten Wort gewordenen Ausspruch *Der Dativ ist dem Genitiv sein Tod* – und schon wird uns klar, wie sehr in Sachen Sprachbeherrschung Bescheidenheit angezeigt ist.[61]

So viel lässt sich jedoch über das erforderliche Niveau sagen, auf dem ein junger Mensch sich mit seiner/seinen Fremdsprache(n) befinden sollte, wenn er sich dem Beruf des Konferenzdolmetschers zuwendet: Die Kenntnisse und die sprecherische Kompetenz müssen zumindest soweit ausgebildet sein, dass vorhandene Lücken und Defizite nicht den Blick auf das Potenzial verstellen können, mit seinen Sprachen eine „Freundschaft fürs Leben" zu entwickeln. Die Kenntnisse müssen eine Beurteilung der vorhandenen Talente und Fähigkeiten in punkto Kommunikation ermöglichen, den Blick darauf freigeben, wie jemand zwei Sprachen in engem Kontakt zueinander beherrscht und gestaltet. Und auch diese Frage ist ein probates Kriterium für unser Urteil: Ist jemand schon so weit, dass er/sie in der Fremdsprache sagen kann, was er sagen möchte, oder ist er noch so weit zurück, dass er allenfalls das sagt, was er zu sagen in der Lage ist?

Und hier noch ein *Caveat* an die Adresse jener, die vielleicht eine starke Fremdsprache besitzen, jedoch mit einer zweiten Sprache erst im Abiturienten- oder Studentenalter beginnen wollen: Ich kenne keinen wirklich guten Dolmetscher, der bei einem so spät einsetzenden Erwerb einer Sprache dennoch zu Kompetenzen gekommen wäre, wie sie verlangt werden müssen. Nun werden allerdings in den klassischen, universitären Ausbildungsgängen durchweg eine erste und eine zweite Fremdsprache verlangt. Und schon in den Fällen, da jemand bereits recht gute Kenntnisse auch in einer zweiten Fremdsprache mit in die Ausbildung bringt, habe ich immer zu den Skeptikern gehört, die einerseits finden, dass die Schere zwischen den zwei Sprachen sich schon an der Universität, besonders jedoch dann im Berufsleben ständig weiter öffnet anstatt sich zu schließen. Andererseits musste ich in der Praxis feststellen, dass niemand, außer den Dolmetschern selbst, dafür Verständnis aufbringen möchte, dass sie als Dolmetscher, als vermeintliche Akrobaten, Experten, Künstler der Sprache unterschiedliche Kriterien an ihre einzelnen Sprachen anlegen und ihre eigenen Ansprüche differenzieren. Ganz besonders trifft diese Feststellung dann zu, wenn ein Dolmetscher als „Nebensprache" das Englische anbietet. Mein sehr subjektiver Rat lautet daher, die englische Sprache, ganz abgesehen von persönlichen Präferenzen oder anderen „Vorbelastungen", als Grundausstattung mitzuführen und ein ganzes Berufsleben lang an ihr so zu arbeiten, wie man auch an seiner Muttersprache feilt und perfektioniert.

Meine Darstellung der diversen Voraussetzungen, die ein angehender Konferenzdolmetscher mitbringen oder parallel zur Ausbildung erwerben sollte, wäre nicht vollständig, wenn ich nicht wenigstens kurz noch auf die physischen und psychischen Gegebenheiten des Berufs eingehen würde. Wir wissen, dass

Ein guter Dolmetscher ist eine wandelnde Enzyklopädie

Physis und Psyche in einer engen Wechselbeziehung zueinander stehen, dass *mens sana in corpore sano* nicht nur für Sportler gilt, sondern zum Beispiel auch bei Topmanagern oftmals den großen „kleinen Unterschied" ausmacht. Wir denken nicht weiter darüber nach, wenn das Schachspiel auf den Sportseiten unserer Zeitung behandelt wird. Und wir finden es normal, dass in schöner Regelmäßigkeit bei den Olympischen Sommerspielen die erste Goldmedaille an einen Sportschützen vergeben wird. Wer würde aber auch nur darüber nachdenken, ob die Arbeit der Simultandolmetscher nicht vielleicht von den mentalen Anforderungen und der psychischen Belastung her gesehen mit dem Schachspiel, wegen der vergleichbaren Konzentration mit dem Sportschießen zu vergleichen ist?

Gesund und körperlich fit zu sein, den Kopf bei der Arbeit nicht mit psychischen Problemen voll zu haben – es wird jedem einleuchten, dass dies Voraussetzungen sind, die sich auf die Arbeit eines Simultandolmetschers nur positiv auswirken können. Auch hier haben wir eine eindeutige Parallele zu den Sportlern, und ich möchte fast sagen zu den Leistungssportlern. Auf die Gefahr hin, den Vergleich allzu sehr zu strapazieren, möchte ich angesichts der in jeder einzelnen Sekunde erforderlichen, uneingeschränkten Reaktionsbereitschaft des Simultandolmetschers auch noch eine Parallele zum Fechtsport herstellen.

Enden wir mit einem Aspekt, der gerade bei jungen Menschen, ich habe es schon erwähnt, einen großen Teil der Attraktivität unseres Berufs begründet: mit der zu erwartenden, intensiven Reisetätigkeit, die er oft mit sich bringt. Jeder Sportler, der viel reisen muss, wird immer sowohl schwärmen als auch klagen, wenn er auf das Privileg, aber eben auch auf den Zwang des dauernden Reisens angesprochen wird. Man muss selbst über viele Jahre in einer solchen Situation gelebt haben, um zu erkennen, dass gelegentliches Klagen hier nicht mit Kokettieren zu verwechseln ist. Es ist für viele Menschen nicht selbstverständlich und nicht ohne eigene Anstrengung zu verkraften, wenn sie sich mehrmals in der Woche an unterschiedlichen Orten, mehrmals im Monat an weit entfernten Orten und vielleicht mehrmals im Jahr auf unterschiedlichen Kontinenten befinden. Klima, Ernährung, Schlafbedingungen, das Einstellen auf unterschiedliche Charaktere oder ganz einfach auf andere Gewohnheiten, aber zum Beispiel auch die Gewöhnung des Körpers an die unterschiedlichsten Hygienebedingungen und Keimpopulationen – niemand, der neben der Attraktivität, ja der Faszination des Reisens auch diese Seiten kennengelernt hat, wird sich über eine solche Aufzählung mokieren.

Ist es phantasielos und unkreativ, wenn man an den schönsten Orten dieser Welt gelegentlich keine Lust oder keinen Antrieb empfindet, das Hotelzimmer zu verlassen? Oder werden derartige Regungen verständlich, wenn man bedenkt, dass das Reisen zu beruflichen Einsätzen *per definitionem* nicht auf freien Entscheidungen beruht? Für Berufsinteressenten und Berufsanfänger kommt dieser Rat sicher nicht zum optimalen Zeitpunkt. Dennoch gebe ich ihn an dieser Stelle: Überprüfen Sie für sich, ob die meisten der genannten Punkte auf die Dauer auf Ihrer Soll-

oder auf Ihrer Habenseite stehen. Einmal bestieg ich in Stuttgart das Flugzeug, um zu Leichtathletik-Weltmeisterschaften nach Tokio zu fliegen – zu einem Zeitpunkt, da ich nichts lieber getan hätte als zu bleiben. Meine letzten Worte waren: „Warum kann diese Veranstaltung jetzt nicht hier in Stuttgart stattfinden?" In Tokio beschloss der Weltverband dann, die nächsten Weltmeisterschaften nach Stuttgart zu vergeben – auch eine Möglichkeit, einen Dolmetscher gelegentlich mit den anstrengenden Seiten seines Berufs zu versöhnen.

Kapitel 9

Markt und Beruf heute

Im Rahmen der hier folgenden Schilderung von Markt und Berufsausübung soll es, dies sei vorausgeschickt, ausschließlich um den Markt der Dienstleistung freiberuflicher Konferenzdolmetscher gehen. Diejenigen Konferenzdolmetscher, die ihrem Beruf in einer festen Anstellung oder in einem Beamtenverhältnis, meistens bei einem Ministerium oder einer Oberbehörde, nachgehen, haben es normalerweise nicht mit den Regeln und Funktionsweisen eines Markts zu tun, und der Rahmen für ihre Tätigkeit ist auch nicht wie der freie Dienstleistungsmarkt laufenden Veränderungen im Rhythmus von Wirtschaft und Konjunktur, von Angebot und Nachfrage ausgesetzt. Arbeitsrechtliche Fragen, Tarife, Arbeits- und Urlaubszeiten, Stellenprofile und Arbeitsinhalte – das sind normalerweise die für sie relevanten beruflichen Fragen, und insofern unterscheiden sie sich nicht wesentlich von den Vertretern anderer Berufe. Allenfalls sollte festgehalten werden, dass die festangestellten Konferenzdolmetscher in ihrem Umfeld meistens nicht nur Dolmetscheraufgaben zu übernehmen haben, sondern dass ihnen gewöhnlich auch Übersetzungsaufgaben übertragen werden. Sind sie als Dolmetscher eingesetzt, so geht es dabei überdies oft nicht um Simultandolmetschen, sondern um Konsekutiv- und meistens um Verhandlungs- oder Gesprächsdolmetschen. Und ich muss, als Übergang sozusagen zu den ausschließlich auf dem freien Markt tätigen Konferenzdolmetschern, anmerken, dass auch unsere angestellten bzw. beamteten Kollegen aus den verschiedensten Gründen und Anlässen gelegentlich auf unserem freien Markt „aushelfen". Dies ist der einzige „Umweg", auf dem das nachfolgend Gesagte auch für sie seine Gültigkeit hat.

Der Markt der Freiberufler hat sich seit der Zeit, da die wenigen, meistens bei den internationalen Organisationen tätigen Konferenzdolmetscher gelegentlich für Konferenzen am sogenannten freien oder Privatmarkt eingesetzt wurden, erheblich verändert. Einige der Begriffe, anhand derer diese Entwicklung zu skizzieren ist, sind die Schichtung von Angebot und Nachfrage, die Differenzierung der Bedarfssituationen und zum Beispiel das Qualitäts- und Preisbewusstsein der Nachfragenden. Faktoren, die womöglich nicht auf den ersten Blick als verändert oder weiterentwickelt auszumachen sind und die dennoch heute das Marktgeschehen entscheidend beeinflussen, sind die durchschnittliche Dauer der Einsätze von freiberuflichen Konferenzdolmetschern, der Schwierigkeitsgrad und die fachliche Natur der Konferenzen, für die sie engagiert werden, sowie auch eine je nach dem betrachteten Land mehr oder weniger starke Regionalisierung bzw. Dezentralisierung der Einsatzorte.

Auch auf der Angebotsseite hat sich viel getan. Galt damals zumindest theoretisch, wenngleich dies im Rückblick ein wenig verklärt erscheinen mag, dass im Prinzip alle Dolmetscher gleich gut und gleich gefragt waren (Ausnahmen bestätigten lediglich die Regel), so ist heute die angebotene Qualität – und ganz besonders natürlich die mitgebrachte Erfahrung – außerordentlich breit aufgefächert. Nicht nur die Konferenzveranstalter tun sich schwer, aus der Fülle des Angebots diejenigen Dienstleister herauszusuchen, die ihrem Bedarf am besten gerecht werden. Auch die Dolmetscher selbst können nicht mehr ohne Weiteres behaupten, einen vollständigen Überblick über ihre Berufsszene zu haben.

Ein reifer Dienstleistungsmarkt

Des Weiteren haben wir es mit einem reifen Markt zu tun, der wie alle reifen Märkte unter anderem durch eine große Vielfalt des Angebots, durch eine gewisse Unübersichtlichkeit und durch einen intensiven Verdrängungswettbewerb gekennzeichnet ist. Vorbei sind die Zeiten, da jeder Veranstalter froh war, wenn er einen dieser seltenen Vögel bzw. ein ganzes Team von ihnen für seinen Anlass einfangen konnte, und konsequenterweise die ihm mehr oder weniger diktierten Bedingungen gar nicht infrage stellte. Die Gründungsväter des Weltverbands der Konferenzdolmetscher hatten in weiser Voraussicht für den „privaten" bzw. „freien" Teil des Markts in Ermangelung der für Kammerbe-

Der Beratende Dolmetscher – Immer auch perfekter Diplomat
(*„Alle sind besetzt – ich hoffe, Du …")*

rufe üblichen Gebührenordnung ein Tarifsystem entwickelt, das sich in den ersten dreißig Jahren als regelrechter Schutzschirm für den Beruf erwies und diesem eine gedeihliche Entwicklung ermöglichte, wie sie zum Beispiel dem Markt für freie Übersetzungsleistungen zu keinem Zeitpunkt vergönnt war. Dieser Schirm spannt sich seit Ende der achtziger Jahre nun nicht mehr über den in der AIIC organisierten und natürlich erst recht nicht über den übrigen Konferenzdolmetschern, und eine der Konsequenzen dieser Entwicklung ist der heutige Wildwuchs an ihrem Markt. Leider ist es nicht gelungen, andere Merkmale wie den Schutz der Berufsbezeichnung an die Stelle eines nicht länger haltbaren Tarifsystems, von dem wohlgemerkt alle Seiten erheblich profitiert hatten, zu setzen.

Ein weiteres Merkmal für diesen reifen Dienstleistungsmarkt ist das Eingreifen von berufsfremden Vermittlern, wenngleich es dieses auch in den Anfängen schon ansatzweise gegeben hat. Auch hier hatte die kluge Weitsicht der Konferenzdolmetscher der ersten Generation sehr positiv gewirkt, indem äußerst wirksame Schranken gegen jeden beherrschenden Einfluss von „Impresarios" gesetzt wurden. Es wurde als kompetente, attraktive und kostengünstige Alternative zu den Agenten jeder Art die Figur des Beratenden Dolmetschers eingeführt, und es gehörte zu den ehernen Regeln des Berufs, zumindest für die Mitglieder des Verbandes, dass man ein Engagement nur per Direktvertrag mit dem Ausrichter oder Veranstalter einer Konferenz akzeptierte, so wie es der Arbeitsweise der Beratenden Dolmetscher entsprach.

Während einer ganzen Generation erwies sich dieses System als so tragfähig und stabil, dass es die Demarkationslinie für das Geschehen auf dem gesamten Markt darstellte: die „Guten" arbeiteten nur nach seinen Regeln, während alle anderen und insbesondere die Vermittlungsbüros und die für sie tätigen freien Dolmetscher als eine „graue" Szene galten. Mit der gegen Ende der Achtziger-Jahre einsetzenden „Scheinregulierung" (denn einen regulierten Markt hatte es ja nie gegeben) wird an unserem Markt nur noch in Ausnahmefällen so gearbeitet. Heute verläuft die Trennlinie, die es durchaus noch gibt, anders: Jeder freiberuflich tätige Konferenzdolmetscher gehört potenziell zu den Beratenden Dolmetschern, welche diese Funktion teils sporadisch, teils regelmäßig und in Ausnahmefällen sogar gewerblich aus- üben. Sie besitzen in aller Regel das Vertrauen ihrer Kollegen, für die sie Arbeit akquirieren und abwickeln, und ihr Kreis wird durch eine Reihe von anerkannten Vermittlern erweitert, die für den Konferenzveranstalter eine Vielzahl unterschiedlicher, konferenzspezifischer Dienstleistungen erbringen, darunter die Koordinierung der Dolmetscherdienste. Ihre Dienste werden angemessen honoriert, mitunter auch als „Kundendienst" nicht berechnet. Auf der anderen Seite der Trennlinie siedeln sich diejenigen Vermittler an, die bestrebt sind, als Berufsfremde, mitunter auch im Rahmen von Übersetzungsagenturen, durch die Vermittlung unserer hochqualifizierten Dienstleistung maxi- male Provisionen zu verdienen. Dadurch entstehen Kosten, die für den Nutzer nicht transparent sind und die vor allem nicht in die Qualität der eingekauften Dienstleistung einfließen, so dass die Mehrheit der freien Konferenzdolmetscher oder zumindest die im oberen Segment angesiedelten Berufsvertreter diesen Formen und Mustern der Zusammenarbeit nach wie vor konse- quent aus dem Weg gehen.

Differenzierte Anforderungen an die Dienstleister

Haben die am Markt tätigen Dienstleister sich bzw. ihr Leistungs- angebot in dem Maße geändert und weiterentwickelt, da auch ihr Markt sich heute stark verändert präsentiert? Welchen neuen Anforderungen müssen oder sollten sie gerecht werden, die wo- möglich zum Zeitpunkt ihres Markteintritts noch gar nicht ge- stellt waren? Beginnen wir mit einer kurzen Charakterisierung der Anbieter und einem Wort zu der heute gebotenen Vielfalt von Dienstleistern.

Wer heute im Internet nach Simultandolmetschern sucht, dem fällt die Vielzahl von Kooperationen in überschaubarem Maßstab, von kleinen Netzwerken freier Konferenzdolmetscher auf. Der Netzwerkgedanke ist absolut *in,* und so schließen sich immer mehr Freiberufler, die seit eh und je als Einzelkämpfer tä- tig waren und dies *de facto* immer noch sind, zu Arbeitsgemeinschaften zusammen, die meistens lediglich einem gemeinsamen Auftritt dienen und nicht dem gemeinsamen Wirtschaften. Diese Erscheinung erkläre ich unter anderem mit dem durch die „Deregulierung" und das Ende einer gewissen Verteilungsmentalität entstandenen Zwang, die eigene Leistung unternehmerisch zu vermarkten. Dies gelingt in Gruppen auch deshalb besser, weil die Kunden Netzwerken, Firmen und anderen kohärent auftretenden Strukturen lieber ihr Vertrauen schenken als dem Einzelkämpfer von gestern. Es dürfte hier viel Psychologie im Spiel sein, aber diese ist bei schwer zu bewertenden und qualitativ einzuschätzenden Dienstleistungen eben eine wichtige Komponente.

Ein weiteres prägendes Element auf der Anbieterseite ist die große Anzahl an Agenturen, Übersetzungsbüros und selbst Sprachschulen, die Simultandolmetscher in allen Sprachen dieser Welt anbieten – mehr Simultandolmetscher, so möchte man meinen, als der Markt aufnehmen kann und jedenfalls mehr als es nach unserer sachverständigen Marktübersicht gibt. Der Szene der tatsächlichen Fachleute fügt dieses Säbelrasseln insofern einen gewissen Schaden zu, als mit dem Attribut „simultan" einschlägige Fähigkeiten auch für solche Dolmetscher behauptet und versprochen werden, die noch nie in ihrer Laufbahn eine Simultankabine von innen gesehen haben. Und solange es sich nicht um Englisch und andere gängige Sprachen handelt, ist es kaum möglich, Scharlatane auf den ersten Blick zu erkennen. Wenn die japanischen Gäste – schon aus purer Höflichkeit – nicht erwähnen, dass sie von den gehaltenen Vorträgen nichts verstanden haben, und wenn zudem die Verständigung bei Tisch und in den Pausen unfallfrei funktioniert hat, dann sind wir mitten in einer dieser Situationen, in denen, wie an anderer Stelle ausgeführt, auch absolute Nichtskönner sich als Simultandolmetscher halten können – oftmals ein ganzes Berufsleben lang.

Diese Heterogenität unter den Anbietern ist im Übrigen einer der Gründe dafür, dass es schwer bis unmöglich ist, das tatsächliche Volumen des Markts auch nur annähernd präzise anzugeben. Zeigen schon diejenigen Konferenzdolmetscher, die nach vergleichbaren, im Interesse der Qualität und der Berufsethik etwas abgestimmten, jedenfalls mit den Praktiken der Kollegen nicht unvereinbaren Regeln arbeiten, keine große Neigung, ihre Zahlen offen auf den Tisch zu legen, so gilt dies unseren Beobachtungen zufolge noch ungleich mehr für diejenigen Kreise, denen es im Wesentlichen darum geht, über den Preis Marktanteile zu erringen. Die für diese Agenten tätigen Dolmetscher erscheinen ihrerseits nicht gerne an der Oberfläche, so dass mit einiger Wahrscheinlichkeit mit einer hohen „Dunkelziffer" zu rechnen ist. Es kommt hinzu, dass auch von der Nutzerseite her der Markt für mehrsprachige Kommunikationsleistungen niemals „vermessen" worden ist.

Kommen wir zu den eingangs erwähnten, differenzierten Anforderungen an die Konferenzdolmetscher von heute. Wir erinnern uns, dass manche Vertreter unseres Berufsstandes in Zeiten des Völkerbundes auch schon einmal mit der Limousine zur Konferenz abgeholt wurden. Da wirkte es eher wie eine kalte Dusche, was mir neulich ein potenzieller Kunde am Telefon vorhielt, als ich eine Zusammenarbeit vorschlug. Seine Dolmetscher seien nicht nur von den Konditionen her ungleich günstiger, sondern sie seien auch bereit, nach der Tagung den Saal zu fegen und die Stühle auf die Tische zu stellen. Kurz, sie seien gut und er sei sehr zufrieden. Bei anderen Kunden hören wir, dass die Simultandolmetscher auch die Tagungskasse führen und einzelne ausländische Teilnehmer auf Einkaufstouren begleiten.

An derartige Erwartungen denke ich allerdings nicht, wenn ich nach geänderten Anforderungen am Markt frage. Vielmehr meine ich eine früher nicht gekannte Aufsplitterung der Einsatzmodalitäten. Immer häufiger kommt es vor, dass ein Konferenzdolmetscher für verschiedene Formen des Dolmetschens an einem selben Tag engagiert wird. Dass sein Engagement nur wenige Minuten dauert; dass der Vorstandsvorsitzende eines Weltkonzerns den besten Simultandolmetscher im Lande für einen zehnminütigen Höflichkeitstermin wünscht. Dass der Präsident eines medizinischen Weltverbands für ein „nur" dreistündiges Expertengespräch nicht zwei, sondern nur einen Dolmetscher verpflichten möchte und diesem angesichts der kurzen Einsatzdauer ein halbes Tageshonorar vorschlägt. Diese Vielfalt der An-

Chaos in deinem Terminkalender? Die Konferenz hat gerade begonnen …

forderungen und Erwartungen ist ein Phänomen der letzten Zeit und eine Folge der „Banalisierung" des Simultandolmetschens. Es wäre natürlich falsch, diese Banalisierung nicht auch als Erfolg zu betrachten – allerdings haben die Beteiligten natürlich alle Hände voll zu tun, um nicht Opfer dieses Erfolges zu werden und um vielmehr ihre bewährten Arbeitsansätze auch in Zeiten stärkerer Flexibilisierung beizubehalten.

Die dringlichsten Antworten, welche die Konferenzdolmetscher werden geben müssen, betreffen weniger die zunehmende Themenvielfalt oder die Tatsache, dass ihre Einsätze sich heute oftmals auch außerhalb des angestammten Konferenzsaales und in den unterschiedlichsten Formaten bis hin zu TV-Programmen abspielen. Um ihren Markt zu halten, um zu verhindern, dass gerade über diese Eintrittspforte Anbieter von minderer Qualität ihnen Anteile streitig machen, werden sie bei ihrer Honorarpolitik und bei der Größe ihrer Teams verstärkt Rücksicht darauf nehmen müssen, dass die Arbeitszeiten heute eine ungleich breitere Streuung aufweisen und dass die Engagements, wenn diese Vereinfachung erlaubt ist, immer häufiger einem dieser vier Muster entsprechen: „kurz und schwer, kurz und leicht, lang und leicht, lang und schwer".

Eine Berufsgruppe, die in dieser Hinsicht vielleicht mit den Simultandolmetschern zu vergleichen ist, sind die professionellen Sprecher. Ihre äußeren Tätigkeitsmuster weisen viele Gemeinsamkeiten mit denen der Simultandolmetscher auf, und doch sind sie sowohl von der Struktur des Angebots als auch von ihren grundsätzlichen Honorarstrukturen, fast möchte ich sagen, am anderen Ende der Skala angesiedelt. Erfolgreiche Sprecher – Off-Sprecher, Synchronsprecher, Sprecher von Werbetexten etc. – werden nicht tageweise sondern für präzise definierte Aufgaben, für ein Ergebnis engagiert und meistens pauschal honoriert. Dabei ist zwangsläufig eine breitere Streuung der pro Einsatz erzielten Honorare gegeben, als wenn die Angehörigen einer ganzen Berufsgruppe sich grundsätzlich und unabhängig von der tatsächlichen Arbeitsdauer nur zu Tageshonoraren verpflichten lassen. Unter dem Strich sind die Einkommensunterschiede dabei nicht einmal wirklich nennenswert. Dies liegt unter anderem daran, dass bei den Sprechern und bei vergleichbaren Berufen Posten wie die Vorbereitung, die Reisezeit etc. separat aufgeführt und berechnet werden, während bei den Konferenzdolmetschern der eine Tagessatz so berechnet ist und auch sein muss, dass er alles beinhaltet. Dass dies nicht immer vorteilhaft sein muss, erkennen im Übrigen auch die Dolmetscher selbst spätestens dann, wenn sie heute für einen extrem kurzen Einsatz ein vergleichsweise hohes Honorar kassieren dürfen, dann aber am nächsten Tag die größte Mühe haben, um für eine schwierige Medizintagung mit enormem Vorbereitungsaufwand mehr als den „passe-partout"- Pauschalsatz zu erzielen. Damit sind wir aber schon mitten im nächsten Thema, das ich im Zusammenhang mit „Markt und Beruf heute" behandeln will.

Honorar- und Preisstrukturen am Markt

Nach wie vor erfahren die meisten Berufe ihre Verortung am Arbeitsmarkt und in der Gesellschaft über die wirtschaftlichen Rahmenbedingungen, unter denen sie ausgeübt werden. Ob wir die Attraktivität eines Berufs für den Nachwuchs betrachten oder seine Wertschätzung in den Medien und bei der Öffentlichkeit, ob Sozialprestige oder Selbstverständnis der Berufsangehörigen: Immer sind es die Verdienstmöglichkeiten, die für das Produkt oder die Dienstleistung zu erzielenden Preise, die zumindest einen der wichtigsten Faktoren darstellen. Bei den Konferenzdolmetschern existiert zwar im Gegensatz zu Ärzten, aber auch zu Juristen und Diplom-Ingenieuren, um nur einige Beispiele zu nennen, keine formale Abgrenzung zu „Nachahmern", die nicht im Besitz einer einschlägigen Ausbildung und eines Diploms sind, jedoch ist ansonsten ihre Lage nicht anders als die anderer akademischer Berufe: Die wirtschaftliche Situation des Berufsangehörigen ist nicht nur und meistens weniger von der Qualifikation bzw. von der Qualität des Einzelnen abhängig als von den Umständen, unter denen er seinen Beruf ausübt.

Der Ingenieur, der sein eigenes Konstruktionsbüro betreibt, ist Unternehmer und Ingenieur, sein bei ihm beschäftigter Berufskollege muss sich um Kategorien wie Markt und Marketing nicht kümmern. Dem in fester Beschäftigung tätigen Konferenzdolmetscher geht es ebenso, während sein freiberuflicher Kollege gleichzeitig Unternehmer und Dolmetscher sowie im Normalfall zeitweise auch Übersetzer ist. Daher ist es *an dieser Stelle* schwierig, etwas Allgemeingültiges über die Einkommenssituation von Konferenzdolmetschern auszusagen. Der Vergleich mit den soeben gewählten Berufsgruppen liefert aber dennoch gewisse Anhaltspunkte. Erwähnt sei auch, dass durchschnittlich erfolgreiche freiberufliche Konferenzdolmetscher bei vergleichbarer Auslastung ein ähnliches Einkommensniveau erzielen wie vergleichbare freie Berufe (Sachverständige, Fotografen etc.), dass sie jedoch nicht das Ansehen und die damit verbundenen Honorare von Berufsgruppen wie Ärzten, Rechtsanwälten und Architekten erreichen dürften. Sie operieren zudem an einem vergleichsweise engen Markt. Die Nachfrage nach ihrer Leistung ist nicht besonders elastisch, und sie wird im Gegensatz zu den sehr stark vom Vertrauen der Kunden bzw. Patienten abhängigen Berufen wie dem Arzt und dem Rechtsanwalt auch dadurch beschränkt, dass viele Bedarfsträger trotz aller Wertschätzung, ja mitunter Bewunderung für das Simultandolmetschen kein ausgeprägtes Bewusstsein für die Korrelation von Preis und Qualität besitzen und unsere Arbeit oftmals von Sprachstudenten erledigen lassen, um nur einen Personenkreis zu nennen. Alles hängt daher bei den freien Konferenzdolmetschern von ihrer persönlichen Auslastung ab. Im Übrigen ist die in den anderen, soeben erwähnten Berufen inzwischen etablierte Praxis der festen Beschäftigung von Kollegen durch Kollegen bei ihnen nicht üblich oder auch nur bekannt.

Die Frage nach den Honoraren und Einkommen war noch vor etwa zwanzig Jahren leicht zu beantworten: Man brauchte lediglich das derzeitig praktizierte Honorar, angelehnt an die durch das Auswärtige Amt gezahlten „Tarife", mit der Anzahl der in Engagements geleisteten Arbeitstage zu multiplizieren. Inzwischen haben sich, wie bereits angedeutet, die Verhältnisse drastisch geändert. Nicht nur der Fortfall einer einheitlichen Regelung der Honorare, sondern auch Entwicklungen wie die Vereinigung Deutschlands, die generelle Öffnung nach Osten, das Hinzukommen zahlreicher Dolmetscher aus anderen Berufskulturen sowie auch die Verschärfung der Konkurrenz über die Preise und Honorare und der daraus resultierende Verdrängungswettbewerb haben inzwischen dazu geführt, dass allgemeingültige Aussagen sich nicht länger treffen lassen.

Was die weitere Entwicklung des Markts betrifft, so sind wir allerdings weder auf die berühmte Glaskugel noch auf den Kaffeesatz angewiesen und können durchaus einige Spekulationen anstellen. Dabei ist zu fragen, ob bestimmte, heute abzusehende Tendenzen und Entwicklungslinien sich fortschreiben lassen, ob manche sich gar unaufhaltsam fortsetzen werden und ob es bei anderen gelingt, sie zu unterbinden oder zu verlangsamen bzw. in eine andere Richtung zu lenken. Eine dieser Entwicklungslinien betrifft die Auffächerung des Markts nach der Qualifikation

Ja – aber ich hatte in diesem Jahr wieder nur 250 Arbeitstage ...

der Anbieter und den Anforderungen der Nutzer mit der Folge einer entsprechenden Diversifizierung der Honorare und der Verdienstmöglichkeiten. Dies ist ein Szenario, das der Berufsstand versuchen muss, in geordnete Bahnen zu lenken. Ansonsten könnte die am Ende drohende Unübersichtlichkeit für alle Beteiligten dazu führen, dass nicht länger die besten Konferenzdolmetscher an der Spitze der Pyramide stehen, wie es heute der Fall ist. Eine andere Tendenz ist diejenige zu sinkenden Preisen für nicht nachgewiesene Qualität und wegen des scharfen Wettbewerbs. Dieser Tendenz werden sich auch gerade die Nutzer von Dolmetscherleistungen, unterstützt durch sorgfältige Beratung durch verantwortungsbewusste Berufsangehörige, entgegenstellen müssen. Sie sollen zwar mittelmäßige Qualität nicht zu Spitzenpreisen honorieren, müssen jedoch bereit sein, für exzellente Leistungen und hohe Professionalität auch attraktive, professionelle Honorare zu bezahlen. Nur so ist die unerlässliche Motivation für den Nachwuchs zu erzeugen, damit dieser auch in Zukunft die Voraussetzungen für ein hohes Leistungsniveau schafft. Ob der gegenwärtig nicht zu leugnenden Gefahr einer qualitativen Verwässerung und einer Verschlechterung der Verdienstmöglichkeiten auf einem nicht effizient regulierten Dienstleistungsmarkt, auf dem die Anbieter zudem ohne jede Form von Honorarordnung zurechtkommen müssen, begegnet werden kann, wird mit anderen Worten von den Konferenzdolmetschern selbst, jedoch auch von ihren Kunden abhängen.

Von den Nutzern unserer Leistung wünschen wir uns, dass sie angesichts des zunehmenden Verlusts an Transparenz noch qualitätsbewusster werden und dass sie ihre Qualitätsansprüche anhand von fassbaren Kriterien für die Auswahl und die Verpflichtung ihrer Dienstleister durchsetzen. Ein ebenso wichtiges wie hilfreiches Mittel dazu ist die direkte Zusammenarbeit mit einem Konferenzdolmetscher ihres Vertrauens. Wir als Anbieter und Dienstleister dagegen werden alle Spielräume ausschöpfen müssen, die sich für eine Flexibilisierung der über viele Jahre hinweg oftmals als eher starr empfundenen Arbeitsregeln bieten, ohne dass dadurch die Qualität der Leistung und das erreichte Einkommensniveau in Frage gestellt werden. Ob man will oder nicht: Diese beiden Aspekte sind nun einmal das Faustpfand für eine gedeihliche Zukunft dieses Berufs im Interesse aller Beteiligten.

Abschließend noch der Versuch einer Antwort auf die Frage, die häufig gestellt wird und die sicher den jungen Berufsinteressenten umtreibt, sobald er die Überschrift dieses Absatzes liest: Sind Simultandolmetscher Spitzenverdiener? Die Antwort hängt wie so oft vom Standpunkt des Betrachters ab. Auf die für angestellte oder beamtete Konferenzdolmetscher geltenden wirtschaftlichen Bedingungen bin ich schon eingegangen. Bei den Freiberuflern kommt es darauf an, mit welchen Berufsgruppen sie verglichen werden. Und darauf, wieviel sie zu arbeiten bereit sind und wieviel Arbeit sie angeboten bekommen. Bei den genannten knapp einhundert Tagen im Jahr, die in der Verbandsstatistik als Durchschnittswert genannt werden, avanciert niemand zum Spitzenverdiener; allenfalls macht dieser Hinweis deutlich, dass ein weiteres Kriterium natürlich das Einkommen bezogen auf die aufgewendete Zeiteinheit ist.

Spitzenverdiener sind die freiberuflichen Konferenzdolmetscher sicher dann nicht, wenn man sie mit Unternehmensberatern, Rechtsanwälten, Wirtschaftsprüfern und ähnlichen Berufen vergleicht. Allerdings gilt auch bei diesen, dass Kriterien wie Gefragtheit und erzielbare Honorare, aber auch die Bereitschaft der Klienten, hohe Preise zu bezahlen, außerordentlich starke Unterschiede aufweisen. Ähnliches gilt auch für den Arztberuf: Vor dreißig Jahren waren Ärzte generell Spitzenverdiener – es muss an dieser Stelle nicht erörtert werden, wie ihre Situation sich heute darstellt. Und dennoch gehören gewisse Untergruppen von ihnen auch heute noch zu den Spitzenverdienern.

Auch bei den Konferenzdolmetschern sind die Honorare in den zurückliegenden zwanzig Jahren im Durchschnitt und auf die Kaufkraft bezogen zurückgegangen. Nominal dagegen steigen sie zurzeit noch mäßig an oder lassen sich zumindest auf dem erreichten Niveau halten. Da es im Gegensatz zu den anderen Berufsgruppen keine, nicht einmal eine sich nach und nach aufweichende Gebühren- oder Honorarordnung gibt, hängt auch hier vieles davon ab, wie erfolgreich der Einzelne sich selbst vermarktet und ob er gelernt hat, seine Leistung überzeugend zu verkaufen. Da es keine verlässliche Statistik gibt, kann nur spekuliert werden, dass insgesamt unsere Berufsgruppe im gesamtwirtschaftlichen Vergleich weitestgehend ähnliche Vorteile genießt und Schwierigkeiten zu überwinden hat wie die meisten freiberuflich ausgeübten Dienstleistungsberufe mit mehr oder weniger starker unternehmerischer Komponente.

„In the year 2525"

Ein Exkurs zum Schluss

Viele Aspekte unseres Lebens werden, wenn es nach diesem Song der 60er Jahre geht, in einer fernen Zukunft ganz anders aussehen, als wir es uns heute vorstellen können oder wollen. Dabei übersehen wir die gewaltigen Veränderungen, die sich bereits während unseres eigenen, vergleichsweise kurzen Lebens vollzogen haben. Denken wir nicht alle tatsächlich schon heute an Metiers unserer Kindheit, die ersatzlos verschwunden sind? Wird es also unsere Simultandolmetscher im Jahre 2525 überhaupt noch geben? Werden sie, wie die Helden im Song, von Proteinpillen leben müssen? Werden sie auf Konferenzen gleichzeitig mit dem Weckruf einen Cocktail injiziert bekommen, mit dem sie auch bei Tonstörungen und schlecht artikulierenden Rednern jede Rede mühelos bewältigen, „nachtwandlerisch mit gleichen Sätzen nachkommen" können, wie es bei Ingeborg Bachmann heißt? Vielleicht brauchen unsere Nachfolger aber auch weder Nahrung noch Fernsehprogramme oder ihre tägliche Zeitung – da sie bis dahin längst Roboter sind, deren wichtigste Aufgabe es ist, einen „Simultancomputer" ein- und auszuschalten.

Als die Generation von Simultandolmetschern, der ich angehöre und die nun langsam den eigenen Rückzug zu planen beginnt, vor etwa vierzig Jahren mit dem Studium begann, konnte kaum jemand sich vorstellen, dass heute jedes Montageband bei jedem Automobilhersteller fest in der Hand von Produktionsrobotern sein würde. Dass nur noch in Ausnahmefällen der eine oder andere freundlich-gestrige, inzwischen mitunter kauzig wirkende Kollege mit einem Bündel von Akten anstatt mit einem tragbaren Computer unter dem Arm seine Kabine betreten würde. Dass wir uns auf unseren Reisen kreuz und quer durch Europa und weit darüber hinaus Konferenzunterlagen zur Vorbereitung fast nur noch per Computer nachsenden lassen würden, um sie sodann auf dem kleinen „Datenzäpfchen" in der Westentasche mit uns zu tragen.

Immerhin hatten aber die ersten breiter angelegten Projekte zur Erforschung und Erprobung der maschinellen Übersetzung bereits begonnen, und unter den damit befassten Experten herrschte damals eine große Zuversicht, dass es nur noch eine Generation dauern würde, bis immer kompetentere Computer die Übersetzer überflüssig machen würden. Wir Dolmetscher wurden gerne gefragt, ob wir denn glaubten, angesichts der Konkurrenz durch Computer noch bis zum Pensionsalter unseren erlernten Beruf ausüben zu können.

Computer anstelle von Simultandolmetschern?

Diese Erwartungen sind inzwischen einer Ernüchterung gewichen, wie sie schon sehr bald, noch während der Anfänge der ersten großen Versuchsprojekte von den Übersetzern und Dolmetschern selbst prognostiziert worden war. Letztere waren es, die als erste vorhersagten, es werde mehr als ein „einfacher" Quantensprung erforderlich sein, um ihre Arbeit überflüssig zu machen. Sie erkannten, dass auf unabsehbare Zeit die Devise „der Computer im Dienste des Übersetzers" die weitere Entwicklung bestimmen würde und nicht das Ziel „Der Computer anstelle des Übersetzers". Ihre Bedenken und Vorbehalte kreisten immer wieder um die Frage, ob Computer in der Lage sind oder jemals sein werden, kontextsensitiv zu arbeiten – eine Frage, die zu unserer Verblüffung die meisten Linguisten, die sich mit der

Erforschung der maschinellen Sprachverarbeitung beschäftigten, überhaupt nicht stellten, da auch sie, darin den Mathematikern und den Computerexperten ähnlich, vom Wesen der Sprache als einem Code, wie alle anderen Codes, fest überzeugt waren. Sind Computer denn nun in der Lage, kontextsensitiv zu arbeiten? Oder entscheidet auch hier die oft angeführte Erkenntnis, dass Computer dumm sind? Dass sie nur ausführen können, was der Mensch ihnen irgendwann vorgegeben hat? Und wenn es so ist – warum sollte der Mensch nicht irgendwann in der Lage sein, dem Computer eine ganze Sprache mit allen ihren Ausdrucksmöglichkeiten und Registern, mit dem gesamten Vokabular und sämtlichen Fachsprachen, aber auch allen Stilmitteln und -figuren einzugeben? Schließlich ist dies bisher auf zahllosen Fachgebieten und in vielen Teilbereichen der Sprache bereits gelungen. Ich hoffe, in dem der Sprache gewidmeten Kapitel allein mit der Vorstellung des Konzepts der Willkür und der Unberechenbarkeit der Sprache und des Sprechens die Antwort auf diese Fragen gegeben zu haben. Dabei bin ich mir bewusst, dass niemand jemals „niemals" sagen sollte. Jedenfalls hoffe ich deutlich gemacht zu haben, welche Voraussetzungen erfüllt werden müssten und wie weit der Weg ist, wenn es ihn denn überhaupt geben sollte.

Übersetzungscomputer – sie wissen nicht, was sie tun

Natürlich bin ich mir bewusst, mit meinen etwas suggestiven Fragen die Diskussion ein wenig abzuwürgen. Aber unbeschadet dessen sind auch weiterhin aus der „Ecke" der computerorientierten Linguisten immer wieder Argumente zugunsten einer Ablösung der Übersetzer durch Computer zu hören, wobei allerdings hinter den Argumenten bei näherem Hinsehen oftmals eher Zweck- und Wunschvorstellungen verborgen sind. Schließlich ist ja auch das Vordringen der automatischen Kassen auf Kosten des Berufsstands der ohnehin leidgeprüften Kassiererinnen kaum mehr aufzuhalten. So wie der Kunde an der Kasse mit den verschiedensten Maßnahmen und Verhaltensweisen fleißig mitarbeiten muss, damit das System überhaupt funkti-

oniert, würde dann vielleicht eines Tages von den Rezipienten
von Texten (Zuhörern bei Konferenzen, Lesern von übersetzten
Texten) gefordert werden, sie sollten ihre Ansprüche an Text und
Sprache einfach dem Leistungsvermögen der Computer etwas
anpassen – dann würde es schon gehen.

Nach wie vor scheinen für die maschinelle Übersetzung die
Grenzen dort zu verlaufen, wo, wie im Kapitel über die Sprache
dargelegt, die Kreativität, die Willkür, die Unberechenbarkeit der
Sprache erst beginnen. Das, was Übersetzer mehr übersetzen als
alles andere, und was Roger Willemsen als „das in der Lebens-
und Leidensgeschichte von Wörtern Liegende", an anderer Stelle
als „das in der unfreiwilligen Sättigung der Vokabeln mit Erfah-
rungsinhalten Begründete" bezeichnet, das kann der Computer
auch heute noch nicht übersetzen. Und er wird es, wenn wir die
Geheimnisse der Sprache zwar auch nicht erklärt, aber vielleicht
richtig beschrieben haben, auch nie können. Er müsste selber
mit dem Schreiben, mit dem Dichten beginnen, um dies eines
Tages zu können. Dazu müsste es der Forschung gelingen, die
heutigen, mathematisch-rekonstruktiven Ansätze hinter sich zurückzulassen und stattdessen wirklich das menschliche Gehirn
nachzukonstruieren.

Es ist an verschiedenen Stellen dieses Buchs immer wieder
angeklungen, dass jedwede Bewertung von Übersetzen und
Dolmetschen, jedes Qualitätsurteil und jede Einschätzung von
Machbarkeit und Schwierigkeit immer wieder an dem einen selben Ausgangspunkt beginnen, wo diese Tätigkeiten definiert,
wo ihre Ansprüche festgelegt werden. In dem Sinne, in dem ich
Übersetzen und Dolmetschen als kreativen, nicht reproduzierbaren, sich ständig neu schaffenden und aus einem buchstäblich
endlosen Ozean der Sprache und der Sprachen schöpfenden
Akt der Erzeugung von immer wieder neuen Texten und Reden auffasse, wird auch im Jahre 2525 der kreative Sprachmittler
unverzichtbar sein. Nach sorgfältigem Abwägen habe ich mich
im Übrigen entschieden, das angeblich drohende Ende der Ver-
schiedenartigkeit der Sprachen, die weltweite Einführung, ja den
Triumph der einen *lingua franca* – ob nun aus heutiger Sicht des
Englischen oder aus der Sicht einer späteren Weltkonstellation

einer völlig anderen Sprache – mit dem Ende von Kultur und
Zivilisation gleichzusetzen und dieses Szenario nicht weiter zu
diskutieren.

Inhaltliche und qualitative Grundlagen
für eine gesunde Zukunft

Schauen wir aber, welche weiteren Merkmale und Gegebenheiten
die Zukunft der Simultandolmetscher prägen dürften. Wird dieser auch zahlenmäßig eher unauffällige Nischenberuf überhaupt
überlebensfähig sein? Da die Frage nach der Rolle der Computer nicht die einzige ist, deren Beantwortung die denkbaren
Szenarien für seine Zukunft bestimmen dürfte, betrachten wir
auch einige weitere Determinanten, die sich absehen und vor-
auszeichnen lassen. Was muss, was darf nicht geschehen, damit
der Beruf des freien Konferenzdolmetschers sich für mehr als
zwei oder drei weitere Generationen etablieren kann? Vergessen
wir nicht, dass er seine Entstehung einem glücklichen Zusammentreffen verschiedener Umstände verdankt. Ein seit Beginn
der Menschheit bestehender Bedarf nach Kommunikation über
Sprachgrenzen hinweg hat in Verbindung mit der Verfügbarkeit
der erforderlichen Technik zum Entstehen dieses Spezialsektors
übersetzerischer Tätigkeit geführt. Eigentlich zum ersten Mal
hat dabei eine Berufsgruppe von hochspezialisierten Übersetzern den Status von „Vollprofis" erlangt, nachdem zuvor und seit
jeher Übersetzer und Dolmetscher oftmals nebenher die verschiedensten Tätigkeiten ausgeübt oder von diesen sogar gelebt
hatten. Gewiss sind zahlreiche Umstände zumindest theoretisch
denkbar, aufgrund derer der Beruf innerhalb von nur einer Generation auch wieder von der Bildfläche verschwinden könnte.

Damit der Status der freiberuflichen Simultandolmetscher als
Vollprofis trotz einer generellen Banalisierung des Simultandolmetschens erhalten bleiben kann, damit auch weiterhin hochbe-
gabte und mit allen anderen Attributen ausgestattete junge Kandidaten sich für den Beruf interessieren, um dort wiederum das
für jedes Überleben notwendige, hohe Niveau zu sichern, werden in Zukunft vielleicht manche bisher übersehene Attribute in

den Mittelpunkt rücken. Bisher waren alle Beteiligten, aber auch viele externe Beobachter womöglich vorwiegend damit beschäftigt, die Tätigkeit der Dolmetscher aus sozioökonomischer und sozioprofessioneller Sicht einzuordnen, um nur diese zwei Aspekte zu nennen. Junge Berufsinteressenten dagegen ließen sich vorzugsweise ohne jeden allzu kritischen Blick hinter die Kulissen durch Vorstellungen anlocken, die mit einer Art „gefühlter" Traumkulisse zu tun hatten. Schließlich haben wir es mit einem Beruf zu tun, der einerseits durch seine rasche Ausbreitung einen gewissen Wildwuchs erlebt hat und der sich andererseits durch das Fehlen des Status anderer freier Berufe und durch den nicht erfolgten Schutz der Berufsbezeichnung eher schwer getan hat, ein deutlich umrissenes, abgeschlossenes, differenzierungsstarkes Profil zu erwerben. In Zukunft dagegen wird auch in dem Maße, da wir uns selbst bemühen, von unserem Beruf ein besser fundiertes, mit Inhalten unterfüttertes Bild zu zeichnen, bei Außenstehenden die Frage nach den Inhalten und bei Berufsinteressenten der Abgleich dieser Inhalte mit den eigenen Neigungen und Fähigkeiten eine größere Bedeutung für die Einschätzung des Berufs erlangen.

Privatgelehrter oder Servicetechniker?

Ebenso wenig wie auf das Szenario der großflächigen Praxis einer *lingua franca,* welche die Tätigkeit von Simultandolmetschern überflüssig machen könnte, möchte ich auf eine gleichwohl nicht ganz auszuschließende, genau gegenläufige Entwicklung eingehen. Es wäre immerhin zumindest denkbar, dass angesichts der Attraktivität des Berufs immer mehr Menschen mit Fremdsprachenkenntnissen der Versuchung erliegen, sich ohne den erforderlichen Hintergrund als Simultandolmetscher anzubieten, zumal die Berufsbezeichnung nicht geschützt ist. Die Veranstalter von Konferenzen könnten angesichts der vielen praktischen Vorteile, welche das Simultandolmetschen für einen sich ständig ausbreitenden Konferenzbetrieb bedeuten kann, besonders in Zeiten leerer Kassen, versucht sein, diese Dienstleistung nach rein pekuniären Kriterien einzukaufen und unsere Arbeit zu sich stetig verschlechternden Konditionen verrichten zu lassen. Es könnten aber auch berufsfremde Vermittler von Dolmetscherleistungen einer solchen Entwicklung Vorschub leisten, sofern sie nicht die strengsten Qualitätskriterien mit den seriösen Dolmetschern teilen. Bei Eintreten eines solchen Zukunftsszenarios würde der Beruf in den Augen junger Menschen von der Provenienz, die für die weitere Entwicklung auf hohem Qualitätsniveau unerlässlich ist, sehr bald die notwendige Attraktivität verlieren. Es würde ein Qualitätsverfall einsetzen und eine abwärts gerichtete Spirale in Gang kommen. In diesem Falle müsste es nicht einmal eine ganze Generation dauern, bis das Verhältnis zwischen Qualität, Wertschätzung und wirtschaftlichen Kosten derartig auf den Kopf gestellt würde, dass unserem Beruf die Existenzgrundlage entzogen würde – völlig unabhängig von Fragen wie der Bedarfsentwicklung oder der Verfügbarkeit von eigentlich bestens geeignetem Nachwuchs.

Gehen wir stattdessen von der zuversichtlichen Variante aus und unterstellen wir, dass es noch lange hauptberufliche Konferenzdolmetscher geben wird, die ihre Arbeit tageweise oder nach welchen zeitlichen oder ergebnisorientierten Kriterien auch immer als Freiberufler anbieten. Und erwähnen wir kurz, warum die festangestellten Kollegen bei meiner Betrachtung vernachlässigt bzw. einfach übergangen werden. Ich mache mir nicht die Sorge, dass es dort, wo sie heutzutage eingesetzt werden, d. h. bei internationalen Organisationen, nationalen Regierungen und großen Unternehmen, in Zukunft keinen Bedarf mehr für sie geben könnte. Einerseits ist ihre Einschaltung oftmals aus politischen Erwägungen heraus unvermeidbar, andererseits hat sie sich nun im Laufe vieler Jahre bewährt und ist zum festen Bestandteil der internationalen Zusammenarbeit geworden. Es wäre unter Umständen allerdings denkbar, dass sie zahlenmäßig abgebaut und im Einzelnen, mit spitzem Bleistift kalkulierten Fall durch Freiberufler ersetzt werden. Aber sollte im ungünstigsten aller Szenarien der Dolmetschcomputer am Untergang des Berufs schuldig werden, so würde in einem solchen Falle natürlich nicht zwischen Freiberuflern und Festangestellten unterschieden.

Gehen wir also ohne weitere Untersuchungen und Begrün-
dungen im vorliegenden Zusammenhang davon aus, dass es auch
im Jahre 2525 freie Dolmetscher geben wird. Und fragen wir noch
einmal, welche neuen Merkmale ihre Arbeit bestimmen werden
und wie sie im Ansehen der Öffentlichkeit gestellt sein könnten.
Meine natürlich hypothetische Antwort will ich anhand von zwei
Stichwörtern diskutieren, die zwei „Subkollektiven" entsprechen,
in denen ich mir unsere zukünftigen Kollegen vorstellen könnte:
dem Simultandolmetscher als „Privatgelehrtem" und, am anderen Ende der Skala, dem Simultandolmetscher als „Servicetechniker". Zukunftsszenarien sind für mich immer dann interessant,
wenn sie einerseits zur Veranschaulichung ein wenig übertreiben
und wenn sie andererseits ein Quäntchen Humor beinhalten –
ich will kurz erklären, was mit diesen beiden Figuren gemeint ist:
Es ist nicht auszuschließen, dass angesichts der heute immer geringeren Wertschätzung von Bildung und Wissen trotz aller Lip-
penbekenntnisse zur Bedeutung von Investitionen in die Köpfe
der jungen Generation schon in einer oder zwei Generationen
selbst die Träger einer „gesunden Halbbildung" als gelehrt gelten könnten, dass sie sich innerhalb der Gesellschaft zu einer Art
von Kaste entwickeln könnten. Damit die Konferenzdolmetscher
mit einer wirtschaftlichen Absicherung ihrer weiteren Entwicklung rechnen können, werden sie unter anderem den Aspekt
von Bildung und Persönlichkeit wieder verstärkt betonen müssen. Vielleicht werden sie einst eine regelrechte Kaste bilden, die
man wegen ihres überdurchschnittlichen Wissens schätzt und
nicht nur zum Dolmetschen einsetzt. Als „Dienstleister der alten
Schule" werden diese Konferenzdolmetscher allerdings in unserem Markt eine Minderheit darstellen, man wird sie nicht für
Konferenzen über Computertechnik oder Kernkraft einsetzen.

Mit dem Begriff des Privatgelehrten spreche ich andererseits
auch einen wirtschaftlichen Aspekt an: Wer diesen Status besitzt,
für sich beansprucht oder zugeschrieben bekommt, der ist meistens nicht auf diese Arbeit angewiesen. Er verrichtet sie jedenfalls teilweise auch aus reiner Freude an ihr und bewahrt sich die
Dimension des Künstlers, der sich den üblichen Kategorien und
Regeln des Markts entzieht.

Ganz anders verhält es sich mit der zweiten, womöglich zahlenmäßig mit Abstand größeren Kategorie freier Dolmetscher, den „Servicetechnikern". Sie könnten nach ähnlichen Mustern herbeigeholt werden wie Monteure, wie Spezialisten für definierte Aufgaben, deren möglicherweise über die gezielt benötigten Kenntnisse und Fertigkeiten hinaus vorhandenes Wissen oder Können ohne jede Relevanz ist und daher weder nachgefragt noch honoriert wird. Es ist dieser Typ von Konferenzdolmetschern, der möglicherweise auf breiterer Basis das Überleben des Berufs sicherstellen wird.

Das Entstehen einer solchen, mich nicht unbedingt erschreckenden Berufsszene mit verschiedenen Ebenen ist allerdings ohne das Eintreten ganz bestimmter wirtschaftlicher Voraussetzungen nicht denkbar. Es müsste generell eine Bereitschaft vorhanden sein, für Dienstleistungen, die nicht nur einen Gefallen darstellen, sondern eine Wertschöpfung erbringen, den bei einfachen Gefälligkeiten oftmals in Frage gestellten Preis zu bezahlen. Niemandem würde es einfallen, einem Taxifahrer seine Bezahlung zu verweigern. Dagegen gehört es zum Alltag in jeder Firma, dass der sprachkundige Kollege gebeten wird, etwas „mal eben zu übersetzen". Der Wert von sprachmittelnden Tätigkeiten generell und von schriftlichem Übersetzen insbesondere wird eben gerne unterschätzt oder gar übersehen, und so wird es in besonderem Maße darauf ankommen, dass sowohl die Dolmetscher selbst als auch diejenigen, die ihre Dienste benötigen, deutlich genug differenzieren, um dem Simultandolmetschen seine Rolle als anspruchsvolle Arbeit von Spezialisten zu erhalten.

Neuer alter Traumberuf –
neues Gewand oder neuer Inhalt?

Wird der Beruf des freien Konferenzdolmetschers auch dann, wenn es zu einer Markt- und Berufsstruktur kommen sollte, wie ich sie soeben skizziert habe, noch das „Zeug" zum Traumberuf haben? Ist er dies heute überhaupt noch? Inwieweit ist er es nur deshalb, weil unpräzise Vorstellungen über ihn vorherrschen?

Welches sind die Inhalte, die ihn zum Traumberuf machen –
wenn es denn die Inhalte und nicht die von außen projizierten
Vorstellungen und Annahmen sind …
„Der Duft der großen weiten Welt" – Diese Vorstellung, die
damit verbundene Befindlichkeit wurde in den sechziger Jahren
nicht nur den Rauchern einer gewissen Zigarettenmarke versprochen, und sie galt nicht nur für Piloten und Stewardessen.
Auch die Vorstellung von dem Beruf der Konferenzdolmetscher
ging mit dieser internationalen Anmutung einher, mit der Aussicht oder zumindest der Hoffnung auf Reisen und Entdeckun-
gen anstatt grauer Routine, wie sie zum Beispiel im Lehrerberuf
oft vermutet wird. Ich behaupte nicht, aber ich befürchte gelegentlich, dass die tatsächlich der Wirklichkeit entsprechenden,
für Befindlichkeit und Selbstverständnis des Konferenzdolmetschers zählenden Aspekte des Berufs, wie die ständige Herausforderung an Können und Flexibilität und der Zwang zu lebenslangem Lernen, um nur zwei zu nennen, darüber vollständig
übersehen oder außer Acht gelassen wurden. Jedenfalls sollten
die erwähnten Traumvorstellungen niemanden vergessen lassen,
dass auch dieser Beruf nicht frei von Routine ist, dass er seinen
grauen Alltag hat und dass hier mehr als in anderen Berufen Erfüllung, Zufriedenheit und wahre Kompetenz sehr eng miteinander korreliert sind.
    Im Übrigen macht der Zahn der Zeit natürlich auch vor
Traum- und Idealvorstellungen nicht halt – diese werden im Gegenteil nur allzu oft von der Wirklichkeit eingeholt bzw. über-
holt. Galt einst die Vorstellung von den freien Konferenzdolmetschern als Synonym für ein „exotisches" Leben zwischen Paris,
Rom und London, so dürfte heute kaum noch ein junger Mensch
mit einem derartigen Ideal angelockt werden. Nicht nur, dass es
heute Rio, Sydney und Singapur heißen müsste – auch das Reisen selbst hat den größten Teil von seiner Attraktivität verloren,
seit die ganze Welt praktisch für jedermann erschwinglich geworden ist: „14 Tage Dom Rep all inclusive für 795 Euro", aber:
„Im nächsten Jahr fahren wir nach Vietnam – das ist jetzt ganz
in, und es gibt dort auch deutsches Bier."
    Mehr noch als bisher werden in Zukunft die sachlichen,

die inhaltlichen Merkmale der Tätigkeit der Simultandolmetscher und der Grad der Erfüllung der durch sie gestellten Anforderungen über Erfolg und Scheitern unseres Nachwuchses entscheiden. Der Beruf des Simultandolmetschers besitzt viele Voraussetzungen, um auch weiterhin als Traumberuf begeisterte junge Menschen anzuziehen – jedoch wird es für diese darauf ankommen, ihre Wahl auf solider, realistischer Grundlage zu treffen. Zuerst und zu alleroberst nenne ich die Funktion als Mittler zwischen verschiedenen Kulturen und Mentalitäten, die auch heute noch den Dolmetschern zukommt. Sie ist so unauflösbar mit ihrer Rolle als Sprachmittler verknüpft, dass sie keinerlei Moden unterliegt. Diese Rolle wird auch heute noch von den meisten jungen Menschen genannt, wenn sie ihr Interesse an einer Ausbildung zum Dolmetscher begründen sollen.

Die extrem breite Themenvielfalt, die nicht nur als eine der großen Schwierigkeiten des Metiers, sondern auch als spannende, positive Herausforderung gesehen werden kann, ist ein weiterer Grund für die besondere Attraktivität des Berufs, zumal gerade junge Menschen dazu neigen, eher die positiven Seiten zu sehen. Dabei sind es nicht nur die vielfältigen Themen, sondern auch die Erkenntnis, dass nach wie vor auf internationalen Konferenzen oftmals besonders herausragende Vertreter einzelner Fachgebiete anzutreffen und kennenzulernen sind.

Betrachten wir nochmals einen Augenblick lang nur die freiberuflich tätigen Konferenzdolmetscher, so ist festzustellen, dass nur wenige andere Berufe eine ähnliche Flexibilität bieten. Das wirtschaftliche Auskommen einmal vorausgesetzt, ist es in diesem Beruf leichter als in den meisten anderen, das geleistete Arbeitsvolumen von Monat zu Monat, gar von Woche zu Woche sehr unterschiedlich zu gestalten und sich so viel freie Zeit wie gewünscht für persönliche Interessen, Familie, Weiterbildungsmaßnahmen etc. vorzubehalten. Es entspricht allen gängigen Erfahrungen, die junge Akademiker in fester Anstellung, aber eben auch in anderen freien Berufen normalerweise machen, dass sie sich ihren Platz an der Sonne meistens durch größtes Engagement zu erarbeiten haben – eine Arbeitsgestaltung „à la carte" ist dabei nicht denkbar. Es bleibt dahingestellt, ob diese in meiner kleinen Auswahl gebündelten Kriterien sich für eine „Diagnose Traumberuf" eignen. Jedenfalls stellen sie sicher brauchbare Anhaltspunkte dar, zu denen jeder Einzelne seine ganz persönlichen Kriterien und Vorstellungen hinzufügen mag.

Impulse für die nächsten Etappen

Die beiden wichtigsten, gleichermaßen zukunftsbestimmenden Impulse, so mein Eindruck, werden vom Markt, von den Nutzern der Leistung professioneller Simultandolmetscher einerseits und andererseits aus dem Kreise der Berufsangehörigen und der für die Ausbildung des Nachwuchses Verantwortlichen kommen müssen. Die zwei wichtigsten Stichwörter lauten dabei „breitere Basis" und „stärkere Spitze", und sie bieten sich nicht als Alternative an wie in der EU die Frage „Erweiterung oder Vertiefung". Beide Aspekte werden notwendig sein. Angesichts der in den letzten dreißig Jahren vollzogenen Schichtung und der Herausbildung verschiedener Leistungsebenen im Beruf brauchen wir mehr denn je, und sei es nur um den negativen Seiten der Trivialisierung des Metiers vorzubeugen, eine starke Spitze, eine Oberliga von mitunter aus dem Schatten tretenden, ja bekannt werdenden Simultandolmetschern, die als „Fahnenträger" den Qualitätsanspruch aller manifestieren und nachvollziehbar machen. Es sind im Übrigen diese mitunter vorne auf der Bühne stehenden, oft in der Begleitung von Politikern und anderen Prominenten sichtbaren Dolmetscher und weniger die im Hintergrund wirkenden, in ihren Kabinen werkelnden Simultandolmetscher, die dafür sorgen, dass der Beruf des Konferenzdolmetschers für zahlreiche junge Menschen auch heute noch einen der Traumberufe darstellt.

Was die Impulse aus dem Kreise der Berufsangehörigen betrifft, die zu einer Verbreiterung der Basis führen müssen, so werden diese sich gegen den Trend der Zeit, ich meine den Trend zu einer allgemeinen Verflachung der Ansprüche, zum Beispiel an Sprache und Allgemeinbildung, stemmen müssen und neben aller Kompetenz und allen Fertigkeiten vor allem auch den größten Wert auf Attribute wie Persönlichkeit und Format legen müssen. Nur solche Simultandolmetscher können das aufbringen, was Roger Willemsen als „das absolute Gehör für Vierteltöne" bezeichnet. Nur sie können, wie er weiter sagt, die durch sie Gedolmetschten „nicht nur im Idiom, sondern auch im Habitus verkörpern".

Im Sinne meines zweiten Postulats, der breiteren Durchdringung der Kommunikationsszene durch professionelle Konferenzdolmetscher mit einem guten, jeder Alltagssituation gerecht werdenden Leistungsniveau werden aber auch die Aspekte, die Willemsen eher negativ, bedauernd anmerkt, unverzichtbar sein: „Sie (...die Dolmetscher) werden vor allem nach Eigenschaften bewertet, die man an einer Maschine loben würde. Erträgliches Design, Effizienz, gute akustische Features, sparsam im Verbrauch, und am Ende sind sie an allem schuld." Ein Schelm, der sich hier an die bereits erwähnten „Ackergäule" der Madame van Hoof bei der Brüsseler Kommission erinnert fühlt. Zuverlässig, diskret, unauffällig und vor allem effizient im Dienste derer, für die sie tätig sind – so sollten gute Simultandolmetscher wahrgenommen werden, und diesen Kriterien sollten sie in erster Linie versuchen gerecht zu werden.

Bin ich womöglich eine Erklärung schuldig, die ich an den Anfang hätte setzen müssen? Hat mancher Leser sich bisher vielleicht schon gefragt, ob über einen gesunden, berufsständischen Egoismus hinaus mehr dahinter steckt, wenn wir uns Gedanken darüber machen, wie die Zukunft eines Berufs zu sichern ist, der vielleicht gar keine Zukunft braucht, da er durch Besseres ersetzt werden könnte? Schließlich scheint doch heutzutage alles darauf hinauszulaufen, dass Zeitgenossen von internationalem Flair und einem Minimum an Weltläufigkeit sich weltweit nur noch, und zwar mühelos, in der Sprache verständigen können und tatsächlich verständigen werden, die sie für Englisch halten. Die mit der Erzählung *Das Trockendock* [62] von Stefan Andres berühmt gewordenen Gefangenen, die darum gestritten hatten, wer beim Stapellauf den letzten Klotz unter dem Bug des Schiffes wegschlagen durfte, verloren durch die Einführung des Trockendocks ihre letzte Chance auf die Freiheit. Natürlich waren sie vor allem darum bemüht, den angeblichen Fortschritt aufzuhalten.

Warum sollten die Simultandolmetscher sich gegen den Dolmetschcomputer oder eine *lingua franca* wehren? Droht ihnen ein
ähnlich furchtbares Schicksal? Keineswegs – sie könnten dann,
wenn auf Konferenzen nur noch Englisch gesprochen würde,
immer noch als Sprachlehrer einen Beitrag zur Anhebung des
Englischniveaus der Konferenzteilnehmer leisten.

Hier kommt meine Antwort auf diese Frage: Würde der Beruf des Simultandolmetschers eine ungünstige Entwicklung nehmen, so hätte dies nur auf den ersten Blick seine unglücklichs-
ten Folgen für die Angehörigen des Berufsstands. Gravierender
wären mittel- und langfristig die Auswirkungen auf die Qualität
der mehrsprachigen Kommunikation. So, wie bereits heute das
Niveau des bei zahllosen Begegnungen gesprochenen Englischen
beklagt und oftmals spöttisch belächelt wird, würde sich ein allgemeiner Trend zur Verflachung zunächst auf der sprachlichen,
dann jedoch sicher auf der inhaltlichen Ebene einstellen bzw.
fortsetzen.

Aus dieser Überlegung resultieren die Impulse, die, wie oben
angedeutet, auf der Seite der Nutzer der Leistung von Simultandolmetschern wünschenswert scheinen. Ein ausgeprägtes Quali-
tätsbewusstsein, ein geschärfter Blick bzw. besser ein geschultes
Ohr für Qualität sowie die Bereitschaft, alle möglichen und zu-
mutbaren Anstrengungen zu leisten, um die materiellen, logis-
tischen Voraussetzungen für hochwertige Arbeit zu schaffen –
diese Faktoren werden auf der „Abnehmerseite" umso einfacher
erwartet werden dürfen, je umfassender die Simultandolmetscher über die Anliegen ihrer Arbeit informieren, um bei allen
denkbaren Kompromissen um Sympathie für ihr Tun zu werben,
um Eindrücke und Spekulationen durch Einblicke zu ersetzen
und die Nutzer ihrer Arbeit in den Kommunikationsprozess ein-
zubeziehen.

Ich erwarte im Lichte meiner langjährigen Beobachtungen
und nach sorgfältigem Abwägen, dass sich auf einem zugegeben stärker aufgesplitterten Markt zumindest in einzelnen Segmenten Qualität durchsetzen wird. Die Anforderungen an leis-
tungsfähige Simultandolmetscher werden aber eher noch höher
werden, wenn wir von den Segmenten absehen, in denen bei der

Auswahl andere oder gar keine Kriterien zugrunde gelegt werden. Fünfzehn Jahre Berufserfahrung, drei aktive Arbeitssprachen, gründliche Kenntnisse auf den verschiedensten Fachgebieten und wenn möglich nicht über dreißig Jahre alt – die eierlegende Wollmilchsau rückt immer mehr in den Mittelpunkt des Interesses.

In Wahrheit brauchen wir Konferenzdolmetscher, die durch ihr Format und ihre Persönlichkeit, wie weiter oben dargelegt, wie Privatgelehrte auftreten und arbeiten können, nicht in erster Linie orientiert an wirtschaftlichen Zwängen und Vorgaben, und die gleichzeitig im Bewusstsein ihrer Kunden das Profil von hochspezialisierten Servicetechnikern begründen können. Wenn wir heute vor einem eher heterogenen Berufsbild stehen, so liegt dies nicht an mangelnder Einsicht, sondern wohl eher an der schieren Vielfalt und oftmals an der mangelnden Übersichtlichkeit der Einsatzmodalitäten.

Zehn Punkte zur Zukunft der Simultandolmetscher

1. Die sich abzeichnende, weitere Intensivierung des sprachübergreifenden Kommunizierens wird nicht notwendigerweise einen größeren Bedarf an Simultandolmetschern mit sich bringen. Denkbare gegenläufige Einflüsse könnten die weitere Verbreitung des Englischen als *lingua franca* sein, aber auch eine durch Fehleinschätzung, mangelnde Information und wirtschaftliche Überlegungen begründete Zurückhaltung bei der Einschaltung von professionellen Spezialisten, die immer ihren Preis haben werden.

2. Auch die Konferenzdolmetscher selbst können und werden mit darüber bestimmen, wie der Bedarf an ihrer Leistung und damit die Zukunft ihres Berufs sich entwickeln wird. Die hohe, erkennbare und verständlich vermittelte Qualität ihrer Dienstleistung, eine eindeutige, am Markt und an wirtschaft-

lichen Überlegungen orientierte Positionierung ihrer Berufsgruppe im Gefüge der freien Berufe sowie ein ebenso selbst-
bewusstes wie dienstleistungsgerechtes Auftreten im Kontakt
mit ihren Kunden sind nach wie vor die beste Gewähr dafür,
dass sie mit dem gewünschten Maß an Differenzierung erkannt und eingesetzt werden.

---

3. Es wird ein breiter gefächertes Angebot von Dolmetscher-
dienstleistungen zur Deckung einer breiter gefächerten
Nachfrage geben. Daraus ergibt sich, dass der Einsatz freier
Simultandolmetscher hierarchisierend, bedarfsabhängig und
zielgenauer als gegenwärtig erfolgen wird. Nicht für jedes
Gespräch, bei dem ein Dolmetscher benötigt wird, kann und
muss ein hochqualifizierter Simultandolmetscher eingesetzt
werden.

---

4. Die vorstehende Einsicht bietet die besten Argumente und die
solideste Grundlage dafür, das obere Segment des Dolmetscherberufs zu wahren und auszubauen; denn es gibt keine
echte Alternative zu hochqualifizierten und anspruchsvollen
Simultandolmetschern. Hohe Ansprüche der Kunden an
ihre Dienstleister sind die Voraussetzungen, um ein solches
Zukunftsszenario zu sichern. Dazu gehören die Bereitschaft
der Kunden, qualitativ hochwertige Leistungen einzukaufen
und angemessen zu honorieren, sowie bei den Konferenzdolmetschern die Erkenntnis, dass nur größtes Engagement und
kompromisslose Leistungsbereitschaft eine derartige Entwicklung tragen können.

---

5. Obwohl wir es mit einem reifen Dienstleistungsmarkt zu tun
haben, herrscht nach wie vor eine große Unwissenheit über
den Beruf des Konferenzdolmetschers. Hinzu kommt seit der
Quasi-Deregulierung gegen Ende der achtziger Jahre eine
zunehmende Unübersichtlichkeit des Angebots. Um hier die

notwendige Transparenz zu schaffen und den Nutzern unserer Dienstleistung bessere Einblicke zu gewähren, werden die Konferenzdolmetscher selbst eine verstärkte Aufklärungsarbeit leisten müssen.

6. Die freien Konferenzdolmetscher werden ihre Informationen und ihre Sichtweisen in den Markt tragen müssen, wenn sie das Marktgeschehen an ihren professionellen Vorstellungen orientieren wollen. Ihre Berufsszene ist zu klein, um PR, Aufklärung und Information auf anderen Wegen zu erhoffen.

7. Es ist es aus dem Blickwinkel der qualitätsbewussten Anbieter, aber auch für die Nutzer von Konferenzdolmetscherleistungen wünschenswert, dass im Mittelpunkt des Einsatzes von Simultandolmetschern die Beratung steht, vorzugsweise in der Person und dank der Institution der Beratenden Dolmetscher. Hier liegt ein nicht unerheblicher Unterschied zu anderen freien Berufen wie zum Beispiel zu den Rechtsanwälten, die ohne eine Beratung „von innen", ohne einen „Beratenden Rechtsanwalt" verpflichtet werden.

8. Was das Qualifikationsprofil der Anbieter betrifft, so wird jeder einzelne Simultandolmetscher größere Anstrengungen in verschiedene Richtungen unternehmen müssen, um der weit verbreiteten Tendenz entgegenzuwirken, Übersetzungsleistungen aller Art allzu gering zu schätzen und unangemessen zu honorieren.

9. Wir brauchen mehr Perfektionisten unter den Simultandolmetschern. Zu bereitwillig beugen wir uns oftmals dem Diktat von äußeren Bedingungen oder von anderen Interessenträgern. Zu oft versäumen wir es, angemessene Rahmenbedingungen für hochwertige Leistungen zu fordern und zu

schaffen. Im Zusammenhang mit einer Tätigkeit, die ohnehin schwierig und in zahlreichen Aspekten schwer zu berechnen und vorherzusehen ist, verzichten wir ohne Not allzu häufig darauf, zumindest das Beeinflussbare zu beeinflussen. Damit meine ich sowohl die gründliche Vorbereitung von Einsätzen – durch ad hoc Studium, aber auch durch generelle Erweiterung des Wissens – als auch die Vertretung unserer Position und unserer Bedürfnisse im Kreise aller an einem Konferenzprojekt beteiligten Akteure.

10. Dolmetscher müssen sich fordern und an sich selbst höchste Ansprüche stellen. Sie sollen aber auch darauf hinwirken, dass ihre Klienten sie maximal fordern, anstatt sich in einer Mischung aus Bewunderung und Resignation mit Mittelmaß zufrieden zu geben. Dies schließt ein, dass sie über das reine Dolmetschen hinaus Funktionen, wie die des Brückenbauers, des Schleusers zwischen Kulturen und Zivilisationen, für sich akzeptieren und dafür sorgen, dass sie als solche tatsächlich gefordert werden.

Anmerkungen

1 Gustave Flaubert, *Salammbô*, Paris 1862
2 Zitat André Kaminker in Peter Härlin, „Die Internationale der Dolmetscher", *Deutsche Zeitung*, 25.10.1950.
3 in Peter Härlin, Zitat von André Kaminker, *Deutsche Zeitung*, a. a. O.
4 Javier Marías: *Mein Herz so weiß*, Barcelona 1992, zitiert nach der deutschen Übersetzung von Elke Wehr, Klett-Cotta, Stuttgart 1996, Seite 67 ff.
5 José Ortega y Gasset: *Elend und Glanz der Übersetzung*, Madrid 1948, zitiert nach der zweisprachigen Ausgabe von Katharina Reiß, die auch die deutsche Übersetzung besorgt und einen Essay über den Autor angefügt hat, DTV Stuttgart 1976.
6 Javier Marías: *Mein Herz so weiß*, a. a. O.
7 Javier Marías: *Mein Herz so weiß*, a. a. O.
8 Es waren zwei Königskinder, die hatten einander so lieb, sie konnten zusammen nicht kommen, das Wasser war viel zu tief – Deutsches Volkslied, erstmals 1804, Ursprung unbekannt
9 Peter Härlin, in *Deutsche Zeitung*, a. a. O.
10 Gertrude Stein, aus dem Gedicht „Sacred Emily", 1913, erschienen in *Geography and Plays*, 1922, erneut verwendet in dem Kinderbuch *The World is round*, 1938.
11 Danica Seleskovitch, *L'interprète dans les conférences internationales*, Paris 1968.

12 Ingeborg Bachmann, *Simultan*, München, Piper 1972.

13 Max Frisch, *2 Poetik-Vorlesungen am New York City College 1981*, in deutscher Übersetzung *Das schwarze Quadrat*, herausgegeben von Daniel de Vin, Suhrkamp Verlag, Frankfurt 1981.

14 Harald Weinrich, *Linguistik der Lüge*, Heidelberg, Lambert Schneider 1964.

15 Harald Weinrich, a. a. O.

16 Harald Weinrich, a. a. O.

17 Harald Weinrich, a. a. O.

18 J. B. Casagrande: *The ends of translation*, IJAL, No. 4. Oktober 1954, SS. 335–40, zitiert nach R. W. Jumpelt, a. a. O.

19 Rudolf Walter Jumpelt: *Die Übersetzung naturwissenschaftlicher und technischer Literatur*, Berlin, Langenscheidt 1961.

20 *Frankfurter Allgemeine Zeitung* vom 27.11.2000, S. 54.

21 Voltaire: „Le Chapon et la Poularde", in *Dialogues et anecdotes philosophiques*, Paris, Classiques Garnier, S. 116, zitiert nach Harald Weinrich.

22 Talleyrand: *Mémoires de Barère*, 1842, in Büchmann, *Geflügelte Worte*, 1950, S. 281, zitiert nach Harald Weinrich: *Linguistik der Lüge*.

23 N. Chomsky: *Reflexionen über die Sprache*, Suhrkamp Verlag, Frankfurt/M. 1977.

24 N. Chomsky: *Sprache und Geist*, Suhrkamp Verlag, Frankfurt/M. 1973.

25 Chomsky: *Sprache und Geist*, a. a. O.

26 Hans-Martin Gauger: „Zum Problem der Sprache", SWR Radio Essay, S2 Kultur, ausgestrahlt am 17.3.1997.

27 Eugenio Coseriu: *Leistung und Grenzen der Transformationellen Grammatik*, Tübinger Beiträge zur Linguistik, Hrsg. Gunter Narr, TBL Verlag Gunter Narr, Tübingen 1977.

28 Chomsky, zitiert nach Coseriu, a. a. O.

29 Wilhelm von Humboldt: *Über das vergleichende Sprachstudium in Beziehung auf die verschiedenen Epochen der Sprachentwicklung*, Akademievortrag Berlin 1820, zitiert nach: Mario Wandruszka: *Sprachen – vergleichbar und unvergleichlich*,München, R. Piper & Co. 1969.

30 Wilhelm von Humboldt, a. a. O.

31 Wilhelm von Humboldt, a. a. O.

32 Jakob Grimm, *Über das Pedantische in der deutschen Sprache*, Akademievortrag Berlin, 1847.

33 Friedrich Schleiermacher, *Über die verschiedenen Methoden des Übersetzens*, Berlin 1816.

34 Albrecht Neubert: *Dichtung und Wahrheit des zweisprachigen Wörterbuchs*, Akademie-Verlag, Berlin 1986.

35 Walter Porzig, *Das Wunder der Sprache*, A. Francke AG, Bern 1950.

36 Mario Wandruszka: *Sprachen – vergleichbar und unvergleichlich*, a. a. O.

37 Wandruszka, a. a. O.

38 Danica Seleskovitch, a. a. O.

39 Zitiert nach: Harald Weinrich: *Linguistik der Lüge*, a. a. O.

40 Etienne Bonnot de Condillac, *La langue des calculs*, Oeuvres philosophiques Bd. II, Paris 1948, S. 420, zitiert nach Harald Weinrich, a. a. O.

41 Alban Lefranc, zitiert nach Kolja Reichert in *Alchemie und Anarchie*, Tagesspiegel 25.7.2008.

42 Umberto Eco, *Dire quasi la stessa cosa*, Mailand, Biompani 2003.

43 Peter Utz: *Anders gesagt – autrement dit – in other words*, München, Hanser 2007.

44 Hans-Georg Gadamer, *Wahrheit und Methode*, Tübingen, Mohr, 1960.

45 Dieser berühmte Aphorismus des US-amerikanischen Lyrikers Robert Frost (manche bezeichnen ihn eher als populäres Vorurteil) stammt vom Anfang des 20. Jahrhunderts, ist aber nicht präziser zu orten.

46 Philippe Jaccottet nach Peter Utz, a. a. O.

47 Walter Benjamin, „Die Aufgabe des Übersetzers", Einleitung zur Übersetzung von Ch. Baudelaire, *Tableaux parisiens*, in Gesammelte Schriften, Frankfurt, Suhrkamp 1972.

48 Gerhard Naumann in *Frankfurter Allgemeine Sonntagszeitung*, Januar 2008.

49 Zitiert nach Gerhard Naumann in: *Frankfurter Allgemeine Sonntagszeitung*, Januar 2008.

50 Homer: *Ilias*, übertragen von Raoul Schrott, München, Hanser 2008.

51 Marcel Proust: *Auf der Suche nach der verlorenen Zeit*, Paris, Swanns Welt 1913.

52 Friedrich Schleiermacher: *Über die verschiedenen Methoden des Übersetzens*, a. a. O.

53 Umberto Eco, *Dire presque la même chose*, Grasset, Paris 2006 (*Dire quasi la stessa cosa*, a. a. O., französische Übersetzung durch Myriem Bouzaher)

54 Harald Weinrich: *Linguistik der Lüge*, a. a. O.

55 Peter Utz: *Anders gesagt, autrement dit, in other words*, a. a. O.

56 Helmut Winter, „Die Schokoladentorte zwickt an mir", *Frankfurter Allgemeine Zeitung*, Feuilleton, 16.10.1981.

57 Ingeborg Bachmann: *Simultan*, München, Piper 1972.

58 Benjamin Henrichs: *Süddeutsche Zeitung*, Sa./So., 14. + 15. August 2004.

59 Juliane Ziegler, *Zur Morphologie und Struktur französischer und spanischer Parasynthetika*, Studienarbeit an der Universität Osnabrück, Osnabrück 2004.

60 Peter Naumann: *Konferenzdolmetscher, Im Gegenverkehr zu Babel – Variationen über ein wenig bekanntes Thema*, Anmerkungen zum 60. Geburtstag (1998) von George Bernard Sperber, Universität Sao Paulo.

61 Bastian Sick: *Der Dativ ist dem Genitiv sein Tod – Ein Wegweiser durch den Irrgarten der deutschen Sprache*, Köln, Kiepenheuer und Witsch 2004.

62 *Das Trockendock*, Erzählung von Stefan Andres, 1943. Die Erzählung gilt als Parabel auf die Zweischneidigkeit des technischen Fortschritts.

Ausgewählte Literaturempfehlungen

Zur Ergänzung der im Buch zitierten Arbeiten gebe ich, zugegeben nach einigem Zögern, an dieser Stelle eine kleine und höchst subjektive Auswahl von Titeln, die dem Interessenten dazu dienen mögen, sich dem Thema auf unterschiedlichen Wegen anzunähern.

Wer einige Titel nennt und tausend Titel nicht nennt, der macht sich schuldig – dessen bin ich mir bewusst. Und doch – tausend Bücher zum Thema kann niemand lesen, der vorwiegend in der Praxis der Berufe des Übersetzers und des Dolmetschers seine Heimat gefunden hat, und nicht an einer sprach- oder translationswissenschaftlichen Fakultät. Der interessierte Leser wird gleichwohl mit dem einen oder anderen der genannten Titel einen Einstieg finden, um sich sodann mit selbst definierten Kriterien seinen eigenen Weg abzustecken.

1. Sprache – Sprachtheorie – Sprachwissenschaft

> Ferdinand de Saussure, *Cours de linguistique générale*,
>   Lausanne und Paris, 1916
> Friedrich Kainz, *Einführung in die Sprachpsychologie*, Wien 1946
> Hans Glinz, *Textanalyse und Verstehenstheorie I*, Wiesbaden 1977

> Stephen Ullmann, *The principles of semantics*, Glasgow 1951
> Karl Kraus, *Die Sprache*, Wien 1937
> George Steiner, *After Babel*, New York/London 1975

2. Übersetzen – Dolmetschen

> Madame de Stael, *De l'esprit des traductions*, in „Mélanges", Brüssel 1821
> Hans G. Hönig, Paul Kussmaul, *Strategie der Übersetzung* (172 S.), Gunter Narr Verlag, Tübingen 1982
> Katharina Reiß, *Möglichkeiten und Grenzen der Übersetzungskritik*, München 1971
> Katharina Reiß, *Texttyp und Übersetzungsmethode – Der operative Text*, Kronberg/Ts. 1976
> Jörn Albrecht, *Linguistik und Übersetzung*, Tübingen 1973
> Werner Koller, *Einführung in die Übersetzungswissenschaft*, Heidelberg 1979
> Fritz Güttinger, *Zielsprache – Theorie und Technik des Übersetzens*, Zürich 1963
> T. H. Savory, *The Art of Translation*, London 1957
> Edmond Cary, *La traduction dans le monde moderne*, Genf 1956
> Eugene A. Nida, *Toward a Science of Translation*, Leiden 1964
> Georges Mounin, *Les belles infidèles*, Paris 1955

3. Berufskundliche und berufsorientierende Arbeiten

Volker Kapp (Hrsg.), *Übersetzer und Dolmetscher*, Heidelberg 1974
Jean Herbert, *Le manuel de l'Interprète*, Genf 1952
Henri van Hoof, *Théorie et pratique de l'interprétation*, München 1962
Paul-Otto Schmidt, *Statist auf diplomatischer Bühne 1923 – 1945*, Athenäum Verlag Bonn 1949
Jean-François Rozan, *La prise de note en interprétation consécutive*, Genf 1965

Ausbildungsstätten
für Konferenzdolmetscher

Mit der nachstehenden Auswahl von universitären Ausbildungsstätten soll und kann kein Anspruch auf Vollständigkeit erhoben
werden. Es gibt heute in praktisch allen EU-Staaten Dolmetscherschulen auf Hochschulebene. Der Ansatz dieser Institute ist
in der Regel vergleichbar. Die Ausbildung wird für Inhaber der
allgemeinen Hochschulreife angeboten, so dass sich im Normalfall Studienanfänger direkt nach dem Abitur bewerben.
   Wichtige Informationen sind über die Website der CIUTI er-
hältlich. Diese *Internationale Konferenz der Universitätsinstitute
für Dolmetscher und Übersetzer* wurde im Jahre 1957 durch die
einschlägigen Institute der Universitäten Paris, Genf und Heidelberg gegründet und verfolgt das Ziel, die Ausbildung von Übersetzern und Dolmetschern zu harmonisieren und zu verbessern.
Sie zählt gegenwärtig etwa dreißig Mitgliedsinstitute, welche allesamt Ausbildungsgänge für Übersetzer und/oder Dolmetscher
auf Hochschulebene anbieten.

Einige der ältesten und bekanntesten Ausbildungsstätten für
Konferenzdolmetscher in Europa sind:

> Universität Heidelberg, Institut für Übersetzen
  und Dolmetschen
> Universität Mainz, Fachbereich für Angewandte Sprach-
  und Kulturwissenschaft in Germersheim
> Universität Saarbrücken, Angewandte Sprachwissenschaft
  sowie Übersetzen und Dolmetschen
> Fachhochschule Köln, Diplomstudiengang Dolmetschen/
  Übersetzen
> Sprachen- und Dolmetscherinstitut München, private,
  staatlich anerkannte Fachakademie
> Universität Leipzig, Institut für Angewandte Linguistik
  und Translatologie
> Universität Wien, Masterstudiengang Konferenzdolmetschen
> Université de Paris III, Sorbonne Nouvelle, ESIT, Ecole
  Supérieure d'Interprètes et de Traducteurs
> Institut Supérieur d'Interprétation et de Traduction (ISIT),
  Paris
> Universität Triest, Italien, Scuola Superiore di Lingue
  Moderne per Interpreti e Traduttori
> Université de Genève, Genf (Schweiz), Ecole d'interprètes

Ausbildungsstätten in den USA

> Monterey Institute of International Studies,
  Monterey, California
> Georgetown University, Washington USA

Zwei interessante Ausbildungsmodelle gibt es in *England* in Form
einer Kurzausbildung („accelerated course") an der Universität
Leeds sowie in *Westminster/London*. Die Ausbildung zum Konferenzdolmetscher dauert jeweils ein Jahr und setzt neben überdurchschnittlichen fremdsprachlichen Kompetenzen ein abgeschlossenes Studium voraus. Die Eingangsvoraussetzungen sind
entsprechend anspruchsvoll. Der zu absolvierende Sprachtest gilt
auch der Muttersprache der Kandidaten, und es werden Grund-
fertigkeiten wie Analyse von Text und Rede sowie Sprechen vor

Publikum bereits zu Beginn der Ausbildung erwartet. Das Ziel der Ausbildung ist der „fertige" Konferenzdolmetscher.

> University of Westminster, MA Conference Interpreting Techniques
> Leeds University, MA Conference Interpreting and Translation Studies

Für Berufsinteressenten, die bereit sind, sich für eine längere Zeitspanne zu Beginn ihrer Laufbahn an eine der Institutionen der Europäischen Union zu binden, stellt darüber hinaus die *interne Ausbildung der EU-Kommission* eine Alternative dar. Auch bei dieser Ausbildung wird ein abgeschlossenes Studium vorausgesetzt. Das „Training" wird durch praktizierende Dolmetscher der Kommission geleitet und betreut, die Kandidaten verpflichten sich, nach erfolgreich absolvierter Ausbildung als „Gegenleistung" während einer zuvor festgelegten Zeitspanne als fest beschäftigte Dolmetscher für die EU-Kommission zu arbeiten.

Schlank!
Ein Körperkult der Moderne

Von Sabine Merta.
*Ca. 400 Seiten,
30 s/w Abbildungen,
3 Schaubilder.
Gebunden mit
Schutzumschlag.*
ISBN 978-3-515-09229-6

Wer kennt nicht den ewigen Kampf gegen die überflüssigen Pfunde der schlanken Linie zuliebe. Doch woher kommt der moderne Kult um die Figur? Das Ideal unserer Zeit ist es, schlank zu sein. Der Boom von Diäten, Fitnessgurus und Ernährungsratgebern legt davon Zeugnis ab.

Die schlanke Linie entscheidet mit über gesellschaftliche Anerkennung und beruflichen Erfolg, und der Kult um die Figur prägt unser Bewusstsein – bis hin zu Ernährungsstörungen. Sabine Merta geht diesen Widersprüchen nach und findet den Ursprung der modernen Körperästhetik in der Lebensreformbewegung um 1900.

Franz Steiner Verlag
Birkenwaldstraße 44 · 70191 Stuttgart
Telefon: 0711 / 25 82 - 0 · Fax: 0711 / 25 82 - 390
E-Mail: service@steiner-verlag.de
Internet: www.steiner-verlag.de